KB071630

각종 고급시험 대비

영어강사, 영어교사가 참고해야 할 책

체계 영문법

Systematic English Grammar

독창적 체계

새로운 이론

철저한 예문

체계 영문법

저 자 정순석

1판 1쇄 발행 2020년 12월 15일

저작권자 정순석

발 행 처 하움출판사
발 행 인 문현광
편 집 이정노
주 소 전라북도 군산시 축동안3길 20, 2층 하움출판사
I S B N 979-11-6440-723-1

홈페이지 http://haum.kr/
이 메 일 haum1000@naver.com

좋은 책을 만들겠습니다.
하움출판사는 독자 여러분의 의견에 항상 귀 기울이고 있습니다.

이 도서의 국립중앙도서관 출판예정도서목록(CIP)은 서지정보유통지원시스템 홈페이지(http://seoji.nl.go.kr)와 국가자료종합목록 구축시스템(http://kolis-net.nl.go.kr)에서 이용하실 수 있습니다.
(CIP제어번호 : CIP2020051176)

· 값은 표지에 있습니다.
· 파본은 구입처에서 교환해 드립니다.

머리말

우리는 상당히 오랫동안 영어를 공부했습니다. 그러나 영어를 잘 못하는 사람이 훨씬 많습니다. 이는 우리말과 영어의 구조적인 차이 때문에 배우기가 어려운 것은 사실입니다. 이것은 우리가 감내해야 할 사항입니다. 그러나 가장 중요한 요인은 영어의 기본이 부족한 것입니다. 영어의 기본은 누가 뭐래도 문법 혹은 구문입니다. 단어가 모여서 문장이 되고 문장이 모여서 글이 됩니다. 단순한 단어의 나열이 문장이 되는 것은 아닙니다. 언어의 정확한 사용을 위하여 문법 혹은 구문이 필요한 것입니다. 중급 수준의 영어회화를 할 때 문법이 필요하다는 것을 느끼게 될 것입니다.

시중에 나와 있는 대부분의 영문법 혹은 구문에 관한 책은 논리적인 체계성이 없다는 것입니다. 이점에서는 영문법 원서(原書)도 마찬가지입니다. 이처럼 체계화되어 있지 않은 책은 이해하기가 어렵고 설령 이해를 하더라도 기억하기는 더 어렵습니다. 체계적으로 이해하지도 기억하지도 못한 지식은 응용하기는 더욱 어렵습니다.

영문법의 체계화! 이 책을 쓰게 된 이유가 바로 여기에 있습니다. 이러한 체계화된 지식을 소리 내어 반복적으로 읽음으로써 영어의 문법 혹은 구문이 체득(體得)될 수 있도록 해야 합니다. 기본적인 문장을 반복함으로써 어떤 문장을 만나더라도 응용할 수 있는 정도까지 되어야 합니다. 문법을 위한 문법 공부는 지양되어야 합니다. 영문법은 언어의 4가지 기능인 듣고 말하고 읽고 쓰기의 기본입니다. 기본이 안 되어 있거나 부실하면 절대 실력이 늘지 않습니다.

이 책의 특징은 다음과 같습니다.

첫째, 독창적인 체계 :

이 책의 가장 큰 특징입니다. 내용을 논리적이고 체계적으로 기술하였기 때문에 이해와 기억에 많은 도움이 될 것입니다. 이를 위해 각 단원의 첫 페이지에 전체 내용을 일목요연하게 정리하였습니다.

둘째, 동일한 주제는 동일한 페이지에 배치하여 기억에 아주 편리합니다.

셋째, 새로운 이론의 도입과 체계화 :

①한정사 : 이 책의 가장 큰 특징입니다. 한정사를 도입함으로써 기존에 형용사에 포함되었던 것을 분리하여 형용사의 분량을 줄이고, 일반적으로 여기는 형용사의 용법(한정적 용법과 서술적 용법)의 이질성을 없애줍니다. 이중소유격과 부사적 대격의 논리적인 근거도 제공해 줍니다. 또 부정대명사의 기

존의 나열적인 분류를 체계적이고 논리적으로 분류하였습니다. 전통적으로 8품사(명사, 대명사, 형용사, 부사, 전치사, 접속사, 감탄사, 동사)는 감탄사가 포함되지만 국내 문법서는 물론 원서 문법서에도 감탄사를 독립적인 하나의 장으로 다루는 책은 하나도 없습니다. 부사에서 다루면 되므로 이제는 한정사가 감탄사를 대신해야 된다고 생각합니다.

②명사(Ⅰ) 종류 : 명사의 종류별로 각각 한 페이지씩에 배치하여 그 명사의 용법과 전용(다른 명사로의 변화)을 같이 볼 수 있게 하였습니다.

③대명사(Ⅱ) 부정(不定)대명사 : 한정사는 대부분 부정대명사로도 사용되는데, 그 복잡하고 무질서한 나열식 분류를, 한정사를 사용하여 체계적으로 일목요연하게 정리하였습니다.

④비교 : 원급, 비교급, 최상급 별로 각각의 용법과 관용적 용법으로 분류하여 이해하고 기억하기 쉽게 하였습니다.

⑤조동사 : 조동사를 중심조동사(5), 한계조동사(4), 1차조동사(3), 준조동사(2) 등으로 나누어 기억하기가 아주 편합니다. 종래의 나열식으로는 잘 기억이 되지 않습니다.

⑥준동사 : 준동사라는 개념을 도입하여 부정사, 동명사, 분사를 논리적이고 체계적으로 설명하였습니다. 준동사는 동사의 일종이기 때문에 당연히 파생되는 준동사 그 자체의 보어(C), 목적어(O), 부사어(M)를 취할 수 있고, 시제(Tense)가 있고, 태(Voice)가 있고, 동사의 주체로서의 의미상의 주어(Sense Subject)가 있다. 이런 성질을 이용하여 부정사, 동명사, 분사 모두에 '준동사적 용법'으로 한 페이지에 배치하였습니다. 국내외 어디에도 이렇게 배치한 책은 없습니다.

넷째, 철저한 예문 중심 :

이 책의 대상은 고등학생 상급 수준 이상이므로 어느 정도의 수준은 된 상태입니다. 잡다한 설명은 지양하고 간단명료하게 하였습니다. 모든 설명은 철저한 예문을 중심으로 하였습니다. 우선 이해를 한 후에 이러한 예문을 철저하게 소리내어 읽음으로써 문법적인 사항과 구문을 자연스럽게 체득되도록 하였습니다.

다섯째, 다양한 문제유형과 배열 :

주관식, 객관식 문제를 각 단원별로 6가지 유형으로 구성하였습니다.

아무쪼록 이 책이 영어공부에 많은 도움이 되기를 바랍니다.

2020년 12월 저자

차례

1장 한정사 I : 전치-중심-후치

▶**한정사**(限定詞; determiners)란 항상 명사 앞에 위치하여 명사를 한정(限定)하는 품사로서, 中心(중심)한정사를 기준으로 그 앞에 두는 前置(전치)한정사와 그 뒤에 두는 後置(후치)한정사로 나눈다. 또 한정사는 a/an/the, every, no를 제외하고는, 단독으로 혹은 of phrase (of구) 형태로 부정(不定)대명사로 사용할 수 있다.

한정사 상호간의 어순은 **전치한정사 + 중심한정사 + 후치한정사**이다.

형용사가 있으면 '**한정사 + 형용사**' 어순이다.

1 전치(前置) 한정사 (Predeterminers)

❶ all, both, half, such, what

*both는 복수 가산명사 앞에만 사용되고 나머지는 단수 가산명사, 복수 가산명사, 불가산 명사 앞에 사용된다. 전치한정사는 상호배타적(mutually exclusive)이다.

❷ 분수

❸ 배수

2 중심(中心) 한정사 (Central determiners)

형태	단수 가산명사	복수 가산명사	불가산명사	해당 단어
❶	+	-	-	a/an every each either neither
❷	-	+	+	some any enough
❸	+	+	+	the no 소유격 의문한정사 관계한정사
❹	+	-	+	this that
❺	-	+	-	these those
* +는 결합가능을, -는 결합불가능을 나타낸다. ***중심한정사는 상호배타적이다.**				

3 후치(後置) 한정사 (Post determiners)

❶ **서수**(ordinals) **및 일반 서수**(another, other, last, past, next)

❷ **기수**(cardinals)

❸ **수량사**(quantities)

①**단일형 수량사** : many, several, few; much, little

②**복합형 수량사** :

ⓐ**Many의 대용어** : a good [great] many; a host of; a number of;

ⓑ**Much의 대용어** : a large amount of; a good [great] deal of;

ⓒ**Many/Much의 대용어** : a lot of; lots of; plenty of; a large quantity of

1 전치한정사①

❶ All : +++

①All the country was against the bill to fasten the safety belt.

②All substances are made up of molecules.

③All bread without an antiseptic goes stale quickly in hot weather.

❷ Both : -+-

I have blisters on both feet.

Both those books are too dear.

When both my parents were dead, I lived from hand to mouth.

❸ Half : +++

①Half a loaf is better than no bread.

②Half the eggs are rotten.

③They spent half the time looking for a parking space.

❹ Such : +++

①Such a style does not flatter a girl of your age.

②Such rumours can have a snowball effect.

③Such food is hard to come by.

▶관용적 용법

You may use my car **such as it is.**

I am not **such** a fool **as to** believe it.

He told us **such** funny stories **that** we all laughed.

Such scientists **as** Newton are rare. =Scientists **such as** Newton are rare.

Birds of a prey, **such as** the eagle and the hawk, do not lay many eggs.

▶Such의 어순

All such possibilities must be considered.

No such person exists.

There are **many such** birds in the park.

❺ What : +++

①**What a** fine **day** it is! =How fine the day is!

②**What** funny **stories** she tells!

③**What** beautiful **weather** it is!

■1 전치 한정사①

▶한정사는 항상 명사 앞에 둔다.
중심한정사를 기준으로, 그 앞에 두는 전치한정사와 그 뒤에 두는 후치한정사로 나눈다.
both를 제외한 all half such what은 단수가산명사, 복수가산명사, 불가산명사 앞에 둔다.
both는 항상 복수가산명사 앞에 둔다.
*전치한정사는 원칙적으로 상호 배타적(mutually exclusive)이다. 즉 같이 사용할 수 없다.
▶첫 번째 부호는 단수 가산명사와의 결합 여부를 나타낸다.
두 번째 부호는 복수 가산명사와의 결합 여부를 나타낸다.
세 번째 부호는 불가산명사와의 결합 여부를 나타낸다.
▶+는 결합가능을 나타내고, -는 결합불가능을 나타낸다.

❶ All : +++

①단수 가산명사 : 나라 전체가 안전벨트를 착용해야한다는 그 법안에 반대했다.
*부정사 to fasten ~은 the bill와 동격관계이다.
②복수 가산명사 : 모든 물질은 분자로 이루어져있다.
*be made up of =consist of =comprise =constitute
③불가산 명사 : 방부제 없는 빵은 더운 날씨에는 빨리 상한다. go stale 상하다

❷ Both : -+- *항상 복수명사 앞에 둔다.

나는 양쪽 발에 물집이 있다. cf. athlete's foot 무좀
저 책 두 권 모두 너무 비싸다. dear=expensive
부모님이 모두 돌아가시자 우리들은 그날 벌어 그날 살았다.
*live from hand to mouth 겨우 살아가다(eke out)
cf. He is well known **both** in Korea **and** in China. both가 and와 함께 사용되어 상관 접속사를 이루지만 품사는 부사이다.

❸ Half : +++ *항상 다른 한정사가 수반된다.

①단수 가산명사 : 반 조각의 빵이라도 없는 것보다는 낫다.(속담)
②복수 가산명사 : 그 계란들의 절반은 상해있다.
③불가산 명사 : 그들은 주차할 곳을 찾는 데 시간의 절반을 보냈다. space=lot 땅, 부지, 공간
cf. The glass was **half** full. The chicken was **half** cooked. 이때의 half는 부사.
United conceded two goals in the first **half**. 이때의 half는 명사.

❹ Such : +++

①단수 가산명사 : 그런 스타일은 네 나이의 여자아이에게는 어울리지 않는다.
flatter ~에게 아첨하다; (옷)돋보이게 하다
②복수 가산명사 : 그런 소문은 눈덩이처럼 불어날 수 있다.
③불가산 명사 : 그런 음식은 구하기 어렵다. come by 얻다(obtain)

▶**관용적 용법 :**
변변치 못하지만 내 차를 사용해도 좋다. *such as 주어 + be동사 : 변변치 못하지만
그것을 믿을 정도의 바보는 아니다. *such ~ as to
그는 재미나는 이야기들을 해줘서 우리 모두는 웃었다. *such ~ that
Newton과 같은 과학자는 드물다. *such A as B : B같은 A; B하는 A;
독수리와 매 같은 맹금류는 알을 많이 낳지 않는다. *such as =like
a bird of prey 맹금; a beast of prey 맹수;

▶**such의 어순 :** *all, every, some, any, no, many와 함께 쓸 때는 그 뒤에 놓인다.
그와 같은 모든 가능성을 고려해야한다. *전치+전치
그런 사람은 존재하지 않는다. *중심+전치
We want <u>some such</u> secretaries. I don't give him <u>any such</u> thing.
공원에는 그러한 많은 새들이 있다. *후치+전치

❺ What : +++ *감탄 한정사로 사용.

①단수 가산명사 : 멋진 날씨구나. =It is a very fine day
②복수 가산명사 : 그녀는 아주 재미있는 이야기를 한다.
③불가산 명사 : 정말 아름다운 날씨구나. =It is very beautiful weather.

1 전치한정사② : 분수/배수

❶ 분수 (fraction)

①$\frac{1}{2}$ one half; $\frac{1}{3}$ one third; $\frac{2}{3}$ two thirds; $\frac{7}{8}$ seven eights

②$1\frac{5}{9}$ one and five ninths; $\frac{8}{76}$ eight over seventy sixths

③He won the race by one two hundredths of a second. (1/200)
He got three two hundredths of the money. (3/200)

❷ 배수 (multipliers)

1. 본 표현

He paid **double** the usual fare.
He earns **treble** my wage.
He wrote to me **four times** every month.
He stopped **once** every four miles.

2. 주요 표현

①He has twice **as many** books **as** I have.
②He has twice **as much** money **as** you have.
③Seoul is 10 times **as large as** our town.
④This box is three times **as big as** that one.
⑤This street is half **as broad as** that one.
⑥This building is four times **as high as** that one.
⑦This bridge is five times **as long as** that one.
⑧This is three times **as heavy as** that.
⑨This is three times **as wide as** that.

3. 관용적 표현

①Your room is **as** large **again as** mine.
=Your room is **twice as** large **as** mine.
②He is **half as** heavy **again as** his wife.
=He is **one and a half times** as heavy as his wife.
=He is **one and a half times** the weight of his wife.
③My father is **three times** older **than** I.
Korea is **three times** larger **than** Formosa.

■1 전치한정사② : 분수/배수

❶ 분수(fraction) : *분자는 기수로, 분모는 서수로 읽음. 분자가 2이상이면 분모에 s를 붙인다.

①1/2; 1/3; 2/3; 7/8; 8/76;
*Three-fourths of the earth's surface is covered with water.
②대분수는 and를 사용한다.
③그는 1/100초 차이로 경기에 이겼다. *by는 차이를 나타내는 전치사.
*62/421 : sixty two over(upon) four hundred and twenty one.
*숫자가 큰 경우에는 분자를 읽은 다음, over나 upon을 넣고 분모를 기수사로 읽는다.
그는 돈의 3/200을 받았다.

❷ 배수(multipliers) : *once, twice, treble(=three times), four times

1. 기본표현

①그는 보통요금의 2배를 지불했다.
그는 내 급료의 3배를 번다.
②그는 매월 4번씩 나에게 편지를 쓴다. *배수+시간명사
그는 4마일마다 한 번 멈췄다. *배수+공간명사
▶He has **a double** personality. *double이 이중의 뜻이면 a double 어순이 된다.
There was **a treble** knock at the door. 문에 3번 째 노크가 있었다.

2. 주요 표현

①배수 + as many ~ as =배수 + **the number of** books I have.
*as many ~ as는 수에 쓰임.
②배수 + as much ~ as =배수 + **the sum of** money you have.
*as much ~as는 양에 쓰임. *sum은 '금액'의 뜻.
③배수 + as large ~ as =배수 + **the size of** our town.
④배수 + as big ~ as =배수 + **the size of** that one. *one=box
*big, large는 size로 바꾼다.
⑤배수 + as broad ~ as =배수 + **the breadth** of that one. *one=street
*breadth는 broad의 명사형
⑥배수 + as high ~ as =배수 + **the height of** that one. *one=building
*height는 high의 명사형
⑦배수 + as long ~ as =배수 + **the length of** that one. *one=bridge
*length는 long의 명사형
⑧배수 + as heavy ~ as =배수 + **the weight of** that.
*weight는 weigh의 명사형
⑨배수 + as wide ~ as =배수 + **the width of** that.
*width는 wide의 명사형

3. 관용적 표현

①**as ~ again as** : = twice as ~ as; *두 배
너의 방은 크기가 내 방의 2배다.
*His house is **as** big **again as** mine.
*He is **as** old **again as** she is.
②**half as ~ again as** : = one and a half times as ~ as; *한 배 반
그는 몸무게가 자기 아내의 한 배 반이다.
이 탑은 저 빌딩 높이의 한 배 반이다.
*The cost is about **half as** much **again as** it was two years ago.
③내 아버지는 내 나이의 3배가 넘는다.
한국은 대만보다 크기가 3배 이상이다. Formosa는 Taiwan의 옛 이름.
▶half as ~ as : *~의 반; He earns **half as** much money **as** you do.

2 중심 한정사

❶ + − −

①**A/An** A bird in the hand is worth two in the bush.
An oak tree is harder than a pine tree.

②**Every** I go to the dentist's every other day.
Every miller draws water to his own mill.

③**Each** Each country has its own peculiar customs.
Each merit has its demerit.

④**Either** Either hat is becoming to you.
There were roses on either side of the road.

⑤**Neither** Neither car is exactly what I want.
There were any houses on neither side of the road.

❷ − + +

①**Some** Some passengers were rescued and others drowned.
I need some bread and milk now.

②**Any** We couldn't travel any distance before nightfall.
Do you have any books on the subject with you?

③**Enough** Are there enough knives and forks for twenty people?
Do you have time enough to go to the bank?

❸ + + +

①**The** **The** pot called the kettle black.

②**No** There are **no** bus services after midnight.

③**소유격** He is none the happier for **his** wealth.

④**의문 한정사** **What** languages do you know besides English?

⑤**관계 한정사** I will give you **what** money I have with me now.

❹ + − −

①**This** After all this man is more hero than scoundrel.

②**That** That beautiful scenery is beyond description.

❺ − + −

①**These** Nowadays these kinds of books are hard to come by.

②**Those** This is one of those stories known all over the world.

2 중심 한정사

❶ + - - : *단수 가산명사 앞에만 사용되는 중심한정사.
①**A/An** : 수중의 한 마리 새는 숲속의 두 마리 가치가 있다.
*two=two birds. 수사 다음에는 명사를 대신하는 ones를 쓸 수 없다. two ones(x).
참나무는 소나무보다 더 단단하다.
②**Every** : 나는 하루걸러 치과에 간다.
*every other day =every two days =every second day =on alternate days
방앗간 주인은 누구나 다 자기 방앗간으로 물을 끌어 들인다. *아전인수(我田引水)
▶every 다음에는 단수가산명사가 와야 하나 수사, other, few 앞에 둘 수 있다.
*I go home **every few** days.
*This medicine has to be taken **every six** hours.
*This elevator makes stops on **every other** floor. 격 층으로 선다.
③**Each** : *각각의; 각각의 나라는 그 자신의 독특한 관습이 있다. 장점에는 단점이 있다.
④**Either** : *둘 중의 하나; 어느 모자도 너에게 어울린다. 길 양쪽 각각에 장미들이 있었다.
⑤**Neither** : *둘 중의 어느 쪽도 ~아니다.
어느 차도 꼭 내가 원하는 것은 아니다. *not~exactly =꼭 그렇지는 않다.
길 양쪽 어디에도 집들은 없었다.

❷ - + + : *복수 가산명사나 불가산 명사 앞에 사용되는 중심한정사
①**Some** : *평서문(긍정문)에 사용.
몇몇 승객은 구조되었고 나머지는 모두 익사했다. 지금 빵과 우유가 좀 필요하다.
▶some이 의문문에 쓰이는 경우.
권유 : Will you have **some** more coffee?
부탁 : Will you lend me **some** money?
긍정의 답 : Aren't there **some** stamps in that drawer?
▶some이 단수 가산명사 앞에 사용되면 'a certain; 어떤'의 뜻이다.
I saw him talking with **some** beautiful **woman** on the street
②**Any** : *부정문, 의문문, 조건문 등에 쓰인다.
부정 : 일몰 전에 얼마간의 거리를 갈 수 없었다.
의문 : 그 주제에 관한 책을 지금 가지고 있니?
*조건 : If you have **any** pencils, will you lend me any good ones? *ones=pencils
▶any가 긍정문에 사용되면 every의 뜻이다. 즉 양보의 뜻이다.
Any book will do so long as it is interesting. *will do 무방하다; 충분하다(sufficient).
Any time is no time. 어느 때고 할 수 있는 것은 아무 때도 할 수 없다.
He is taller than any other boy in his class.
③**Enough** : *필요한 만큼 충분한(=sufficient).
*수식어를 동반하면 후위 수식. *전위 수식이 더 강한 뜻이 된다.
20인을 위한 충분한 포크와 칼이 있느냐? 은행에 갈 수 있는 시간이 있느냐?
*They had enough fuel to see the winter out.

❸ + + + : *단수가산 명사, 복수 가산명사, 불가산명사 모두에 사용할 수 있는 한정사
①**The** : 똥 묻은 개가 겨 묻은 개 나무란다.(속담)
②**No** : 자정 이후는 버스가 안 다닌다. bus service 버스 편
③**소유격** : 그는 자기의 재산에도 불구하고 조금도 더 행복하지는 않다.
*none은 부사로서 '조금도 더 ~하지는 않다.'
④**의문한정사** : 너는 영어 외에 무슨 언어들을 알고 있느냐? besides; ~외에(except)
⑤**관계한정사** : 현재 내 수중에 있는 돈을 모두 너에게 주겠다. *what =all the ~that

❹ + - + : *단수가산 명사, 불가산명사에 사용할 수 있는 한정사.
①**this** : 결국 이 남자는 악당다운 점 보다는 영웅적인 점이 더 많다. scoundrel 악당
*명사가 형용사적으로 사용되면 관사가 생략된다. hero=heroic; scoundrel=~y;
②**that** : 아름다운 경치는 필설로 다할 수가 없다. *beyond description 이루 말할 수 없다

❺ - + - : *복수 가산명사에만 사용할 수 있는 한정사.
①**these** : 요즘 이런 종류의 책들은 구하기가 어렵다. come by =획득하다(obtain)
②**those** : 이것은 전 세계에 알려져 있는 그런 이야기들의 하나다.

3 후치 한정사① : 서수

❶ 서수

①He was **the first** man to notice it.
Tom is **the second** tallest boy in his class.
Habit is **a second** nature.
I could solve **the first three** problems with ease.

②관용적 용법
He is **second to none** in English in his class.
I fell in love with her **at first sight**.
On second thoughts he decided not to go there.
I will call you **the first thing** when I arrive there.

❷ 일반 서수

1. Another
①Will you have **another** cup of coffee?
The boy will be **another** Newton some day.
One man's meat is **another** man's poison.
②I need **another three** driving lessons before my test.
I need **another few** days before I make up my mind.

2. Other
①We have a meeting **every other** day.
Do you have any **other** questions?
I have no **other** way **than** to surrender.
②**The other three** passengers were women.
③I took Tom and **three other** children to the zoo.

3. Last　I had flu for **last** week.
I had flu for **the last** week.

4. Past　I haven't seen her during **the past** year.
I haven't written a book for **the past** three weeks.

5. Next　**Next** year will be more difficult.
The next year will be more difficult.

6. Further I have at this stage no **further** comment on them.
A **further** two hundred dollars is needed to buy it.

3 후치 한정사① : 서수

❶ 서수 (ordinal numerals) : *가산명사와 쓰이며 대개 기수에 앞선다.

①일반적인 형태 : *first second third fourth 등
그가 그것을 제일 처음 알아차린 사람이었다.
Tom은 자기 반에서 두 번째로 키가 큰 소년이다.
*the second tallest boy = the tallest boy but one; (but=except)
습관은 제2의 천성 (속담) *'a+서수'는 another의 뜻이다.
nature 자연;, 성질; 생리적 요구(Nature calls me);
나는 처음 3문제를 쉽게 풀 수 있었다. *'서수+기수'의 어순이 된다. *with ease =easily

②관용적 용법 :
***second/next to none** =the best 최고의; to는 비교의 전치사.
그는 영어에 있어서는 자기 반에서 최고다.
***at first sight** 첫눈에; 첫눈에 그녀에게 반했다. fall in love with ~와 사랑에 빠지다
***on second thoughts** 곰곰히 생각한 후에; 심사숙고한 후에 그 곳에 안 가기로 결정했다.
***the first thing** 제일 먼저; 그 곳에 도착하면 제일 먼저 너에게 전화하겠다.

❷ 일반서수 : *서수는 아니지만 서수의 기능을 하는 단어.

1. **Another :**
①*one more : 커피 한 잔 더 하시겠습니까?
*similar : 그 소년은 언젠가 제2의 Newton이 될 것이다.
*different : 갑의 약은 을의 독 (속담) poison 독
②another는 an+other이므로 복수명사가 올 수 없으나 기수나 few가 따르면 가능하다.
*수사 앞에 : 시험 전에 세 번 더 운전교습이 필요하다.
*few 앞에 : 결심하기 전에 며칠이 더 필요하다.

2. **Other :** *단수명사나 복수명사 앞에 둘 수 있다. 본래 비교급이므로 than을 수반할 수 있다.
①중심한정사 + other + 단수명사; 하루걸러 모임이 있다.
*every other day =every two days =every second day =on alternate days; 하루걸러
*중심한정사 + other + 복수명사; 다른 질문 있느냐?
*than과 결합, than=except의 뜻; *전치사 종류④ than(제외) 참조.
항복하는 것 외에는 다른 방법이 없다.
②the + other + 기수 : 나머지 3명의 승객은 여자였다.
③기수 + other : *the가 없는 경우로, 후치한정사(기수) + 중심한정사(other) 어순이 된다.
나는 Tom과 나머지 3명의 아이들을 데리고 동물원에 갔다.

3. **Last :** *시간 명사와 함께 쓰일 때 the가 오면 기간을 나타낸다.
나는 지난 주 동안 유행성 감기를 앓았다.
*last week =during the week before this week 지난 주 동안(일~토)
나는 최근 일주일 동안 유행성 감기를 앓았다.
*the last week =during seven days up to today 최근 7일간 (현재부터 소급적용)

4. **Past :** *시간 명사와 함께 쓰일 때 the가 오면 기간을 나타낸다.
나는 최근 1년 동안 그녀를 보지 못했다.
나는 최근 3주 동안 책을 쓰지 못했다.

5. **Next :** *시간 명사와 함께 쓰일 때 the가 오면 기간을 나타낸다.
*Next year= 내년(1/1~12/31); 내년은 더욱 어려워질 것이다.
*The next year; 지금부터 1년; 지금부터 1년은 더욱 어려워 질 것이다.

6. **Further :** *further=additional, more;
현 단계에서는 그것에 관한 더 이상의 언급은 없다
그 것을 구입하기 위해서는 200 달러가 더 필요하다. *중심+후치(서수+기수)

3 후치 한정사② : 기수

❶ **정수** 156=a hundred and fifty-six; 1,100=one thousand, one hundred
1,498=one thousand, four hundred and ninety-eight

❷ **소수** 12.34=twelve point three four .506=zero point five zero six

❸ **4칙** ①3+4=7 : 3 plus 4 equals seven. 3 added to 4 is seven.
: 3 and 4 are (is, make makes) seven.
②7-3=4 : 7 minus 3 equals 4. 혹은 3 from 7 leaves (is) 4.
③3×4=12 : 3 multiplied by 4 is 12. 혹은 3 times 4 is 12.
④12÷4=3 : 12 divided by 4 equals 3. 혹은 4 into 12 goes 3.
▶15 : 5 = 3 : 1 → 15 is to 5 as [what] 3 is to 1

❹ **연호**1066=ten sixty six; 971=nine seven one; 1600=sixteen hundred

❺ **전화 번호** 307-4922 : three o seven four nine two two (double two)
051 221-3282 : 0 five one, two two one, three two eight two

❻ **시각** the 8:35 a.m. train : the eight thirty-five a.m. train
the 10:05 p.m. train : the ten zero five p.m. train

❼ **화폐** (p)3.75 : three pounds seventy-five .23(c) twenty-three cents
$2.95 : two dollars ninety-five cents

❽ **무게** 10lb. 5oz : ten pounds five ounces
2kg 300g : two kilograms three hundred grams

❾ **면적** 12×15 : The room is twelve feet by fifteen feet
12×12 : The room is twelve feet by twelve feet

❿ **온도** 34℃ =thirty-four degrees Celsius
87℉ =eighty-seven degrees Fahrenheit
-15℃ =fifteen degrees below zero Celsius

⓫ **부정수** 1,000 odd won =1,000 여원
1,000 won odd =1,000원 남짓
1,000 won or so =1,000원 쯤
about fifty pounds =약50 파운드

⓬ **서수사 대신으로 쓰이는 기수사**
①Book 1=book one or the first book
②p.9=page nine or the ninth page
③No.10 =number ten or the tenth number
④Article 3 =article three
⑤Napoleon Ⅲ =Napoleon the third
⑥Chap.7 =chapter seven or the seventh chapter
⑦7월 4일 =the fourth of July or July the fourth or July four
⑧World War Ⅱ =World War two or the second World War
⑨Math. Ⅶ 12 =Matthew, chapter seven, verse twelve

5 후치 한정사② : 기수

❶ **정수 (a fixed number)** : *one two three ~.
❷ **소수 (decimals)** : *소수점 이하는 한자리씩 읽는다.
❸ **4칙** (the four arithmetic rules)
①덧셈 712+145=857 : seven hundred and twelve **plus** a hundred and forty five is eight hundred and fifty seven.
②빼셈 619-428=191 : Six hundred and nineteen **minus** four hundred and twenty eight equals a hundred and ninety one.
③곱셈 17×381=6477 : 17 **multiplied by** 381 equals 6477
17 **times** 381 is (makes) 6477
3×4=12 *Three **multiplied** by four equals twelve.
*Three **times** four is twelve.
*Three **by** four is twelve.
*Three fours are twelve.
④나눗셈 261÷9=29 : 261 **divided by** 9 equals 29
A : B = C : D A is to B what(=as) C is to D
15 : 5 = 3 : 1 15 is to 5 as(=what) 3 is to 1
❹ **연호 (the name of era)** : *두 자리씩 끊어 읽는다.
1600=sixteen hundred or sixteen nothing
2009년 : two thousand and nine
❺ **전화 번호 (telephone number)** : *한 자리씩 끊어 읽는다.
*겹치는 경우는 double로 읽을 수 있다.
❻ **시각 (time)** : the 8:35 a.m. train; the eight thirty-five a.m. train
the 10:05 p.m. train; the ten five p.m. train
❼ **화폐 (money)** : *a five-dollar note 5달러짜리 지폐
*$0.95 or .95(c) : ninety five cents
❽ **무게 (weight)** : 10lb. 5oz : ten pounds five ounces
2kg 300g : two kilograms three hundred grams
❾ **면적 (area)** : *영어에서 '세로 x 가로' 순으로 나타낸다.
12×15 : The room is twelve feet by fifteen feet
12×12 : The room is twelve feet by twelve feet
❿ **온도 (temperature)** :
섭씨 : Celsius; 화씨 : Fahrenheit; 도 : degree
⓫ **부정수(unfixed number; 不定數)** : *일정하게 정해지지 않는 수
*1,000 **odd** won =1,000여 원 *1,000 won **odd** =1,000원 남짓
*1,000 won **or so** =1,000원 쯤 ***about** fifty pounds =약50 파운드
⓬ **서수사 대신으로 쓰이는 기수사** : *명사 뒤에 둔다.
①Book 1 =book one or the first book 1권
②p.9 =page nine or the ninth page 9페이지
③No.10 =number ten or the tenth number 10번
④Article 3=article three 제3조
⑤Napoleon Ⅲ =Napoleon the third 나폴레옹 3세
⑥Chap.7 =chapter seven or the seventh chapter 7장
⑦7월 4일 =the fourth of July or July the fourth or July four
⑧World War Ⅱ =World War two or the second World War 2차 세계대전
⑨Math. Ⅶ 12 =Matthew, chapter seven, verse twelve 마태복음 7장 12절
※ **0의 읽기**
The result of the match is 5-0. (five nill 혹은 five to nothing)
Tom leads by 30-0 (thirty love) in the first game of the first set.

3 후치한정사③ : 단일형 수량사

❶ Many

①**Many** people die of lung cancer nowadays.

②**Many a** man has made a considerable fortune.

He made ten spelling mistakes in **as many** lines.

Oranges are sold at **so many** for 1,000 won.

The lamps shone **like so many** stars.

❷ Several

I take in **several** newspapers lest I should fall behind the times.

There have been **several** calls for you during your absence.

He keeps himself fit by running **several** miles every day.

❸ Few

①**Few** people are able to understand this poem.

Can you spare me **a few** minutes of your valuable time?

②**Only a few** people attended the meeting.

You have **but few** chances of success.

The basket had **quite a few** rotten apples in it.

There were **a good few** copies sold on the first day.

❹ Much

①**Much** time has been spent on this project.

I didn't have **much** time finding your house.

②I was not surprised at all, for I had expected **as much.**

Apples are sold at **so much** a piece.

The snow on the mountain looked **like so much** sugar.

That is **as much as to say** that I am a liar.

He went away **without so much as** saying goodbye to me.

He is **not so much** a scholar **as** a statesman.

❺ Little

①He gained **little** advantage from the scheme.

②**A little** care would have prevented the accident.

He has **very little** knowledge of chemistry.

We have **not a little** snow in winter.

3 후치 한정사③ : 단일형 수량사

▶**수**(many several few)와 **양**(much little)을 나타내는 단일형 한정사

❶ Many :

①일반적 : 요즘 많은 사람들이 암으로 죽는다.
②관용적 :
ⓐ**many a + 단수명사 : ***단수 취급; 많은 사람들이 상당한 재산을 모았다.
ⓑ**as many : *동수** 10줄에서 10개의 철자 실수를 했다.
ⓒ**so many : *막연한 수** 오렌지는 1000원에 몇 개로 팔린다.
ⓓ**like so many =as so many** : *as, like 다음에는 as가 so로 바뀜.
*so many=as many 이론상으로 lamp의 개수와 별의 개수는 같다.
등불들은 마치 별처럼 빛났다.

❷ Several : *a few보다는 많고 many보다는 적다. 보통 7~8정도

나는 시대에 뒤떨어지지 않기 위하여 여러 개의 신문을 구독한다. take in 구독하다
당신이 안 계신 동안에 여러 통의 전화가 왔었다.
매일 수 마일을 달림으로써 건강을 유지한다.

❸ Few :

①이 시를 이해할 수 있는 사람은 거의 없다.
당신의 귀중한 시간을 좀 할애해 주겠습니까?
②단지 극소수의 사람만이 그 모임에 참가했다. a few=some few
그가 성공할 가능성은 거의 없다. *Only a few =but few =so few =very few : 극히 소수의
바구니 안에는 썩은 사과가 꽤 많다.
*quite a few =not a few =no few =a good few : 꽤 상당수의
첫 날에 꽤 많은 부수의 책들이 팔렸다.

❹ Much :

①이 프로젝트에 많은 시간을 소비했다. 너의 집을 찾는데 많은 시간이 들지 않았다.
②관용적 :
ⓐ**as much** : *같은 양 나는 조금도 놀라지 않았다. 그 정도는 예상했다.
ⓑ**so much** : *막연한 양 사과는 개당 얼마씩에 팔린다.
ⓒ**like so much =as so much** : *as, like 다음에는 as가 so로 바뀜.
so much=as much 이론상 눈의 양과 설탕의 양은 같다.
ⓓ**as much as to say** : *(마치) ---라고나 하려는 듯이.
그것은 마치 내가 거짓말쟁이라고 말하는 것과 같다.
ⓔ**without so much as** : *~조차도 없이; 나에게 작별인사도 없이 가버렸다.
ⓕ**not so much A as B** : *A라기보다는 오히려 B다.
※He is **not so much** a scholar **as** a statesman.
=He is **not** a scholar **so much as** a statesman.
=He is **less** a scholar **than** a statesman.
=He is a statesman **rather than** a scholar. (B rather than A)
=He is **more of** statesman **than** a scholar. (more of B than A)

❺ Little : *a가 없으면 부정적 의미.

①그 계획에서 그가 얻은 이득은 거의 없다. scheme 계획; 개요; 음모;
②관용적 :
ⓐ**a little** : =some little; 조금만 주의를 했었더라면 그 사고를 예방했을 텐데.
*가정법 과거완료(would have prevented)로 보아 A little에 조건절이 포함되어 있다.
ⓑ**only a little** : *=but little =very little =so little;
그는 화학에 관해서는 아는 것이 거의 없다.
ⓒ**not a little** : *=no little =quite a little =a good little; 겨울에는 적잖은 눈이 온다.

3 후치한정사④ : 복합형 수량사

❶ Many의 대용어

①a good many =a great many

A good many houses were burnt to ashes.

There were a great many boys in the ground.

②a great number of =a large number of =any number of

A great number of sightseers visit Jeju.

A large number of people attended the funeral.

There are any number of good restaurants to choose from.

③a host of =hosts of

We are faced with a host of difficulties.

He has hosts of Korean friends.

❷ Much의 대용어

①a large amount of =large amounts of =any amount of

A large amount of money is spent on tobacco every year.

Large amounts of money are spent on the bridge.

There's been any amount of research on the subject.

②a good deal of =a great deal of

He has spent a good deal of money on books.

We need a great deal of oil this year.

❸ Many-Much의 대용어

①a lot of There are a lot of peddlers in that city.
The car consumes a lot of fuel.

②lots of There were lots of acorns under the oak tree.
Mother spent lots of money on her clothes.

③plenty of There are plenty of eggs in the refrigerator.
That tree yields plenty of fruit.

④a large quantity of

The factory stored a large quantity of explosive chemicals.

A large quantity of beer is on the table.

He owns quantities of books. He has quantities of money.

3 후치한정사④ : 복합형 수량사

❶ Many의 대용어

①a good many : =a great many

많은 집들이 불에 타서 재가 되었다.

ash 재; (pl)유골; as pale as ashes 새파랗게 질려; Fuel oil leaves no ash.

운동장에는 많은 소년들이 있었다.

②a great number of : =a large number of =any number of :

*a great/large number, any number는 복수 취급. *number는 '다수', '약간'이라는 뜻.

많은 관광객들이 제주도를 방문한다.

많은 사람들이 그 장례식에 참석했다. funeral 장례; 장례식; attend a ~ 장례에 참여하다

*any number : 꽤 많이(quite a few); 우리들이 고를 수 있는 많은 좋은 식당들이 있다.

③a host of : =hosts of;

*a host는 복수 취급. *host 무리, 떼(large number of);

우리들은 많은 어려운 일들에 직면해 있다.

*face ~에 면하다; ~을 향하다; 용감하게 맞서다(brave); 대항하다(confront);

그는 많은 한국인 친구들이 있다.

*A host of unwelcome thoughts were pressing in on him.

*Too much drink can lead to a host of ills.

❷ Much의 대용어

①a large amount of : =large amounts of =any amount of; *amount 양, 액(額)

해마다 많은 양의 돈이 담배에 소비되어진다.

많은 돈이 다리에 들어간다. 그 주제에 관해 많은 연구조사가 있었다.

②a good deal of : =a great deal of

*a good/great deal은 단수 주어. *deal 분량, 다량.

*There **was a great deal of dust** in the new house.

*A good **deal of water has** flowed under the bridge since then. 발음듣기

그는 책에 많은 돈을 쓴다. 올해 많은 양의 석유가 필요하다.

❸ Many와 Much의 대용어

①a lot of : *a lot이 주어인 경우, 술어동사는 of 다음에 단수/복수에 따른다. *lot 많음, 듬뿍

*There is a lot of storage space in the loft.

*A lot of people are coming to the meeting.

저 도시에는 행상인들이 많다. peddler 행상인

그 차는 많은 양의 연료를 소비한다. fuel 연료; ~에 연료를 공급하다

②lots of : *lots가 주어인 경우, 술어동사는 of 다음의 단수/복수에 따른다.

*There **was lots** of **food** left over.

*There **is lots** of **legroom** in this car.

***Lots** of **people** who have lost their jobs **are** starting to feel the pinch.

굴밤나무 아래에는 많은 도토리가 있었다. acorn jelly 도토리묵;

우리 어머니는 그녀의 옷에 많은 돈을 쓴다.

③plenty of : *plenty가 주어인 경우, 술어동사는 of 다음의 단수/복수에 따른다.

*There **is plenty of work** to be done in the garden.

*There **are plenty of graduates** anxious for work.

냉장고에는 많은 계란이 있다. 저 나무는 많은 열매가 연다.

④a large quantity of =large quantities of;

*quantity/quantities는 '다량, 다수, 많음'의 뜻.

*quantity는 단수 취급. quantities는 복수 취급.

*A large quantity of radioactivity was detected.

*Large quantities of cotton are entered at the port.

그 공장은 많은 양의 폭발성 화학물질을 저장했다. 테이블 위에는 많은 맥주가 있다.

그는 많은 책을 소유하고 있다. 그는 많은 돈을 가지고 있다.

어법 문제 ①

❶ 같은 의미가 되도록 괄호 안에 적당한 단어를 써라.

1. I have twice as many books as he has.
   =I have twice the (   ) of books as he has.
2. I have three times as much money as he has.
   =I have three times the (   ) of money he has.
3. His room is as large again as her room.
   =His room is (   ) as large as her room.
4. This pagoda is half as high again as that one.
   =This pagoda is (   ) and a half as high as that one.

❷ (   )안에 알맞은 말을 써 넣으시오.

1. (   ) little food is better than none.
2. (   ) miller draws water to his own mill.
3. I go to the dentist's (   ) other day.
4. There were roses on (   ) side of the road.
5. (   ) day or other you will have to repent of it.

❸ (   )안에 주어진 철자로 시작되는 알맞은 말을 써 넣으시오.

1. One man's meat is (a   ) man's poison.
2. The boy will be (a   ) Newton some day.
3. If (o   ) means fail, we shall resort to force.
4. It is (n   ) to impossible to satisfy all their demands.
5. He is second (t   ) none in math in his class.

❹ 다음을 영어로 표현하라

1. 3.67	**2.** 1984년	**3.** 32℃	**4.** 2/5(분수)
5. 11:57(시각)	**6.** 7-3=4	**7.** 3×4=12	**8.** 12÷4=3
9. 3:4=6:8	**10.** 12×15(면적)	**11.** Chapter 7	**12.** Luke Ⅶ 12

❺ 어순으로 배열하라.

1. (those large three beautiful) buildings belong to our school.
2. I can't understand (the three first) lines of this paragraph.
3. (my first half new) salary is almost spent.
4. (both these last two) days were hectic.
5. (all the little Danish) butter I had is gone.

해답

❶ 1.number 2.sum 3.twice 4.one
❷ 1.A 2.Every 3.every 4.either 5.Some
❸ 1.another 2.another 3.other 4.next 5.to
❹ 1.three point and six seven 2.nineteen eighty four 3.thirty-two degrees Celsius 4.two fifths 5.eleven fifty seven 6.three from seven is four 7.three times four is twelve 8.four into twelve is three 9.three is to four what/as six is to eight 10.twelve by fifteen 11.Chapter seven 12.Luke, chapter seven, versus twelve
❺ 1.Those three large beautiful 2.the first three 3.Half my first new 4.Both these last two 5.All the little Danish

어법 문제 ②

◆ 밑줄 친 곳에 알맞은 것은?

1. All steam engine work for the same reason; steam occupies more than 1,700 times _______ the water from which it comes.
   ① of the space of much of ② much of the space
   ③ with as much space ④ as much space as

2. In Sweden, all real estate belongs to the crown, and there is _______ as private land.
   ① as not owners ② no such thing
   ③ not private owners ④ as private owners

3. If people really know how much harm liquor does to their body, I doubt if _____ people would drink it.
   ① few ② no ③ any ④ some ⑤ none

4. Since he has bought a big house, he will have to buy _____ furniture.
   ① many ② a lot of ③ a few ④ quite a few ⑤ many a

5. "Martha seems quite unpopular."
   "She has ______ friends, if any at all."
   ① a little ② few ③ only a few ④ little ⑤ a few

6. "That exam will be on the first half of the book."
   "This means we will have to finish ______."
   ① fifteen chapter ② fifteen chapter
   ③ chapter fifteen ④ chapter fifteen

7. ________ ants live in the cavities or hollow stems of plants.
   ① Many ② Many of ③ Are many ④ There are ⑤ Much

8. ________ engineering projects use mathematics extensively.
   ① All ② An ③ Every ④ Any ⑤ Each

해답

1. ④; 배수 as ~ as 구문
2. ②; 전치한정사+중심한정사이나, such는 no such임. such~ as 구문
3. ③; 부정어(hardly, never, seldom, without)나 의심(doubt)에 관한 단어 if(=whether) 가 있으면 any를 사용한다.
4. ②; furniture는 물질 명사적 집합명사로 불가산 명사이다. 양으로 취급. 수, 양 모두 쓸 수 있는 한정사인 a lot of가 맞다
5. ②; 문맥상 부정의 뜻이어야 하고 또 가산명사(friends)를 한정해야 하므로 few이다.
6. ③; chapter fifteen = the fifteenth chapter
7. ①; many가 대명사로 사용되면 'Many of+한정사+명사' 구문을 취한다.
8. ①; 복수 명사 앞에 올 수 있는 것은 all, any이나 긍정문에 사용되는 any는 양보의 뜻

어법 문제 ③

◆ 밑줄 친 곳에 알맞은 것은?

1. Please return _______ by tomorrow.
   ① both these books ② two these books
   ③ these both books ④ both two books

2. During the Middle Ages, milk in any form was _____ a luxury that cheese and soured creams were sometimes given as wages.
   ① like ② so ③ such ④ as ⑤ very

3. Although the hurricane swept this town, _______ was done.
   ① a little damage ② a few damage ③ few damages
   ④ little damage ⑤ small damage

4. The Olympic Games are held _______ .
   ① every fourth years ② every four year
   ③ after four years ④ every fourth year

5. 6 : 9 = 2 : 3을 영어로 옮기면?
   ① Six double point equal two double point three.
   ② Six is to nine as two is to three.
   ③ Six are to nine what two are to three.
   ④ Six point nine is two point three.

6. 각 항을 옳게 읽은 것은?
   ① $9\frac{5}{7}$: nine and fifth-sevens
   ② 0.25 : nought decimal twenty-five.
   ③ 9×4=36 : nine multiplied four is thirty-six
   ④ (the year) 1900 : nineteen, nought nought
   ⑤ y^2 : y squared

7. '1/2 +1/3은 5/6다'의 옳은 영역은?
   ① A half and third one makes five six.
   ② A half and a third makes fifth-six.
   ③ A half and a third makes five-sixths
   ④ A half and a third makes five-six.

해답

1. ①: '전치한정사+중심한정사' 어순 both에는 two의 뜻이 있다.
2. ③: such ~ that 구문
3. ④: little은 부정적인 의미다.
4. ④: every fourth year= every four years
5. ②: A is to B what(as) C is to D
6. ⑤: ①nine and five→sevenths ②nought point two five ③ by four ④hundred
7. ③: 분자→기수, 분수→서수, 분자가 복수이면 분모를 복수로 한다.

어법 문제 ④

1. 밑줄 친 부분과 가장 가까운 뜻을 가진 것은?
   Quite a few people came to the meeting yesterday.
   ① few ② very few ③ only a few ④ not very many ⑤ many

2. 다음 왼쪽의 주어진 말을 잘못 읽은 것은? (2~3)
   ① 3.14 : three point one hour
   ② 3/5 : five-thirds
   ③ 4월 5일 : April the fifth;
   ④ 1988년 : nineteen eighty-eight
   ⑤ 25,210 : twenty-five thousand two hundred and ten.

3. ① 9:50 : nine fifty a.m.
   ② 3+4=7 : Three and four is seven.
   ③ p.153 : page one five three.
   ④ 15℃ : fifteen degrees Celsius.
   ⑤ (전화번호)345-6961 : three hundred and forty five, six thousand nine and sixty one.

4. 다음에서 문법적으로 잘못이 없는 것은?
   ① Look at the asleep baby.
   ② He spends as many money as I do every day.
   ③ She has few friends.
   ④ Hundred of passengers were injured in the accident.
   ⑤ There are little sunny days in England.

5. 밑줄 친 곳에 알맞은 것은? (5~7)
   _________ of the earth's surface is water.
   ① Three-fourth ② Three-four ③ Three-fourths
   ④ Three four ⑤ Third fourth

6. When is your physical examination? It's on Tuesday _______ .
   ① first August ② one August ③ the one of August
   ④ the first of August ⑤ August of one

7. How long did you wait? I waited there ten minutes; that seemed ____ hours to me.
   ① very much ② as much ③ as many ④ as few ⑤ as little

해답

1. ⑤; 2. ②; three-fifths 3.⑤;
4. ③; ①asleep-sleeping; ②many-much; ④Hundred-Hundreds; ⑤little-few;
5. ③; 6. ④; 7. ③;

어법 문제 ⑤

◆ **Choose the one which is grammatically wrong.**

1. Either(①) humans and animals learn by(②) experience, and what is learned influences(③) the planning and carrying out(④) of simple action.

2. Some the(①) large paper-making(②) machines can produce more than two million pounds of(④) paper in a single day(④).

3. The international(①) Olympic Games, regarded as the world's most prestigious(②) athletic competition, take place(③) once every the four(④) years.

4. The offset process offers(①) several advantages(②) over(③) another(④) types of printing.

5. The term 'aggressive behavior' is used in so different ways(①) that no single(②) definition can possibly(③) cover all of its meanings(④).

6. Generally(①) speaking, tax returns must be filed annually(②), but in few cases(③) they must be submitted every six months(④).

7. In northern(①) temperature regions, much(②) deciduous trees lose(③) their leaves in(④) the autumn.

해답

1. ①; and로 미루어 either대신에 both를 사용해야 한다.
2. ②; some 과 the는 같은 중심한정사로 같이 사용 못함. the를 없앤다.
3. ④; every four years= every fourth year
4. ④; another 다음에는 단수명사가 와야 한다. another 대신에 other를 사용
5. ①; such+형용사+복수명사
6. ③; 문맥상 긍정의 뜻이므로 in a few cases
7. ②; trees로 보아 much 대신에 many를 사용해야 한다.

어법 문제 ⑥

❶ (A) (B) (C)의 각 밑줄 친 것에서 어법에 맞는 표현을 골라 짝지은 것은?
The jobs that (A) most/almost companies are doing with information today would have been impossible several years ago. At that time, getting rich information was very expensive, and the tools for (B) analysis/analyzing it weren't even available until the early 1990s. But now the tools for the digital age give us a way to easily get, share, and (C) act/acting on information in new ways.

	(A)	(B)	(C)
①	most	analysis	acting
②	almost	analyzing	act
③	most	analyzing	act
④	almost	analysis	acting
⑤	most	analysis	act

❷ 밑줄 친 부분 중 어법상 틀린 것은?
It was intended that Newton ① should carry on running the family farm. However, on the farm he spent most of his time doing ② nothing but scientific experiments. His mother, ③ noticing this, wisely resolved to send him to the college at Cambridge. At Cambridge he seems, however, to have had only ④ few interest in other subjects except science and mathematics. He ⑤ kept a diary, and we can thus get a fair idea of the course of his education at the college.

❸ 밑줄 친 (A), (B), (C)에서 어법에 맞는 표현으로 가장 적절한 것은?
The first thing I notice upon entering this garden is that the ankle-high grass is greener than (A) that/ those on the other side of the fence. Dozens of wildflowers of countless varieties cover the ground to (B) both/ either sides of the path. Creeping plants cover the polished silver gate and the sound of bubbling water comes from somewhere. The perfume of wildflowers (C) fill/ fills the air as the grass dances upon a gentle breeze. A large basket of herbs rests against the fence to the west. Every time I walk in this garden, I think, "Now I know what it is like to live in paradise."

	(A)	(B)	(C)		(A)	(B)	(C)
①	that	both	fill	②	that	both	fills
③	that	either	fills	④	those	either	fill
⑤	those	either	fills				

해답

❶ ③; (A)company를 한정하는 한정사가 필요하다. almost는 부사; (B)for의 목적어이면서 동시에 it라는 목적어를 취할 수 있어야 하므로 동명사; (C)병렬구조이므로 동사원형
❷ ④; 문맥상 거의 흥미를 가지지 않았으므로 few는 a little로 고쳐야 한다.
only a little =but little =so little =but little
❸ ②; (A)ankle-high를 받으므로 that; (B)복수(sides)가 따르므로 both; (C)주어가 The perfume이므로 동사는 fills이어야 한다.

영작 문제

❶ Put the following into English.
1. 모든 물질은 원자로 이루어져 있다.
2. 거리 양쪽에는 벚꽃나무들이 있다.
3. 변변치 못하지만 내 차를 사용해도 좋습니다.
4. Seoul은 부산의 크기의 3배다.
5. 이 다리는 저 다리보다 길이가 4배다.
6. 그는 그의 아내의 몸무게의 2배다.
7. 그는 그의 아내의 몸무게의 1배반이다.
8. 그는 하루걸러 일하러 간다.
9. 남의 말도 석 달.
10. 길 어느 쪽에도 집은 없었다.

❷ Put the following into English.
11. 그는 처음 세 문제를 쉽게 풀었다.
12. 그는 수학에 있어서는 그의 반에서 최고다.
13. 커피 한 잔 더 하시겠습니까?
14. 나는 최근 1년 동안 그를 만나지 못했다.
15. 3 곱하기 4는 12다.
16. 그는 열 줄에서 열 개의 철자 실수를 했다.
17. 사과는 개 당 얼마씩에 팔린다.
18. 많은 사람들이 그 장례식에 참석했다.
19. 해마다 많은 양의 돈이 담배에 소비되어진다.
20. 이 도시에는 많은 행상인들이 있다.

해답

❶
1. All substances are made of molecules.
2. There are cherry trees on both sides of the street.
3. You may use my car such as it is.
4. Seoul is three times as large as Busan.
5. This bridge is four times as long as that one.
6. He is as heavy again as his wife. He is twice as heavy as his wife.
7. He is half as heavy again as his wife.
8. He goes to work every other day. *every two days =every second day
9. A wonder lasts but nine days.
10. There were any houses on neither side of the road.

❷
11. He could solve the first three problems with ease.
12. He is second to none in mathematics in his class.
13. Would you have another cup of coffee?
14. I haven't seen him for the last year.
15. Three multiplied by four is twelve. 3 times 4 is twelve.
16. He made ten spelling mistakes in as many lines.
17. Apples are sold at so much a piece.
18. A large number of people attended the funeral.
19. A large amount of money is spent on the bridge.
20. There are a lot of peddlers in this city.

2장 한정사Ⅱ: 관사

*관사(a/an, the)는 중심한정사이지만 그 취급범위가 넓어 별도의 장으로 취급한다.

1 종류

1. 부정관사(a/an)
2. 정관사(the)

2 위치

1. 관사 + 형용사 + 명사
2. 전치한정사 + 관사 + 형용사 + 명사
3. 관사 + 부사 + 형용사 + 명사

3 반복과 유무

1. 반복
2. 유무

4 생략

1. 구문 기준
2. 일상생활 기준

1 종류① : 부정 관사(A/An)

❶ 의미

①One

A bird in the hand is worth two in the bush.

Rome was not built in **a** day.

②Per

Take this medicine three times **a** day.

My watch gains 3 minutes **a** day.

③Same

Birds of **a** feather flock together.

The twins are much of **a** size.

④Some

I could understand the situation to **a** degree.

Oil painting looks better to **a** distance.

⑤Any

An oak tree is harder than a pine tree.

An ostrich cannot fly.

⑥Such

He is not **a** man to take bribes.

She is **a** woman that must be treated kindly.

⑦Certain

A Mr. Brown called on you during your absence.

Birth, in **a** sense, is the beginning of death.

⑧Another

He asked for **a** second helping.

He made **a** second visit to Dr. Einstein.

❷ 관용적 용법

as a rule, as a whole, at a glance, at a loss,

for a while, in a hurry, in a moment, in a row,

❸ A [An]의 사용기준

①A : a European, a ewe, a useful animal, a UFO, a used car

②An : an 18th century, an heir, an honest man, an M.P., an SOS

1 종류① : 부정 관사(a/an)

❶ 의미

①one(하나) :
손 안에 있는 한 마리의 새는 숲속의 두 마리 새의 가치가 있다.
로마는 하루아침에 이루어진 것이 아니다. (속담)(큰일은 일조일석에 되지 않는다)
*You shall read **a** page by turns. =I **will let** you read a page by turns.
너희들로 하여금 차례로 일 페이지씩 읽게 하겠다. by turns.차례로
***A** stitch in time saves nine. stitch 한 바늘; 꿰매어 꾸미다
제때의 한 바늘이 뒤의 아홉 바늘을 던다.(속담)

②per(마다) :
이 약을 하루에 3번 복용하라. '측정명사+측정명사'의 형태
내 시계는 하루에 3분 빠르다. gain≠lose
*Apples are sold at so much **a** piece. 사과는 개당 얼마씩에 팔린다.
*so much : 얼마(막연한 양에 쓰임); *at는 속도, 금액, 가격에 쓰임

③same(동일한) :
같은 종류의 깃털을 가진 새는 함께 모인다.(類類相從).
그 쌍둥이는 크기가 거의 같다. *much of a size 거의 같은 크기의
*Two of **a** trade never agree. (속담) 장사 샘이 시앗 샘. trade 무역, 교역, 직업, 고객
*The store has a lot of trade. 그 가게는 고객이 많다.
*He is a mason by trade. 그는 직업이 목수다.

④some (약간의) :
나는 어느 정도 그 상황을 이해할 수 있었다. to a degree 다소, (구어)꽤; 몹시
유화는 어느 정도의 거리에서 보면 더 좋게 보인다.

⑤any :
참나무는 소나무보다 더 단단하다. (종족 대표)
타조는 날 수 없다.
*You look your best in **a** dress of that color. *긍정문에서 any는 양보의 뜻
너는 저 색깔의 아무 옷을 입어도 제일 돋보인다.

⑥such/so :
그는 뇌물을 받을 그런 사람이 아니다.
bribe 뇌물; give[offer] a ~ 뇌물을 주다; take[accept] a ~ 뇌물을 받다.
그녀는 대단한 여자라서 친절하게 대접을 받아야 한다.

⑦certain(어떤) :
Brown이라는 분이 당신의 부재중에 방문했습니다. during one's absence 부재중에
출생은 어떤 의미로는 죽음의 시작이다.

⑧another :
그는 한 그릇 더 요구했다. helping 도움, (음식물의)한 그릇
그는 Einstein 박사를 또 한 번 방문했다.

❷ 관용적 용법

as a rule 대개	as a whole 전체적으로	at a glance 첫눈에
at a loss 당황하여	for a while 잠시 동안	in a hurry 급히
in a moment 순식간에	in a row 연달아	on an average 평균하여
on a sudden 급히	to a degree 어느 정도	with a view to ~ 할 목적으로

❸ A/An의 사용기준 : *발음 기준

①A : a European; a ewe 암양; a useful animal; a used car 중고차
a UFO(Unidentified Flying Object) 미확인 비행물체

②An : an 18th century edition 18세기 판; an heir 상속인; an honest man
an M.P. 헌병(a Military Police); an SOS

2 종류② : 정관사(The)

❶ 이미 나온 것이 반복될 때
One day **a wolf** came to a brook and **the** wolf saw a ewe by it.
He built **a house** and painted **the** roof red.

❷ 주위 상황으로 알 수 있는 경우
I went to **the** station to see my friends off.
Would you mind my opening **the** window?

❸ 한정 또는 제한을 받을 때
The Smith you are looking for no longer lives here.
The water in this well is good to drink.

❹ 유일무이한 경우
The moon peeped out from behind the clouds.
The earth revolves round the sun once a year.

❺ 총칭(동식물의 특성), 총괄
The owl cannot see well in the daytime.
They are **the** students of our school.

❻ 계량의 단위
Sugar is sold **by the pound**.
Sugar is sold at so much **to the pound.**

❼ 속담, 악기의 연주, 기계의 발명
The shoemaker's wife goes barefoot.
He can play **the violin** very well.

❽ 부분 (신체, 사물)
①잡다 He took me **by the hand.**
Someone pulled me **by the sleeve**.
②보다 He looked me straight in the face.
Poverty stared him **in the face.**
③때리다 He pattered me **on the back** in a friendly way.
He touched her **on the shoulder**.

❾ 최상급, 서수, last, the only, the same
Man is **the only** animal that can think and speak.
He is **the last** man to desert a friend in need.

1 종류② : 정관사(The)

❶ 이미 나온 것이 반복될 때
어느 날 늑대 한 마리가 개울에 갔다. 그 늑대는 개울가에서 암양 한 마리를 보았다.
sheep양 ewe암양 ram숫양 lamb새끼 양 wether거세한 양 mutton양고기
그는 집을 지어서 그 지붕을 붉게 칠했다.

❷ 주위 상황으로 알 수 있는 경우
나는 내 친구를 배웅하기 위하여 역에 갔다. see ~ off 배웅하다 ≠ meet 마중하다
제가 창문 좀 열어도 되겠습니까? =Would you mind if I opened the window?

❸ 한정 또는 제한을 받을 때
당신이 찾고 있는 Smith는 이제는 이곳에 살지 않는다.
이 우물에 있는 물은 마시기에 좋다. good to drink =potable
well ㊔우물 cf. spring ㊍건강한 ㊏솟아오르다

❹ 유일무이한 경우
달은 구름 뒤로부터 살며시 얼굴을 내밀었다.
지구는 일 년에 한 번 태양 주위를 돈다. cf. rotate자전하다
*a/an을 붙여서 상태를 나타낸다. a full moon보름달 a red sun붉은 태양
solar태양의 lunar달의 stellar별의 terrestrial지구의 celestial하늘의

❺ 총칭(동식물의 특성), 총괄
올빼미는 낮에는 잘 보지 못한다. 그들은 우리학교의 전체 학생이다.

❻ 계량의 단위
설탕은 파운드 단위로 팔린다. *He hired a taxi **by the hour.**
설탕은 파운드당 얼마에 팔린다. *Today's rate is 1000 won **to the dollar**.

❼ 속담, 악기의 연주, 기계의 발명
구두장이 마누라는 맨발로 다닌다.(속담)
그는 바이올린을 매우 잘 연주할 수 있다.

❽ 부분 (신체, 사물)
①잡다 : *catch잡다; drag끌다; grab움켜잡다; grasp붙잡다; grip꽉잡다; hold잡다; lead이끌다; pull 잡아당기다; seize잡다;
그는 내 손을 잡았다. 누군가가 나의 소매를 잡았다.
②보다 : *look stare응시하다
그는 나의얼굴을 빤히 쳐다보았다.
가난이 그의 얼굴을 응시했다. (얼굴에 가난이 드리워져 있었다.)
③때리다 : *batter때리다; clap철석 때리다; hit치다; kiss키스하다; nudge슬쩍 밀다; pat가볍게 때리다 shake흔들다; slap찰싹 때리다; smack세게 때리다; strike치다; tap가볍게 치다; touch만지다;
그는 다정하게 나의 등을 때렸다. 그는 그녀의 어깨를 만졌다.

❾ 최상급, 서수, last, the only, the same
인간은 생각하고 말할 수 있는 유일한 동물이다. the only=the sole
그는 곤경에 처한 친구를 결코 버릴 사람이 아니다.
the last 결코 ~하지 않는, desert ㊏버리다(abandon), in need. 곤경에 처한
*Seoul is **the largest** city in Korea. Seoul은 한국에서 제일 큰 도시다.
*The twins look exactly **the same**. 그 쌍둥이는 정말 똑같아요.
*His office is on **the second** floor. 그의 사무실은 2층에 있다.

2 관사의 위치, 반복, 유무

❶ 위치

1. **관사+형용사+명사**
   The tall man is an assiduous worker.
2. **전치한정사+관사(중심한정사)+형용사+명사**
   ①**All the** students of this school are very diligent.
   ②We had **such a good** time at the seaside.
   ③He did the work in **one third** the time it took me.
   ④Africa is **four times** as large as Europe.
3. **관사+부사+형용사+명사**
   A very tall man is waiting for the bus.
   The fairly old man is the very famous pianist.
4. **예외**
   ①He made **quite an** effort. That's **rather a** nuisance.
   She is **quite a** pretty girl. =She is **a quite** pretty girl.
   ②Such a hard work cannot be done in **so short a** time.
   It is **too nice a day** to stay inside.
   How beautiful a flower you have!

❷ 반복

①**A black and white rose** is in full bloom.
②**The king and queen** were present at the meeting.
③**A needle and thread** was found on the floor.

❸ 유무

①The bridge is **in course of** construction.
He fell asleep **in the course of** discussion.
②He is a man **of moment** in our company.
The decision **of the moment** is of moment to your business.
③It is **out of question** that he will succeed in the business.
Such a great success is nearly **out of the question**.
④The accident **took place** a couple weeks ago.
Who will **take the place** of the president?
⑤We are a bit **behind time** today.
The law is **behind the times** on a number of important issues.

2 관사의 위치, 반복, 유무

❶ 위치(位置)

1. **관사 + 형용사 + 명사**
   저 키 큰 사람은 근면한 일꾼이다.

2. **전치한정사 + 관사(중심한정사) + 형용사 + 명사**
   ①all both half : 이 학교의 모든 학생들은 매우 부지런하다.
   ②such what : 우리들은 해변에서 아주 즐거운 시간을 보냈다.
   ③분수 : 그는 내가 걸리는 시간의 1/3만에 그 일을 해냈다.
   ④배수 : 아프리카는 유럽의 4배다.
   *There is many a slip between the cup and lip.
   다 끝내기까지 방심은 금물이다; 입에 든 떡도 넘어가야 제 것이다.(격언)

3. **관사(중심한정사) + 부사 + 형용사 + 명사**
   한 키 큰 사람이 버스를 기다리고 있다.
   꽤 나이가 든 남자가 바로 그 유명한 피아니스트이다.

4. **예외**
   ①quite/rather + a + (형용사) + 명사 =혹은 a + quite/rather) + 형용사 + 명사
   그는 대단한 노력을 했다. 그것은 꽤 성가신 일이다.
   그녀는 대단히 예쁜 소녀다.
   *She has rather a good voice. =She has a rather good voice.
   그녀는 꽤 좋은 목소리를 가지고 있다.
   ②so, as, too, how, however, no less, just, much + 관사(중심한정사) + 형용사 + 명사
   그렇게 어려운 일은 그렇게 짧은 시간에 해 낼 수 없다.
   날씨가 너무 좋아서 실내에 있을 수 없다. 너 정말 멋진 꽃을 가지고 있구나!
   *However cold a day it may be, my father takes a cold bath.
   날씨가 아무리 추워도 나의 아버지는 냉수욕을 하신다.

❷ 반복(反復)

①동일인, 동일물인 경우 :
검고 하얀 장미 한 송이가 만개해 있다.
*The secretary and typist is Miss Kim. 비서 겸 타자수는 김양이다.
②혼동의 염려가 없는 경우 :
왕과 여왕은 그 모임에 참석했다.
③의미상 한 단위인 경우 :
실이 끼워진 바늘이 바닥 위에서 발견되었다. =a threaded needle
*A cup and saucer is on the table. 받침접시가 딸린 컵이 식탁위에 있다.

❸ 유무(有無)

①in course of =in process of =under *진행 중; 그 다리는 건설 중이다.
in the course of discussion. =during *~동안; 그는 토론 중에 잠이 들었다.
②of moment =momentous *중요한; 그는 우리 회사에서 아주 중요한 사람이다.
of the moment =momentary *순간적인; 너의 사업에는 순간적인 결정이 중요하다.
③out of question =beyond question *의심의 여지가 없는;
out of the question =impossible *불가능한;
그가 그 사업에 성공하리라는 것은 의심의 여지가 없다.
그런 대단한 성공은 거의 불가능하다.
④take place =happen *발생하다; 그 사건은 2주 전에 발생했다.
take the place =substitute *대신하다; 누가 대통령을 대신할까?
⑤behind time =late *늦은; 우리는 오늘 조금 늦었다.
behind the times =old-fashioned *시대에 뒤진;
그 법은 많은 중요한 쟁점에 관해서는 시대에 뒤떨어져있다.

3 관사의 생략① : 구문 기준

❶ 호칭어 앞

Driver, drop me off at the next bus stop.

Passengers, we shall reach Kimpo Airport in about 10 minutes.

❷ 명사 +as + S + V 구문

Child as he is, he is equal to the task.

Wise man as he was, there was room for improvement in his personality.

❸ 실체가 아닌 명칭을 나타낼 때

What is the Korean for '**cactus**'?

How do you spell '**peach**'?

❹ 신분, 자격, 혈족, 관직 등을 나타내는 말이 보어로 사용될 때

①SC I was **nursery governess** in a family which Mr. Kim used to visit.
He was secretary to the president. He is **nephew** to the king.

②OC The president appointed Mr. White **governor**.
They chose him **president** of the club.

❺ 형용사적으로 쓰이는 명사 앞에서

Socrates was **philosopher** enough to see his body as a shell.

After all this man was more **hero** than **scoundrel**.

❻ kind(=sort, class, type, variety) 다음의 명사 앞

The pine tree is a common **kind** of tree in Korea.

What **type** of girl do you think I like?

❼ man, woman이 인간, 남자, 여자를 나타 낼 때

Man is a social animal.

God created **man and woman** for each other.

❽ 병렬 구조

①동일 명사의 반복

arm in arm; back to back; bumper to bumper; day by day;
from door to door; hand in hand; heart to heart; little by little;

②대조되는 명사의 반복

body and soul; man and wife; father and son; pen and ink;
from hand to mouth; from beginning to end; from morning till night;

3 관사의 생략① : 구문 기준

❶ 호칭어 앞

기사 아저씨, 다음 버스 정류소에서 나를 내려 주세요. (A) driver
승객 여러분, 약 10분이 지나면 김포공항에 도착합니다. the (passengers)

❷ 명사 + as + S + V 구문

비록 그는 어린애이지만 그 일을 감당할 수 있다. =Though he is **a** child, ~
비록 그가 현명한 사람이었지만 그의 성격에는 개선할 여지는 있었다. a wise~

❸ 실체가 아닌 명칭을 나타낼 때

'cactus'를 한국어로 무엇이냐? cactus 선인장
'peach' 철자를 어떻게 쓰느냐? peach 복숭아

❹ 신분, 자격, 혈족, 관직 등을 나타내는 말이 보어로 사용될 때

①주격보어로 사용되는 경우 :

나는 Kim씨가 늘 방문했었던 어떤 가족의 보모 겸 가정교사였다.
그는 대통령 비서였다. 그는 왕의 조카이다.
*I hope you will never **turn traitor**. turn traitor =become a traitor;
*Is it wise for a great general to **turn politician**?
turn politician =become a politician
▶turn은 부정관사 없는 명사와 결합하여 바람직스럽지 못한 변화를 나타낸다.

②목적보어로 사용되는 경우 :

대통령은 White씨를 지사로 임명했다. 그를 그 모임의 회장으로 뽑았다.
*The president nominated him **secretary** of state.
대통령은 그를 국무장관(secretary of state)으로 지명했다.

❺ 형용사적으로 쓰이는 명사 앞에서

Socrates는 자기 몸을 조개껍질로 여길 정도로 대단한 철학자였다.
결국 이 사람은 악당적인 면보다 영웅적인 면이 더 많다.

❻ kind (=sort, class, type, variety) 다음의 명사 앞

소나무는 한국에서는 흔한 종류의 나무다.
나는 어떤 형의 소녀를 좋아한다고 너는 생각하느냐?

❼ man, woman이 인간, 남자, 여자를 나타 낼 때

인간은 사회적 동물이다. 신은 서로를 위하여 남자와 여자를 만들었다.
▶일부의 남자, 여자를 나타내는 경우는 관사를 붙인다.
A woman without **a man** is like a bicycle without a fish.
남자 없는 여자는 살대 없는 자전거와 같다.
A man is known by the company he keeps. 사람은 사귀는 친구에 의해 판명되어진다.

❽ 병렬 구조

①동일 명사의 반복 :

arm in arm 팔짱을 끼고; back to back 등을 맞대고; bumper to bumper 줄지어;
day by day나날이; from door to door 집집마다; hand in hand 손에 손을 잡고;
heart to heart 마음과 마음으로; little by little 조금씩; man to man 일대일로;
side by side 나란히; step by step 한 걸음 한 걸음; year after year 해마다;

②대조되는 명사의 반복 :

body and soul 영육; man and wife 부부; father and son 부자;
rich and poor 부유한 사람들과 가난한 사람들; pen and ink 펜과 잉크;
from hand to mouth 손에서 바로 입으로; right and wrong 선과 악;
from beginning to end 처음부터 끝까지; from morning till night 아침부터 저녁까지;

③관용적 :

hat in hand =a hat in his hand; gun on shoulder =a gun in his shoulder;
ax in hand =an ax in his hand; book in hand =a book in his hand;

3 관사의 생략② : 일상생활 기준

❶ 가족 관계

Father is going to go abroad on business.

Uncle teaches us English every day.

❷ 건물, 장소 등이 본래의 용도대로 사용될 때

Cook **went to market** to buy food for the family.

See to it that the door is fastened before you **go to bed.**

❸ 식사 명

Let's have **breakfast**. We treated guests to **tea.**

▶한정 **The breakfast** I ordered still hasn't arrived.

형용사 We had **a fine dinner** that evening.

특정인 I will stand you to **a dinner**.

We had **a dinner** in honor of her birthday.

❹ 병명

①무관사 diarrhea influenza consumption cancer pneumonia; measles mumps shingles diabetes

②부정관사 a headache, a sore throat; (a) cold, stomachache, toothache

③정관사 (the) flu, mumps, measles

❺ 교통수단

①by (bicycle, bike, bus, car, boat, ship, plane, train, tube, subway)

②by (air, land, sea); on foot (horseback, tiptoe)

❻ 통신 수단

by mail; by air (sea, surface) mail; by radio (telephone, telex, satellite)

You are wanted **on** the phone. Send it **through** mail.

❼ 신문의 표제, 광고, 게시, 전보

(A) **Truck** runs off with (a) girl. (A) **Cook** Wanted.

(The) **Way Out**. (A) Boy born, (a) mother and (a) child doing well.

❽ 계절, 월, 요일, 휴일

If **winter** comes, can **spring** be far behind?

Christmas is fixed but Easter is a movable feast

❾ 학과목, 오락, 경기

Mathematics is not a hard subject.

Billiards was a men's game in those days.

3 관사의 생략② : 일상생활 기준

❶ 가족 관계 : *보통명사의 고유명사화
아버지는 사업차 외국으로 가실 것이다.
삼촌은 매일 우리에게 영어를 가르쳐 주신다.

❷ 건물, 장소 등이 본래의 용도대로 사용될 때 : *보통 명사의 추상명사화
요리사는 우리 가족에게 줄 식료품을 사러 시장에 갔다.(장보러 갔다)
잠자기 전에 문이 잠겨져있는지 확인해라.
▶본래의 용도대로 사용돼도 정관사를 붙이는 경우;
*go to **the** airport [bank; hospital; post office; station; theater]

❸ 식사 명 :
아침 먹자.　우리들은 손님들에게 차를 대접했다.
▶식사명이라도 다음의 경우는 관사 a/an/the를 붙인다.
ⓐ한정될 때 :　내가 주문한 아침 식사는 아직 나오지 않았다.
ⓑ형용사가 올 때 : 우리들은 오늘 밤 멋진 저녁식사를 했다.
ⓒ특정인에 관련된 경우　: 나는 너에게 저녁을 한턱내겠다.　stand 대접하다(=treat)
우리들은 그녀의 생일을 기념하여 저녁을 먹었다.
in honor of one's birthday (생일을 기념하여)

❹ 병명 :
①무관사 : 맹장염 설사 유행성감기 결행 암 폐렴 : shingles 대상포진　diabetes 당뇨
②부정관사 : a headache 두통; a sore throat 목 아픔;
*a를 써도 되는 경우 (a) cold감기, (a) stomachache복통, (a) toothache치통
③정관사를 붙일 수 있는 경우 :
(the) flu 유행성감기; measles 홍역; mumps 이하선염;

❺ 교통수단 :
*come go leave travel 동사와 쓰임
①by bike 자전거로; by plane 비행기로; by tube 지하철로; by subway 지하철로;
②by air 비행기 편으로; by land 육로로; by sea 해로로;
on foot 걸어서; (on horseback 말 타고; on tiptoe 발끝으로)
▶교통수단이 특정되면 **on**(public transport) 혹은 **in**(private transport)을 쓴다.
She is arriving here tomorrow morning **on** the 13:27 train.
We all went there **in** my car.　I saw Mary **in** a new BMW yesterday.
그녀는 13시 27분 열차를 차고 내일 아침 여기에 도착할 것이다.
나는 어제 Mary가 새 BMW차를 타고 있는 것을 보았다.

❻ 통신수단 :
※우편으로; 비행기편 (배편, 육상)으로;　라디오(전화, 텔렉스, 위성)으로
너한테 전화 왔다.　그것은 우편으로 보내라.

❼ 신문의 표제, 광고, 게시, 전보 :
트럭이 소녀를 치고 뺑소니치다.　요리사 구함.
출구(an exit);　사내아이 출생;　산모와 아이는 건강함.

❽ 계절, 월, 요일, 휴일 :
겨울이 오면 봄 또한 머지않으리.
크리스마스는 고정돼 있지만 부활절은 이동 축제일이다.　feast 축제; 향연; 진수성찬;

❾ 학과목, 오락, 경기 :
수학은 어려운 과목이 아니다.
당구는 그 당시에는 남자 게임이었다.

어법 문제 ①

❶ 괄호 안에 관사가 필요하면 쓰고 필요 없으면 ×를 하라.

1. Any income under $5,000 (　　) year will not be taxed.
2. Girls of (　　) age are not always of (　　) mind.
3. (　　) ape is (　　)animal nearest to man in appearance.
4. One day a wolf saw (　　) ewe by the brook.
5. Sugar is sold at so much to (　　) pound.
6. He was kicked on (　　) shin while playing (　　) soccer.
7. When he caught me by (　　) arm, I stared him in (　　) face.
8. I saw (　　) MP on sentry in front of the quarters.
9. He punched me straight in (　　) face.
10. The patient died under (　　) knife.

❷ 주어진 어구와 의미가 같도록 (　) 안에 적당한 단어를 넣으시오.

1. Of moment =(　　　)　　2. of the moment =(　　　)
3. Out of question =(　　　)　　4. out of the question =(　　　)
5. in course of =(　　　)　　6. in the course =(　　　)
7. take place =(　　　)　　8. take the place of =(　　　)

❸ 틀린 부분을 고치시오

1. He was elected the mayor of the city.
2. This is a curious species of a rose.
3. The mother always serves dinner to our family at seven o'clock.
4. Breakfast I had at Mr. Kim's was substantial.
5. His success was a little short of a miracle.
6. They chose him a president of the club.
7. He used to be a teacher until he turned a writer.
8. A child as he is, he is equal to doing the hard work.
9. The president nominated the woman a Secretary of State.
10. This is a curious species of a rose.

❹ 주어진 문장과 같은 뜻이 되도록 괄호 안에 적당한 단어를 넣어라.

He had the kindness to show me the way to the station.
=He was kind (　　) to show me the way to the station.
=He was so (　　) (　　) to show me the way to the station.
=He (　　) showed me the way to the station.
=He was so (　　) (　　) (　　) showed me the way to the station.

해답

❶ 1.a 2.an 3.An; an 4.a 5.the 6.the; x; 7.the; the; 8.an 9.the 10.the
❷ 1.momentous 2.momentary 3.unquestionable 4.impossible 5.under 6.during 7.happen 8.replace
❸ 1.the mayor→mayor 2.a rose→rose 3.the mother→Mother 4.breakfast→The breakfast 5.a little→little 6.a president→president 7.a writer→writer 8.A child→Child 9.a Secretary→Secretary 10.a rose→rose
❹ enough; kind as; kindly; kind that he;

어법 문제 ②

1 밑줄 친 곳의 의미는? A Mr. Smith came to see you.
① one of Mr. Smiths ② A man who is like Mr. Smith
③ one whose friend is Mr. Smith ④ A man who is called Mr. Smith

◆ 어법 상 가장 알맞은 것을 고르시오. (2~6)

2 ① I had a lunch with the chairman of my company.
② Father always goes to church with Mother on the Sunday.
③ Peace of the world is the most important concern of people.
④ A prime minister of an African state may come in the summer.

3 ① The ship is sailing at the rate ten miles hour.
② Mother kissed her poor child on forehead.
③ What a pity it is that he should have failed!
④ Will you have kindness to direct me to the station?
⑤ I am looking for as an honest scholar as Dr. Lee.

4 ① Man is destined to be preys to woman.
② Historically the Alps has formed a barrier between Europe and Italy.
③ He worked at geometry after a heavy supper.
④ He is the student of Seoul University.
⑤ I have the American friend who speaks Korean just like a Korean.

5 ① What is the English word for Korean 'Gam'?
② Pacific Ocean is the largest ocean in the world.
③ Will you pass me salt please?
④ Do you know the Spanish language?
⑤ Apples are sold at so much the piece.

6 ① Why are you at home in such fine weather?
② Wise are fewer in number than foolish.
③ Iron and gold are both useful, but iron is more useful of the two.
④ He sailed East Sea by a small boat.
⑤ That was quite exciting voyage.

해답

1. ④; 고유명사 앞의 a는 a certain의 뜻이다.
2. ④; ①a lunch→→lunch ②the Sunday→Sunday ③peace→the peace
3. ③; ①hour→an hour ②forehead→the forehead ④kindness→the kindness, ⑤as an honest scholar→as honest a scholar
4. ③; ①preys→a prey ②has→have ④the→a ⑤the→an
5. ④; ①the Korean ②The Pacific Ocean ③the salt ⑤the→a
6. ①; ②The wise, the foolish ③the more ④by→in ⑤an exciting

어법 문제 ③

◆ **Choose the one which is grammatically wrong**

1. Traditionally, the president of the United States(①) is civilian; so it is all the more remarkable(②) that the General Eisenhower(③) should have achieved(④) an overwhelming majority in the election.

2. At birth(①) blue whales are twenty to twenty-five in length and again(②) weight(③) at the rate of two hundred pounds the day(④) during the nursing period.

3. In the early(①) years of the Republic, George Washington proposed(②) the establishment(③) of an university(④) in the nation's capital.

4. People's earliest(①) effort(②) at understanding the structure of universe(③) took the form of myth(④).

5. At end(①) of Civil War the United States was ready to resume(②) with a roaring surge(③) the westward expansion which had been interrupted for four(④) years.

6. Gatherings of(①) more than three(②) persons were prohibited supposedly in the name of(③) the law and order.(④)

해답

1. ③; 고유명사 앞에 관직, 신분, 칭호, 혈연관계를 나타내는 말이 있으면 무관사
2. ④; per의 뜻이므로 the를 a로 고침.
3. ④; an을 a로 고침. a/an을 붙이는 기준은 철자가 아닌 발음 기준이다.
4. ③; universe 앞에 the를 붙인다. universe(우주)는 유일무이한 것.
5. ①; at the end of : of 구에 의하여 한정이 되므로 the를 붙인다.
6. ④; law and order(법과 질서), trial and error(시행착오)는 복합명사로 추상적 의미

어법 문제 ④

❶ 다음 글에서 밑줄 친 부분 중 어법이 틀린 것은?

Imagine your brain as house ① filled with lights. Now imagine someone turning off the lights one by one. That's ② what Alzheimer's disease does. It turns off the lights, so that the flow of ideas, emotions and memories from one room to the next ③ slows and eventually ceases. And sadly, as anyone who has ever watched a parent or spouse ④ to yield to the spreading darkness knows, there is no way to stop the lights ⑤ from going off, no way to switch them back on once they've grown dim.

❷ 밑줄 친 (A) (B) (C) 중에서 어법에 맞는 표현을 골라 짝지은 것은?

Severe weather is a constant possibility all over the globe, but we never really expect our own area (A) to be/ being affected. However, last night was different. About ten o'clock, a tornado hit Lucedale. This violent weather (B) destroyed/was destroyed nine homes near the downtown area. In addition to those nine houses that were completely destroyed, many others in the area had heavy damage. Amazingly, no one was injured in last night's terrible storm. (C) Because/ Because of the rapid reaction of state and local weather watchers, most of the area's resident saw the warnings on television.

	(A)	(B)	(C)
①	to be	destroyed	Because
②	being	destroyed	Because
③	to be	destroyed	Because of
④	being	was destroyed	Because of
⑤	to be	was destroyed	Because of

❸ 다음 글에서 밑줄 친 부분 중 어법상 틀린 것은?

① People have many different ideas about what makes a great vacation. Some people like to go for long walks ② in the forest, where they won't see anyone for days. Others prefer to spend their holiday in an exciting city. There they spend their holiday. There they can visit museums, theaters, and good ③ restaurants. Still others enjoy the fresh air at the seashore. They can spend their days at the beach and ④ listen to the ocean waves at night. A few people decide to stay at home and do some major household projects. They might spend their vacation painting a porch or ⑤ to wash all the windows in their apartment.

해답

❶ ④; watch가 지각동사이므로 원형부정사가 와야 한다. to yield가 yield로 되어야 한다.
❷ ③; (A)to be; (B)문맥상 주어가 파괴시키므로 destroyed.
(C) because 다음에 '주어+동사'가 없으므로 because of가 되어야 한다.
❸ ⑤; 'spend one's time (in) ing' 구문; 따라서 to wash를 washing으로 바꾼다.

영작문

❶ Put the following into English.
1. 원숭이는 외모에 있어서는 인간에 가장 가까운 동물이다.
2. 내 차는 갤런 당 30마일을 간다.
3. 제때의 한 바늘이 뒤의 아홉 바늘을 던다.
4. 이 약을 하루에 3번 식후에 복용하세요.
5. 한 달에 몇 번 이발을 합니까?
6. 설탕은 파운드 단위로 팔린다.
7. 그녀는 떠나지 말라고 내 소매를 잡았다.
8. 본말을 전도하지 마라.
9. 빈 수레가 요란하다.
10. 인간은 생각하고 말할 수 있는 유일한 동물이다.

❷ Put the following into English.
11. 이 세상은 아주 삭막해서 우리들이 그 곳에서 살 수 없는 곳은 아니다.
12. 한 바구니 안에 너의 모든 계란을 담지 마라.
13. 그렇게 어려운 일은 그렇게 짧은 시간 내에 할 수 없다.
14. 그는 토론 중에 잠이 들어버렸다.
15. 그 왕이 죽으면 누가 그를 대신할까?
16. 비록 여자지만 그는 그 일을 감당할 수 있다.
17. 소나무는 한국에서는 흔한 나무다.
18. 잠자러 가기 전에 문이 잠겨져있는지 확인해라.
19. 내가 당신에게 점심 한 끼 대접하겠습니다.
20. 대통령은 그를 국무장관으로 지명했다.

해답

❶
1. An ape is the animal nearest to man in appearance.
2. My car does about thirty miles a gallon.
3. A stitch in time saves nine.
4. Take this medicines after every meal three times a day.
5. How often do you have a haircut a month?
6. Sugar is sold by the pound.
7. She held me by the sleeve not to leave.
8. Don't put the cart before the horse.
9. Empty vessels make the most sound.
10. Man is the only animal that can think and speak.

❷
11. The world is not so dreary a place that you cannot live in it.
12. Don't pull all your eggs in one basket.
13. Such a hard work cannot be done in so short a time.
14. He fell asleep in the course of discussion.
15. Who will take the place of the king when he dies?
16. Woman as he is, he is equal to the task.
17. The pine tree is a common kind of tree in Korea.
18. See to it that the door is fastened before you go to bed.
19. I will treat you to a lunch.
20. The president nominated him secretary of state.

3장 명사Ⅰ : 명사의 종류

1 보통 명사

1. 용법
2. 전용 : ①추상명사화 ②집합명사화 ③고유명사화

2 집합 명사

1. 보통명사적 집합명사(family형)
2. 군집명사적 집합명사(cattle형)
3. 물질명사적 집합명사(furniture)

3 물질 명사

1. 용법
2. 전용 : ①제품 ②사건 ③개체 ④종류

4 고유 명사

1. 용법
2. 전용

5 추상 명사

1. 용법 : ①보통용법 ②특수용법
2. 전용 : ①보통명사화 ②집합명사화

명사Ⅱ

1 수(數)

❶ 복수의 형성 ①규칙적 형성 ②불규칙 형성

❷ 복수의 종류 ①근사 복수 ②일치 복수 ③분화 복수 ④이중 복수
⑤상호 복수 ⑥상시 복수 ⑦강조 복수 ⑧구상화 복수

❸ 복수의 용법

2 성(性)

❶ 남성과 여성의 구별

❷ 통성

❸ 중성의 의인화

3 격(格)

❶ 주격

❷ 목적격

❸ 소유격

(1) 형성 ①생물의 소유격 ②무생물의 소유격
(2) 종류 ①독립소유격 ②군소유격 ③이중 소유격
(3) 의미 ①소유 ②주어 ③목적어 ④동격 ⑤용도 ⑥기원 ⑦계량 ⑧기술

1 보통 명사

❶ 용법

1. 종족대표

①**A whale** is not a fish, but a mammal.

②**The cuckoo** lays her eggs in other birds' nests.

③**Foxes** are not taken twice in the same snare.

2. 특수용법 : a 명사(A) + of + a 명사(B)

She will become **an angel of a** wife.

She lives in **a palace of a** house.

I was much afraid of **that monster of a** dog.

That fool of a John forgot to shine my shoes.

❷ 전용

1. 추상명사화

①the+보통명사

When one is reduced to poverty, **the beggar** will come out.

She felt **the mother** welling up at the sight.

What is learned in **the cradle** is carried to **the grave**.

②a/an+보통명사

He has **an ear** for music and **an eye** for beauty.

He has **a head** for mathematics and science.

③무관사+보통명사

My pious mother goes to **church** every Sunday.

Many of the wounded died on their way to **hospital.**

④all+보통명사의 복수

The children were **all ears** and **all eyes** at the circus.

When it comes to sewing, Mary is **all thumbs.**

2. 집합명사화

All the village were deeply moved at the report.

His witty talks kept **the whole table** amused.

3. 고유명사화

We took turns helping **Mother** wash the dishes.

Father forbids us to make a noise while eating.

1 보통 명사

❶ 용법

1. **종족대표** : *동식물의 종족을 대표한다.
 ①A/An + 보통명사 : 고래는 물고기가 아니고 포유동물이다.
 ②The + 보통명사 : 뻐꾸기는 다른 새의 둥지에 알을 낳는다.
 ③복수 보통명사 : 여우는 동일한 덫에 두 번 걸리지 않는다.
 ▶ⓐman이 인간, 남자, woman이 여자를 총칭할 때는 관사를 붙이지 않는다.
  Man is a social animal.
  Man is but a reed, the weakest in nature, but he is a thinking reed.
  Man is much different from **woman** in many respects.
  cf. 일부의 남자, 여자를 나타내는 경우는 a를 붙인다.
  A man is known by the company he keeps.
  A woman without **a man** is like a bicycle without a fish.
 ⓑ국민전체를 나타낼 때는 'the +고유명사의 복수형'을 사용한다.
  *어미가-ch, -sh, -ss, -ese로 끝나면 단수, 복수의 형태는 같다.
  The Koreans are a conservative people.
  The English are a hard-working people.
2. **특수용법** : **a + 명사(A) + of + 명사(B) → A같은 B, *이때 of는 동격을 나타낸다.**
  *앞의 a 대신에 that을 쓰면 감정을 나타낸다.
  그녀는 천사와 같은 아내가 될 것이다. (=an angelic wife)
  그녀는 대궐 같은 집에서 산다. (=a palatial house)
  나는 저 괴물 같은 개를 두려워한다. (=that monstrous dog)
  저 바보 같은 존이 내 구두 닦는 것을 잊어버렸다. (=that foolish John)

❷ 전용 : *명사가 다른 명사로 사용되는 경우를 말한다.

1. **추상명사화** : *그 보통명사가 가지고 있는 추상적인 의미
 ①**the + 보통명사** :
  사람이 가난해지면 거지근성이 나오는 법이다. the beggar 거지근성
  그녀는 그 광경을 보고 모성애가 솟아오르는 것을 느꼈다. the mother 모성애
  요람에서 배운 것은 무덤까지 간다. (세 살 버릇 여든까지 간다.) the cradle 어린 시절
  ***The pen** is mightier than **the sword**. 문은 무보다 강하다.
  *The sick man died **under the knife.** 그 환자는 수술 중에 죽었다.
  *He gave up **the sword** for **the plough**. 농사를 짓기 위해서 군인생활을 포기했다.
 ②**a + 보통명사** : 음악을 알고 심미안도 가지고 있다. 수학과 과학에 대한 재능이 있다.
 ③**무관사 + 보통명사** : 명사가 그 본래의 용도대로 사용될 때; bed, church, college, prison,
  나의 신실하신 어머님은 일요일마다 교회에 간다. (예배 보러)
  많은 부상당한 군인들이 병원으로 이송되는 도중에 죽었다. (수술 받으러)
  cf. airport, bank, (the) hospital, post office, station, theater;
 ④**all + 복수 보통명사** :
  애들은 서커스 장에서는 모두 열심히 귀를 기울이고 온 정신을 집중하여 주시했다.
  바느질하는 일이라면 Mary는 손재주가 없다.
  when it comes to+~ing: ~하는 일이라면 all thumbs 손재주가 없는
2. **집합명사화** :
  모든 마을 사람들은 그 보고를 듣고 깊이 감동을 받았다.
  그의 재치 있는 이야기는 좌중의 사람들을 즐겁게 했다.
3. **고유명사화** : *가족이나 가족관계로 볼 수 있는 보통명사인 경우
  우리들은 교대로 어머니가 설거지를 하는 것을 도왔다. (우리 어머니)
  아버지는 우리가 식사 중에 소리를 내는 것을 금한다. (우리 아버지)
  Cook is busy fixing dinner. 요리사 아저씨는 저녁을 준비하느라 바쁘다.

2 집합명사

❶ 보통명사적 집합명사 (Family형)

①He has **a** large **family** to support.
His **family are** all industrious.
There are **50 families** in this village.

②The **audience** was composed of people from all walks of life.
The **audience** were deeply moved to tears at his speech.
He has addressed more than a hundred **audiences**.

▶A **crowd of** small boys marched behind the band.
A **flock of** gulls wheeled over the windy sea.
Swarms **of** children were playing in the park.

❷ 군집명사적 집합명사 (Cattle형)

Cattle are grazing in the meadow.
The **cattle** are in the shed.
Police are looking for a young missing girl
The police are making inquiries about the crime.
The **clergy** are opposed to the bill.
People are waiting in line for the phone.
Poultry are found everywhere in this village.
Cast not your pearls before **swine**.
These **vermin** do great harm to our poultry.

▶**The rest** of my career is dedicated to talking to these guys.
The rest of the papers are on the table.

❸ 물질명사적 집합명사 (Furniture형)

①**Furniture** is made of steel as well as wood.
There is much **furniture** in this room.
I want to buy some **furniture** for the room.
I want to buy two pieces of **furniture**.

②The dentist has much modern **equipment**.
This forest is alive with much **game**.
They deal in much **stationery** at that stationer.

2 집합 명사

❶ 보통명사적 집합명사 (Family형) : *보통명사처럼 단수, 복수형이 있다.

*집합체로 이루어진 명사로, 집합체를 한 단위로 볼 때는 단수 취급을 하지만, 구성원 개개인에 중점을 둘 때 즉 **군집명사**로 사용되면 단수 형태로 복수 취급한다.

*army군대 audience청중 committee위원회 crowd무리 fleet함대 group집단 jury배심원 nation국민 number수 population인구 people국민 party일행

①부양해야할 가족이 많다. 가족은 모두 부지런하다. 마을에는 50가구가 있다.

②청중은 각계각층의 사람들로 구성되어 있다. be composed of ~로 구성되어 있다(comprize); a walk of life:(사회적)계급, 직업

청중들은 그의 연설을 듣고 깊이 감동을 받아 눈물을 흘렸다.

그는 100번 이상 청중들에게 연설을 했다. a hundred audiences: 100번의 연설

▶**측정명사로 쓰이는 경우** : *다른 명사를 나타내는 단위로도 쓰인다. **'of+복수명사'**가 따른다.

한 무리의 소년들이 악대 뒤를 따라 행진했다.

바람 부는 바다 위를 한 떼의 갈매기가 선회했다. wheel 수레로 나르다; 선회하다

공원에서 애들이 떼 지어 놀고 있었다.

*an army of ants 개미 떼; a crowd of people 사람무리; a flock of sheep 양 떼; a herd of cattle 소 떼; a swarm of bees 벌 떼; a school(=shoal) of fish 물고기 떼;

❷ 군집명사적 집합명사(Cattle형) : *집합체의 구성원에 중점을 두는 집합명사.

*항상 단수형으로 (즉 복수형태는 없다) 복수취급을 한다.

*the, these, many, twenty 등의 한정사를 붙일 수 있다.

*cattle가축 livestock가축 police경찰 clergy성직자 laity평신도 personnel전직원 people사람들 poultry가금 swine돼지 vermin해충

소들이 목초지에서 풀을 뜯고 있다. 그 소들은 헛간에 있다.

경찰은 행방불명된 어린 소녀를 찾고 있다. 경찰은 범죄에 관하여 조사하고 있다.

성직자들은 그 법안에 반대했다. be opposed to : ~에 반대하다(object to)

사람들인 전화를 걸기 위하여 줄을 서 있다. 가금들은 이 마을 어디에서나 찾아볼 수 있다.

돼지에게 진주를 던지지 마라. pearl 진주; a cultured pearl 양식 진주

이런 해충들은 우리의 가금에 많은 해를 끼친다. do harm to ~에 해를 끼치다

▶**The rest 형** : *뒤에 따르는 명사의 수에 따라 단수, 복수 취급을 한다.

*the bulk(대부분) the majority(대다수) the minority(소수) part(일부)

주 업무 이외의 나머지 시간은 이 녀석들과 이야기하는 데 할애합니다.

서류들의 나머지는 탁자 위에 있다.

❸ 물질명사적 집합명사 (Furniture형) : *집합명사이나 성질이 물질명사인 경우.

*집합체이나 물질명사로 취급. 따라서 a, an을 붙일 수 없고 복수형도 없다.

***분량표시**를 할 때는 수량표시 한정사(much little some any, a lot of)를 사용한다.

***정량표시**를 할 때는 a piece of; two articles of; 등으로 표시한다.

*baggage=luggage수하물 clothing의류 equipment장비 furniture가구 food음식 game사냥감 hair 머리털; jewelry보석류; laundry세탁물; machinery기계류; mail우편물; merchandise상품 poetry시 pottery도자기류 produce농산물 scenery경치 stationery문구류 weaponry무기류

①가구는 나무뿐만 아니라 철재로도 만든다. 이 방에는 가구가 많다.

내 방에 가구가 좀 필요하다. 가구 두 점을 사고 싶다.

②그 치과의사는 많은 현대적인 장비를 갖추고 있다.

이 숲은 사냥감이 풍부하다. be alive with ~로 가득 차다(teem with; be rich in);

저 문방구점에서 많은 문구류를 판다.

3 물질 명사

❶ 용법

1. a(an)을 붙일 수 없고, 복수가 없으나, 한정을 받으면 the를 붙인다.

①Cloth is made of **cotton, wool, silk** and other materials.

Blood is thicker than **water**.

Sand consists mainly of minute particles of rock.

Fire and **water** may be good servants, but bad masters.

②**The water** in this well is good to drink.

The bread of this description does not bake well in this ovens.

The copper contained in this coin amounts to ten gram.

The coffee for the waiter to try to pour went all over my skirt.

2. 분량(分量) 표시

We have **much** rain at this time of every year.

Will you bring me **some** water?

If you have **any** money on you, give me some.

They still have **plenty of** food and water.

3. 정량(定量) 표시

a basket of fruit a bowl of soup a bottle of wine a cake of soap

a cup of coffee a glass of water a loaf of bread a lump of sugar

a sheet of paper a piece of chalk a slice of bread a suit of clothes

❷ 전용(轉用)

①제품 She is dressed in **silks** and **satins.**

The girl gave the beggar a few **coppers.**

The man in **silks** is not always happier than the man in **rags**.

②사건 **A** big **fire** broke out in Busan last night

There was **a** heavy **rain** last night.

Many **fires** have erupted in this country recently.

③개체 He picked up **a stone** and threw it to the dog.

We saw **a** dim **light** in the distance.

Bring us two **teas** and three **coffees.**

④종류 They deal in **teas** and **tobaccos** at that store.

No **wines** will be served at the dinner.

A grocer is a dealer in **spices**, dried **fruits**, tinned **foods**, and the like.

3 물질 명사

▶물질명사의 형태

①재료 : metal stone timber목재 glass bone wool paper silk cotton earth흙(soil)
②광물 : gold금 silver은 bronze동 copper구리 iron철강 coal석탄 nickel니켈
③식료품 : salt sugar coffee butter rice쌀 barley보리 wheat밀 oat귀리
④화학원소 : oxygen산소 hydrogen수소 nitrogen질소 carbon탄소 boron붕소
⑤보석이름 : diamond emerald에메랄드 sapphire사파이어 jade비취
⑥액체 : water wine oil ink blood; 기체air fire gas smoke
⑦자연현상 : rain fog frost서리 dew이슬
⑧복수형태 : ashes drinkables eatables oats spirits sweets vegetables victuals

❶ 용법

1. **a/an, 복수가 없으나 한정을 받으면 정관사 the를 붙인다.**
①천은 면, 양모, 비단과 다른 재료로 만들어진다. be made of=consist of
피는 물보다 진하다.(속담)
모래는 주로 바위의 미세한 입자로 이루어져있다.
불과 물은 (쓰는 데 따라) 유용한 것도 되고 해도 된다.(속담)
②이 우물의 물은 마시기에 좋다. good to drink = potable
이런 종류의 빵은 이런 오븐에서 잘 구워지지 않는다. description=kind=sort
이 경화 안에 포함된 금은 10그람에 이른다.
그 웨이터가 따르려던 커피는 내 치마에 쏟아졌다.
2. **분량(分量) 표시** : *양으로 취급하기 때문에 수량표시 한정사(some any enough; no; much, a lot of, lots of, plenty of, little) 등으로 나타낸다.
해마다 이 맘 때는 비가 많이 온다.
물 좀 가져올래?
수중에 돈 가진 게 있으면 나한테 좀 주게.
아직도 음식과 물이 남아있다.
3. **정량(定量) 표시** : *명사에 따라 표시하는 방법이 다르다. 모양, 그릇, 단위 등으로 표시.
과일 한 바구니; 국 한 그릇; 와인 한 병; 비누 한 개(a bar of soap);
커피 한 잔; 물 한 잔; 빵 한 개; 설탕 한 덩어리;
종이 한 장; 분필 한 개; 빵 한 조각; 옷 한 벌;

❷ 전용(轉用) : *물질명사가 제품, 사건, 개체, 종류를 나타내는 경우는 a/an을 붙이거나 복수형으로 하여 보통명사로 된다.

①제품 : 그녀는 사치스러운 옷을 입고 있다. be dressed in silks and satins
그 소녀는 거지에게 동전 몇 개를 주었다. copper구리 coppers동전
부자가 가난한 사람(man in rags)보다 반드시 더 행복한 것은 아니다.
②사건 : 큰 화재가 어제 밤 부산에서 일어났다. break out 발생하다(occur; take place).
어제 밤 큰 비가 왔다.
최근에 이 나라에 많은 화재들이 발생했다. erupt (화산)분출하다; 발발하다
③개체 : 돌멩이 하나를 주워서 그것을 개한테 던졌다.
멀리서 희미한 불빛 하나를 보았다.
우리에게 홍차 두 잔과 커피 석 잔을 주세요.
④종류 : 저 가게에서는 차 와 담배를 판다. deal in 거래하다, 취급하다
저녁 식사에는 술이 나오지 않습니다.
식료품 상인은 양념류, 과일류, 식품류 등을 취급하는 상인이다.
and the like=and so on=and so forth=and what not=and all that

4 고유 명사

❶ 용법

①**Sicily** lies as a triangle across the center of the Mediterranean Sea.
Venus is the nearest planet to Earth within the solar system.

②**The Han River** winds its way to the Yellow Sea.
The late Kennedy was a good president.

❷ 전용

①작품 There are **two Picassos** and **a Millet** in this gallery.
제품 I bought **a Ford** by monthly installment.

②가족 **The Turners** will come this afternoon.
가문 Romeo is **a Montague**, and Juliet, **a Capulate.**

③비유적 **A Newton** cannot become **a Shakespeare** at will.
인물/지명 Paris is **a Mecca** for foreign tourists.

④모르는 **A Mr. Lee** called you up during your absence.
사이 **A Mr. Smith** wants to see you now.

⑤동일명 There are **two Marys** in our class.
둘 이상 There are a great number of **Kims** and **Lees** in Korea.

❸ 유형

1. The가 붙지 않은 고유명사

①인명 Lincoln Napoleon Newton Shakespeare Hansol Minjae
②지명 Jinju Masan Changwon Seoul Paris London Chicago
③국명 Korea Japan China India Nepal Egypt Italy Mexico Chile
④천체명 Mercury Venus Mars Jupiter Saturn Uranus Neptune Pluto
⑤달/요일 January December Sunday Tuesday Easter; Arbor Day;
⑥장소명 산(Everest); 호수(Lake Erie); 섬(Easter Island); 도시(Jinju)
거리(Madison Square); 역(Seoul Station); 공원(Hyde Park)

2. The가 붙는 고유명사

①일부 국가명 The Argentina; The U.S.A; The Netherlands; The Philippines
②산맥/사막 The Alps the Andes the Himalayas; the Sahara the Gobi;
③신문/잡지/서적 The New York times; The Times; The Oxford Dictionary;
④배/열차/항공기 The Mayflower; The New York Railroad; The Asia;
⑤강/바다/운하 The Han River; The Pacific Ocean; The Suez Canal;
해협/만 The English Channel; the Gulf of Mexico;

4 고유 명사

❶ 용법

①무관사 + 고유명사 :
시실리는 지중해의 중심에 삼각형으로 놓여있다. the Pacific[Atlantic] Ocean
금성은 태양계 내에서 지구와 가장 가까운 행성입니다.
②the + 고유명사 :
한강은 꼬불꼬불 황해로 흘러 들어간다. wind ⑤(강)꼬불꼬불 흐르다; (태엽을)감다
고(故) Kennedy는 좋은 대통령이었다. (형용사가 오는 경우)
The Smith you speak of lives in the suburbs. (한정이 될 때)
Saigon is called **the Naples** of the East.
*친근감이 있는 형용사(dear good noble old little young)가 오면 무관사이다.

❷ 전용 : *a/an을 붙이거나 복수로 함으로써 보통명사로 되는 경우.

①작품/제품 :
이 화랑에는 피카소 작품 두 점과 밀레 작품 한 점이 있다. a Millet 밀레 그림 한 점
월부로 포드 차 한 대를 샀다. a Ford 포드 차
②가족/가문 :
Turner가족이 오늘 오후에 올 것이다.
로미오는 **Montague** 가문이고, Juliet는 **Capulate** 가문이다.
③비유적 인물/지명 :
뉴턴과 같은 과학자는 임의로 셰익스피어와 같은 극작가가 못될 것이다.
a Newton=a scientist like Newton; a Shakespeare=a playwright like Shakespeare
파리는 외국 관광객들에겐 메카(꼭 찾아보아야 할 곳)이다.
Mecca 사우디의 도시, 무하마드의 탄생지, 동경의 땅, 신앙의 발상지
④서로 모르는 사이 : *a =a certain
Lee씨라는 사람이 당신 부재중에 전화를 했습니다. *a person named Lee
during one's absence 누구의 부재중에;
Smith씨라는 분이 지금 당신을 만나고 싶어 합니다. *a person named Smith
⑤같은 이름이 둘 이상인 경우 :
우리 반에는 Mary라는 이름을 가진 사람이 두 명 있다.
한국에는 Kim씨 성과 Lee씨 성을 가진 사람이 많이 있다.
a great number of =a good number of =a host of =hosts of; 많은

❸ 범위

1. The가 붙지 않은 고유명사
①인명 : 링컨 나폴레옹 뉴턴 셰익스피어 한솔 민재
②지명 : 진주 마산 창원 파리 런던 시카고
③국명 : 한국 일본 중국 인도 네팔 이집트 이태리 멕시코 칠레
④천체명 : 수성 금성 화성 목성 토성 천왕성 해왕성 명왕성
⑤달 요일 특수한 날 : 1월 12월 일요일 화요일 부활절 식목일
⑥장소명 : 산(Everest) 호수(Lake Erie) 섬(Easter Island) 도시(Jinju City) 거리(Madison Square) 역(Seoul Station) 공원(Hyde Park)

2. The가 붙는 고유명사
①일부 국가명 : 아르헨티나 미합중국 네델란드 필리핀
②산맥/사막 : 알프스 산맥 안데스 산맥 히말라야 산맥; 사하라 사막 고비 사막
③신문 잡지 서적 : 뉴욕타임즈 타임지 옥스퍼드 사전
④배 열차 항공기 : 메이플라워 뉴욕철도 아시아나항공
⑤강 바다 운하 해협 만 : 한강 태평양 수에즈운하 영국해협 멕시코 만

5 추상 명사

❶ 용법

1. 일반 용법

Happiness lies in contentment.

The beauty of the scenery is beyond description.

2. 특수 용법

①all+추상명사 =추상명사+itself =very+형용사

She is all kindness. =She is kindness itself. =She is very kind.

She is all hospitality. =She is hospitality itself. =She is very hospitable.

②to one's 추상명사 =to the 추상명사 of

To my great surprise, she failed again in the entrance exam.

=Much to my surprise, she failed again in the entrance exam.

③have the 추상명사 to 부정사

She had the kindness to show me the way to the station.

④of+추상명사 =형용사구

He is a youth **of promise.**

A man **of learning** is not always **a man of wisdom.**

She is a woman **of** considerable **culture**.

⑤전치사+추상명사 =부사구

The baby cannot have broken the vase **on purpose**.

He answered the questions **with confidence**.

I've poured coffee into your cup **by mistake**.

❷ 전용

1. 보통 명사화

①Temperance is **a virtu**e and one of four cardinals.

An honorable **death** is better than an inglorious death.

②She must have been **a beauty** in her day.

He is **a failure** as a novelist but **a success** as a poet.

③I can never repay her many **kindnesses** to me.

I will tell you my **views** of the matter.

2. 집합 명사화

We should have respect for **age**.

Bowling is very popular among **the youth** of the country.

5 추상 명사

▶추상명사의 형태

①다른 품사에서 파생된 추상명사 :

*wisdom happiness truth falsehood justice anxiety gratitude chauvinism
*denial feeling decision repetition entrance obedience deed death life
*manhood friendship sportsmanship heroism kingdom slavery

②파생되지 않는 추상명사 :

*감정(love sorrow jealousy emotion passion) *상태(hunger worry sleep)
*학술, 문예(mathematics ethics philosophy) *관계(reason purpose effect)
*자연현상(thunder lightning weather time day morning north shadow)
*질병(mumps이하선염 measles홍역 blues우울증 rabies광견병 diabetes당뇨)

❶ 용법

1. **일반 용법** : 행복은 만족하는데 있다. 경치의 아름다움은 형언할 수 없다.

▶정량 표시 : *추상명사에 따라 나타내는 방법이 다른 경우.

an act of kindness 친절한 행위 a round of applause한 차례의 발수갈채
a stroke of luck 한 차례의 행운 a spell of fine weather한 차례의 좋은 날씨
a piece of advice 충고 한 마디 a word of abuse 욕설 한마디

2. **특수 용법** :

①all + 추상명사 : =추상명사 + itself =very + 형용사

그녀는 매우 친절하다. 그녀는 매우 붙임성이 있다.

②to one's 추상명사 : =to the 추상명사 of; ~가 ~하게도

③have the 추상명사 to 부정사 : ~하게도 ~하다

=She was kind enough to show me the way to the station.
=She was so kind as to show me the way to the station.
=She was so kind that she showed me the way to the station.
=She kindly showed me the way to the station.
=It was kind of her to show me the way to the station.

④전치사(of) + 추상명사 = 형용사구 :

a man of courage =a courageous man 용기 있는 사람;
a man of learning =a learned man 학식 있는 사람;
a youth of promise =a promising youth 장래가 촉망되는 젊은이;
a man of means=a rich [wealthy] man 부자;
a man of the world = a worldly-wise man 세상 물정에 밝은 사람;
a man of virtue (vice)=a virtuous(vicious) man 덕망 있는(사악한) 사람;
a man of culture (talent) =a cultured (talented) man 교양(재능)있는 사람;

⑤전치사 + 추상명사 = 부사구 :

by accident =accidentally 우연히;
by mistake =mistakenly; 실수로
in comfort =comfortably 편안하게;
on occasion =occasionally 때때로;
on purpose =purposely 고의로;
by design =designedly 고의로;
for one's life =desperately 필사적으로;
on time =punctually 정각에(on the dot);
to excess =excessively 과도하게;
with confidence =confidently 자신 있게;

❷ 전용

1. **보통 명사화** : *a/an을 붙이거나 복수로 함으로써 보통명사로 되는 경우.

①종류 : 절제는 하나의 미덕이다, 4대 덕목 중의 하나다.
②성질의 소유자 : 그녀는 한창때는 미인이었음에 틀림없다. in one's day 한창 때
그는 소설가로서는 실패자이나 시인으로서는 성공한 사람이다.
③구체적인 행위 : 나는 그녀가 내게 베푼 친절을 다 못 갚을 것이다.
그 문제에 대한 나의 의견을 말하겠다.

2. **집합 명사화** 나이 많은 사람을 존경해야한다. age=aged persons
볼링은 젊은이들에게 매우 인기 있다.

어법 문제 ①

❶ ( )안에 주어진 단어 중에서 알맞은 것을 골라라.
1. The (Swiss, Swisses) are a peace-loving people.
2. (Man, A man) is the lord of all creation.
3. That fool of (John, a John) has forgotten to clean the messy room.
4. He felt (a patriot, the patriot) rise in him at the sight of the flag.
5. The sick man died under (a, the) knife.
6. The audience (was, were) moved to tears at his speech.
7. Poultry (is, are) found everywhere in this village.
8. (Much, Many) clothing is needed in cold countries.
9. A number of people (are, is) waiting at the airport.
10. He picked up (stone, a stone) and threw it to the dog.

❷ 같은 뜻이 되도록 ( )에 알맞은 단어를 넣으시오.
1. He lives an angel of a wife. =He lives an ( ) wife.
2. I want to live a palace of a house. =I want to live a ( ) house.
3. He had the courage to do it =He was ( ) enough to do it.
4. He is a youth of promise. =He is a ( ) youth.
5. She is as kind as can be. =He is kindness ( ).

❸ ( )에 적당한 단어를 써 넣으시오.
1. a ( ) of sheep 2. a ( ) of cattle 3. a ( ) of fish
4. a ( ) of bees 5. five ( ) of oxen 6. a ( ) of clothes
7. a ( ) of bread 8. a ( ) of cake 9. a ( ) of sugar

❹ 잘못된 부분을 찾아 바르게 고치시오.
1. This museum owns Renoir and two Goghs.
2. Saigon is called Naples of the East.
3. There are two genuine Rodin in this gallery.
4. Newton cannot become Shakespeare at will.
5. Do you have any interest in taking a trip to Netherlands?

❺ 두 문장이 같은 뜻이 되도록 ( ) 안에 적당한 단어를 넣으시오.
1. a man of culture =a ( ) man 2. a man of learning =a ( ) man
3. a man of virtue =a ( ) man 4. a youth of promise =a ( ) youth
5. by design =( ) 6. by accident =( )
7. by mistake =( ) 8. with confidence =( )
9. on purpose =( ) 10. on occasion =( )

해답
❶ 1. Swiss 2.Man 3.a John 4.the patriot 5.the 6.were 7.is 8.Much 9.are 10.a stone
❷ 1.angelic 2.palatial 3.courageous 4.promising 5.itself
❸ 1.flock 2.herd 3.shoal/school 4.swarm 5.head 6.suit 7.piece/loaf/slice] 8.piece 9.lump
❹ 1.Renoirs 2.the Naples 3.Rodins 4.A Newton; A Shakespeare 5.the Netherlands
❺ 1.cultured 2.learned 3.virtuous 4.young 5.designedly 6.accidentally 7.mistakenly 8.confidently 9.purposely 10.occasionally

어법 문제 ②

◆ 밑줄 친 곳에 알맞은 것은?

1. What's the trouble?
The family never agree about _______ shares of the property.
① her ② its ③ their ④ his ⑤ my

2. "The Johns have just moved into a large house."
"Did they have to buy _____________ for it?"
① many new furniture ② much new furnitures
③ many new furnitures ④ much new furniture
⑤ new much furniture

3. "What happened?"
"The victim of the accident sued bus company for ______."
① the damage ② a damage ③ damages
④ damage ⑤ damaging

4. "How much money do you have?" "I have a _____ bill."
① tens-dollars ② ten-dollar ③ tens-dollar
④ ten-dollars ⑤ tens' dollar

5. His house is within ______ of the school.
① a stone's throw ② a throw of stone
③ a stone's throw ④ the stone's throw

6. Within minutes, _______ jubilant Chinese poured into the street.
① ten thousands ② ten thousand of
③ tens of thousands of ④ tens of thousand of
⑤ ten of thousand

7. As a safety measure, the detonator for a nuclear device may made of _____ each of which is controlled by a different employee.
① two equipment ② two pieces of equipments
③ two pieces of equipment ④ two equipment pieces

해답

1. ③; agree로 보아 family가 군집명사로 사용되었다. 따라서 their이어야 한다.
2. ②; furniture가 물질 명사적 집합명사이므로 양으로 취급한다. 한정사 +형용사 어순.
3. ③; 손해배상액을 의미하므로 damages가 옳다.
4. ②; '수사+명사+명사'에서 앞의 명사는 형용사 기능을 하므로 단수형이다.
5. ③; 시간, 거리, 가격, 중량을 나타내는 경우는 생물의 소유격처럼 나타낸다.
6. ③; 수사 없이 단독으로 of와 함께 사용하면 복수형이 된다.
7. ③; equipment는 물질적 집합명사로 양으로 취급한다. 정해진 양을 나타내는 경우는 two pieces of 혹은 two articles of 등으로 나타낸다.

어법 문제 ③

◆ 다음 문장 중 어법상 올바른 것은? (1~4)

1. ① The first two lines of the poem are wonderful.
② Being a liar, he cannot be relied.
③ Thank you for that you have done for me.
④ He kissed her lips.
⑤ His this book is very interesting.

2. ① We shook hand and parted.
② He will return by the train.
③ How a beautiful sunrise it was!
④ Will you have some more tea?
⑤ I was spoken by a foreign.

3. ① He felt father rise in him then.
② There are three Marys in our class.
③ You will never become Newton.
④ A police were looking for the thief.
⑤ The committee consist of eleven members.

4. ① I saw him enter room.
② Climate of Korea is mild.
③ Necessity is mother of invention.
④ The water in this well is not good to drink.
⑤ She played piano.

5. 다음 중 틀린 문장을 고르시오. (5~6)
① My family consists of seven members.
② My family is all early risers.
③ There are thirty families in our village.
④ Five years is a long period to a prisoner.
⑤ All the audience were deeply moved.

6. ① Do you have a pencil? Yes, I have it.
② I dislike this hat. Show me another.
③ I went to the art gallery, where I met Herry.
④ More than one writer has treated that subject.
⑤ This being the case, I had little to say.

해답

1. ①; ②relied on; ③that-what; ④her on the lips; ⑤this book of his;
2. ④; ①hand-hands; ②the를 삭제 한다; ③How beautiful a; ⑤spoken to;
3. ②; ①father-the father; ③a Newton; ④a police-The police; ⑤consist-consists
4. ④; ①room-the room; ②climate-The climate; ③the Mother; ⑤the piano
5. ②; is-all;
6. ①; it-one;

어법 문제 ④

1. 문법적으로 옳지 않는 문장은?
   ① That fool of a John has forgotten to clean my boots.
   ② That old villain of a landlord made her go there alone.
   ③ He gave up the sword for plough.
   ④ Without his rescue, I should have drowned.
   ⑤ No questions were asked of us.

◆ Choose the sentence which is grammatically right. (2 ~ 5)

2. ① They took much pain to accomplish the work.
   ② I was much hurt by his bad manner.
   ③ This book cost me six pennies.
   ④ You had better not put on air.
   ⑤ I wonder where my glasses are.

3. ① Ten miles are a long distance such small boys to walk.
   ② He took great pain in the education of his children.
   ③ The jury were divided in their opinion.
   ④ Mathematics are an important branch of learning.
   ⑤ On top of the mountain stand various monuments to peace.

4. ① Give me two dozens of handkerchiefs please.
   ② English is often said to be an international language.
   ③ His eyes are as blue as Scandinavian.
   ④ Please show me Henry's that new hat.
   ⑤ As he was near-sighted he had to wear a spectacle.

5. ① It is not you and she who is to blame for the consequence.
   ② What has become of your mother and brotherhood?
   ③ There seems to be no data to prove the theory.
   ④ No means was tried to improve the economic situation.
   ⑤ There are no parents who are not boastful of their children's success and prosperous.

해답

1. ③; 문맥상 plough가 농사일을 나타내므로 the plough가 되어야 한다.
2. ⑤; pain→pains, manner→manners, pennies→pence, air→airs
3. ⑤; are→is, pain→pains, opinion→opinions, are→is
4. ②; dozens→dozen, 비교의 대상은 eyes 이므로 those of Scandinavian, that new hat of Henry's (이중 소유격) a spectacle→spectacles
5. ④; who is→who are, brotherhood→brother, 주어가 data(복수)이므로 seems→seem 전치사 of의 목적어는 명사이므로 prosperous(형용사)→prosperity(명사)

어법 문제 ⑤

◆ Choose the one which is grammatically wrong.

1. Swans, noted① for graceful movements② in th water, have been③ the subject of many poetry④, fairy tales, legends, and musical compositions.

2. The most useful① way of looking② at a map is not as a piece of papers③, but as record of geographically organized④ information.

3. It is difficult to classify① mathematics as simply② an art or a science because they contain③ elements of both④.

4. Economics, several courses of which① I have taken thus far, prove② to be difficult but useful③ for almost all④ students.

5. Mechanics① is a branch of physical② concerned with③ the effects④ of forces acting on bodies.

6. In spite of① the wonderful acting, sensitive photography, and well-developed② plot the three hours③ movie could④ not hold our attention.

7. The number of time① an object is magnified by② a telescope can be determined③ by someone who knows④ the focal length of the objective lens and of the eyepiece⑤.

해답

1. ④; poetry→poems *poetry는 불가산 집합명사, many로 보아 복수가산명사가 필요.
2. ③; papers(신문, 논문, 서류) → paper(종이) 문맥상 '종이'이어야 한다.
3. ③; mathematics는 단수 취급, they contain→it contains
4. ②; 주어인 economics는 단수 취급, 동사는 주어에 일치시켜야 한다. prove→proves
5. ②; physical→physics
6. ③; 명사가 형용사 역할을 하는 경우는 단수형이다.
7. ①; 문맥상 '배수'이어야 하므로 the number of time→the number of times

어법 문제 ⑥

❶ 다음 글에서 밑줄 친 부분 중 어법상 틀린 것은?
Recently, a severe disease hit Asian nations hard, ① causing several hundred deaths. Many people who live in this part of the world ② are likely to be worried again with the beginning of the cold weather. In spite of ③ their close location to these countries, however, Korea ④ has remained free of the deadly disease. Many people think the secret is kimchi, a traditional Korean dish served with ⑤ almost every meal.

❷ (A) (B) (C)의 각 네모 안에서 어법에 맞는 표현을 골라 짝지은 것은?
Listening to long talks in a foreign language can be very demanding on students. Therefore it is generally more suitable (A) of/for learners in the early stages to listen to fairly short statements and simple conversations. (B) A number/the number of listening tests contain short statements in the form of instructions or directions. Other listening tests contain short and easy conversations on (C) which/that questions are based.

(A)	(B)	(C)
① of	A number	which
② of	The number	that
③ for	A number	which
④ for	The number	that
⑤ for	A number	that

❸ 다음 (A) (B) (C)의 각 네모 안에서 어법에 맞는 표현을 골라라.
My father used to have a great build when he was younger. But a lot of beer (A) have/has gone down since then and now he is very fat. He insists on sitting around the house in his swimming (B) trunk/trunks. When my friends come over, I'm embarrassed. My mother doesn't like it, either. Every now and then she says, "Harold, go and put on robe." But he pays no attention. My father is wonderful and I love all 220 pounds of him, but do you think he should sit in the living room in his swimwear when I have (C) company/a company.

(A)	(B)	(C)
① have	trunks	company
② have	trunks	a company
③ has	trunk	a company
④ has	trunks	company
⑤ has	trunks	a company

해답

❶ ③; Korea를 받는 형용사이므로 their 대신에 her를 사용한다. 국가는 여성으로 받는다.
❷ ③; (A)suitable for; (B)많은 의미인 a number of; (C)which; be based on; that 앞에는 전치사가 올 수 없다.
❸ ④; (A)a lot of 다음에 beer이므로 has; (B)옷의 뜻인 trunks; (C)일행의 뜻인 company

영작 문제

❶ Put the following into English.
1. 인간은 만물의 영장이다.
2. 말의 수명은 25~30년이다.
3. 그는 대궐 같은 집에서 산다.
4. 그는 그 광경을 보고 애국심이 솟아오르는 것을 느꼈다.
5. 글의 힘은 무력보다 더 강하다.
6. 그는 하루 종일 웃고 있다.
7. 이 마을에는 10가구가 산다.
8. 그는 열군데 이상의 군중들에게 연설을 했다.
9. 그런 사람들과 사귀지 마라.
10. 이 숲에는 많은 사냥감이 있다.

❷ Put the following into English.
11. 물은 수소와 산소와 이루어져 있다.
12. 이 우물에 있는 물은 마시기에 좋다.
13. 비단 옷을 입은 사람이 누더기 옷을 입은 사람보다 반드시 행복한 것은 아니다.
14. 그는 돌멩이 하나를 집어서 그것을 사나운 개에게 던졌다.
15. 금성은 지구에 가장 가까운 행성이다.
16. 이 화랑에는 밀레 작품 2점이 있다.
17. Kim씨라는 사람이 당신이 안 계실 때 전화를 했습니다.
18. 그는 친절하게도 나에게 역으로 가는 길을 가르쳐 주었다.
19. 그는 시인으로서는 성공한 사람이지만 소설가로서는 실패자이다.
20. 나는 너를 이 주제에 대한 전문가로 여긴다.

해답

❶
1. Man is the lord of all creation.
2. The age of a horse is from 25 to 30 years.
3. He lives in a palace of a house.
4. I felt the patriot welling up at the sight.
5. The pen mightier than the sword.
6. He is all smiles all day long.
7. There are 10 families in this village.
8. He addressed to more than 10 hundred audiences.
9. Don't keep company with such people.
10. This forest is alive with much game.

❷
11. Water is made of hydrogen and oxygen.
12. The water in this well is good to drink.
13. The man in silks is not always happier than the man in rags.
14. He picked up a stone and threw it to the fierce dog.
15. Venus is the nearest planet to Earth.
16. There are two Millets in this gallery.
17. A Mr. Kim called you up during your absence.
18. He had the kindness to show me the way to the station.
19. He is a success as a poet but a failure as a novelist.
20. I have looked upon you as an authority on this subject.

4장 명사Ⅱ : 수, 성, 격

1 수(數)

❶ 복수의 형성 ①규칙적 형성 ②불규칙 형성

❷ 복수의 종류 ①근사 복수 ②일치 복수 ③분화 복수 ④이중 복수
⑤상호 복수 ⑥상시 복수 ⑦강조 복수 ⑧구상화 복수

❸ 복수의 용법

2 성(性)

❶ 남성과 여성의 구별

❷ 통성

❸ 중성의 의인화

3 격(格)

❶ 주격

❷ 목적격

❸ 소유격

1. 형성 ①생물의 소유격 ②무생물의 소유격
2. 종류 ①독립소유격 ②군소유격 ③이중 소유격
3. 의미 ①소유 ②주어 ③목적어 ④동격 ⑤용도 ⑥기원 ⑦계량 ⑧기술

▶명사(Ⅰ) 종류(種類)

1 보통 명사
1. 용법
2. 전용 ①추상명사화 ②집합명사화 ③고유명사화

2 집합 명사
1. 보통명사적 집합명사(family형)
2. 군집명사적 집합명사(cattle형)
3. 물질명사적 집합명사(furniture)

3 물질 명사
1. 용법
2. 전용 ①제품 ②사건 ③개체 ④종류

4 고유 명사
1. 용법
2. 전용

5 추상 명사
1. 용법 ①보통용법 ②특수용법
2. 전용 ①보통명사화 ②집합명사화

1 복수① : 복수의 형성

❶ 규칙적 형성

1. **~s** : blizzard dimple orchid; cook sleet month roof;
2. **~es** : ass ostrich dish garage fox ax maze mirage
3. 자음+o
 ①**-es** : echo hero negro potato tomato veto
 ②**-s** : auto demo disco memo piano photo; Eskimo
 ③**-s/-es** : buffalo cargo gingko mosquito tobacco volcano
4. **자음+y** : fly city colloquy soliloquy; cf. Marys Germanys
5. **f/fe→ves** : calf elf half leaf life loaf self shelf sheaf thief wife wolf
 →s/ves : cloverleaf dwarf handkerchief hoof scarf wharf staff
6. 복합명사
 ①앞 요소 **lookers**-on 구경꾼; **passers**-by 통행인; **brothers**-in-arms 전우;
 ②뒤 요소 forget-me-**nots** 물망초; go-**betweens** 중개인; grown-**ups** 어른;
 ③양쪽 man-servant(men-servants); woman-doctor(women-doctors)
7. 기타
 ①문자 Dot your **i's** and cross your **t's**.
 ②숫자 **3's** and **5's** are too much alike each other.
 ③약자 There are many **PTA's** in the city. cf. UFO**s** VIP**s** Dr**s**.

❷ 불규칙적 형성

1. **모음변화** : goose/geese mouse/mice tooth/teeth ox/oxen cf. Germans
2. **단수 복수 동형** :
 ①동물이름 cod deer sheep salmon swine
 ②국적명 French English Chinese
 ③수량단위 **five head** of oxen; 500 **won**; **4 percent** (4%);
3. **외래어 복수** :

①**us→i** : stimulus alumnus; **(us→i/es)**cactus focus nucleus radius
 *규칙복수 : bonus campus census chorus circus minus plus status virus
②**um→a** : bacterium; **(um→a/s)**curriculum maximum medium referendum
 *규칙복수 : album chrysanthemum museum premium stadium
③**on→a** : phenomenon criterion;
 on→s electron neutron proton skeleton
④**sis→ses** : analysis axis crisis diagnosis emphasis ellipsis oasis

1 복수① : 복수의 형성

❶ 규칙적 형성

1. **~s** : 눈보라 보조개 난초(유성음); 요리사 진눈개비 달 지붕(무성음)
2. **~es** : *치음(齒音) 다음; 나귀 타조 차고 도끼 미로 신기루
   *-ch(발음이 k면)-s를 붙인다. epoch신기원 matriarch여자가장 patriarch가장 monarch군주 stomach위 eunuch내시
3. **자음 + o** :
   ①**-es**를 붙이는 경우 : *echo에코 hero영웅 potato tomato veto거부권
   ②**-s**를 붙이는 경우 : *단축어; auto(mobile) demo(nstration) disco(theque) memo(random) piano(forte) photo(graph)
   ③**-s**혹은**-es**를 붙이는 경우 : *buffalo물소 cargo화물 gingko은행 motto좌우명 mosquito모기 tobacco담배 volcano화산
4. **자음 + y** : y-ies; fly파리 colloquy대화 soliloquy독백 cf.고유명사; Marys Germanys
5. **f/fe→ves** : *12단어만 해당. calf송아지 elf꼬마요정 half knife leaf life loaf덩어리 self자아 shelf선반 sheaf볏단 thief도둑 wife wolf늑대
   →s/ves : *beef육우 cloverleaf dwarf난쟁이 handkerchief손수건 hoof고리 scarf목도리 wharf부두 staff참모
6. **복합 명사** :
   ①앞 단어에 -s를 붙인다. ***commanders**-in-chief 사령관; **mothers**-in-law 장모님/시어머니;
   ②뒷부분에 -s를 붙인다. *복합어에 명사가 포함되지 않은 경우. merry-go-**rounds** 회전목마; run-**aways** 탈주자; touch-me-**nots** 봉선화
7. **기타** :
   ①문자 : **i**자들에 점을 찍고 **t**자들에 선을 그어라.
   ②숫자 : 3자들과 5자들은 서로가 너무 닮았다.
   ③약자 : 그 도시에는 사친회들이 너무 많다.
   PTA (Parent-Teacher Association); VIP(Very Important Person: 요인)
   UFO (Unidentified Flying Objects: 미확인 비행물체); Dr(Doctor: 의사)

❷ 불규칙적 형성

1. 모음변화 : goose/geese거위; mouse/mice생쥐; tooth/teeth치아; ox/oxen수소; louse/lice이; foot/feet brother/brethren형제; cf. Germans
2. 단수 복수 동형(同形) :
   ①동물이름 : cod대구 deer사슴 sheep양 salmon연어 swine돼지
   ②국적명 : French English Chinese
   *어미가 ch, sh, ss, ese로 끝나면 단수, 복수 동형이다.
   ③수량단위 : **five head** of oxen황소 5마리 *head가 마리를 나타내면 단수 복수 동형임.
3. 외래어 복수 :
   ①**us→i** : stimulus자극 alumnus동창생
   us→i 혹은 **es** : cactus선인장 focus초점 fungus버섯 nucleus핵 radius반지름
   *규칙복수 : bonus보너스 campus교정 census인구조사 chorus합창 circus서커스 minus plus플러스 status상태 virus바이러스
   ②**um→a** : bacterium박테리아
   um→a혹은s : curriculum교육과정 maximum극대 medium매개체 referendum국민투표
   *규칙복수 : chrysanthemum국화 premium프리미엄 stadium스타디움
   ③**on→a** : phenomenon현상 criterion표준
   on→s : electron전자 neutron중성자 proton양자 skeleton해골
   ④**sis→ses** : analysis분석 axis축 crisis위기 diagnosis진단 emphasis강조 ellipsis생략 oasis오아시스 paralysis마비 antisepsis방부, 소독

1 복수② : 복수의 종류

❶ 근사(近似) 복수

She went over to America in her **teens.**

Man reached the moon in the **1960's** of 20th century.

❷ 일치(一致) 복수

Many people came here against **their wills.**

Most **men** have an eye for beauty in **women.**

❸ 분화(分化) 복수

arms 팔/무기 advices 충고/보고 authorities 권위/당국 colors 색깔/군기

customs 관습/세관 contents만족/내용 forces 힘/군대 effects 효과/동산

❹ 이중(二重) 복수

brothers형제-brethren동포 antenna안테나-antennae촉각 cloths천-clothes옷

geniuses천재-genii수호신 indexes색인-indices지수 pennies동전-pence금액

❺ 상호(相互) 복수

You have to **change planes** at Los Angeles.

The house **changed hands** twice in a month.

❻ 상시(常侍) 복수

1. 단수 취급

①학과목 economics ethics mathematics physics politics statistics

②질병 blues hives hiccups measles rabies shivers staggers

③오락명 billiards darts dominoes draughts

④국가/지명 The Netherlands, the Philippines, Athens Brussels Naples

2. 복수 취급

①도구 glasses pincers scales scissors spectacles tongs

②의복 jeans pants shorts slacks suspenders socks trousers

❼ 강조(强調) 복수

①It is **a thousand pities** that he should have died young.

②Children enjoy playing on the **sands.** Still **waters** run deep.

❽ 구상화(具象化) 복수

belongings소지품 casualties사상자수 chances가능성 drinkables음료

funds기금 movables동산 riches재산 gains수익금 savings저축액 tidings소식

2 복수② : 복수의 종류

❶ 근사(近似) 복수 : *연령과 연대에 쓰인다.

그는 십대에 미국에 갔다. 10대(13세~19세)
인간은 20세기 1960년대에 달에 도착했다. (1960년~1969년)

❷ 일치(一致) 복수 : *our, their 의하여 수식이 될 때 그 명사도 복수로 하는 경우

대부분의 사람들은 그들의 의사에 반하여 여기에 왔다. against one's will 의사에 반하여
대부분의 남자들은 여자의 아름다움을 보는 눈이 있다.

❸ 분화(分化) 복수 : *복수가 됨으로써 뜻이 달라지는 복수

ash**es**재/유골; air**s**공기/뽐냄; brain**s**두뇌/지력; copper**s**구리/잔돈; drawer**s**서랍/속바지; facilit**ies**용이/시설; iron**s**쇠/족쇄; honor**s**명예/우등; letter**s**글자/문학; minute**s**메모/의사록; provision**s**준비/식량; spirit**s**영혼/술; pain**s**고통/수고; paper**s**종이/신문; regard**s**고려/안부; spectacle**s**광경/안경; moral**s**도덕/품행; manner**s**방법/예의; part**s**분/지방; quarter**s**¼/숙사

❹ 이중(二重) 복수 : *복수의 형태에 따라 뜻이 달라지는 복수

beefs불평-beeves육우 dies각인 dice주사위 staffs참모/직원-staves지팡이

❺ 상호(相互) 복수 : *단독으로는 될 수 없는 복수

Los Angeles에서 비행기를 갈아타야 한다.
그 집은 한 달 동안에 주인이 두 번 바뀌었다. change hands 주인이 바뀌다
make friends with 친구가 되다 shake hands with 악수하다
on good terms with 사이가 좋다 cross swords with ~와 싸우다

❻ 상시(常侍) 복수 : *항상 복수형으로만 사용되는 경우

1. 단수 취급 :

①학과목 : economics 경제학 ethics 윤리학 linguistics 언어학 mathematics 수학
physics 물리학 politics 정치학 statistics 통계학

▶학문 자체가 아닌 다른 뜻으로 쓰이면 복수 취급한다.
*His politics are rather conservative. 그의 (정치적 견해)는 상당히 보수적이다.
*The statistics he quotes are accurate. 그가 인용하는 (통계 수치)는 정확하다.

②질병 : blues 우울증 hives 두드러기 measles 홍역 hiccups 딸국질
rabies 광견병 shivers 오한 staggers 어지러움

③오락명 : billiards 당구 darts 창던지기 dominoes 도미노놀이 draughts 서양장기

④국가/지명 : Athens 아테네 Brussels 브뤼셀 Naples 나폴리

2. 복수 취급 :

①도구 : glasses 안경 pincers 핀세트 scales 저울 spectacles 안경 tongs 집게

②의복 : jeans 진바지 shorts 짧은바지 slacks 헐거운 바지 suspenders 바지멜빵

❼ 강조(强調) 복수 : *강조를 나타내기 위한 복수

①강렬한 감정을 나타내기 위한 것 : 그가 젊어서 죽은 것은 유감천만이다.
Congratulations on your graduation!
Please accept my deep condolences. Give my best regards(wishes) to~

②수량, 넓이 등을 강조 : 아이들은 모래밭에서 놀기를 좋아한다. 잔잔한 물이 깊다.

❽ 구상화(具象化) 복수 : *복수의 형태를 취함으로써 구체적인 명사의 개념을 나타냄.

authorities당국 valuables귀중품 civilities정중한 말(행동) bygones지나간 일
surroundings환경 feelings감정 looks용모 troubles수고

1 복수③ : 복수형의 용법

❶ 복수형 어미의 생략 여부

1. 생략되는 경우

①수사에 계속되는 명사인 경우

a **ten-year** old boy 10살 된 소년 a **three-act** play 3막 극

a **ten-dollar** bill 10달러 지폐 a **three-woman** band 여성 3인조 밴드

②앞 단어의 의미가 복수인 경우

car-racing 자동차 경주 cigarette-case 담배 갑 grape-harvest 포도수확

picture-gallery 화랑 shoe-repairer 구두 수선공 ticket-office 매표소

③상시 복수형으로 쓰이는 명사 a billiard table; a trouser pocket

2. 생략되지 않는 경우

a **sports** car 스포츠 카 a **savings** bank 저축은행 a **communications** satellite 통신위성

a **customs** house 세관 a **goods** train 화물열차 a **mathematics** teacher 수학교사

❷ 수를 나타내는 단어

①형용사로 사용 **two hundred** people. **many thousand** times.

②수사 다음 It cost **several thousand** pounds. They want **a few hundred**.

※ They want **several millions.(billions, trillions)**

※ **hundreds of** people. **several thousands of** spectators.

millions of inhabitants. **tens of thousands of** people.

❸ 시간, 거리, 가격, 중량을 나타내는 경우

①한 단위로 표시하면 단수 취급

Ten years is a long time to spend in exile.

Ten miles is a good distance to the children.

Ten dollars is enough to buy the book.

Ten tons is the lading capacity of this car.

②단수명사를 꾸미는 한정사(every each this that another)가 앞에 올 수 있다.

Let me live on in this way for **another 20** years.

He comes here **every four** days.

③특정되면 복수취급을 한다.

Ten years have passed since he died.

The 10 dollars you gave me **are** enough to buy the book.

The ten weeks of summer training **were** often very long.

1 복수③ : 복수형의 용법

❶ 복수형 어미의 생략 여부

1. **생략되는 경우** : *형용사적으로 사용될 때

①수사에 계속되는 명사인 경우 :

a **ten-mile** distance 10마일 거리　a **three-horse** carriage 3두 마차

②앞 단어의 의미가 복수인 경우 :

child-welfare 아동 복지　note case 지갑(wallet)

③상시 복수형으로 쓰이는 명사 :

a **billiard** table 당구대; **trouser** pocket 바지 주머니

2. **생략되지 않는 경우** :

a **sports** car 스포츠 카　a **savings** bank 저축은행

a **communications** satellite 통신위성　a **customs** house 세관

a **goods** train 화물열차　a **mathematics** teacher 수학교사

a **spoils** systems 엽관제　a **securities** firm 증권회사

a **clothes** brush 옷 솔　an **athletics** meeting 체육회

a **teachers** college 사범대학　a **downstairs** woman 아래층 여자

an **economics** degree 경제학 학위

❷ 수를 나타내는 단어 : *dozen(12), score(20), hundred, million(백만)

①형용사로 사용될 때 :

36개의 안경　200명의 사람들　수천 번

②수사 다음에 올 때 :

그것은 수천 파운드의 비용이 들었다.　그들은 수백 개를 원한다.

▶million billion(10억) trillion(1조)이 앞에 복수 의미의 숫자가 오고 뒤에 명사가 오지 않으면 복수형 어미 s를 붙인다.

▶수사 없이 단독으로 of와 함께 쓰이면 복수형이 된다.

수백 명의 사람들; 수천 명의 관객; 수백만 명의 주민 수만 명의 사람들

❸ 시간, 거리, 가격, 중량을 나타내는 경우

①한 단위를 표시하면 단수 취급한다.

10년은 유랑으로 보내기엔 긴 시간이다. exile 망명; 추방, 유배;

10마일은 아이들에겐 상당한 거리다.　good 상당한, 충분한(thorough)

10 달러는 그 책을 사기에 충분하다.

10톤은 이 차의 적재용량이다. lade (laded-laden) ~을 싣다(load), 적재하다

②단수명사를 꾸미는 한정사 every each another this that 등이 앞에 올 수 있다

20년 더 이런 식으로 계속 살고 싶다. *on은 계속을 나타내는 부사.

그는 4일마다 여기에 온다.

Change the oil in the car **every 5,000** miles.

5,000마일마다 이 차의 엔진오일을 바꿔라.

③특정되면 복수취급을 한다.

그가 죽은 지 10년이 됐다.

***Ten years have** passed since he died.

=It is 10 years since he died.

=He died 10 years ago

=He has been dead for 10 years.

네가 나에게 준 10달러는 그 책을 사기에 충분하다.

여름 훈련의 10주간은 종종 매우 길었다.

2 성

❶ 남성과 여성의 구별

1. 어원과 관계가 있는 경우

①남성어+ess : baron count heir host lion poet prophet saint

②남성어 어미의 변형+ess :

ⓐactor ambassador ancestor aviator editor inheritor waiter

ⓑabbot/abbess, blond/blonde, emperor/empress, governor/governess master/mistress, murderer/murderess, bridegroom/bride, god/goddess, duke/duchess, lad/lass, fiance/fiancee, hero/heroine

③성별어를 붙이는 경우 :

(bull/cow)calf, (buck/doe)rabbit, (jack/jenny)ass, (billy/nanny)goat

2. 어원과 관계가 없는 경우

①brother/sister bachelor/spinster father/mother sir/madam husband/wife king/queen nephew/niece gentleman/lady wizard/witch widower/widow uncle/aunt papa/mamma

②bull/cow; boar/sow; buck/doe; cock/hen; dog/bitch; drake/duck drone/bee; fox/vixen; gander/goose; horse/mare; ram/ewe

❷ 통성 명사

①사람 baby cook cousin lawyer monarch pianist singer soldier spouse

②동물 bird cat chicken eagle fish fly frog goat sparrow sheep swine

③종족대표 ⓐ남성 : dog fox lion man negro poet

ⓑ여성 : bee hen duck goose

❸ 중성과 의인화

1. **남성취급** : anger cruelty day death fear love law murder mountain ocean sun summer time thunder wind winter war rage revenge river

2. **여성취급** : autumn art country charm charity earth fortune justice moon nature mercy liberty nation music spring peace pity ship victory

3.**예문** : **The sun** was shining in all **his** splendid beauty.
England is justly proud of **her** great poets.
Switzerland is noted for **its** beautiful scenery.

2 성(性)

❶ 남성과 여성의 구별

1. 어원과 관계가 있는 경우

①남성어+ess : baron남작 count백작 heir상속인 host주인 lion사자 poet시인 prince왕자 prophet예언자 saint성인 shepherd목동

②남성어 어미의 변형+ess :

ⓐactress여배우 ambassadress여자대사 ancestress여자선조 aviatress여비행사 editress편집자 inheritress여상속인 tigress호랑이 waitress여자웨이트

▶예외 archeress여궁사 authoress여성저자 mayoress여시장 tailoress여재단사 tutoress

ⓑabbot수도원장/abbess여자수녀원장 blond금발남자/blonde 금발여자
emperor황제/empress왕후; governor주지사/governess여자주지사
master주인/mistress여주인; murderer살인자/murderess여자살인자
bridegroom신랑/bride신부; god신/goddess여신; duke공작/duchess공작부인
lad젊은남자/lass젊은 여자; fiance남자약혼자/fiancee여자약혼자;
hero영웅/heroine여걸; negro흑인/negress흑인여성

③성별어를 붙이는 경우 :

(bull숫/cow암)calf송아지; (buck숫/doe남)rabbit토끼; (tom숫/tabby암)cat고양이
(jack숫/jenny암)ass나귀; (billy숫/nanny암)goat염소;

2. 어원과 관계가 없는 경우

①사람 :

bachelor독신남자/spinster독신여자; gentleman신사/lady숙녀; husband남편/wife아내;
nephew조카/niece질녀; sir님/madam부인; wizard마법사/witch마녀;
widower홀아비/widow과부; papa아빠/mamma엄마;

②동물 :

bull수소/cow암소; boar수퇘지/sow암퇘지; buck숫사슴/doe암사슴 ; cock수탉/hen암탉;
dog수캐/bitch암캐; drake숫오리/duck암오리; drone수벌/bee암펄; fox숫여우/vixen암여우;
gander숫거위/goose암거위; horse숫말/mare암말; ram숫양/ewe암양; stag숫사슴/hind암사슴

❷ 통성 명사

①사람 : cook요리사 lawyer변호사 monarch군주 singer가수 soldier군인 spouse배우자
②동물 : eagle독수리 fly파리 frog개구리 sparrow참새 sheep양 swine돼지
③종족대표 :
ⓐ남성으로 대표 : dog fox lion man negro poet
ⓑ여성으로 대표 : bee hen duck goose

❸ 중성과 의인화

①남성취급 : *강력 강렬 위대 웅대 우월 공포
*anger화 cruelty잔인 death fear공포 love law법 murder살인 ocean대양 sun summer time thunder천둥 wind winter war rage격노 revenge복수

②여성취급 : *가련 우아 온순 온화 자애 풍요
*charm매력 charity자비 darkness earth fortune운 justice정의 nature자연 night mercy자비 liberty자유 nation국가 peace평화 pity연민 ship victory승리
태양은 그의 화려한 아름다움을 비추고 있었다.
영국이 자국의 위대한 시인을 자랑하는 것도 당연하다. (국명은 여성으로 취급)
스위스는 그 아름다운 경치로 유명하다. (국가를 지리적으로 보면 중성 취급)
*The ship went down with her crew. *배는 여성으로 취급
그 배는 승무원과 함께 가라앉았다.

3 격① : 소유격

❶ 소유격의 형성

1. 생물의 소유격 **man's** future; **Moses'** Prayer; a **girls'** school

2. 무생물의 소유격

①**of 소유격** the shade **of** a tree; the cost **of** living;

②'s 소유격

ⓐ척도 *시간 He returned home after **10 years'** absence.

*거리 My house stands within a **stone's throw** of the school.

*가격 He bought **five dollars'** worth of coffee.

*중량 Give me **a pound's weight** of sugar.

ⓑ의인화 **earth's** surface; **Fortune's** smile; **Heaven's** will; **nature's** law

ⓒ관용 for convenience' sake 편의상 for appearance' sake 체면상

at one's wit's end 어쩔 줄 모르고 at one's fingers' ends 정통하여

❷ 소유격의 종류

1. 독립 소유격

①My house is larger than **Mary's**. His salary is lower than his **wife's**.

②What do you say to going round to my **mother's**?

I have been to the **photographer's**(studio) to have my photo taken.

2. 군 소유격

①합성어 I am anxious about my **son-in-law's** health.

②공동소유 I bought an economics book at **Tom and Mary's** bookstore.

③각자소유 The rain drove into **bridegroom's and bride's** faces.

3. 이중 소유격

He is a friend of my father's. **Any** friend **of my son's** is welcome.

❸ 소유격의 의미

①소유 My **uncle's** villa stands at the foot of Mt. Jiri.

②주어 She is waiting for her **parents' arrival**.

③목적 He devoted all his life to **children's education.**

④동격 I have never heard of **the name of Tom.**

⑤용도 My daughter takes in **women's magazine** every month.

⑥기원 Have you ever read any of **Milton's works?**

3 격① : 소유격

❶ 소유격의 형성

1. 생물의 소유격 :
①단수명사 : *-'(apostrophe)s를 붙인다. 인간의 미래; 모세의 기도; a **bee's** sting 벌침;
②복수명사 : *s로 끝나면 -'(apostrophe)만 붙인다. a girls' school여학교; birds' nests새 둥지; ladies' clothing;
*불규칙적인 복수는 단수처럼 -'s를 붙인다. children's games;

2. 무생물의 소유격 : *of소유격이 원칙
①**of소유격** : 나무 그늘; 생계비; the bottom **of** the box; the price of success
②**'s 소유격** : *무생물임에도 's를 붙이는 경우
ⓐ**척도**
*시간 : 10년 만에 고향으로 돌아갔다. after ten years' absence 10년 만에
*거리 : 집은 학교에서 돌을 던지면 닿을 거리에 있다.
*가격 : 그는 5달러치의 커피를 샀다.
*중량 : 나에게 설탕 1파운드를 달라.
ⓑ**의인화** : 지구표면, 운명의 미소, 하나님의 뜻, 자연 법칙
ⓒ**관용적** : *발음이 s로 끝나면 '만 붙인다.
*for God's [=goodness'; heaven's; mercy's; pity's] sake 제발
*for acquaintance' [appearance'; convenience'; conscience'] sake
=for the sake of acquaintance [appearance; convenience; conscience]
=안면상, 외관상, 편의상, 양심상

❷ 소유격의 종류

1. 독립 소유격
①명사의 반복을 피하기 위하여 : *소유격 다음에 one을 사용할 수 없다
나의 집은 Mary의 집 보다 더 크다.
그의 급료는 자기 아내의 급료보다 적다.
②소유격 다음에 건물을 나타내는 명사가 생략된 경우 :
내 어머니 집에 들르지 않을래?
나는 사진을 찍기 위하여 사진관에 갔다 왔다.
▶주인(host)과 객(guest)의 관계가 성립되는 경우에만 건물 명사가 생략된다.
My uncle's house is in Seoul. I bought Mary's house.

2. 군(群) 소유격
①합성어 : *마지막 단어에 's를 붙인다. 사위의 건강이 염려가 된다.
②공동소유 : *마지막 단어에 's를 붙인다.
Tom과Mary가 공동으로 운영하는 서점에서 경제학 서적을 샀다.
③각자소유 : *각각의 단어에 's를 붙인다. 비는 신랑과 신부의 얼굴로 퍼 부었다.

3. 이중 소유격 : *불특정 중심한정사 + 명사 + of + 특정된 사람's; *한정사 참조요.
*중심한정사간에는 상호배타적(mutually exclusive)이다.
그는 내 아버지의 친구다. 내 아들의 어떤 친구도 환영이다.

❸ 소유격의 의미 : *외형상의 형태는 소유격이나 내용에 따라 아래의 경우로 나누어진다.

①소유 관계 : 내 삼촌의 빌라는 지리산 기슭에 있다. at the foot/side of ~의 기슭/중턱에
②주어 관계 : 그녀는 부모님이 도착하기를 기다리고 있다.
③목적 관계 : 그는 자식들을 교육시키는데 일생을 헌신했다.
④동격 관계 : Tom이라는 이름을 들어본 적이 없다.
⑤용도 관계 : 내 딸은 매달 여성잡지를 구독한다. take in 구독하다.
⑥기원 관계 : Milton의 작품 중에서 몇 편을 읽어 본 적이 있느냐?

3 격② : 목적격

❶ 목적격의 용법

①타동사 **Remember me** kindly to your mother.
Company in distress **makes sorrow** less.

②전치사 The suit looks awfully nice **on you.**
Love is **to women** what sunshine is to plants.

③형용사 He looks **like his mother** in every respect.
The novel is **worth reading** twice at least.

④목적보어 I believed the author of the book to be **her**.
I thought that man to be **him**.

❷ 목적격의 종류

①형용사적 대격

나이 You look **your age.**

무게 You and I are **the same weight**.

가격 Both are **the same price.**

형상 The earth is **(of) the shape** of an orange.

성질 He is **a good temperament**.

이익 It is **no use** crying over the spilt milk.

색깔 The door is **dark brown**.

크기 The two towers were **the same size**.

②부사적 대격 : 한정사와 결합

시간 **What time** do you usually get up in the morning?
Some day your dream will come true.

공간 He lives **next door**. We walked **ten miles**.

양태 He always travel **third class**. He is **every inch** a gentleman.

방향 Come **this way.**
If one sheep goes **the wrong way**, the others follow.

척도 He is **three years** older than I. He eats **five times** a day.

정도 I couldn't sleep **a wink** last night. It is **a little** cold.

3 격② : 목적격

❶ 목적격의 용법

①타동사의 목적어 :

부디 당신의 어머님께 안부전해 주세요.

kindly=please; remember A to B: B에게 A의 안부를 전하다

함께 고민하면 슬픔은 덜하다.(속담) company 동석, 함께 함.

②전치사의 목적어 :

그 양복은 당신에게 정말 잘 어울린다. suit =look nice on= go well with =match

사랑이 여자에 대한 관계는 햇빛이 식물에 대한 관계와 같다.

*A is to B what(as) C is to D. A : B = C : D

③형용사의 목적어 : *worth like near opposite past *worth 외는 전치사로도 볼 수 있다.

그는 모든 면에서 그의 어머니를 닮은 것 같다.

그 소설은 적어도 두 번 정도는 읽을 가치가 있다. at least=적어도

④목적 보어 : *목적 보어(oc)는 목적격이다.

나는 그 책의 저자는 그녀라고 믿는다. 나는 그 사람이 그라고 생각했다.

❷ 목적격의 종류

①형용사적 대격 : *of가 탈락하고 목적격 형태로써 형용사 기능을 하는 것으로 다음의 경우에 해당된다.

나이 : 자기 나이로 보인다. *We are the same age.

무게 : 너하고 나하고는 몸무게가 같다.

가격 : 둘 다 가격은 같다. *Our products are price below par.

형상 : 지구는 오렌지의 형태다. *of는 생략가능하다.

*What shape is the balloon? The lowest part was square shape.

성질 : 그는 성질이 좋다.

이익 : 엎지르진 우유를 한탄해 본들 소용없다.

색깔 : 그 문은 짙은 갈색이다.

크기 : 그 두 탑은 크기가 같다.

② 부사적 대격 : *한정사와 결합 *전치사가 생략되고 목적격 형태로써 부사 기능을 하는 것으로 다음의 경우에 해당된다.

시간 : 너는 대개 아침 몇 시에 일어나느냐? *at 생략

언젠가 너의 꿈은 이루어질 것이다.*at 생략; some day 언젠가

공간 : 그는 이웃에 산다. *in 생략 그는 10마일을 걸었다. *for 생략

양태 : 그는 항상 3등 객실로 여행을 한다. *in 생략; third class 3등 칸으로

그는 철두철미 신사다. *by 생략; every inch 철두철미, 어느 모로 보나

He stood there pipe in hand. pipe in hand=with a pipe in his hand

방향 : 이쪽으로 오너라. *in생략

양 한 마리가 잘못된 방향으로 가면 나머지 전부가 따라 간다. *in 생략

척도 : 그는 나보다 3살 나이가 많다. *by(차이) 생략; 하루에 5번 식사한다. *for 생략

정도 : 나는 지난 밤 한 숨도 못 잤다.

*do not sleep a wink =do not get a wink of sleep 한잠도 못자다.

날씨가 조금 춥다. *for 생략

■ 주격

①주어 **He** has both the hero and the coward. *the + 보통명사 =추상명사

그는 영웅다운 점과 소심한 점을 동시에 가지고 있다.

②주격보어 The author of the book is believed to be **he**.

그 책의 저자는 그라고 믿는다.

③호격 **Friends, Romans, countrymen**, lend me your ears!

친구여, 로마인이여, 로마인이여, 내 말을 들어보시오.

④독립주격 **It** being fine weather, we went out for a walk.

날씨가 좋아서 우리는 산책 나갔다. it은 독립분사구문의 주어.

어법 문제 ①

❶ 다음 명사의 복수형을 쓰라.

1. disco 2. photo 3. epoch
4. man-servant 5. manhole 6. criterion
7. analysis 8. monarch 9. axis
10. species 11. Chinese 12. cactus
13. ostrich 14. UFO 15. elf

❷ 다음 단어의 차이점을 써라.

1. air / airs 2. color / colors 3. custom / customs 4. honor / honors
5. manner / manners 6. letter / letters 7. spirit / spirits 8. paper / papers

❸ ( ) 안의 단어 중에서 적당한 것을 고르시오.

1. Ten miles (are, is) long distance for such small boys to walk.
2. The five dollars you gave me (is, are) enough to buy the book.
3. Ten ton (is, are) the lading capacity of the car.
4. They laid out three (year, years) national defence plan.
5. The days of summer training (was, were) very long.

❹ 반대되는 성을 써라.

1. lad 2. nephew 3. horse 4. hero
5. cock 6. duke 7. master 8. tiger
9. count 10. bride 11. widow 12. emperor
13. heir 14. buck 15. monk 16. witch
17. dog 18. author 19. billy-goat 20. fiance
21. bee 22. tutor 23. tailor 24. ram

❺ 잘못 된 부분을 찾아 바르게 고치시오.

1. Your sister's that doll is rare and pretty.
2. He returned home after ten years's absence.
3. Any friend of my son is welcome at any time.
4. The soldiers will fight for their country sake.
5. She is anxious about her son's-in-law health.

해답

❶ 1.-s; 2.-s; 3.-s; 4.men-servants; 5.-s; 6.criteria; 7.analyses; 8.-s; 9.axes; 10.species; 11.Chinese; 12.cacti 혹은 cactuses; 13.-es; 14.-s; 15.elves
❷ 1.공기/잘난 체함; 2.색갈/군기; 3.관습/세관; 4.명예/우등; 5.방법/예절; 6.편지/문학; 7.영혼/술; 8.종이/신문, 논문, 서류
❸ 1.is; 2.are; 3.is; 4.year; 5.were
❹ 1.lass; 2.niece; 3.mare; 4.heroine; 5.hen; 6.drake; 7.mistress; 8.tigress; 9.countess; 10.bridegroom; 11.widower; 12.empress; 13.heiress; 14.doe; 15.nun; 16.wizard; 17.bitch; 18.authoress; 19.nanny-goat; 20.fiancee; 21.drone; 22.tutoress; 23.tailoress; 24.ewe;
❺ 1.that doll of your sister's 2.years's-years' 3.son-son's 4.country-country's 5.son's-in-law→son-in-law's

어법 문제 ②

◆ 밑줄 친 곳에 알맞은 단어를 고르시오.

1. What does Smith do for a living? He is one of the most successful ____ in the city.
   ① newspaper reporter ② newspaper's reporters
   ③ newspaper's reporter ④ newspaper reporters
   ⑤ newspapers's reporter

2. Would you mind exchanging _______ with me?
   ① a seat ② the seat ③ seats ④ seat ⑤ the seats

3. How much money do you have? I have a _________ bill.
   ① tens-dollars ② ten-dollar ③ tens-dollar
   ④ ten-dollars ⑤ ten-dollar.

4. How about the wall? The walls are ______ thick.
   ① third inches ② three inch ③ three inches
   ④ third inch ⑤ three inches

5. Withins minutes, _________ Chines poured into the streets.
   ① ten thousands ② ten thousand of ③ tens of thousands of
   ④ ten of thousands of ⑤ tens of thousand of

6. His house is within ______ from the school.
   ① a stone's throw ② a throw of stone ③ stone's throw
   ④ the stone's throw ⑤ a stone throw

7. Convincing people of the merits of the project will require ______ .
   ① no opinion of majority ② a majority opinion
   ③ opinion of no majority ④ of no opinion to the majority
   ⑤ of no opinion of the majorities

8. Where do you wish to go? I wish to go to the ______ .
   ① shoes store ② shoe store ③ shoe's store
   ④ shoes stores ⑤ shoes' store

해답

1. ④; 복합명사의 복수 중 뒷부분을 복수로 하는 경우다. 'one of +복수명사'이다.
2. ③; 상호복수형이다. exchange seats [places, letters]; shake hands; make friends;
3. ②; '수사+명사+명사'인 경우, 앞의 명사는 형용사 기능을 하므로 단수명사이어야 한다.
4. ③; '수사+명사'가 부가적(한정적) 형태가 아닌 서술적 형태로 쓰이므로 '수사+복수명사'다.
5. ③; '일 만'은 ten thousand이나 막연한 수인 '수만'은 tens of thousands이다.
6. ①; 시간, 거리, 가격, 의인화, 관용구인 경우는 무생물이라도 's 소유격이다.
7. ②; '명사+명사'의 형태다.
8. ②; 복합명사로 앞의 명사가 뒤의 명사의 종류를 나타낸다.

어법 문제 ③

◆ (　　　)에 가장 알맞은 것을 고르시오.

1. Deer (　　　) the only animals with antlers.
   ① been　② is　③ are　④ being

2. Did you say that five days (　　　) required to complete that work?
   ① are　② were　③ was　④ is

3. We have a good baseball team. They ar all (　　　).
   ① seven feet over tall players　② over seven foot tall players
   ③ seven foot over tall players　④ over seven feet tall players

4. Within minutes, (　　　) jubilant Chinese poured into the streets.
   ① ten thousands　② ten thousand of
   ③ ten of thousand of　④ tens of thousands of

5. What can I do for you, sir?　I want (　　　).
   ① a nickel's worth of candy　② a dime worth of candy
   ③ candy a dime's worth　④ a nickel worth candy

6. I had to pay ten dollars for this bowl. It's probably (　　　).
   ① worth　② worth so　③ worth them　④ worth it

7. What do you need?　Two pounds (　　　) all I need.
   ① is　② being　③ are　④ have been

8. What does Roger Brown do for a living? He is one of the most successful (　　　) in the city.
   ① newspaper reporter　② newspaper's reporters
   ③ newspaper's report　④ newspaper reporters

9. What did you get? I got a (　　　) bill.
   ① five-dollars　② fives-dollars　③ five-dollar　④ fives-dollars

해답

1. ③; Deer는 단,복수 동형이나 보어가 복수이므로 일치의 원칙에서 주어는 복수이어야 한다.
2. ③; five days를 한 단위로 취급하므로 단수형 동사가 와야 한다. 주절의 시제가 과거이다.
3. ②; 명사가 형용사 역할을 하므로 feet는 foot로 되어야 한다.
4. ④; 만은 ten thousand이나 막연한 숫자를 나타내는 경우는 tens of thousands of이다.
5. ①; 시간, 거리, 가격, 중량 등의 소유격을 나타내는 경우는 's의 형태로 된다.
6. ④; ten dollars를 한 단위로 취급하므로 it이어야 한다.
7. ①; Two pounds를 한 단위로 봄으로 단수 취급을 한다.
8. ①; one of 다음에는 복수가 와야 한다. 또 '명사+명사' 형태의 복수형이다.
9. ③; 명사가 형용사 역할을 하는 경우는 단수 형태를 취한다.

어법 문제 ④

1. Choose the right group of words.
   ① heroes, sixes, father-in-laws, roofs, pianos
   ② species, kangroos, deers, oases
   ③ children, Swisses, mouths, echoes, studies
   ④ swine, sheep, halves, Mars, mice
   ⑤ lookers-on, teenagers, ourselfs, boys

◆ Choose the sentence which is grammatically right.

2. ① I want you to make both ends meet.
   ② One and a half days are all I can spare.
   ③ A child as he was, he was brave.
   ④ Seoul has more than eight millions people.
   ⑤ You had better not put on air.

3. ① Show me another overcoat of your mother.
   ② I will see to that no harm comes to her.
   ③ She dissuaded him to make the attempt.
   ④ He is incapable of buying such a fine house.
   ⑤ Busan is better than the other seaport in the world.

4. ① The rest of the children has gone camping.
   ② There is a number of people suffering from tuberculosis in Russia.
   ③ Many a boat has been wrecked here and in that place.
   ④ A total of 700 Americans live in this district.
   ⑤ There is more than one reason to believe that he is innocent of theft.

5. ① They were amused to find hundred of monkeys among the trees.
   ② He took great pains in the education of his children.
   ③ The jury were divided in their opinion.
   ④ Ten miles are a long distance for such small boys to walk.
   ⑤ The king's palace of England is very magnificent.

6. ① On top of the mountain stands various monuments to peace.
   ② Mathematics are an important branch of learning.
   ③ At that time he was only a three-years-old boy.
   ④ Aunt Mary returned home after ten year's absence.
   ⑤ The cattles are grazing in the pasture.

해답

1. ④; ①fathers-in-law; ②deers-deer; ③Swisses-Swiss; ⑤ourselfs-ourselves;
2. ①; ②are-is; ③A child-Child; ④millions-million; ⑤air-airs;
3. ④; ①mother-mother's; ②to-to it; ③to make-from making; ⑤seaport-seaports
4. ⑤; ①has-have; ②is-are; ③and를 뺀다.; ④live-lives
5. ③; ①hundred-hundreds; ②pain-pains; ④are-is; ⑤The king of England's palace
6. ④; ①stands-stand; ②are-is; ③years-year; ⑤cattles-cattle

어법 문제 ⑤

◆ 밑줄 친 부분 중에서 잘못된 것이 있는 부분은?

1. It has been estimated(①) that almost sixty percents(②) of the land(③) at the Badlands National Monument is devoid(④) of vegetarian.

2. Sea turtles date back 100 million year(①) and are the only ancient(②) sea reptiles to survive(③) to the present(④) day.

3. Some bloods types(①) are quite common(②), others are regionally(③) distributed, and others(④) are rare everywhere.

4. It is difficult to classify(①) mathematics as simply(②) an art or a science because they contain(③) elements of both(④).

5. In spite of(①) the wonderful acting, sensitive photography, and well-developed(②) plot the three-hours(③) movie could(④) not hold our attention.

6. The ease with which(①) abalone can be collected from the shore has almost(②) resulted(③) its extinct(④).

7. The winner(①) photograph was on(②) an old barn window covered with(③) a delicate, lacy frost(④).

해답

1. ④; percent는 단수, 복수의 형태가 같다. percents→percent
2. ①; 100 million이라는 복수 한정사가 있으므로 year→years
3. ①; bloods가 types의 형용사 역할을 하므로 단수형태가 되어야 한다. bloods→blood
4. ③; C의 they는 문맥상 mathematics를 받으므로 they contain→it contains으로 고친다.
5. ③; three-hours는 movie의 형용사 역할을 하므로 단수형(three-hour)이어야 한다.
6. ④; 소유격(its) 다음에 명사가 와야 하므로 extinct→extinction이 되어야 한다.
7. ①; winner는 photograph의 형용사 관계이므로 winner→winner's로 되어야 한다.

어법 문제 ⑥

❶ (A) (B) (C) 각 [ ] 안에서 문맥에 맞는 낱말을 골라 짝지은 것으로 가장 적절한 것은?
The shapes of Korean kites are based on scientific (A) [particles/ principles] which enable them to make good use of the wind. One particular Korean kite is the rectangular "shield kite," which has a unique hole at its center.
This hole helps the kite fly fast regardless of the wind speed by (B) [concentrating/ contaminating] the wind on days when the wind is light, and letting it pass through when the wind is blowing hard. The center hole also allows the kite to respond quickly to the flyer's (C) [commands/ comments]. For these reasons, Korean kites such as the shield kite are good at "kite fighting."

① (A) particles	(B) concentrating	(C) commands
② (A) particles	(B) contaminating	(C) comments
③ (A) particles	(B) concentrating	(C) comments
④ (A) principles	(B) contaminating	(C) comments
⑤ (A) principles	(B) concentrating	(C) commands

❷ 다음 글에서 밑줄 친 부분 중 어법상 틀린 것은?
I hate all the noise, crowds, and traffic that people in the city ① have to put up with. I prefer fresh air and the natural beauty of the country. And there is always ② something to do in the country. I can go hiking, camping, or fishing anytime I ③ want to. The people in the country are more friendly ④ than the city. I think that living in the country ⑤ has many advantages.

❸ 밑줄 친 부분 중 어법상 어색한 것은?
A young director, George Lucas, ① whom Ford had worked for ② as a carpenter, offered him a part in a film called American Graffiti. Af first Harrison Ford ③ turned down the part because the pay ④ much less than what he could earn as a carpenter. He finally accepted and the film was ⑤ great success.

❹ 다음 글에서 밑줄 친 부분 중 어법상 틀린 것은?
Woke up at 4 a.m. with a toothache. Took six aspirins but they ① didn't help. At 5 a.m., I woke up my mother and father and told them that I was ② in great pains. My parents ③ didn't feel sorry for me. They said, "You ④ must go to the dentist, Tom." At 5:30 a.m., I asked my father ⑤ to drive me to the hospital, but he refused.

해답

❶ ⑤; 문맥상 (A)원리(principles); (B)집중(concentrate); (C)명령(commands)이어야 한다.
❷ ④; than the people of the city이므로 than those of the city로 바꾸어야 한다.
❸ ⑤; 문맥상 '성공적인 것'이므로 a great success가 되어야 한다.
❹ ②; 문맥상 '엄청난 고통'이므로 pains→pain; pains는 '수고'의 뜻이다.

영작 문제

❶ Put the following into English.
1. 어렸을 적에 나는 회전목마 타는 것을 좋아했다.
2. 이 집에는 황소 20마리가 있다.
3. 건강보험은 재정적 기준만으로 판단해서는 안 된다.
4. 프랑스인은 매우 실용적인 국민이다.
5. 인간은 1960년대에 달에 도착했다.
6. 영국에 가기 위해서는 홍콩에서 비행기를 갈아타야 한다.
7. 그가 젊어서 죽은 것은 유감천만한 일이다.
8. 정확한 사상자의 수는 알려지지 않고 있습니다.
9. 그는 10대에 미국에 공부하러 갔다.
10. 그와 나는 서로 친한 사이다.

❷ Put the following into English.
11. 그가 인용한 통계치는 정확하다.
12. 10년은 유랑으로 보내기에는 상당한 시간이다.
13. 그는 3일에 한 번 이곳에 온다.
14. 그가 죽은 지 10년이 되었다.
15. 우리는 서로 악수를 하고 친구로 헤어졌다.
16. 영국은 자기나라의 위대한 시인들을 자랑하는 것은 당연하다.
17. 내 집은 학교에서 돌을 던지면 닿을 수 있는 거리에 있다.
18. 내 아들의 어떤 친구도 환영이다.
19. 지구는 오렌지 모양이다.
20. 그는 나보다 나이가 3살 많다.

해답

❶
1. When I was young, I liked to ride on a merry-go-round.
2. There are 20 head of oxen in this house.
3. The health service should not be judged by financial **criteria** alone.
4. The French are a practical people.
5. Man reached the moon in the 1960's of 20th century.
6. We should change planes at Hong-kong to go to England.
7. It is a thousand pities that he should have died young.
8. No details of casualties were immediately available.
9. He went to America to study in his teens.
10. He and I are on good terms with each other.

❷
11. The statistics he quotes is accurate.
12. Ten years is a long time to spend in exile.
13. He comes here every three days.
14. Ten years have passed since he died.
15. We shook hands and parted friends each other.
16. England is justly proud of her great poets.
17. He stands within a stone's throw from the school.
18. Any friend of my son's is welcome.
19. The earth is of the shape of an orange.
20. He is older than I by three years.

5장 대명사Ⅰ

인칭, 비인칭, 소유, 재귀, 지시, 의문, 부가의문문

1 인칭 대명사 (人稱 代名詞)

1. 종류
2. 수
3. 성
4. 격
5. 어순

2 비인칭 대명사 (it)

1. 비인칭(非人稱)
2. 상황(狀況)
3. 선행(先行)
4. 강조(强調)

3 소유 대명사(所有 代名詞)

4 재귀 대명사(再歸 代名詞)

1. 재귀 용법
2. 강조 용법
3. 관용적 용법

5 지시 대명사(指示 代名詞)

1. this
2. that

6 의문 대명사

1. 직접 의문문
2. 간접 의문문
3. 수사 의문문

7 부가 의문문

■ **대명사(Ⅱ) : 부정(不定) 대명사**

❶ **전치(前置) 부정 대명사**

❷ **중심(中心) 부정 대명사**

①단일형 ②복합형

❸ **후치(後置) 부정 대명사**

①서수(序數) ②기수(基數) ③수량사

1 인칭대명사

❶ 종류

①1인칭 I think, therefore I am. **We** are seven in our family.

②2인칭 Would **you** like some more green tea or black?

③3인칭 Where is Tom? **He** has gone to the cinema.

Ask Mary if **she** will be home in time for dinner?

That vase is invaluable. **It** is more than 200 years old.

❷ 수

Mary and I have finished **our** work.

You and John will have to cook for **yourselves**.

❸ 성

I am fed up with that dog of yours. **It** never stops barking.

The cuckoo lay **her** eggs in other birds' nests.

❹ 격

1.주격 I placed a wreath at the foot of the statue.

2.소유격 I met him for 5 minutes on **his** arrival.

The best way to learn language is to live with **its** speakers.

3.목적격

①타동사 If you see him, give **him** my best regards.

②전치사 Between you and me, the patient won't live long.

③목적보어 I believe the guilty person to be **him**.

④감탄문 He has got to repay the money. **Poor him**!

⑤회화체 Who is it? it's **me**. If anyone is to blame, it's me.

Who wants a ride on my bike? **Me**! **Not me**.

⑥관용적 I couldn't understand the sentence **for the life of me**.

On the face of it, it seems a good idea.

I don't like **the likes of him**.

I can't **bear the sight of him**.

❺ 어순

You, **he and I** should help the poor in need.

We, **you and they** are all pronouns.

His and her friends are all on good terms with each other.

It was **I and Tom** that broke the window.

1 인칭대명사

❶ 종류

①1인칭 : 나는 생각한다. 그러므로 나는 존재한다. *be=exist
우리 가족은 7명이다.
②2인칭 : 녹차나 홍차를 한 잔 더 하시겠습니까?
③3인칭 : Tom은 어디에 있느냐? 그는 영화 보러 갔다. *cinema=movies
Mary가 저녁 식사 시간에 맞춰 집에 올 수 있는지 없는지 물어봐라. *if=whether
저 꽃병은 값을 헤아릴 수 없다. invaluable=priceless 아주 값있는

▶총인칭이란 특정 인칭이 아닌 일반 사람을 나타내는 일종의 부정(不定)대명사다.
*Life is half spent before **we** know what it is?
***You** will never tell what will happen in the near future.
***They** deal in teas and tobaccos at that store.
***One** is apt to think oneself faultless.
인생은 그것이 무엇인지를 알기 전에 절반은 지나간다.
가까운 장래에 무슨 일이 일어날지 결코 말할 수 없다.
저 가게에서는 차와 담배를 판다.
사람은 자신은 결점이 없다고 생각하기 쉽다.

❷ 수

Mary와 나는 숙제를 끝냈다. *I가 포함되면 we가 된다.
너희들 힘으로 요리를 해야 할 것이다. *you가 포함되면 you(복수)가 된다.

❸ 성

나는 너의 저 개에 질렸다. 쉬지 않고 짖어댄다. be fed up with ~에 질리다
뻐꾸기는 다른 새의 둥지에 알을 낳는다.

❹ 격

1. **주격** : 나는 그 동상 아래에 화환을 놓아두었다.
place=put(두다); wreath 화환; statue 동상;
2. **소유격** : 나는 그가 도착하자 5분 동안 그를 만났다.
언어를 배우는 최선의 방법은 그 언어를 사용하는 사람과 같이 사는 것이다.
3. **목적격**
①타동사의 목적어 : 네가 그를 보면 그에게 나의 안부를 전하게.
②전치사의 목적어 : 우리들끼리 이야기지만 그 환자는 오래 살지는 못할 것이다.
③목적보어 : 나는 죄가 있는 사람은 그 사람이라고 믿는다. guilty유죄의≠innocent 무죄의
④감탄문 : 그는 돈을 갚아야 한다. 불쌍한 사람.
⑤회화체 :*일상회화에서 be동사 다음에 주격대명사에 우선하여 목적격이 쓰인다.
*홀로 쓰이거나 not이 포함된 짧은 문장에서는 목적격 대명사가 쓰인다.
누구냐? 접니다. 누군가 책임을 져야한다면 그건 접니다.
누가 내 자전거를 타고 싶으냐? 저요. 저는 아닙니다.
⑥ 관용적 :
*for the life of me 아무리해도 : 나는 아무리해도 그 문장을 이해할 수가 없었다.
*on the face of it 얼핏 보기에는 : 언뜻 보기에는 그것은 좋은 생각 같다.
*the likes of him 그와 같은 사람들 : 나는 그와 같은 사람들을 좋아하지 않는다.
*can't bear the sight of him 그 사람 보는 것을 참을 수 없다 : 그 사람 꼴도 보기 싫다.

❺ 어순

①2-3-1(단수) : 너와 그와 나는 곤란에 처해 있는 불쌍한 사람을 도와야 한다.
②1-2-3(복수) : we, you, they는 모두 대명사다.
③남-녀 : 그의 친구와 그녀의 친구들은 모두 서로서로 사이가 좋다.
④과실을 말할 때는 1인칭 우선 : 창문을 부순 것은 나와 Tom이다. it ~ that 강조용법

2 비인칭 대명사(It)

❶ 비인칭(非人稱)

①시간 How long does **it** take from here to the station?

②거리 **It** is ten miles as the crow flies.

③기상 **It** is quite warm for this time of the year.

④명암 **It** gets dark early in winter.

❷ 상황(狀況)

①주어 How goes **it** with you this morning?

When **it** comes to making things, I am all thumbs.

②목적어 As ill luck would have **it**, he was suddenly taken ill.

There is nothing for **it** but to comply with his request.

❸ 선행(先行)

①가주어

It is impossible to master English in a month or two.

It makes no difference whether he will come or not.

②가목적어

We will leave **it** to your conscience to decide which to choose.

We think **it** dangerous **your going there alone**.

I owe **it** to my wife that I am still alive.

I have often heard **it** said that honesty is the best policy.

*I don't like **it** when you shout at me.

Rumor has **it** that he is leaving for America next week.

*You may depend upon **it** that he will succeed this time.

See to **it** that this letter is handed to her.

❹ 강조(强調)

***She gave me this watch in Masan last year.**

①주어 It was **she** that gave me this watch in Masan last year.

②목적어 It was **to me** that she gave this watch in Masan last year.

It was **this watch** that she gave me in Masan last year.

③부사어 It was **in Masan** that she gave me this watch last year.

It was **last year** that she gave this watch in Masan.

2 비인칭 대명사 (it)

❶ 비인칭(非人稱)

①시간 : 여기서 역까지 시간이 얼마나 걸리느냐?
②거리 : 직선거리로 10마일이다.
*as the crow flies =in a crow line =in a beeline 직선으로, 직선거리로
③기상 : 비가 억수같이 내리고 있다.
일 년 중의 이맘 때 치고는 따뜻하다.
*for this time of the year 년 중 이맘 때 치고는
④명암 : 겨울에는 일찍이 어두워진다.

❷ 상황(狀況) : *부정(不定)의 it 이라고도 한다.

①주어로 쓰이는 경우 :
오늘 아침 어떠세요? *it =the thing
물건 만드는 일이라면 나는 손재주가 없다.
*When it comes to ~ing : ~ 하는 일이라면; all thumbs 손재주가 없는
②목적어로 쓰이는 경우 :
불운하게도 그는 갑자기 병에 걸렸다. (타동사의 목적어)
*as ill luck would have it 불운하게도 ≠as good luck would have it
그의 요구에 응하는 것 외에 다른 도리가 없었다. (전치사의 목적어)

❸ 선행(先行)

①가주어로 쓰이는 경우 :
한두 달 만에 영어를 정복한다는 것은 불가능하다.
그가 올지 오지 않을 지는 중요하지 않다. make no difference 중요하지 않다
②가목적어로 쓰이는 경우 :
어느 것을 선택할 지를 결정하는 것은 너의 양심에 맡기겠다.
네가 혼자서 그곳에 가는 것은 위험하다고 생각한다.
내가 아직 살아있는 것은 나의 아내 덕이다. *owe A to B : A하는 B의 덕이다
정식은 최상의 방책이라고 나는 종종 들어왔다. *it =that honesty is ~ policy.
*enjoy like hate love have take는 타동사이지만 직접 that 절을 목적어로 취하지 못하고 목적어(it)를 취한다.
나는 네가 나한테 소리칠 때가 싫더라.
그가 다음 주에 미국으로 떠난다는 소문이더라. *have it: ~라는 소문이다
*전치사는 in, but(=except=save)을 제외하고는 that 절을 직접 취하지 못한다.
그가 이번에는 성공하리라는 것을 믿어도 좋다.
이 편지가 그녀에게 전달될 수 있도록 해라. *see to it that ~하도록 하다; 조처하다;

❹ 강조(强調)

①주어 강조 : 내가 작년에 마산에서 나에게 이 시계를 준 것은 그녀였다.
②목적어 강조 :
*간접목적어를 강조하는 경우는 그 앞에 적절한 전치사를 두어야 한다.
She gave me a book. →She gave a book **to** me. to는 강조를 위함이다.
③부사(어, 구, 절)를 강조하는 경우 : 주로 시간, 장소의 부사(어,구,절)이다.
▶*동사는 주어에 일치 시킨다.
It is **you** that **are** to blame for the accident
*강조하는 부분이 사람이면 who(whom)를 사용할 수 있다.
It was **she who** broke the vase yesterday.
*강조하는 부분이 사물이면 which를 사용할 수 있다.
It was **a book which** I bought yesterday.
*강조하는 부분이 의문사이면 문장 첫 머리로 나간다.
What is it that I have mentioned? 의문사인 경우

3 소유 대명사

❶ 명사의 반복을 피하기 위한 경우

①주어 Your house is large and **mine** is small.

②보어 This camera is **yours**. These children are **mine**.

③목적어 Children were envious of larger kites than **theirs.**

Your school is different from **ours**.

❷ 이중 소유격

I gave her **an old raincoat of mine**.

Some friends of his left the house.

I like **that tie of yours**.

Show me **another book of your father's.**

Any friend of my son's is welcome.

It is **no** business **of yours**. =It is no concern of yours.

=It is none of your business. =You have nothing to do with it.

=Mind your own business. =Go about your own business.

=Tend to your own business. =It's no skin off my nose.

❸ 소유격 +own

*I'd love to have a room **of my own.**

She runs a beauty shop **of her own**.

He showed me a picture **of her own painting.**

*We can't solve this problem all **on our own**.

From now on, you are **on your own**.

❹ as, than+소유대명사

*My parents are older than **hers**.

*The population of Seoul is much larger than **Busan's**.

The population of Seoul is as large as **Tokyo's**.

❺ yours의 특별 용법

①All good wishes to you and **yours**.

②I have just received **yours** of the 19th inst.

③It is **yours** to carry it out.

④I remain **yours** sincerely.

3 소유 대명사

▶소유대명사의 형태 : mine ours yours his hers theirs

❶ 명사의 반복을 피하기 위한 경우 : *소유격 다음에 one을 쓸 수 없다.

①주어 : 너의 집은 크다. 그리고 나의 집은 작다. *mine=my house
Mine is a large family. 나의 가족은 대 가족이다.
Ours is essentially a tragic age. (=our age)
②보어 : 이 카메라는 너의 것이다. 이 애들은 나의 애들이다.
③목적어 : 애들은 자기들의 연보다 더 큰 연을 부러워했다. (타동사의 목적어)
너의 학교는 우리학교와는 다르다. (전치사의 목적어)

❷ 이중 소유격

*인칭대명사의 소유격은 **중심한정사**(a an this that some any no which another)이므로 같이 쓸 수 없다. 즉 '중심한정사 + 명사 + of + 소유대명사' 형태로 사용한다.
나는 그녀에게 나의 오래된 비옷을 주었다.
그의 몇몇 친구들은 그 집을 떠났다.
나는 너의 저 타이를 좋아한다.
나에게 너의 아버지의 다른 책을 보여 달라.
내 아들의 어느 친구도 환영이다.
*He is a friend of mine. He is a my friend.(x)
*It is no business of yours. 그것은 네가 간여할 일이 아니다. It is no your business.(x)
=It is no concern of yours. 그것은 네가 관심을 가질 일이 아니다.
=It is none of your business. 그것은 네가 알 바 아니다.
=You have nothing to do with it. 너는 그것하고는 아무 관련이 없다.
=Mind your own business. 너 자신의 일에나 신경 써라.
=Go about your own business. 너 자신의 일이나 신경 써라.
=Tend to your own business. 너 자신의 일이나 주의해라.
=It's no skin off my nose. ~의 알 바가 아니다; ~에게는 전혀 영향이 없다.

❸ 소유격 + own

*소유의 관념을 강조할 수 있다. 또 소유 대명사로도 쓰인다.
나는 나 자신의 방을 갖고 싶다. (=my own room)
그녀는 그녀 자신의 미용실을 경영하기를 원한다. (=her own beauty shop)
그는 나에게 그녀 자신이 직접 그린 그림을 보여 주었다.
우리들은 우리들만의 힘으로는 그 문제를 풀 수 없다.
지금부터 너는 혼자다. *from now on 이제부터는

❹ as, than + 소유대명사 = as, than + that of + 소유대명사

※'the + 명사'는 it으로 받지만, than 이나 as 다음에는 that (of 구문으로)으로 받는다.
나의 부모님은 그녀의 부모님보다 나이가 더 많다. *hers=her parents
서울의 인구는 부산의 인구보다 훨씬 더 많다.
※Busan's=Busan's population; Busan's one으로 할 수 없어 one이 생략되었다.
서울의 인구는 동경의 인구만큼 많다. (=**that** of Tokyo)

❺ yours의 특별 용법

①당신과 당신의 가족에게 행복을 빕니다. (=your family)
②나는 이번 달 19일자 너의 편지를 막 받았다. (=your letter)
ultimo 지난달의; inst =instant 이달의; proximo=prox. 내달의;
③그것을 실행하는 것은 너의 의무다.(=your duty) carry out 실행하다(accomplish)
④나는 진심으로 당신에게 충실하겠다.(=at your service)

4 재귀 대명사

❶ 재귀 용법

1. 목적어

①타동사 *I couldn't **make myself** heard on account of the noise.

Help yourself to more cakes you like.

*She **prides herself** on good looks.

He **absented himself** from school without notice.

We really **enjoyed ourselves** at the fun fair.

②전치사 She looked at **herself** in the mirror.

You must take good care of **yourself**.

2. 보어 I was not **myself** when I beat her.

I don't feel **myself** this morning.

❷ 강조 용법

①주어 강조 You **yourself** heard the explosion quite clearly.

Poison **itself** is a good remedy in some diseases.

②보어 강조 He is kindness **itself**.

His explanation is simplicity **itself**.

❸ 관용적 용법

①He lives **by himself** near the lake.

②She was **beside herself** with grief at the news. (=mad)

③**Between ourselves**, I am going to resign my post. (=in secret)

④You must try to solve the problem **for yourself**. (without others' help)

⑤Carbon acid gas is not poison **in itself**. (=as such)

⑥I laughed **in spite of myself** at the sight of him. (unconsciously)

⑦The candle went out **of itself**. (=spontaneously)

⑧I didn't call her; She woke up **of herself**. (=voluntarily)

⑨He **came to himself** after an hour.

⑩She **kept** the secret **to herself**.

⑪He **has** a large room **to himself**.

⑫He was **talking to himself**.

⑬I **said to myself** that she was a pretty girl.

4 재귀 대명사

❶ 재귀 용법

1. 목적어 :

①**타동사의 목적어** : 주어와 목적어가 동일

나는 소음 때문에 나의 목소리를 들리게 할 수가 없었다.

당신이 좋아하는 케이크를 실컷 드세요.

▶전치사가 장소의 뜻을 가지거나, with 다음에는 주어(S)와 목적어(O)가 동일해도 목적격을 사용한다.

Shut the door **behind** you. Do you have any money **about** you?

Take an umbrella **with** you. He carried some food **with** him.

*재귀동사의 목적어

그는 잘 생긴 외모를 자랑한다. be proud of =take pride on =boast 자랑하다

그는 아무런 통지 없이 결석했다. absent oneself from 결석하다

*재귀동사가 관용적으로 따르는 동사: amuse blame cut enjoy hurt introduce

우리들은 유원지에서 정말 즐겁게 보냈다.

▶타동사 + 재귀대명사 : 자동사 혹은 수동의 뜻이 되는 경우:

A good opportunity **presented itself**. He **lost himself** in the forest.

좋은 기회가 생겼다. 그는 숲속에서 길을 잃었다.

▶자동사 + 귀대명사 + 형용사 : *결과를 나타낸다. 이때의 자동사는 타동사화 됐다.

He **talked himself** hoarse. The baby **cried itself** to sleep at last.

그는 너무 말을 많이 해서 목이 쉬었다. 어린애는 마침내 울다가 잠이 들었다.

②**전치사의 목적어** :

그녀는 거울 속에 있는 그녀 자신을 보았다. 너 몸조심 잘 해라.

2. **보어** : *주어와 보어가 동일; 감정이나 상태를 나타낸다.

내가 그녀를 때렸을 때는 내정신이 아니었다. be oneself 제정신이다

나는 오늘 아침 기분이 좋지 않다. feel (like) oneself =feel quite oneself 기분이 좋다

❷ 강조 용법

①주어 강조 :

너 자신은 그 폭발을 아주 분명히 들었다. explode 폭발하다 ⓝexplosion

독 그 자체는 몇몇 질병에는 좋은 치료제이다. remedy 치료; 치료제

②보어 강조 : *추상명사 + itself =very + 형용사; 매우 ~하다

그는 매우 친절하다. kindness itself =very kind

그의 설명은 매우 단순하다. simplicity itself =very simple

❸ 관용적 용법

①**by oneself** : =alone; without company *혼자서; 그는 호수 가에서 혼자 산다.

②**beside oneself** : =mad, insane, crazy *미친; 그는 그 소식을 듣고 슬픔으로 미쳤다.

③**between ourselves** : =in secret *비밀이지만; 비밀이지만 나의 직을 사임할 예정이다.

④**for oneself** : =without others' help *혼자 힘으로; 그 문제를 네 힘으로 해결해야 한다.

⑤**in itself** : =as such *그 자체; 이산화탄소 그 자체는 독이 아니다.

⑥**in spite of myself** : =unconsciously *무의식적으로; 나는 그를 보고 나도 모르게 웃었다.

⑦**of itself** : =spontaneously *저절로; 촛불은 저절로 꺼졌다.

⑧**of oneself** : =of one's own accord *자발적으로; 그녀를 안 불렀다. 그녀 스스로 깨었다.

⑨**come to himself** : =regain consciousness *의식을 찾다; 한 시간 후에 정신이 들었다.

⑩**keep ~ to herself** : *비밀로 하다; 그녀는 비밀을 누설하지 않았다. *to는 소속의 전치사

⑪**has ~ to himself** : *독차지 하다; 그는 큰 방을 혼자 독차지 하고 있다.

⑫**talk to himself** : *자기 자신에게; 그는 자신에게 말을 하고 있다.

⑬**say to oneself** : *혼자 말하다; 그녀는 예쁜 소녀라고 혼자 말한다.

5 지시 대명사 : This - That

❶ 시간적 공간적 심리적으로 가까운 것은 this, 먼 것은 that

This is the best time for us to study English systematically.

This is where I was born and **that** is where you were born.

❷ 사람을 나타낸다.

This is Mary speaking. Is **that** you Tom?

Heaven helps **those** who help themselves.

❸ 이미 언급된 것을 다시 언급.

His fiancee did not answer the letter and **this** made him all the angry.

He is ill. **That** is why he is not here.

❹ 전자 (that, the former, the one, the first)

후자 (this, the latter, the other, the second)

Health is above wealth; **this** does not give so much happiness as **that**.

Dogs are more faithful than cats; **These** attach themselves to places and **those** to persons.

❺ 관용적 용법

Some say **this** and some say **that**.

He is always quarreling with **this man or that** at random.

❻ This의 특별 용법

The fact is **this**; he was arrested on the suspicion of accepting bribes.

The problem is **this**; we have no money to buy the book.

❼ That의 특별 용법

①앞 문장을 받는 경우

He had to bolt **and that** at once.

He gave me a sudden visit **and that** at dead of night.

②명사의 반복을 피하기 위한 경우

The climate of Japan is milder than **that** of Korea.

His dress is **that** of a gentleman, but his manners are **those** of a clown.

③that은 앞에 나온 사람을 받을 수 없어 the one을 사용해야 하나 those는 가능

The blonde girl I saw was older than **the one** you were dancing with.

The blonde girls I saw was older than **those** you were dancing with.

5 지시 대명사 : This -That

❶ 시간적 공간적 심리적으로 가까운 것은 this, 먼 것은 that :
*시간 : 이번이 우리가 영어를 체계적으로 배울 최적의 시기다.
*공간 : 이곳이 내가 태어난 곳이고 저곳이 네가 태어난 곳이다.
*물건 : Which do you like this or that?

❷ 사람을 나타낸다 :
*this that이 지시대명사로서 사람을 나타낼 경우는 주어로 사용될 경우다.
Mary입니다. 당신이 Tom입니까?
*those는 who가 따르거나 who are(were)가 생략된 것으로 볼 수 있는 경우에는 사람을 나타낸다.
하늘은 스스로 돕는 자를 돕는다. those=people 사람들

❸ 이미 언급된 것을 다시 언급 :
그의 약혼자는 그 편지에 답장을 하지 않았다. 그것은 그를 더욱 화나게 했다.
그는 아프다. 그것이 그가 여기에 오지 않은 이유다.
*To be or not to be, that is the question.

❹ 전자 : that, the former, he one, the first
후자 : this, the latter, the other, the second
건강은 재산보다 낫다. 재산(this)은 건강(that)만큼 많은 행복을 주지 않는다.
개는 고양이보다 더 충직하다. 고양이는 장소에 애착을 가지는 반면에 개는 사람에 애착을 가진다. attach oneself to ~에 애착을 갖다.

❺ 관용적 용법 :
어떤 사람은 이렇게 말하고 어떤 사람은 저렇게 말한다.
그는 항상 닥치는 대로 이 사람 저 사람하고 말다툼한다. at random 닥치는 대로 (aimlessly)
*I met her at the station **this day week**. *this는 지시 형용사
나는 지난 주 오늘 역에서 그녀를 만났다.

❻ this의 특별 용법 : *앞으로 언급할 예정인 경우
사실은 다음과 같다; 그는 뇌물을 수수한 혐의로 체포되었다.
문제는 다음과 같다; 우리는 그 책을 살 돈이 없다.

❼ that의 특별 용법 :
①앞 문장을 받는 경우 : ***and that**의 형태로 더구나, 게다가의 뜻
그는 도망가야 했다. 더구나 그것도 즉시. bolt 도망가다
그는 나를 갑작스럽게 방문했다. 더구나 그것도 한 밤중에.
at dead of night 한밤중에; at dawn 새벽녘에; at dusk 해질녘에
②명사의 반복을 피하기 위한 경우 :
▶특정된 명사를 받는 경우로서 뒤에 형용사구(절)가 따른다.
▶the+명사=it; the+명사 =that/those + (수식어구); a+명사 =one
일본의 기후는 한국의 기후보다 온화하다.
그의 옷은 신사의 옷이지만 그의 태도는 시골뜨기의 태도다. clown 시골뜨기
*The date of the festival coincides with **that** of the exam.
*The population of China is a quarter of **that** of the world.
*The wings of an airplane are analogous to **those** of a bird.
③that은 앞에 나온 사람을 받을 수 없어 the one을 사용해야 하나 those는 가능:
내가 본 금발의 소녀는 네가 함께 춤춘 금발의 소녀보다 나이가 더 많다.
내가 본 금발의 소녀들은 네가 함께 춤춘 금발의 소녀들보다 나이가 더 많다.
*those 대신에 the ones는 가능하다.

6 의문대명사

❶ 직접 의문문 : 문두에 의문대명사가 오는 의문문.

①Who

주어 **Who** wants some more tea?

보어 **Who** is your favorite composer?

목적어 **Who** do you like best? **Who** do you want to speak to?

②Which

주어 **Which** is used when the choice is limited of things or people.

보어 **Which** is the longest river, the Amazon or the Nile?

목적어 **Which** do you like better, steak or veal?

③What

주어 **What**'s wrong with the engine?

보어 **What** is the population of Seoul? **What**'s your nationality?

목적어 **What** do you do for a living?

목적보어 **What** do you call this flower in English?

❷ 간접 의문문

①**Do you know** (ask hear know remember tell)? **+ 의문사 +S +V**

Do you know **who broke the window**?

He asked me **which was the shortest cut to the station.**

Can you tell me **what he is doing now**?

②**의문사 + do you think** (believe imagine guess suppose think) **+ S + V**

Who do you think he is?

What do you suppose he wanted to do?

Why do you believe he resigned the post?

③**양쪽 모두 가능한 경우** : say guess

Can you guess **who that man is**? **Who** can you guess **that man is**?

Did you say when he would start? **When** did you say **he would start**?

❸ 수사 의문문

①긍정문 Who knows what has become of him?

"Will mankind survive?" "Who know?"

②부정문 Who does not desire happiness?

Who is there but commits error?

6 의문대명사

❶ 직접 의문문 : 의문대명사가 문장 첫머리에 오는 경우.

①**who** : *이름 신분 혈족관계를 나타낸다.
누가 차를 더 마시기를 원하느냐? 네가 가장 좋아하는 작곡가는 누구냐?
*현대영어에서는 목적격이라도 문두에 오면 주격을 사용한다.
너는 누구를 가장 좋아하느냐? 너는 누구에게 이야기를 하고 싶으냐?
②**which** : *정해진 것에서의 선택
*사물이나 사람 중에서 선택이 제한되어질 때 which가 사용되어진다.
▶'**Which**' is used when the choice is limited of things or people.
*Which do you prefer, classical music or popular?
그와 그녀 중에서 어느 쪽이 더 키가 크느냐?
아마존 강과 나일 강 중에서 어느 쪽이 더 긴 강이냐?
쇠고기와 송아지고기 중에서 어느 쪽을 더 좋아 하느냐?
③**what** : *정해지지 않은 것에서의 선택 *직업, 사물
그 사람 어떻게 되었을까? 엔진은 무엇이 잘못 된 것인가?
서울의 인구는 얼마냐? 너의 국적은 어디냐? 이 꽃을 무엇이라고 하느냐?
너의 직업은 무엇이냐? *What is the round-trip fare to Seoul?

❷ 간접 의문문 : *의문사가 이끄는 절이 다른 문장의 종속절이 되는 의문문을 말한다.

①**Do you know + 의문사 + S + V** (know tell ask hear remember)?`
*주절의 동사가 know tell ask hear remember인 경우는 의문사+S+V 형태를 취한다.
너는 누가 그 창문을 깨뜨렸는지를 아느냐?
그는 나에게 어느 쪽이 역으로 가는 지름길인지를 물었다.
그가 지금 무엇을 하고 있는지 나이게 말해 줄 수 있니?
②**의문사 + do you think** (believe imagine guess suppose think) + S + V
*주절의 동사가 **bigset**(believe, imagine, guess, suppose, expect, think)동사인 경우는 의문사가 문장 첫머리에 나온다.
그 사람이 누구라고 생각하느냐? 그가 무엇을 하기를 원했다고 생각하느냐?
그가 왜 그 직을 사임했다고 믿느냐?
*How tall do you think I am? Who do you think I met in the park?
*Who on earth does she think she is?
③**양쪽 모두 가능한 경우** : *say guess (guess=think, suppose의 뜻일 때)
저 사람이 누구라고 생각하느냐? 그가 언제 떠날 것이라고 말했느냐?
*Who shall I say wants to speak to him?

▶의문사가 없는 간접 의문문

①if나 whether를 사용한다. ②어순은 If[whether] + S + V 어순을 취한다.
*Please tell me. Is the museum open on Monday?
Please tell me **if (=whether)** the museum is open on Monday.
*He asked me. Do you like it or not?
He asked me **whether** I liked it or not.

❸ 수사의문문 : *외형상으로는 의문문이나 실제는 의문문이 아니다.

①그가 어떻게 되었는지 누가 알겠는가? *become of : (what을 주어로 하여)~이 되다
인간은 살아남을까? 누가 알겠는가?
②누가 행복을 바라지 않겠는가? (누구나 다 행복을 바란다.)
잘못을 저지르지 않는 사람이 누가 있겠는가? *but(접속사) =that ~ not

7 부가 의문문

❶ 평서문

1. 단문

①긍정문이면 부정부가의문문을, 부정문이면 긍정의 부가의문문으로 한다.

He is a very handsome youth, **isn't he**?

He will accept the offer, **won't he**?

②be동사 조동사면 이들 동사를 사용하고, 일반 동사는 do동사를 사용한다.

I am late, **aren't I**? 혹은 **am I not**?

You had better start at once, **hadn't you**?

I may inspect the books, **may I not**?

You used to live here, **didn't you?**

③부가의문문의 주어는 인칭대명사를 사용한다.

The blonde girl is very pretty, isn't **she**?

That is a very expensive pencil, isn't **it**?

There is something wrong with the engine, **isn't there**?

Somebody borrowed my book, didn't **they**?

Nobody has been told, has **they**?

④준 부정어(hardly scarcely seldom rarely few little)가 있으면 부정문 취급

Peter hardly ever goes to parties, **does** he?

He has few good reasons for staying, **does** he?

Neither of them complained of it, **did they**?

⑤주어와 동사가 생략된 경우에는 주어 동사를 밝혀서 적는다.

Nice day! **isn't it**? Talking to my husband, wasn't she?

2. 중문

You are a teacher, but your sister is a student, **isn't she**?

He is learning French and you're learning English, **aren't you**?

3. 복문

We arrived here after the sun set, **didn't we**?

He is not a man who tells a lie, **is he?**

❷ 명령문

①직접명령 Take a seat, **will you**? Don't make a noise, **will you**?

②간접명령 Let me go with you, **will you**? Let me get you drink, **shall I**?

Let's take a taxi, **shall we**?

7 부가 의문문

▶원칙적으로는 문장의 종류에서 다루어야 하지만 편의상 이곳에서 다룬다.

❶ 평서문

1. **단문** :

①긍정문이면 부정으로 하고 축약형을 사용한다. 부정문이면 긍정으로 한다.
그는 매우 잘 생긴 청년이다. 안 그래?
그는 그 제의를 받아들일 것이다. 안 그럴까? *will not =won't
②be동사, 조동사면 이들 동사를 사용하고, 일반 동사는 do동사를 사용한다.
*I am not은 aren't I 혹은 am I not을 사용한다. 내가 늦었다, 안 그래?
*준조동사(had better, would rather)인 경우는 앞단어만 사용한다.
네가 즉시 출발하는 것이 낫겠다, 안 그래?
*may는 축약형을 사용하지 않는다. 내가 그 책을 검사할지도 몰라, 안 그럴까?
*used to는 didn't ~? usedn't ~? 보다 더 일반적이다.
③부가의문문의 주어는 인칭대명사를 사용한다.
그 금발의 소녀는 매우 예쁘다, 그렇지?
저것은 매우 값비싼 연필이다, 안 그래? *that은 지시대명사다. 따라서 중성인 it을 사용한다.
엔진에 뭔가가 잘못된 것 같다, 안 그래? *there is 구문은 there를 주어처럼 사용한다.
누군가가 내 책을 빌려갔다, 그렇지? 아무도 듣지 못했다. 그렇지?
*복합인칭 부정대명사는 they를 사용한다. 이 때 they는 he or she의 뜻.
④준부정어(hardly scarcely seldom rarely few little)가 있으면 부정문 취급.
Peter는 파티에 거의 가지 않는다, 그렇지?
그가 머물러야 할 충분한 이유가 거의 없다, 그렇지?
그들 중에 어느 누구도 불평을 하지 않았다, 그렇지?
*neither, none은 they로 받는다.
⑤주어와 동사가 생략된 경우는 주어 동사를 밝혀서 적는다.
How nice a day it is! isn't it?
She was talking to my husband, wasn't she?

2. **중문** : *마지막 절의 주어와 동사에 일치 시킨다
당신은 교사이나, 당신의 누이동생은 학생이다, 안 그래?
그는 불어를 매우고 있고, 너는 영어를 배우고 있다, 안 그래?

3. **복문** : *주절의 주어와 동사에 일치 시킨다.
우리들은 해가 지고 난 후에 여기에 도착했다, 그렇지?
그는 거짓말을 할 사람이 아니다, 그렇지?

❷ 명령문의 부가 의문문

①직접 명령 :
*will you?, wouldn't you? won't you? can you? can't you?
등이 쓰이며, 실제 의문문이 아니고 뜻은 please이며, 종종 상승조를 취한다.
*우호적인 제의는 will you? (won't you)다.
*부정명령인 경우는 will you이다.
②간접 명령 :
명령의 뜻이면 will you? 권유의 뜻이면 shall I? let's의 경우는 shall we다.

❸ 감탄문의 부가 의문문 : *평서문과 같은 규칙이 적용된다.

How thin she is! isn't she? 그녀는 정말 여위구나!
What a beautiful painting it is, isn't it. 그것 정말 아름다운 그림이구나!

어법 문제 ①

❶ 괄호에 적당한 대명사를 넣으시오.
1. Somebody is knocking at the door. Go and see who (   ) is.
2. There is nothing for (   ) but to wait for him.
3. He did not know what (   ) was to be really poor.
4. (   ) deal in teas and tobaccos at that store.
5. He took (   ) for granted that you would consent.
6. (   ) serves you right for drinking so much last night.
7. Plato has (   ) that soul is immortal.
8. How goes (   ) with you? It's all over with me.
9. Please see to (   ) that the door is locked.
10. (   ) so happened that he was absent on that day.

❷ ( ) 안에 적당한 대명사를 써 넣으시오.
1. With best wishes to you and (   ).
2. I could not make (   ) heard above the noise
3. She cannot keep any secret to (   ) for a long time.
4. She became conscious after a while. =She came to (   ) after a while.
5. She was almost mad with grief. =She was beside (   ) with grief.
6. Let's compare the map on the wall with (   ) on the table.
7. The sheep of this country are a little bigger than (   ) of Korea.
8. (   ) present at the concert were surprised by his performance.
9. Virtue and vice are before you; (   ) leads to misery, (   ) to peace.
10. His income is less than (   ) of his wife.
11. You must help him and (   ) at once.
12. A Merry Christmas! The (   ) to you!
13. Will you come here soon? I hope (   ).
14. To mention the wolf's name is to see the (   ).
15. I could not make (   ) understood in English.

❸ 다음에서 어법상 잘못된 것은?
① He seldom goes to church, doesn't he?
② Don't be so noisy, will you?
③ Let's go skiing, shall we?
④ I am a good boy, aren't I?
⑤ I don't think Mary will sing the song, do I?

해답

❶ 1.it 2.it 3.it 4.they 5.it 6.It 7.it 8.it 9.it 10.It
❷ 1.me 2.myself 3.herself 4.herself 5.herself 6.one 7.those 8.Those 9.this; that 10.that 11.that 12.same 13.so 14.same 15.myself
❸ ①; seldom이 부정어이므로 doesn't, he는 does he로 바꾼다.

어법 문제 ②

◆ 밑줄 친 곳에 알맞은 것은?

1. __________ is a happy family.
① We ② Our ③ Us ④ Ours

2. If you fail, there is no one to blame but yourself; the master of your fate is _________.
① destiny ② environment ③ yourself ④ man

3. Why should I be angry with a man for loving himself better than ______?
① oneself ② we ③ me ④ myself

4. Do you have a TV set? Yes, _________.
① I have it ② I have one ③ I have ④ I certain have.

5. Someone is at the door? _____________?
① Who is it? ② What is it? ③ Who is he? ④ Which one is it?

6. It's been a long time since you dropped in, George, _________ ?
①didn't you ② isn't it ③ don't you ④ hasn't it

7. I don't think Mary will sing the song, _________ ?
① doesn't she ② won't she ③ will she ④ did I

8. John has never been on time, ________?
① has John ② hasn't John ③ isn't it ④ has he

9. Let's go out for dinner, ________?
① don't we? ② are we? ③ will we? ④ shall we?

해답

1. ④; Our family is a happy family. 반복을 피하기 위하여 a family 대신에 one으로 받아야 하나 소유격 다음에 one을 사용할 수 없어서 소유대명사 ours를 사용한다.
2. ③; 운명의 주인은 바로 자기 자신이다 뜻.
3. ③; 동명사 loving에 대한 의미상의 주어가 a man이고 의미상의 목적어는 자기 자신과 me다. 의미상의 목적어가 동일하므로 himself를 사용했다. 그러나 than절의 의미상의 목적어는 의미상의 주어와 다르므로 대명사를 사용해야 한다.
4. ②; a TV set를 나타내고 같은 종류를 의미하므로 one으로 나타낸다.
5. ①; We can use "it" to identify people.
There is a knock at the door. Who is it? It's the postman.
6. ④; 복문의 부가의문문은 주절의 주어와 동사에 따른다. has been의 has는 조동사다.
7. ③; 주어가 I 이고 시제가 현재이면 부가의문문은 that절의 주어, 동사에 일치시킨다. believe, expect, imagine, suppose, think가 that절을 동반하여 그 that절을 부정할 경우 not을 that 절에 사용하지 않고 이들 동사에 사용한다.
8. ④; has never been에서 has는 조동사이므로 부가의문문은 has he?
9. ④; Let's의 부가의문문은 shall we이다.

어법 문제 ③

1. 다음 문장의 밑줄에 it이 들어갈 수 없는 것은?
① I took _______ for granted that you would go there.
② He was a great poet, and was respected as _______ .
③ The baby was so lovely that I could not help kissing _______ .
④ I think _______ wrong to value money more than time.
⑤ Where was _______ that you left your umbrella.

2. 다음에서 어법상 잘못된 문장은?
① He seldom goes to church, doesn't he?
② Don't be so noisy, will you?
③ Let's go skiing, shall we?
④ She has to go home, doesn't she?
⑤ There are many books on the table, aren't there?

◆ 다음 중 밑줄 친 곳에 알맞은 것은? (3~7)

3. A : Please give me your frank opinion.
B : Do you really want to know ________ about it?
① what I think; ② how I think ③ what do I think
④ how do I think ⑤ what you think

4. I don't think Mary will sing the song, __________?
① doesn't she ② will she ③ did I ④ do I ⑤ does she

5. Do you have my book, Joe? Yes, I have _________.
① one ② one book ③ it ④ this ⑤ the one

6. I hope that John will not play baseball tomorrow. Yes, I ________.
① hope it too ② hope too ③ hope so too
④ am afraid so ⑤ hope not

7. This composition of _______ is written very well.
① her ② him ③ yours ④ my ⑤ your

해답

1. ②; 'a+명사'가 받을 수 있는 경우는 one, it, such이나 as가 있으면 such로 받는다.
2. ①; seldom, hardly, scarcely, rarely 등은 그 자체에 부정의 뜻이 포함되어 있다.
3. ①; 간접의문문에서의 어순은 '의문사+주어+동사'이다.
Do you really want to know? What do you think about it?
4. ②; 이월부정(bigset 동사); 주어가 I이고 시제가 현재인 경우는 that절의 주어, 동사를 부가의문문으로 한다.
5. ③; 동일한 물건이므로 it으로 받는다.
6. ③; believe expect fear guess hope imagine say suppose think, I'm afraid, it seems, it appears 등은 긍정의 대답에서 so(it는 안됨)를 사용하여 문장을 반복을 막아준다.
7. ③; 이중 소유격; this your composition은 같이 쓸 수 없어 대명사의 소유격으로 한다.

어법 문제 ④

◆ Choose the sentence which is grammatically right. (1. ~ 2.)

1.① You had not better study till late at night.
② We get various information from newspapers.
③ The climate here is much milder than Seoul.
④ You ought have done the work much earlier.
⑤ His daughter was married to a German diplomat.

2.① This is your mistake, and nobody else.
② This overcoat of my brother is already worn out.
③ I met a friend of him yesterday.
④ Show me another book of your father.
⑤ This is my fault, not his.

3. 다음 문장 중 밑줄 친 부분이 잘못된 것은?
① He makes mistakes, and that very often.
② His ears looked as long as that of an ass.
③ Those who will not listen to advice cannot succeed.
④ I have been waiting for him these weeks.
⑤ There was no objection on the part of those present.

4. 다음 글의 밑줄 친 부분이 가리키는 말은?
No one knows exactly what new changes machines will bring in the life of future generations, but we can be sure that life will not be the same as it is now. The lives of our grandchildren will be as different from our lives as ours are from those of our grandparents.
① future generations ② our grandchildren ③ the lives
④ grandparents ⑤ our lives

5. 밑줄 친 it이 가르치는 것은?
As the knowledge of people advanced, it was made clear that what plants need is not the soil itself but the moisture in it. The roots of plants absorb the moisture together with minerals that are contained in it.
① soil ② knowledge ③ need ④ moisture ⑤ minerals

해답
1. ⑤; ①had not better→had better not; ②information→informations; ③than Seoul→than that of Seoul; ④ought→ought to
2. ⑤; ①else→else's; ②brother→brother's; ③him→his; 이중소유격 ④father→father's
3. ②; ears를 받는 지시 대명사이어야 하므로 that이 those이어야 한다.
4. ③; ours are from those of our grandparents는 our lives are different from the lives of our grandparents의 뜻이다.
5. ④; 처음의 in it에서 it은 soil. 두 번째 in it의 it의 moisture

어법 문제 ⑤

◆ **Choose the one which is grammatically wrong.**

1. For years, elephants were hunted for(①) food and ivory, and as a result theirs(②) numbers(③) have been greatly(④) reduced.

2. It(①) was very nice of the Brothers(②) to invite my husband, my mother, and I(③) to their New Year's Eve(④) party.

3. They are not so(①) willing as us(②) to have(③) this picture hung(④) in the corridor.

4. The invention of(①) the telephone was the beginning of a(②) few industries that us(③) moderns(④) take for granted.

5. Mammals lose(①) body heat to them(②) environment I cold(③) weather more quickly(④) than in hot weather.

6. Let you and I(①) promise that we shall always(②) dare to do(③) what is(④) right.

7. They believe that(①) their(②) duty to look after the morals of those who(③) live in their(④) poverty.

8. Plants rid them of(①) excess water through(②) transpiration, the evaporation of extra moisture(③) from(④) their leaves.

해답

1. ②; numbers를 수식하는 소유격이 와야 하므로 theirs→their;
2. ③; invite의 목적어이어야 하므로 I→me;
3. ②; as(so) ~ as에서 앞의 as(so)는 부사, 뒤의 as는 접속사이므로 주격이 와야 한다.(us→we (are willing to have ~);
4. ③; take에 대한 주어가 되어야 하므로 us→we로 바꾸어야 한다. we, moderns는 동격.
5. ②; 명사를 수식하는 소유격이 와야 한다. them→their;
6. ①; 'Let+목적어+원형부정사' 구문이다.
7. ①; that은 가목적어로 될 수 없다. that→it;
8. ①; 주어(plants)와 목적어(them)가 같으므로 재귀목적어를 사용해야 한다.

어법 문제 ⑥

❶ 다음 글에서 밑줄 친 부분 중 어법상 틀린 것은?
Yesterday I went to a bookstore ① to buy a book about computers. I asked a clerk ② where did they have books about computers. She said that ③ they were on the second floor. ④ I was surprised that there were a large number of books. It took me a long time ⑤ to find one that was for beginners like me.

❷ 다음 밑줄 친 것 중에서 맞는 표현을 골라 짝지은 것으로 가장 적절한 것은?
When you attempt to do something and fail, you have to ask (A) you/yourself why you have failed to do what you intended. (B) Answer/Answering this question in a new, unexpected way is the essential creative act. (C) It/They will improve your chances or succeeding next time.

	(A)	(B)	(C)
①	you	Answer	It
②	you	Answering	They
③	yourself	Answer	They
④	yourself	Answering	It
⑤	yourself	Answering	They

❸ 다음 글에서 밑줄 친 부분 중 어법상 자연스럽지 못한 것은?
Conflict arises whenever your needs interfere with ① that of other people. Since everyone's needs are different, conflict is a natural and healthy part of all human relationships. This lesson shows you ② how to resolve conflicts in a way that is ③ both effective and satisfying. Gaining skills in resolving conflicts positively reduces the anxiety ④ associated with conflicts and produces ⑤ more enjoyable relationships.

❹ 다음 글의 ( ) 친 부분 중, 어법상 틀린 것은?
I wonder how many people give up just when success is almost within reach. They endure day after day, and just when they're about ① (to make it), decide they can't take any more. The difference between success and failure is not ② (that) great. Successful people have simply learned the value of staying in the game until it ③ (is won). Those who never make it ④ (are) the ones who quit too soon. When things are darkest, successful people refuse to give up because they know they're almost there. Things often seem at ⑤ (its) worst just before they get better. The mountain is steepest at the summit, but that's no reason to turn back.

해답

❶ ②; 간접의문문의 어순; '의문사+주어+동사'; 따라서 where they had로 되어야 한다.
❷ ④; (A)주어와 동일하므로 재귀목적어; (B)주어이므로 동명사; (C)동명사는 it으로 받는다.
❸ ①; the needs를 받으므로 that을 those로 바꾸어야 한다.
❹ ⑤; things을 받으므로 its를 their로 바꾸어야 한다.

영작 문제

❶ Put the following into English.
1. 아무리해도 나는 그것을 이해할 수가 없었다.
2. 여기서 역까지는 얼마나 머냐?
3. 봄 날씨 치고는 꽤 쌀쌀하다.
4. 그는 불운하게도 갑자기 병에 걸렸다.
5. 나는 네가 나한테 잔소리 할 때 싫더라.
6. 어제 밤 그렇게 많이 술을 마시더니 꼴좋다.
7. 나는 뭐가 뭔지 알 수가 없었다.
8. 그녀는 자기 자신의 미용실을 운영한다.
9. 그는 자기가 직접 그린 그림을 낭에게 보여 주었다.
10. 내 아들의 어떤 친구도 항상 환영이다.

❷ Put the following into English.
11. 그는 한참 후에 정신이 들었다.
12. 나는 그를 보고 나도 모르게 웃었다.
13. 당신이 좋아하는 음식을 실컷 드세요.
14. 문제는 다음과 같다. 우리들은 수중에 가진 돈이 없었다.
15. 그의 옷은 신사의 옷이지만 그의 태도는 시골뜨기의 태도다.
16. 그는 도망을 가야 했다. 더구나 그것도 한 밤중에.
17. 너는 그가 왜 사임했다고 믿느냐?
18. 너는 누가 그 창문을 깨뜨렸다고 생각하느냐?
19. 당신의 국적은 어디냐? 미국입니다.
20. 그가 어떻게 될지 누가 알겠는가?

해답

❶
1. I couldn't understand it for the life of me.
2. How far is it from here to the station?
3. It is rather chilly for a spring weather.
4. As ill luck would have it, he was suddenly taken ill.
5. I don't like it when you keep nagging at me.
6. It serves you right for drinking so much last night.
7. I could not make head or tail of it.
8. She runs a beauty shop of her own.
9. He showed me a picture of his own painting.
10. Any friend of my son's is always welcome.

❷
11. He came to himself after a long while.
12. I laughed in spite of myself at the sight of him.
13. Help yourself to more food you like.
14. The problem is this; we have no money with us to buy the book.
15. His cloth is that of a gentleman, but his manners are those of a clown.
16. He had to bolt and that at dead of night.
17. Why do you believe he resigned the post?
18. Who do you think broke the window?
19. What's your nationality? I am American.
20. Who know what has become of him?

6장 대명사Ⅱ: 부정(不定)대명사

1 전치(前置) 부정대명사

① All

② Both

③ Half

④ Such

2 중심(中心) 부정대명사

❶ 단일형

1. Every one
2. Each
3. Either
4. Neither
5. Some
6. Any
7. Enough
8. None

❷ 복합형

1. -body : everybody; somebody; anybody; nobody;
2. -one : everyone; someone; anyone; no one;
3. -thing : everything; something; anything; nothing;

3 후치(後置) 부정대명사

1. 서수(序數) 및 일반서수 : another; other
2. 기수(基數) : 대용어 one
3. 수량사 : Many, Several, Few; Much, Little

1 전치 부정대명사

❶ All

①단독 All that glitters is not gold. I will give you all you want.
All are dead. All is calm.

②명사 All of my friends like mountain-climbing.
All of the students were present at the meeting.

③대명사 All of us enjoyed the party. =We all enjoyed the party.
They invited all of us.=They invited us all.

❷ Both

①단독 Both look equally good to me.
We both like cornflakes.

②명사 Both of the cars broke down soon after the start.
Both of my children are fair-haired.

③대명사 Both of us were born on March 17th.
I love both of them.

❸ Half

①단독 I gave her half, and kept half for myself.
I gave her half, and kept the other half for myself.

②명사 Half of the meat was bad.
Half of these apples are rotten.

③대명사 Only half of us could come last Tuesday.
Half of it is unfit to eat.

❹ Such

①주어 **Such** of the food they can eat is deficient.
I may have offended your feeling, but **such** was not my intention.

②보어 She is not kind, only she seems **such.**
Such was her kindness that we will never forget her.

③목적어 I am a civilian and will be treated **as such**.
He is a brilliant scholar and is recognized **as such**.

④관용적 I have no time for concerts, galleries, cinemas **and such**.
You have to know what to do if **such and such** should happen.
He is not interested in politics **as such**.

1 전치 부정대명사

▶**전치 부정대명사** : 전치 한정사가 대명사로 사용되는 경우로 성질은 전치한정사와 같다.
▶명사나 대명사와 결합하는 경우는 반드시 *'of+한정사+명사'로, *'of+대명사'로 결합된다.
▶단일형 부정대명사(전치~, 중심~, 후치~)는 명사나 대명사와 결합할 때는 반드시 of와 결합하므로 일명 'of 부정대명사'라고도 한다.

1 All : *of가 생략되면 한정사다. *수사와 함께 쓰이면 of 구문을 사용하지 않는다.

All six boys arrived late.(all은 한정사); All of six boys arrived late. (x)

①단독으로 사용 :
반짝거리는 것이 다 금은 아니다. 네가 원하는 것을 너에게 주겠다.
모든 사람은 죽었다. (사람이면 복수 취급) 모든 것이 조용하다.(사물이면 단수 취급)

②명사와 결합 : *all + of + 한정사 + 명사
나의 친구들 모두는 등산을 좋아한다. 학생들 모두는 그 모임에 참석했다.

③대명사와 결합 : 우리 모두는 파티를 즐겼다. 그들은 우리 모두를 초대했다.

④동격으로 쓰이는 경우 : *be동사, 제1조동사 뒤; 일반동사, 대동사 앞
*목적어가 인칭 대명사일 경우만 가능. I've eaten them **all**. I've eaten the cakes all. (x)
We are **all** happy. They would **all** have been invited.
We **all** like beer. He earned his wings, just like we all did.
earn one's wings 유능함을 인정받다.

2 Both

①단독으로 사용 : 둘 다 나에게는 똑같이 좋아 보인다. 둘 다 콘플레이크를 좋아한다.

②명사와 결합 : *both + of + 한정사 + 명사 *of가 생략되면 both는 한정사가 됨
그 차 두 대 모두 출발 후 곧 고장이 났다. 내 아이들 둘 다 금발이다.

③대명사와 결합 : *both + of + 대명사 *of가 생략되면 동격이 된다.
우리 둘 다 3월 17일에 태어났다. 나는 그들 둘 다 사랑한다.

④동격으로 쓰이는 경우 : *be동사, 제1조동사 뒤; 일반동사, 대동사 앞
The children were **both** too young. The train must **both** have been delayed.
They both spoke together. I asked neither of them to come, but they **both** did.
*목적어가 인칭 대명사일 경우만 가능함
Mother sent them **both** to bed. John wrote a letter to us **both**.

3 Half

①단독으로 사용 : 나는 그녀에게 절반을 주고, 나 자신을 위해서 절반을 보관했다.
나는 절반을 그녀에게 주었고, 나머지 절반을 나 자신을 위해 보관했다.

②명사와 결합 : *half + of + 한정사 + 명사 *of가 생략되면 half는 한정사가 된다.
그 고기 절반은 상했다. 이 사과들의 절반은 썩었다.

③대명사와 결합 : *half + of + 대명사 *of가 생략되면 동격이 된다.
우리들 중 절반만이 지난 화요일에 올 수 있었다. 그것의 절반은 먹기에 적당하지 않다.

4 Such

①주어 : 그들이 먹을 수 있는 음식중의 그러한 것은 부족하다.
내가 너의 감정을 상하게 했을 지도 모른지만 그것은 나의 의도는 아니다.

②보어 : 그녀는 친절하지 않다, 단지 그렇게 보일 뿐이다. *such가 문두에 와서 도치된 것임.
그녀의 친절은 대단한 것이어서 우리들은 결코 그녀를 잊지 못할 것이다.

③목적어 : 나는 시민이다. 그리고 그렇게 대우 받을 것이다.
그는 저명한 학자다. 그리고 어디에서나 그렇게 인정받을 것이다.
*'a+명사'를 받을 수 있는 경우는 one, it, such 등인데 as다음에는 such로 받음

④관용적 : *and such=and suchlike=and so on=and so forth (기타 등등)
나는 연주회, 화랑, 극장 등등에 갈 시간이 없다.
*such and such: 이러이러한 일, 여차 여차한 일
여차여차한 일이 발생하면 무엇을 해야 할지를 알아야 한다.
*as such(그 자체로) : 그는 정치 그 자체에 관심이 없다.

2 중심 부정대명사① : 단일형

❶ Every one

Every one of his offspring had red hair like his son.

Every one of the apples in the bag was rotten.

❷ Each

Each of the girls was dressed neatly.

I have invited each of my colleagues in turn.

❸ Either

Either of the boys is able to look after the baby.

I don't think either of them is at home.

❹ Neither

Neither of us was content with the result.

He who runs after two hares will catch neither.

❺ Some

Some of the sheep have strayed.

Some of us find this very hard to accept.

The police managed to retrieve some of the money.

❻ Any

I couldn't understand any of the lectures.

Do you watch any of the soaps on TV?

If any of you know the fact, tell me about it.

❼ Enough

Enough is as good as a feast.

I've had enough of your continual complaints!

I earn enough to keep the wolf from the door.

❽ None

None of this meat is not fit to eat.

None but the brave deserves the fair

She has none of her mother's beauty.

2 중심 부정대명사① : 단일형

▶**중심 부정대명사** : 중심한정사가 대명사로 사용되는 경우
▶중심한정사에서 파생된 대명사이므로 기본 성질은 중심한정사와 같음

❶ Every one :
그의 자손 모두가 그의 아들과 같이 붉은색 머리를 하고 있다.
가방 속에 있는 사과들 하나하나가 모두 썩었다.
*every는 한정사 용법만 있으므로 대명사적으로 사용할 때는 one을 사용하여 every one의 형태로 쓰인다. 복합 부정대명사 everyone과는 구별해야한다. 사람, 사물을 나타낼 수 있다.
*every와 each의 비교: 둘 다 집단의 각 구성 요소를 긍정하지만 each는 2이상의 요소에, every는 3개 이상의 요소에 쓰이며, every는 '하나 남김없이 모두'하는 포괄적인 함축이 강하다
*each에는 한정사, 대명사의 두 용법이 있으나 every에는 한정사 용법만 있다.
*not every는 부분 부정, not any 전체부정

❷ Each : *each + of + 한정사 + 명사
소녀들은 각자 말쑥하게 차려입었다. in turn 차례로; by turns 교대로
나는 내 동료들 하나하나를 차례차례로 초대했다. colleague (전문직업의)동료

❸ Either : *둘 중의 하나 not~either =neither
소년들 중의 하나는 어린애를 돌볼 수 있다.
그들 중의 한 사람도 집에 없다.

❹ Neither : *둘 중의 어느 쪽도 ~ 아니다.
*neither는 둘(both)에 대응되는 부정어이므로, 셋 이상의 부정에는 none을 쓴다.
우리들 중 아무도 그 결과에 만족하지 않았다.
두 마리의 토기를 쫓는 사람은 한 마리도 못 잡는다.
*Neither of these cars is exactly what I want. not ~exactly 꼭 그렇지는 않다
이 차들 중의 어느 것도 꼭 내가 원하는 것은 아니다.

❺ Some :
양들 몇 마리는 길을 이탈했다. stray 옆길로 가다; (주제)벗어나다.
우리들 몇몇은 이것은 수용하기가 어렵다는 것을 알았다.
경찰은 간신히 그 자금의 일부를 회수했다. retrieve 만회[회수; 회복]하다

❻ Any : *셋 중의 하나; *not~any = none
나는 그의 강의를 전혀 이해할 수가 없었다.
TV 연속극 중에 뭐 보는 거 있니? soap =soap opera 라디오 연속드라마
너희들 중의 몇 명이 그 사실을 알면 그것에 대해 나에게 말해 달라.

❼ Enough :
배부름은 진수성찬이나 다름없다. feast 축제; 잔치; 대접, 진수성찬;
너의 계속되는 불평은 더 이상 참을 수가 없어! 나는 굶주림을 면할 정도의 돈을 번다.
wolf 이리; (the ~)심한 굶주림; keep the wolf from the door 겨우 굶주림을 면하다

❽ None : *every처럼 no도 한정사 용법 밖에 없으므로 none의 형태로 대명사로 사용된다.
사람과 사물에 쓰인다. 복합부정대명사 no one과는 다르다.
이 육미 중의 어느 것도 먹기에 적당하지 않다.
용기 있는 사람이 아니고는 미인을 차지할 수 없다. but=except
그녀는 엄마의 미모를 전혀 닮지 않았다.
*None of us is entirely blameless in this matter.
▶none이 부사로 쓰인 경우.
*She was looking **none** too pleased. 그녀는 별로/전혀 기뻐하는 것 같지 않았다.
*He was **none** the happier for his wealth. 그의 부 때문에 조금도 더 행복하지는 않았다.

2 중심 부정대명사② : 복합형

❶ ~body

①**Everybody** has a way of their own.

②I will ask **somebody** to go in my stead.

③If **anybody** calls, tell him I've gone for the day.

④**Nobody** could find their luggage.

❷ ~one

①**Everyone** is waiting to see his new film.

②There is **someone** knocking at the door.

③I don't think **anyone** could understand the meaning.

④I am sorry but there is **no one** here called Mary.

❸ ~thing

①Everything

You mean **everything** to me.

This shop sells **everything** needed for camping.

②Something

There is **something** wrong with the engine.

Something or other seems to be wanting.

He is a lawyer **or something**.

I hear he has broken an arm **or something**.

③Anything

If **anything** happens, I'll come back at once.

He is **anything but** a liar.

Is he **anything of** a scholar?

She is **as** proud **as anything**.

He may be in Paris now **for anything I know**.

He worked **like anything**.

④Nothing

This hotel leaves **nothing** to be desired.

Nothing but a miracle can save him.

2 중심 부정대명사② : 복합형

❶ ~body : *문법적으로 단수취급. 구어에서는 복수대명사로도 받음
①**Everybody** =someone; 누구에게나 버릇은 있다.
②**Nobody** =no one; 어느 누구도 자기의 수하물을 찾을 수 없었다.
③**Somebody** =someone; 누군가가 내 대신에 갈 수 있도록 요청해 보겠다.
*in my stead =in the stead of me =in stead of me =instead of me 내 대신에
④**Anybody** =anyone; 누가 전화하면 내가 퇴근했다고 전해라.

❷ ~one
①**Everyone =everybody** :
모든 사람이 새 영화를 보기를 기대하고 있다.
*everyone은 셋 이상의 사람을 모두 포괄적으로 가리키는 말.
*every one은 셋 이상의 사람을 개별적으로 가리키며 each one과 같은 뜻.
②**No one** =nobody : 유감스럽지만 여기에 Mary라고 불리는 사람은 없습니다.
③**Someone** =somebody : 누군가가 문에 노크를 하고 있다.
▶avoid forbid prevent 다음에는 someone 대신에 anyone을 쓴다.
*I **forbid** anyone to touch that clock.
④**Anyone** =anybody; 그 의미를 아는 사람은 아무도 없다고 생각한다.
▶any one은 '어느 것이든 하나'; '누구든 한 사람'이라는 뜻이다.
*Never advise **any one** to go to war or to marry.

❸ ~thing
①**Everything** :
너는 나에게 모든 것이다. 이 가게는 캠핑에 필요한 모든 것을 다 판다.
그녀는 자기의 진로 등에 관하여 매우 걱정이 되었다.
②**Something** :
그 엔진에는 뭔가 잘못됐다. *이 때의 with는 주어 관계이다.
*be something of a A; A한 점이 조금 ~이다, 한 데가 있다
*He has **something of** the musician in him. 그에게는 음악가적인 면을 가지고 있다.
=He is something of a musician.
=There is something of a musician in him.
*something or other 무언가, 무슨 일인가; 무언가 부족한 것 같다.
*or something ~인지 무엇인지; or something like that의 준말이다.
*부정문에서는 or anything이다.
This is **not** a bribe **or anything** like that.
그는 변호사인지 무언지이다.
나는 그가 팔인가 뭔가를 부러뜨렸다고 들었다.
③**Anything** :
만일 무슨 일이 일어나면 즉시 돌아오겠다.
*anything but =never; 그는 결코 거지말쟁이가 아니다.
*anything of (의문문, 조금은); 그는 학자 같은 점이 조금은 있는가?
*anything of (부정문, 조금도); I haven't seen **anything of** him lately.
*as ~ as anything. (몹시, 아주); 그녀는 몹시 뻐긴다.
*for anything I know (잘은 모르지만); 아마 그는 지금 파리에 있을 것이다.
*like anything (맹렬히); 그는 열심히 일했다.
④**Nothing** :
이 호텔은 더 이상 바랄나위가 없다.
cf. leave much to be desired 유감스러운 점이 많다.
기적만이 그를 구할 수 있다. nothing but =only;
*Nothing is more precious than time.
*This is nothing short of a disaster. 거의[아주] ~한; ~에 가까운;

3 후치 부정대명사① : 일반서수

❶ Another

1. 일반적 용법

①I ate a hamburger and ordered **another**.

②I don't like this tie. Show me **another**.

③If I am a mad man, you are **another**.

2. 관용적 용법

①**One after another** all his plans have failed.

②They are shaking hands and greeting **one another**.

③She's been very successful, **one way and another**.

④We must finish the job this week **one way or another**.

❷ Other

1. 일반적 용법

①대개 복수형이 온다.

There are various flowers in my garden; tulips, roses and **others**.

This hat doesn't suit me. Do you have any **others**?

②others의 형태

Some people like winter, **others** like summer.

Don't speak ill of **others** behind their backs.

③one ~ the other(s)

The twins are much alike that it is difficult to tell **one** from **the other.**

One of the boys was late; **the others** were in time for the meeting.

④the one - the other

Virtue and vice are before you; **the one** leads to happiness, **the other** to misery.

He has a son and a daughter; **the one** is a professor, **the other** is a doctor.

2. 관용적 용법

①Eight of us were saved, myself **among others**.

②On April Fools' Day people often play pranks on **each other**.

③You are the man **of all others** for the work.

④He raised up and set down **one** of his feet **after the other.**

⑤**Some man or other** spoke to me on the street.

Some day or other you will repent of it.

3 후치 부정대명사① : 일반서수

▶**후치 부정대명사** : 후치 한정사에서 파생된 대명사로 성질은 후치한정사와 같다

❶ another : *another=an+other이므로 단수를 나타낸다.

1. 일반적 용법

①one more의 뜻 : 나는 햄버거 하나를 먹고 한 개 더 주문했다.
②different thing : =one of a different kind
나는 이 타이를 좋아하지 않는다. 나에게 다른 것을 보여 주세요.
*one thing ~ another : ~과 ~는 서로 다르다.
③also one의 뜻 : 만일 내가 미친 사람이면 너 또한 미친 사람이다.

2. 관용적 용법

①one after another : *차례차례, 잇따라, 연속하여; 그의 계획은 잇따라 실패로 돌아갔다
②one another : *서로서로; 사람들이 악수하면서 서로 인사하고 있다.
③one way and another : *이 일 저 일로; 그녀는 이것저것 다해서 크게 성공했다.
④one way or another : *어떻게든 해서, 이럭저럭; 이 일을 어떻게든 이번 주에 끝내야 한다.

❷ other : *단독으로 쓰이는 일은 없다.

1. 일반적 용법 :

①**대개 복수형이 온다.** *one some any 다음에는 단수형도 가능함.
나의 정원에는 많은 꽃들이 있다; 튤립, 장미 등.
이 모자는 나에게 어울리지 않는다. 다른 것 있느냐?
*I don't care for these shoes. Show me some others.
이 구두들은 맘에 안 드니 다른 것을 보여주시오
*Surely some friend or other will help me. 필시 어느 친구가 나를 도와줄 것이다.
②**others의 형태** :
어떤 사람들은 겨울을 좋아하고, 다른 어떤 사람들은 여름을 좋아한다.
사람들이 없는 곳에서 남들을 욕하지 마라.
*behind one's back 보지 않는 곳에서≠to one's face 면전에서
*speak ill of =욕하다(abuse, reprimand)
③**one ~ the other(s)** : *둘 중의 하나는 one, 나머지 하나는 the other이다.
*셋 이상 중에서 나머지가 복수면 the others이다.
그 쌍둥이는 너무 닮아서 서로 서로를 구별하는 것은 어렵다.
그 소년들 중에서 한 명은 늦었다; 나머지 모두는 회의 시간에 맞게 왔다.
④**the one**(전자) - **the other**(후자) :
덕과 악이 당신 앞에 놓여있다. 전자는 행복으로, 후자는 불행으로 인도한다.
그는 아들 하나, 딸 하나 있다. 아들은 교수고, 딸은 의사다.

2. 관용적 용법 :

①**among others** :
ⓐ그 중의 한 사람으로서, 그 속에 끼여 :
ⓑ여럿 중에서, 특히 : 우리 중 7명이 구출되었는데 나도 그 중의 하나였다.J
*ones, among others, was there.
②**each other** : *서로서로; 만우절에 사람들은 흔히 서로 못된 장난을 한다.
③**of all others** : *그 중에서도, 특히; 너야말로 그 일에 가장 적임자다.
④**one after the other** : *교대로; 그는 발을 번갈아 들었다 내렸다 했다.
⑤**some man or other** : *무언가, 누군가, 어딘가; 누군가가 거리에서 나에게 말을 걸었다.
some day or other : *언젠가(sometime or other); 언젠가 너는 그것을 후회할 것이다.

3 후치 부정대명사② : 대용어 One

❶ One으로 받을 수 있는 경우

1. 앞에 나온 말을 받는 경우

①If you want a dictionary, I will lend you **one**.

Open the drawer on the left. ___ the **one** with the key.

If you will take this chair, I will take that **one.**

②Every up train is full and down **ones** are nearly empty.

The new designs are much better than the old **ones**.

2. 뒤에 나온 말을 받는 경우

The middle **one** of the three windows is open.

Which **one** of the books do you like best?

3. one을 생략할 수 있는 경우

①최상급 I think my dog is the fastest (one).

②한정사 Either (one) will suit me.

Neither (one) fits me, so they can't be mine.

Which (one) would you like? this (one) or that (one)?

❷ One으로 받을 수 없는 경우

1. 불가산 명사 I prefer green tea to black.

I exchanged Korean money into American.

2. 가산명사

①소유격 다음 Mary's house is larger than Tom's.

Tom's book is neater than Mary's.

②수사 다음 A bird in the hand is worth two in the bush.

A stitch in time saves nine.

③대조를 나타내는 형용사가 있는 경우

My right hand was in my mother's left.

I prefer the large bottle to the small.

④the+비교급(최상급) 다음 : of구가 수반된다.

Bill is the taller of the two.

Bill is the tallest of them all.

3 후치 부정대명사② : 대용어 One

▶**대용어(代用語)**: '**지주어**'라고도 하며, 앞 또는 뒤에 나온 가산명사 대신에 사용된다. 복수형도 있다. 이미 나온 말을 받지만 특정된 사람이나 사물을 가리키는 것은 아니므로 he나 it으로 받을 수는 없다.

❶ one으로 받을 수 있는 경우

1. 앞에 나온 말을 받는 경우 :

①불특정한 의미를 지닌 단수 가산명사를 받는 경우 :

사전 있으면 내게 빌려 주게. a watch =one
왼쪽 서랍을 열어라. 즉 열쇠가 꽂혀져 있는 서랍을.
만일 네가 이 의자를 가져가면 나는 저 의자를 가져가겠다.

②불특정한 의미를 지닌 복수 가산명사를 받는 경우 :

모든 상행 열차들은 만원이고 하행 열차들은 거의 비워 있다. *ones=trains
그 새 디자인들은 옛날 디자인들보다 훨씬 더 좋다. *ones=designs

▶'a+명사'가 특정한 것을 가리키면 it을 사용한다. He bought a watch and gave it to me.
▶'a+명사'가 주어로 쓰이면 it을 사용한다. What is a fox like? It looks like a small dog.

2. 뒤에 나온 말을 받는 경우 :

3개 창문 중에서 가운데 창문은 열려있다. 그 책들 중에서 어느 책을 가장 좋아하느냐?

3. one을 생략할 수 있는 경우 :

①최상급 다음 : 나의 내가 제일 빠른 개라고 생각한다.
②한정사 다음 : 어느 것이라도 나에게 맞다. 어느 것도 나에게 맞지 않다.
그래서 그것들은 나의 것이 될 수 없다.

❷ one으로 받을 수 없는 경우

1. 불가산 명사 : one으로 받을 수는 없으나 명사의 반복은 가능하다
나는 홍차보다는 녹차를 더 좋아한다. 나는 한국 돈을 미국 돈으로 바꾸었다.

2. 가산명사 : *one/ones가 가산명사를 받는 경우라도 다음의 경우는 one/ones로 쓸 수 없다.

①소유격 다음 :

Mary의 집은 Tom의 집보다 더 크다. Tom의 책은 Mary의 책보다 더 깨끗하다.

▶소유격과 one 사이에 형용사가 오면 one을 생략하지 않는다.
If you need a dictionary, I will lend you my old one.
▶one's own 다음에는 one을 쓸 수 없다.
If there is any difficulty about your car, I can bring my own. (×one)

②수사 다음 :

손 안에 있는 한 마리의 새는 숲 속에 있는 두 마리의 가치가 있다.(속담)
제 때의 한 바늘은 뒤의 아홉 바늘을 던다. (속담)

▶형용사가 있으면 one을 쓴다.
He caught five small birds, but I caught nine **big** ones.
Give me two red ones and three **white** ones.
▶단수이면 생략가능하나 복수이면 생략하지 않는다.
The first volume is more interesting than the second (one).
He won the first game and I won the second, so now we are even.
Of the speakers the first **ones** were very interesting.

③대조를 나타내는 형용사가 있는 경우 :

내 오른 쪽 손은 어머니의 왼쪽 손 안에 있었다. 나는 작은 병보다 큰 병을 더 좋아한다.
She's determined to win, by **fair** means or **foul**.

▶부정관사가 있으면 one을 생략할 수 없다. I would prefer **a** large bottle to **a** small **one**.

④the + 비교법/최상급 다음 : *of구가 수반된다.

Bill은 둘 중에서 키가 더 크다. *the taller (one) of the two.
Bill은 그들 모두 중에서 키가 제일 크다.
*the tallest (one) of them all. *them과 all은 동격; them all =all of them

3 후치 부정대명사③ : 수량사

❶ Many

①**Many of** our forests have been wantonly cut down.
Many of them thought that he was insane.

②**More of** them want to come here.
She was more of a hindrance than a help to me.

③**Most of** us feel the same about the war.
Most of the rebels were captured and disarmed.

❷ Several

Several of them decided to walk home.
Several of the paintings were destroyed in the fire.

❸ Few

①**Very few** can understand what I said.

②**A few** of the survivors of the earthquake are still living.

③**Not a few** of the members were present last night.
Quite a few of us are getting worried.

❹ Much

①**Much** was talked about the plan.
I don't see **much** of them these days.

②I hope to see **more** of you.
My first reaction was **more** of surprise than worry.

③**Most** of my money is deposited in a bank.
Most of my salary goes on (paying) the rent.

❺ Little

①**Little** remains to be said on the subject.
Knowledge has **little** to do with wisdom.

②I expect to see **less** of her in the future.
He was **less** of a fool than I had expected.

③It will cost **at least** five pounds.
I do**n't** understand **in the least** what he is trying to say.
It wasn't a very good dinner, **to say least of it**.

3 후치 부정대명사③ : 수량사

❶ Many

①many : 우리의 많은 숲들이 무분별하게 베어져 나갔다.
그들 중의 많은 사람들은 그가 미쳤다고 생각했다.
*There are many who dislike ginger, ginseng and garlic.
*man이 단독으로 쓰인 경우다.
생강, 인삼, 마늘을 싫어하는 사람이 많다.
②more : 그녀는 (내게) 도움보다는 방해가 되었다.
그들 중의 더 많은 사람들이 이곳에 오기를 원한다.
③most : 우리들 대다수는 그 전쟁에 대해 똑같은 감정을 가지고 있다.
반역자들의 대부분은 포로로 잡혀서 무장해제 당했다.
rebel 반역자; capture 포획; 포로; 생포하다; 획득하다

❷ Several

그들 중의 여러 명들이 걸어서 집으로 가기로 결정했다.
그림 중 몇 점이 화재로 파손되었다.

❸ Few

①few : 내가 말한 것을 이해할 수 있는 사람은 거의 없다.
*Only a few =but few = very few = so few : 극히 소수
②a few : 그 지진에서 살아남은 사람이 아직 몇 사람 살아 있다.
*a few = some few : 약간 Some few of the soldiers are still living.
③not a few : 구성원들 중에서 적지 않은 사람들이 어제 밤에 참석했다.
quite a few : 우리들 중에 꽤 상당한 사람들이 걱정을 하고 있다.
*quite a few = not a few = no few = a good few : 꽤 상당수

❹ Much

①much : 그 계획에 대해서 많이 논의 되었다.
나는 요즈음 그들을 많이 만나지 못한다.
*He is not much of a scholar. *not much of a ~ : 대단한 ~는 아니다.
그는 대단한 학자는 아니다.
*Much of what he says is true.
②more : 당신을 좀 더 많이 보기를 희망한다.
나의 첫 반응은 걱정보다는 오히려 놀라움이었다.
③most : 내 돈의 대부분은 은행에 예금되어 있다. deposit예금하다 ≠withdraw인출하다
내 월급은 대부분이 집세로 들어간다.

❺ Little

①little : 그 주제에 관해서 계속해서 거의 논의되지 않았다.
지식은 지혜와는 거의 관계가 없다. have nothing to do with ~와 관계가 없다.
*He knows a little of everything.
*I have seen very little of him lately.
②less : 나는 앞으로 그녀를 거의 만나지 않기를 기대한다.
나는 이것 중의 소량을, 저것 중의 다량을 원한다.
③least : 그것은 비용이 적어도 5파운드는 들 것이다.
*at (the) least =at the very least 적어도, 적게 보아
*at least 어떠하든, 어쨌든; You must at least talk to her.
나는 그가 말하려고 하는 것을 전혀 이해하지 못한다.
*not in the least 전혀 ~않다.
줄잡아 말해도 그것은 그다지 좋은 저녁식사는 아니었다.
*to say the least of it: 줄잡아 말하더라도

어법 문제 ①

❶ 다음 두 문장이 같은 뜻이 되도록 ( )에 알맞은 말을 써 넣어라.

1. She was so anxious that she lost her health.
 =( ) was her anxiety that she lost her health.
2. There are cherry trees on both sides of the river.
 =There are cherry trees on ( ) of the river.
3. You have only to wait for the result.
 =( ) you have to do is to wait for the result.
4. One of the books is mine and the other isn't mine.
 =( ) of the books are not mine.
5. My skill, poor as it is, will be of some help to you.
 =My skill, (such) as it is, will be of some help to you.
6. I don't want either of them. =I want ( ) of them.
7. Jane likes roses and so does Peter.=( ) Jane and Peter like roses.
8. The matter does not concern me. =I have ( ) to do with the matter.
9. It is none of your business. =It is no concern of ( ).
10. He left no means untried. =He tried ( ) means possible.

❷ ( )에 적당한 대명사를 넣으시오.

1. I hope to go to England someday or ( ).
2. If I am a fool, you are ( )
3. The middle ( ) of the three windows are open.
4. I don't like this one; show me a better ( ).
5. Every up train is full and down ( ) are nearly empty.

❸ 보기 중에서 골라서 ( )를 채우시오.

[it they one ones this that those such another others some any]

1. Heaven helps ( ) who help themselves.
2. Do to ( ) as you would have (others) do to you.
3. Few, if ( ), will be able to challenge him.
4. If you are a college student, behave as ( ).
5. I wonder if you know ( ) of those ladies.

❹ 다음 문장의 ( )에 it가 들어갈 수 없는 것은?

① I took ( ) for granted that you would go there.
② He was a great poet, and was respected as ( ).
③ The baby was so lovely that I could not help kissing ( ).
④ I think ( ) wrong to value money more than time.
⑤ Where was ( ) that you left your umbrella?

해답

❶ 1.Such 2.either 3.All 4.Both 5.such 6.neither 7.Both 8.nothing 9.yours 10.every
❷ 1.other 2.another 3.one 4.one 5.ones
❸ 1.whose 2.others 3.any 4.such 5.any
❹ ②; as such

어법 문제 ②

◆ ( )에 알맞은 것은?

1. She hopes to go to England some day or ( ).
   ① another ② one ③ other ④ others

2. Some people like fishing; ( ) do not.
   ① other ② the others ③ the other ④ others

3. Would you like some cake? No, I don't ( ), thank you.
   ① want any ② want some ③ like some ④ want

4. Wagner and Strauss were such good friends that they frequently exchanged gifts with ( ).
   ① each one ② each other ③ one another ④ the other

5. I asked him for some money, but he had ( ).
   ① not ② none ③ no ④ without

6. Did Jack and Tom understand her? No, ( ) of them is very bright.
   ① not either ② not one ③ no one ④ neither

7. They cut out ( ) it.
   ① double of ② all both ③ two-thirds ④ half of

8 How was he in New York? In New York, he was always being annoyed by noise of one sort or ( ).
   ① all ② others ③ another ④ kind

9. I don't have a nice bookcase, and so I am going to ( ).
   ① have one made ② have it made
   ③ have that to be made ④ get it to make

10. The nectarine is a fruit ( ) like a peach.
   ① as ② and ③ too ④ much

해답

1. ③; some day or other 언젠가; other가 수사이므로 day 대신에 one을 받을 수 없다.
2. ④; 열거를 하는 경우는 some, others, others, ... 마지막에는 the other(s)를 사용한다.
3. ①; any cake이므로 cake가 물질명사이므로 반복을 피하기 위해 one을 사용할 수 없다.
4. ②; 둘 사이는 대개 each other를 사용한다.
5. ②; money는 물질명사; 따라서 one으로 받을 수 없다. no는 대명사로 쓸 수 없다. none
6. ④; 둘 중의 하나는 either; 둘 다 아닌 경우는 neither
7. ④; 그것의 절반을 의미하므로 half of; ③은 two-thirds of이면 가능하다.
8. ③; one sort or another (sort) 이런 저런 종류의 (소음으로)
9. ①; 동일한 것을 나타내지 않으므로 it가 아닌 one(같은 조유)을 사용해야 한다.
10. ④; 구(like a peach)를 수식할 수 있는 것은 much. 이 때 much는 부사다.

어법 문제 ③

◆ 밑줄 친 곳에 알맞은 것은?

1. __________ had already been there when I arrived.
   ① Both they ② All of them ③ All them ④ They half ⑤ Both them

2. To take pride in what deserves boasting is one thing, and take good care of it is quite ______________ .
   ① others ② thing ③ another ④ the other ⑤ one

3. Do the students in your class study hard? Some of them do. ______ just don't care.
   ① The other ② Another ③ Others ④ Some other ⑤ Some others

4. Some fleas have one or two eyes, but others have ________ .
   ① none ② not some ③ never ④ no ⑤ nobody

5. Do you have a TV set? Yes, ______ .
   ① I have it ② I have one ③ I have
   ④ I certainly have ⑤ I have something

6. I know only ____ of the guests, and the others are entirely unknown to me.
   ① the some ② ones ③ the ones ④ one or two ⑤ some ones

7. There is ________ artist in him.
   ① a certain ② somewhat an ③ rather an
   ④ certain nature for an ⑤ something of an

8. Everyone brought _________ lunch to the picnic.
   ① they ② there ③ its ④ his or her ⑤ them

9. I know only _____ of the guests, and the others are entirely unknown to me.
   ① the some ② ones ③ the ones ④ one or two ⑤ some ones

해답

1. ②; ①They both는 가능; ④half는 주어와 동격으로 사용불가; ⑤Both of them은 가능;
2. ③; A is one thing ~, B is another 구문; A하는 것과 B하는 것은 별개의 문제다.
3. ③; 몇몇은 some, 나머지 중에서 몇몇은 others; 나머지 전부는 the others
4. ①; have의 목적어가 될 수 있는 것은 none, nobody이다. nobody는 사람에게만 쓴다.
5. ②; 'a+명사'를 받고 또 불특정의 말을 받으므로 one; it은 동일한 것에 쓴다.
6. ④; of the guests의 형태로 보아 그 앞에는 대명사의 일종인 수사가 와야 한다.
7. ⑤; be something of a A : A한 점이 조금 있다.
8. ④; everyone은 사람을 나타내는 복합부정대명사로 3인칭 단수이나 남성, 여성의 구별이 되어 있지 않으므로 he or she로 받는다. 그러나 현대영어에서는 they로 나타낸다.
9. ④; ①some 앞에는 the가 올 수 없다; ②one은 people인 경우에만 ones가 가능하다. ③, ⑤one이 people을 나타내는 경우는 한정사(the; some; any)를 붙일 수 없다.

어법 문제 ④

1. 어법적으로 잘못이 없는 문장은?
 ① You won't find it easy to solve the problem.
 ② Was this you who sent me the book?
 ③ He was a scholar, and was respected as so.
 ④ I don't know either of the three boys.
 ⑤ All have done his best.

2. 어법적으로 잘못이 없는 문장은?
 ① You have three dogs, but I have only two ones.
 ② I have lost my watch; I am going to buy it.
 ③ His point of view is different from me.
 ④ I like red wine better than white.
 ⑤ There is the one other meaning is this sentence.

3. 어법적으로 잘못된 문장은?
 ① None of the man will introduce you to the lady.
 ② I don't have a pencil.
 ③ I have done nothing with it.
 ④ That is not a proper method of reading.
 ⑤ Neither of them went yesterday.

4. 주어진 문장의 밑줄 친 부분과 같은 용법으로 쓰인 문장은?
 We had very <u>much</u> to say to each other.
 ① We have not seen very much snow this winter.
 ② They enjoyed their trip very much.
 ③ There was much left to be done.
 ④ This is much the better of the two.
 ⑤ He has very much more to tell you.

5. Choose the sentence which is grammatically right.
 ① She would be elected except she is seriously ill.
 ② I thought it was you, but in fact it was her.
 ③ My sons are both abroad; the one lives in Nepal, and the other in Sweden.
 ④ I'm afraid of its being too late.
 ⑤ It is you who is responsible for the failure of the business.

해답

1. ①; ②this-it ③so-such ④either-any ⑤his-either
2. ④; ①수사 다음의 one(s)은 생략 ②it-one ③me-mine ⑤the one other-another
3. ①; none은 3인 이상일 때 사용하며, 부정대명사로 사용 될 때는 복수 명사나 복수 대명사를 취한다.
4. ③; ①형용사; ②부사; ④비교급을 꾸미는 부사; ⑤형용사
5. ①; ②her-she ③the one-one; ④its-it; ⑤is-are

어법 문제 ⑤

◆ Choose the one which is grammatically wrong.

1. A few years from now①, if all go② well, I mean to retire③ from teaching, which I'll have been④ at for four decades.

2. All objects are composed① of many molecules, and the force② of gravity pulls③ on every of④ them.

3. A primary color is it① which cannot be made② by③ mixing other colors④.

4. Several of planets① rotate in the same direction as② their orbital motions, while③ Venus and Uranus rotate in the opposite direction④.

5. The most① of the theories about its origin② assume that③ the earth began in a gaseous state, moved through④ a liquid state, and finally became partly solid.

6. Much① of the applications of physical① anthropology lie in the field③ of measurement④.

7. Almost① half from② Pennsylvania's industrial workers are engaged③ in the processing④ of metals,

해답

1. ②; all이 사람이 아닌 상황을 나타내므로 단수 취급 go→goes
2. ④; every는 대명사 용법이 없으므로 every one으로 하든지 each로 해야 한다.
3. ①; color를 받으므로 one. which에 의해 제한을 받으므로 the를 붙인다. it→the one.
4. ①; 한정사가 대명사로 쓰이면 'of+한정사+명사'가 따른다.
5. ①; 구문 상 most가 대명사로 쓰이므로 the를 없애야 한다.
6. ①; applications로 보아 much를 many로 바꾸어야 한다.
7. ①; half가 대명사로 사용되었으므로 'of+한정사+명사'구문을 취한다.

어법 문제 ⑥

❶ (A), (B), (C)의 각 네모 안에서 어법에 맞는 표현으로 가장 적절한 것은?
Note taking is one of the activities by which students attempt to stay attentive, but it is also an aid to memory. "Working memory," or "short-term memory" is a term (A) used / using to describe the fact that one can hold only a given amount of material in mind at one time. When a lecturer presents a succession of new concepts, students' faces begin to show signs of anguish and frustration; some write furiously in their notebooks, while (B) other / others give up writing in complete discouragement. Note taking thus is dependent on one's ability to maintain attention, understand what is being said, and hold it in working memory long enough to (C) write down it / write it down .

	(A)	(B)	(C)
①	used	other	write down it
②	used	others	write it down
③	used	others	write down it
④	using	others	write it down
⑤	using	other	write down it

❷ (A), (B), (C)의 각 네모 안에서 어법에 맞는 표현으로 가장 적절한 것은?
The first thing I notice upon entering this garden is that the ankle-high grass is greener than (A) that / those on the other side of the fence. Dozens of wildflowers of countless varieties cover the ground to (B) both / either sides of the path. Creeping plants cover the polished silver gate and the sound of bubbling water comes from somewhere. The perfume of wild flowers (C)fill / fills the air as the grass dances upon a gentle breeze. A large basket of herbs rests against the fence to the west. Every time I walk in this garden, I think, "Now I know what it is like to live in paradise."

	(A)	(B)	(C)
①	that	both	fill
②	that	both	fills
③	that	either	fills
④	those	either	fill
⑤	those	either	fills

해답

❶ (A)used; 사용되어지는 언어; (B)others(다른 사람들);
(C)타동사와 불변화부사가 올 때, 그 목적어가 대명사이면 반드시 그 사이에 들어간다.

❷ (A)the ankle-high grass를 받으므로 that이어야 한다.
(B)sides가 복수이므로 그 앞에 both가 와야 한다.
(C)주어가 The perfume이므로 동사는 fills이어야 한다.

영작 문제

❶ Put the following into English.
1. 소탐대실(小貪大失). 대탐대실(大貪大失).
2. 피고 전원이 유죄 판결을 받았다.
3. 나는 양쪽을 다 아는 것은 아니다.
4. 그는 용케 소득의 절반을 저축했다.
5. 그는 유명한 학자이어서 어디서나 그렇게 인정된다.
6. 나는 그 계획의 하나하나를 모두 시도해 보았다.
7. 사람마다 말이 다르다.
8. 너의 계속되는 불평은 더 이상 참을 수가 없어!
9. 털어서 먼지 안 나는 사람 없다.
10. 기다리노라면 볕들 날 있다.

❷ Put the following into English.
11. 이 넥타이는 그 셔츠에 어울리지 않습니다. 다른 것을 보여 주세요.
12. 그 사람이 없는 곳에서 그 사람을 욕하지 마라.
13. 그 쌍둥이는 너무 닮아서 서로를 구별하는 것은 어렵다.
14. 모든 상행 열차는 만원이고 하행열차는 거의 비어있다.
15. 세 창문 중에서 가운데 창문은 닫혀있다.
16. 나는 한국 돈을 미국 돈으로 바꾸었다.
17. 얼마나 많은 오래된 학교 친구들과 당신은 연락을 하고 있습니까?
18. 그는 학자라기보다는 교사다.
19. 그림 중 몇 점이 화재로 파손되었다.
20. 그 지진에서 살아남은 사람이 아직 몇 사람 살아 있다.

해답

❶
1. Penny wise and pound foolish. All covet, all lose.
2. All of the defendants were proved guilty.
3. I don't know both of them.
4. He managed to save half of his earnings.
5. He is a brilliant scholar and is everywhere recognized as such.
6. I tried every one of the plans.
7. Some say one thing and others say another.
8. I've had enough of your continual complaints!
9. Everyone has a skeleton in his closet.
10. Everything comes to those who wait.

❷
11. This tie does not become the shirt. Show me another.
12. Don't speak ill of others behind their backs.
13. The twins are much alike that it's difficult to tell one from the other.
14. Every up train is full and down ones are nearly empty.
15. The middle one of the three windows is closed.
16. I exchanged Korean money into American.
17. How many of your old school friends do you keep up with?
18. He is more of a teacher than (he is of) a scholar.
19. Several of the paintings were destroyed in the fire.
20. A few of the survivors of the earthquake are still living.

7장 형용사

1 종류

1. 기술 형용사
2. 물질 형용사
3. 고유 형용사
4. 분사 형용사
5. 명사 형용사
6. 부사 형용사

2 용법

❶ 한정적 용법

① 전위 수식
② 후위 수식
③ 전위 수식과 후위 수식에 따라 뜻이 달라지는 형용사
④ 어순 : 한정사+형용사

❷ 서술적 용법

① 주격 보어
② 목적 보어
③ 서술적으로만 쓰이는 형용사

❸ 특수 용법

① 명사적 용법
② 부사적 용법

3 형용사 문형

4 주의 할 형용사

1 종류

❶ 성상형용사(기술형용사)

It was so **warm** a day that we decided to go to the sea.

This dog is any **cleverer** than any horse.

This is **the most beautiful** girl that I have ever met.

❷ 물질 형용사

①He was born with a **silver spoon** with his mouth.

He lives in a **stone building** and has many earth pots.

②I missed a **golden chance** to make a lot of money.

The **silvery globe** of the moon sank towards the horizon.

❸ 명사 형용사

My daughter goes to school by **school bus**.

There is a **bus stop** in front of my house.

❹ 부사 형용사

The climate **here** is milder than that of your country.

The hill commands a fine panorama of the city **below**.

❺ 분사 형용사

1. **현재분사형** Look at the **barking** dog. It was a **boring** speech.
2. **과거분사형** **Fallen** leaves are scattered here and there in a vacant lot.
   She took care of the **wounded** soldier.
3. **유사분사형** ①a hard-working student; a wide-spreading flower;
   a horse-drawn-carriage; a man-mad satellite;
   a well-trained soldier; a newly-wedded couple;
   ②a sweet-smelling rose; a handsome-looking youth;
   ③a long-necked animal; a brown-haired girl;
   a pain-killing drug; an English-speaking people;

❻ 고유 형용사

He has millions of dollars stashed (away) in **Swiss** bank accounts.

The **Dutch** are renowned for their administrative capabilities.

The U.S.A. has many towns on **Mexican** border.

The **Brazilian** team is regarded as unbeatable.

1 종류

❶ 성상(性狀) 형용사 : *본래의 순수한 형용사로서 대개 비교급, 최상급이 있다.
날씨가 너무 따뜻해서 우리는 바다로 가기로 결정했다.
이 개는 어느 말보다도 영리하다.
이 사람은 여태까지 내가 만난 사람 중에서 제일 예쁜 소녀이다.

❷ 물질(物質) 형용사 :
①물질명사 형태 그대로 사용하는 경우 : a gold watch; a lead pipe; a stone wall;
그는 입에 은수저를 물고 태어났다. 즉 부유하게 태어났다.
그는 돌로 만든 집에서 살고 많은 토기 항아리를 가지고 있다.
②~en, ~y를 붙이는 경우 : *주로 비유적 의미로 사용 됨.
a golden age; a leaden sky; a silvery voice; a stony heart;
많은 돈을 벌 수 있는 기회를 놓쳤다. 은빛 구체의 달이 수평선 쪽으로 가라앉았다.

❸ 명사(名辭) 형용사 : *명사가 형용사 역할을 하는 경우
a music teacher; a girl friend; a goods train; a sugar bowl; a can opener,
내 딸은 스쿨버스를 타고 학교에 다닌다. 내 집 앞에는 버스정류장이 있다.

❹ 부사(副詞) 형용사 : *부사가 형용사 역할을 하는 경우는 후위수식이다.
이곳의 기후는 당신 나라의 기후보다 더 온화하다.
그 언덕에서는 도시의 아름다운 전경을 내려다볼 수 있다.

❺ 분사(分司) 형용사 :
①현재 분사형 : 짖어대는 개를 보아라. 그것은 지루한 연설이었다.
②과거 분사형 : 낙엽이 빈 곳 여기저기에 흩어져 있다. 그녀는 부상당한 군인을 돌봤다.
③유사 분사형 :

❻ 고유(固有) 형용사
그는 수백만 달러를 스위스 은행계좌에 은닉했다. 화란은 그들의 관리능력으로 유명하다.
미국은 멕시코와 국경을 맞댄 많은 도시가 있다. 브라질 팀은 무적의 팀으로 여겨진다.

어미	국 명	고유형용사	국민전체	국민 개인	복수
-ch	France 프랑스	French	**the French**	a Frenchman	Frenchmen
	Holland 네덜란드	Dutch	**the Dutch**	a Dutchman	Dutchmen
-sh	England 영국	English	**the English**	an Englishman	Englishmen
	Denmark 덴마크	Danish	the Danes	a Dane	Danes
	Spain 스페인	Spanish	**the Spanish**	a Spaniard	Spaniadrs
	Poland 폴란드	Polish	the Poles	a Pole	Poles
	Sweden 스웨덴	Swedish	**the Swedish**	a Swede	Swedes
	Turkey 터어키	Turkish	**the Turkish**	a Turk	Turks
-ese	China 중 국	Chinese	**the Chinese**	a Chinese	**Chinese**
	Japan 일 본	Japanese	**the Japanese**	a Japanese	**Japanese**
-an	America 미 국	American	the Americans	an American	Americans
	Arabia 아 랍	Arabian	the Arabians	an Arabian	Arabians
	Canada 캐나다	Canadian	the Canadians	a Canadian	Canadians
	Germany 독 일	German	the Germans	a German	Germans
	Korea 한 국	Korean	the Koreans	a Korean	Koreans
	Russia 러시아	Russian	the Russians	a Russian	Russians
기타	Greece 그리스	Greek	the Greeks	a Greek	Greeks
	Switzerland 스위스	Swiss	**the Swiss**	a Swiss	**Swiss**

2 용법① : 한정적 용법

❶ 전위 수식

①명사를 강조 a real hero, an outright lie, utter folly, sheer sense

②명사를 제한 a certain person, the principal objection, the only occasion

③명사에서 파생 crimin**al** pol**ar** Americ**an** earth**en** atom**ic**, month**ly**

④분사 형용사 rising sun, freezing point; fallen leaves, drunken driver

⑤기타 former elder inner outer latter upper utmost sundry

❷ 후위 수식

①There is **nothing** new under the sun.

②He seems to take a great interest in things **Korean**.

③The climate **here** is milder than that of Japan.

④He seemed to be the face of a man **alive**.

⑤He made use of the greatest information avail**able**.

I tried **every** means poss**ible** to achieve this end.

⑥My wife is a lady **sweet, simple, and home-loving**.

⑦This street is so dusty that I can't walk **with my eyes open**.

⑧My heart bounded like that of a prisoner **escaped**.

⑨The baby is **5 years** old. This classroom is **50 meters** long

⑩An ape is the animal n**earest** to man in appearance.

❸ 전위 수식과 후위 수식에 따라 뜻이 달라지는 형용사

①The **concerned** doctor rang for an ambulance.

The doctor **concerned** is on holiday.

②He walked away in the **opposite** direction.

The queue tailed back across the road in the park **opposite**.

③Nobody knows her **present** whereabouts.

Everybody **present** welcomed the decision.

❹ 형용사간의 어순

These four tall kind old American women can speak Korean.

That large white new wooden house has just been built.

Do you know **those three tall refine young English** gentleman?

2 용법① : 한정적 용법

❶ 전위(前位)수식 : *전위수식으로만 쓰이는 형용사

①**명사를 강조** : a real hero 진정한 영웅; an outright lie 터무니없는 거짓말; utter folly 지독한 바보짓; sheer sense 순수한 의미;

②**명사를 제한** : 어떤 사람; 주된 목적; 유일한 기회
certain chief lone main mere only principal sole total

④**명사에서 파생** : -al(crime); -ar(pole); -an(America); -en(earthen); -ic(atom); -ly(month)로 끝나는 형용사; favorite

④**분사 형용사** : 떠오르는 태양, 비등점; 낙엽, 음주운전자;

⑤**기타** : 이전의; 손위의; 내부의; 외부의; 후반의; 상부의; 최고의; 잡다한; live concert

❷ 후위(後位)수식

①**대명사 수식** : 태양 아래 새로운 것은 없다.

②**외래어의 영향을 받은 경우**(불어나 라틴어의 영향) :
그는 한국의 풍물에 많은 관심을 나타내는 것 같다.
*God almighty 전지전능한 신; an heir apparent 추정상속인; things Korean 한국의 풍물 from time immemorial 태고적부터; sum total 합계; China proper 중국 본토;

③**부사가 형용사 기능을 할 때** :
이곳의 기후는 일본의 기후보다 더 온화하다.

④**서술적으로 쓰이는 형용사가 한정적으로 쓰일 때** :
그는 살아있는 사람의 얼굴처럼 보였다.

⑤**최상급, all, every로 수식되는 명사 다음에 -able, -ible로 끝나는 형용사** :
이용 가능한 정보를 최대한 이용했다.
나는 이 목적을 달성하기 위하여 가능한 모든 수단을 다 해보았다.

⑥**강조, 대조, 리듬 등을 표시하며, 형용사가 2개 이상 겹칠 때** :
나의 아내는 상냥하고, 검소하고, 가정을 사랑하는 여자다.

⑦**부대상황 (with + 목적어 + 형용사)** :
이 거리는 먼지가 많아서 눈을 뜬 채 걸을 수 없다.

⑧**분사의 동사적 성질이 강할 때** :
내 심장은 도망친 죄수의 심장처럼 뛰었다.

⑨**척도를 나타낼 때** :
그 어린애는 5살이다. 이 교실은 길이가 50m이다.

⑩**다른 부사어구와 결합 할 때** :
원숭이는 외모에 있어서 인간에 가장 가까운 동물이다.

❸ 전위수식과 후위수식에 따라 뜻이 달라지는 형용사

①**concerned : *걱정이 된**(worried); ***관계하고 있는, 해당의**(responsible)
걱정이 된 의사가 구급차를 불렀다. 담당 의사는 휴가 중이다.

②**opposite : *정반대의; *맞은편의**
그는 정반대 방향으로 걸어갔다.
줄은 꼬리에 꼬리를 물고 도로를 가로질러 맞은편의 공원까지 늘어서 있었다.

③**present : *현재의; *참석한**
그녀의 현재 행방은 아무도 모른다. whereabouts 있는 곳; 소재, 행방;
참석한 모든 사람들은 그 결정을 환영했다.

❹ 형용사 간의 어순

*한정사(전치 + 중심 + 후치) + 형용사(**SSCANOMA**) + 명사
S(size) S(shape)모양 C(color) A(age) N(new) O(old) M(material) A(attachment소속)
이 4명의 키 크고 친절하고 나이 든 미국인 여자들은 한국어를 말할 수 있다.
저 크고 희고 새롭고 목조로 된 집은 막 지어졌다.
저 3명의 키 크고 세련된 젊은 영국인 신사를 아느냐?

2 용법② : 서술적 용법

❶ 주격 보어(SC)

He remained **silent** to the last. This pheasant tastes **delicious**.

❷ 목적 보어(OC)

They ate the meat **raw**. Tom's snore kept me **awake**.

❸ 서술적으로만 쓰이는 형용사

①a~ The baby is fast **asleep**.
I am **afraid** of that monster of a dog.

②목적어 A bird in the hand is **worth** two in the bush.
She is **like** her father in many respects.

③기타 This ship is **bound** for Incheon.
All men are **liable** to make mistakes.
Are you **content** with your present salary?
This mask does not seem **proof** against the poisons.

❹ 한정적 용법과 서술적 용법에 따라 뜻이 다른 형용사

①He always gives us an **apt** example.
He is **apt** to forget his address.

②A **certain** lady came to see you during your absence.
It is **certain** that he will win the first prize.

③My wife will make a **fond** mother.
She is **fond** of making hot cakes.

④The **late** Kim was a bosom friend of my father's.
He was **late** for the first train.

⑤It is an **ill** wind that blows nobody good.
He has been **ill** in bed for five days.

⑥He is a relative of the **present** king.
He is unwilling to be **present** at his unbearably tedious lecture.

⑦He always makes a **ready** answer.
We are **ready** to die for the cause of freedom.

⑧He got burnt in the **right** hand.
Is it **right** for a scholar to turn politician.

2 용법② : 서술적 용법

❶ 주격 보어로 사용 :
그는 끝가지 침묵을 지켰다.
이 꿩고기는 맛이 좋다.

❷ 목적 보어로 사용 :
그들은 그 고기를 날 것으로 먹었다.
Tom의 코고는 소리는 나를 잠을 못 이루게 했다.

❸ 서술적으로만 쓰이는 형용사
①a-로 시작되는 형용사 : *afraid alert alone alive asleep averse aware
afraid두려워하는 alert방심 않는 asleep잠자고 있는 averse싫어하는 aware알고 있는
그 어린애는 깊이 잠들어있다.
나는 저 괴물 같은 개가 두렵다.
▶a-로 시작되는 형용사라도 부사에 의해서 수식을 받으면 전위수식이 가능함.
There is a half **asleep** baby. This is really **alive fish**.
▶a-로 시작되는 형용사라도 한정적으로 쓰이면 후위 수식이다.
관계대명사+be동사가 생략됨. He seemed to be the face of a man alive.
②목적어를 취하는 형용사 : worth like near opposite past
손 안에 있는 한 마리의 새는 숲속에 있는 두 마리의 새의 가치가 있다.
그녀는 많은 면에서 자기 아버지를 많이 닮았다.
③기타 : *bound content exempt fond liable loath prone proof unable well
bound~행; content만족하는; exempt면제된; fond좋아하는; liable~하기 쉬운;
loath싫어하는; prone~하기 쉬운; proof견디어내는; unable할 수 없는; well건강한
그 배는 인천행이다.
모든 사람은 잘못을 저지르기 쉽다.
당신은 현재의 급료에 만족하느냐?
이 마스크는 방독이 되지 못하는 것 같다.

❹ 한정적 용법과 서술적 용법에 따라 뜻이 달라지는 형용사
①그는 항상 우리에게 적절한 예를 든다. **apt** *적절한 (=appropriate)
그는 자기의 주소를 잘 잊어버린다. is **apt** to; *~하는 경향이 있는(=prone)
②어떤 부인이 당신의 부재중에 당신을 만나려 왔다. ***certain** 어떤
그가 일등상을 타리라는 것은 확실하다. ***certain** 확실한
③내 아내는 다정한 엄마가 될 것이다. ***fond** 다정한, 애정 있는 (=loving)
그녀는 핫케이크를 만들기를 좋아한다. be **fond** of; *좋아하다.
④고 김씨는 나의 아버지가 흉금을 털어놓는 친구다. late *죽은; 故
그는 첫 열차에 늦었다. was **late** for *~에 늦은
⑤(속담) 아무에게도 이롭지 않은 바람은 불지 않는다, '갑의 손해는 을의 득'. *나쁜(bad)
그는 사흘 동안 아파서 누워 있다. *아픈 (sick)
⑥그는 현재 왕의 친척이다. **present** *현재의; *참석한
그는 마지못해 견딜 수 없을 정도로 지루한 강의에 마지못해 참석한다.
⑦그는 항상 준비된 대답을 한다. **ready** *준비된; *기꺼이 ~하는
우리는 자유라는 대의를 위해서 기꺼이 죽을 준비가 돼 있다.
⑧그는 오른 손에 화상을 입었다. **right** *오른쪽의; *올바른
학자가 정치가가 되는 것이 옳으냐?
⑨Don't make a **sorry** excuse for your conduct.
I am **sorry** to hear of your father's death.
너의 행동에 대하여 서투른 변명을 말아라. **sorry** *한심한, 서투른; *유감스러운
너의 아버지의 죽음에 관한 소식을 들으니 정말 유감이다.

2 용법③ : 특수 용법

❶ 명사 용법

1. The +형용사

①복수 보통명사

ⓐthe+형용사 **The rich** are not always happier than **the poor**.
The valiant never taste of death but once.

ⓑthe+현재분사 **The living** have less to say than the dead.
The field was covered with the wounded and **the dying**.

ⓒthe+과거분사 **The learned** are apt to despise the ignorant.
The wounded were carried to the hospital.

②단수 보통명사

Talk of **the absent** and he will appear.

The weakest goes to the wall.

The accused was sentenced to death.

The deceased has made a will.

③추상명사

The true, **the good**, and **the beautiful** were the ideals of the Greeks.

He has an eye for **the beautiful** but has no sense of **the humorous**.

The unknown was always mysterious and attractive.

2. 무관사+형용사

①Both **young and old** enjoyed themselves at the party.

High and low alike have the right to enjoy their lives.

②She is now **as** happy **as** (happy) **can be**.

He is now **as** proud **as** (proud) **can be**.

❷ 부사 용법

①형용사+형용사

I am **real** sorry that I cannot accept your kind invitation.

He had so often sunk down on the chair **dead** tired after hunting.

②형용사(fine good lovely nice queer rare) + and + 형용사

The day bids fair to stay **fine and** sunny for the time being.

She was **good and** happy to find her son safe and sound.

I was **rare and** thirsty after playing basketball.

2 용법③ : 특수 용법

❶ 명사 용법

1. the + 형용사 (분사)
①**복수 보통명사** : *사람의 성질(character)이나 상태(condition)를 나타내는 형용사.
ⓐ**the + 형용사** :
*blind brave dead deaf dumb elderly friendly guilty healthy hungry homeless ignorant ill innocent old poor rich sick young
*blind맹인; dumb벙어리; elderly나이든 사람; guilty범인; friendly친한 사람; homeless집 없는 사람; ignorant무지한 사람; innocent죄 없는 사람;
부자들이라고 해서 가난한 사람보다 반드시 더 행복한 것은 아니다.
용감한 사람은 한번 외는 결코 죽음을 맛보지 않는다.
ⓑ**the + 현재분사** : *dying; living; missing 행방불명자들
산 자는 죽은 자보다 할 말이 적다.
전장은 부상당한 사람과 죽어가는 사람들로 가득 차있었다
ⓒ**the + 과거분사** :
*aged handicapped learned unemployed vanquished wounded wicked
*aged 나이든 사람; learned 학식 있는 사람; betrothed 약혼자; unemployed 실업자; vanquished 피정복자; wounded 부상자; wicked 사악한 사람;
학식 있는 사람들은 무식한 사람들을 경멸하기 쉽다.
부상당한 사람들이 병원으로 옮겨졌다.
②**단수 보통명사** :
*absent결석자; accused피고; betrothed약혼자; deceased고인; departed고인; weak약자;
불참한 사람 이야기하면 나타나는 법이다.
약자는 진다.
피고는 사형선고를 받았다.
고인은 유언장을 작성했다.
③**추상명사** :
진, 선, 미는 그리스인들의 이상이었다.
그는 미에 대한 눈은 있으나 유머감은 없다.
미지의 것은 항상 신비하고 매력적이다.

2. **무관사 + 형용사** :
①對句(대구) :
젊은이와 늙은이 모두 파티에서 즐겼다.
신분이 높든 신분이 낮든 모두 자신의 생을 즐길 권리가 있다.
②as~as can be : 더할 나위 없이
그녀는 더할 나위 없이 행복하다.
그는 매우 거만하다. (뻐긴다)

❷ 부사 용법

①형용사+형용사 : *앞의 형용사가 뒤의 형용사를 수식하는 경우며 very, quite의 뜻이다.
너의 친절한 초대를 받아들일 수 없어서 정말 미안하다.
그는 사냥 후에 너무 피곤해서 종종 의자 위에 털썩 주저앉는다.
②**fine/good/lovely/nice/queer/rare + and** + 형용사 =very + 형용사
날씨는 당분간 매우 해 빛이 쨍쨍 내려 쪼일 것 같다. bids fair ~할 것 같다.
자기 아들이 무사하다는 것을 알고 몹시 기뻤다. safe and sound 무사한
농구 후에 나는 매우 갈증이 났다. rare and =very

3 형용사 문형

❶ 문형 Ⅰ : It is + 형용사 + that + S_1+V_1

①'S_1+be+형용사+to 동사' 구문이 가능한 경우

It is certain that he is honest. =He is certain to be honest.

It is lucky that you are alive after being in accident.

②'S_1+be+형용사+to 동사' 구문이 불가능한 경우

It is fortunate that the sale of the book is on the increase.

It was evident that you went there.

❷ 문형 Ⅱ : It is + 형용사 + for ~ to

①that절 구문이 가능한 경우

It is natural for him to be indignant.

=It is natural that he should be indignant.

②that절 구문이 불가능한 경우

It is impossible for me to persuade her.

It is pleasant for me to talk with a beautiful young girl like you.

❸ 문형 Ⅲ : It is + 형용사 + of ~ to

It is very kind of you to show me the way to the station.

It is very foolish of her to commit such an error.

❹ 문형 Ⅳ : S + be + 형용사 + 절

I am sure that he will succeed.

I am not certain whether I ought to accept the offer.

❺ 문형 Ⅴ : S + be + 형용사 + 전치사

①at clever good present

②about anxious careful curious particular

③for anxious available bound famous fit good impatient liable

④from absent different free tired

⑤in absorbed deficient excellent interested lacking rich wanting

⑥of afraid ambitious appreciative ashamed aware capable careful

⑦on bent dependent great hard keen

⑧to accessible alive awake beneficial blind close contrary dead

⑨with alive angry busy consistent content cross crowded familiar

3 형용사 문형

❶ 문형 Ⅰ : It is +형용사 + that + S_1+V_1

①'S_1+be+형용사+to 동사' 구문이 가능한 경우 : *certain likely lucky

②'S_1+be+형용사+to 동사' 구문이 불가능한 경우 :

*apparent clear evident fortunate obvious plain possible probable true

❷ 문형 Ⅱ : It is + 형용사 + for ~ to

①that절 구문이 가능한 경우 :

*desirable essential important natural necessary

②that절 구문이 불가능한 경우 :

*difficult(=hard=tough) dangerous easy convenient편리한 impossible pleasant regrettable유감스러운 useless소용없는 usual보통의

❸ 문형 Ⅲ : It is + 형용사 + of ~ to

*absurd bold대담한 brave용감한 careful careless clever considerate사려깊은 courageous용기있는 cruel decent관대한 dull foolish good generous관대한 honest impudent뻔뻔한 kind(= nice) naughty버릇없는 polite rude selfish silly sensible양식있는 stupid thoughtful사려깊은 wicked사악한 wise wrong

❹ 문형 Ⅳ : S + be + 형용사 + 절 *'be 형용사+전치사'에서 전치사가 생략됨.

*afraid anxious aware careful certain confident conscious convinced desirous eager fearful glad happy hopeful ignorant proud sad sure

❺ 문형 Ⅴ : S + be + 형용사 + 전치사

①**at** : clever영리한 good익숙한 present참석한

②**about** : anxious걱정하는 careful curious호기심 많은 particular까다로운

③**for** : anxious갈망하는 available bound~행의 famous fit good impatient성급한 liable책임 있는 noted유명한 responsible sorry유감스러운 suitable적당한

④**from** : absent different free tired

⑤**in** : absorbed몰두한 deficient부족한 excellent interested lacking rich wanting

⑥**of** : afraid ambitious appreciative감사하는 ashamed aware capable careful; careless cautious조심하는 certain characteristic특징적인 conscious의식하는 convinced확신하는 desirous envious부러워하는 fearful fond full guilty유죄의 hard ignorant모르는 impatient incapable independent innocent jealous부러워하는 patient참을성 있는 proud quick reckless무모한 respectful존경하는 short sick sure tired true wasteful weary지친 worthy가치 있는

⑦**on** : bent열중하는 dependent great열중하는 hard심하게 구는 keen~에 열심인

⑧**to** : accessible alive민감한 awake beneficial유익한 blind contrary deaf무관심한 due~할 예정인 equal equivalent동등한 essential faithful familiar친숙한 grateful~에 감사하는 harmful hopeful hostile적대적인 indifferent무관심한 indispensable필수불가결한 known necessary next opposite peculiar독특한 sensitive민감한 similar subject~해야 하는 welcome환영하는

⑨**with** : alive풍부한 angry busy consistent~에 일치하는 content~에 만족하는 crowded번잡한 familiar친숙한 frank솔직한 wrong

4 주의할 형용사①

①Fresh air and good food are **beneficial** to health.
He is very **benevolent** to the poor.

②The brain needs a **continuous** supply of blood.
He hates these **continual** arguments with his wife.

③French is the language **comparable** to English in its distribution.
He lives in a palace of a house in **comparative** comfort.

④The rise in prices **consequent** on the failure of crops is serious.
He is looked upon as a **consequential** man in his village.

⑤He made a **creditable** effort to establish a world peace.
It seems hardly **credible** that he has grown so tall in a year.
This gimmick will convince none but the most **credulous**.

⑥The typhoon did **considerable** damage to the crops.
It is very **considerate** of you to buy this for me.

⑦It is most **desirable** that he should attend the conference.
She has always been **desirous** of fame.

⑧She thought of herself as an **economical** wife.
We have many **economic** problems to solve in time.

⑨Tobacco is **dutiable** in most countries.
He is not so **dutiful** to his parents as he ought to be.

⑩What's your **favorite** Korean dish?
We found that most people were **favorable** to the idea.

⑪He gave me a **graceful** letter of thanks.
She was **gracious** enough to show us around her home.

⑫Oatmeal is very **healthful** food.
The society in pursuit of those ends will be **healthy**.

⑬Lincoln made a **historic** speech at Gettysburg.
We can enjoy many **historical** dramas on TV.

⑭Modern society must reduce **industrial** pollution.
He was so **industrious** that he worked from dawn to dark.

⑮We had the greatest difficulty **imaginable** getting here in time.
My little daughter has an **imaginary** friend.

4 주의할 형용사①

①benefit : **beneficial** 유익한; **benevolent** 자비로운
신선한 공기와 좋은 음식은 건강에 유익하다
그는 가난한 사람들에게 매우 자비롭다.

②continue : **continuous** 계속적인; **continual** 단속적인
뇌는 혈액의 계속적인 공급을 필요로 한다.
그는 간헐적인 이와 같은 논쟁을 싫어한다.

③compare : **comparable** 필적하는; **comparative** 비교적
불어는 분포에 있어서 영어에 필적하는 언어다.
그는 대궐 같은 집에서 비교적 안락하게 산다.

④consequence : **consequent** 결과의; **consequential** 중요한
흉작에 따른 가격 상승은 심각하다.
그는 자기의 마을에서 중요한 사람으로 여겨진다.

⑤credit : **creditable** 명예로운; **credible** 믿을 수 있는; **credulous** 쉽게 믿는
그는 세계 평화를 확립하려는 명예로운 노력을 했다.
그가 1년 동안에 자란 것은 거의 믿을 수 없는 것 같다.
이런 속임수는 잘 속는 사람 외는 아무도 납득시키지 못할 것이다.

⑥consider : **considerable** 상당한; **considerate** 이해심 있는
그 태풍은 농작물에 상당한 피해를 주었다.
나에게 이것을 사 주다니 정말 이해심이 많군요.

⑦desire : **desirable** 바람직스러운; **desirous** 갈망하는
그가 회의에 참석하는 것은 아주 바람직스럽다.
그녀는 항상 명예를 갈망한다.

⑧economy : **economical** 절약적인; **economic** 경제적인
그녀는 자신을 근검절약하는 아내로 여긴다.
제 때 해결해야 할 많은 경제적인 문제를 가지고 있다.

⑨duty : **dutiable** 세금이 붙는; **dutiful** 의무를 다하는
담배는 대부분의 나라에서는 세금이 붙는다.
그는 당연히 해야 하는 만큼 자기 부모에게 의무를 다하지 못한다.

⑩favor : **favorite** 가장 좋아하는; **favorable** 호의적인
네가 가장 좋아하는 한국 음식은 무엇이냐?
우리들은 대부분의 사람들이 그 아이디어에 호의적이다. 라는 것을 알았다.

⑪grace : **graceful** 품위 있는; **gracious** 친절한;
그는 나에게 품위 있는 한 통의 편지를 보냈다.
그녀는 친절하게 우리를 그녀의 집으로 안내했다.

⑫health : **healthful** 건강에 유익한; **healthy**. 건강한
귀리는 건강에 유익한 음식이다.
그러한 목적을 추구하는 사회는 건강해질 것이다.

⑬history : **historic** 역사적으로 유명한; **historical** 역사에 관련된
Lincoln은 게티스버그에서 역사적으로 유명한 연설을 했다.
우리는 TV에서 많은 역사에 관련된 드라마를 본다.

⑭industry : **Industrial** 산업상의; **industrious** 근면한·
현대 사회는 산업상의 공해를 줄여야 한다.
그는 아주 근면해서 새벽부터 저녁까지 일했다.

⑮imagine : **imaginable** 상상할 수 있는; **imaginary** 상상의; **imaginative** 상상력이 풍부한
여기에 제 시간에 도착하는데 상상할 수 있는 많은 어려움을 겪었다.
나의 어린 딸은 상상력이 풍부한 친구가 있다.
He is an imaginative poet. 그는 상상력이 풍부한 시인이다.

4 주의할 형용사②

⑯Politics are always **interesting** topic of conversation.
I am not really **interested** in sports.
⑰This book is **intelligible** to the initiated.
All human beings are more **intelligent** than animals.
⑱He is a remarkably **literate** youth.
A **literal** translation is not the closest to the original meaning.
He is a **literary** man.
⑲They are staying at a **luxurious** hotel.
The **luxuriant** vegetation of the tropics is fresh to look at.
⑳We should not cling to our **momentary** reputation.
The solution of the problem is **momentous** to our economy.
㉑A **memorial** service was held in memory of the poet.
It is **memorable** for its strange colors.
㉒The damage to my car is **negligible**.
He is **neglectful** of his safety. He is **negligent** of his duties.
㉓Is it **practicable** to try to grow in desert?
He has acquired a **practical** knowledge of English?
㉔We should be **respectful** to our seniors.
It is not considered **respectable** in this country to spit in public.
The men were given work according to their **respective** abilities.
㉕Your choice of friends is most **regretable**.
He is **regretful** for what he has done.
㉖A **sensitive** skin is easily hurt by too much sunshine.
You shouldn't be indulged in the **sensual** pleasures.
It was **sensible** of her to follow his advice.
He has studied the various functions of the **sensory** organs.
The artist is indulged in the **sensuous** joy of art.
㉗Her ability makes her **successful** in everything he does.
It has rained for five **successive** days.
㉘More and more people are moving to **urban** areas.
David was the most **urbane** correspondent.

4 주의할 형용사②

⑯interest : **interesting** 흥미를 일으키는; **interested** 흥미 있는
정강은 언제나 흥미를 일으키는 대화의 주제다.
나는 스포츠에 별로 흥미가 없다.
⑰intelligence : **intelligible** 이해할 수 있는; **intelligent** 지능이 있는
이 책은 초보자도 이해할 수 있다.
모든 인간은 동물보다 지적이다.(이해력이 있다)
⑱literary : **literate** 학식 있는; **literal** 글자 그대로의; **literary**문학의
그는 대단히 학식 있는 젊은이다.
글자그대로의 번역이 반드시 원문의 의미에 제일 가까운 것만은 아니다.
그는 문학도다.
⑲luxury : **luxurious** 사치스러운; **luxuriant** 잎이 무성한
그들은 사치스러운 호텔에 머물고 있다.
열대지방의 잎이 무성한 식물은 보기에 상쾌하다.
⑳moment : **momentary** 순간적인; **momentous** 중요한
순간적인 명성에 집착해서는 안 된다.
그 문제를 해결하는 것이 우리 경제에 중요하다.
㉑memory : **memorial** 기념의; **memorable** 기억할 만한
그 시인을 기념해서 기념 예배가 이루어졌다.
그것은 그 색깔 때문에 기억할 만하다.
㉒neglect : **negligible** 무시해도 좋은; **neglectful** 무관심한; **negligent** 소홀히 하는
그 손해는 무시해도 좋을 정도다.
그는 자기의 안전에 무관심하다.
그는 자기의 의무를 소홀히 한다.
㉓practice : **practicable** 실행할 수 있는; **practical** 실제적인
사막에서 재배하려고 하는 것이 실행가능한가?
그는 실제적인 영어지식을 습득했다.
㉔respect : **respectful** 존경하는; **respectable** 존경할 만한; **respective** 각자의
우리는 연장자를 존경해야 한다. 존경하는
여러 사람 앞에서 침을 뱉는 것은 모양새가 안 좋은 것으로 여겨진다.
그 사람들은 각자 능력에 따라 일을 부여 받았다.
㉕regret : **regretable**. 유감스러운; **regretful** 후회하는
네가 친구를 선택한 것은 아주 유감스럽다.
그는 자기가 한 것에 대하여 후회하고 있다.
㉖sense : **sensitive** 민감한; **sensual** 육욕적인; **sensible** 지각 있는;
sensory 감각기관; **sensuous** 심미적인
민감한 피부는 지나친 햇빛에 쉽게 손상된다.
육욕적인 쾌락에 탐닉하지 마라.
그녀가 그의 충고를 따른 것은 지각 있다.
그는 감각기관의 다양한 기능을 연구해 왔다.
예술가는 예술의 심미적인 즐거움에 빠져들었다.
㉗success : **successful** 성공의; **successive** 연속적인
그녀의 능력은 그녀가 하는 모든 것에서 그녀를 성공하게 만든다.
5일 연속해서 비가 왔다.
㉘urban : **urban** 도시의; **urbane** 세련된
점점 더 많은 사람들이 도시지역으로 옮겨가고 있다.
David는 가장 세련된 통신원이었다.

어법 문제 ①

❶ 다음 (   ) 안에 주어진 철자로 시작되는 알맞은 형용사를 넣어라.
1. None can be (f   ) from faults.
2. Your statement is very (w   ) of the mark.
3. He always turn a (d   ) ear to my advice.
4. Your work fell (s   ) of my expectation.
5. Anxiety kept her (a   ) all night.

❷ 다음 영문의 (   )에 주어진 단어들을 옳게 나열하라.
1. The woman (a dress dressed in long party silk) is my aunt.
2. The book (bound with, beautiful, leather, red) covers is on 'Love'.
3. He was aboard during (first the two troublesome) weeks of April.
4. If you turn to the right, you'll find (big stone two the white) house.
5. The speaker told (all men present the white) at the meeting.

❸ 주어진 단어를 맞게 고치시오.
1. The rich (be) not always happier than the poor.
2. The learned (be) apt to despise the ignorant.
3. The unemployed (be) losing hope.
4. Th beautiful (be) not always the same as the good.
5. The visually handicapped (be) demonstrating in front of the City Hall.

❹ 주어진 단어를 맞게 고치시오.
1. You have to speak a little louder. Evans is (hard, lost) of hearing.
2. My son is very handsome and (high, tall).
3. The price of the book is very (expensive, low).
4. The typhoon did a (considerate, considerable) damage to the crops.
5. Sunshine is (beneficial, beneficent) to plants.
6. It is very (considerate, considerable) of him to help me in need.
7. We have many (economic, economical) problem to solve in time.
8. He writes in the most careless way (imaginary, imaginable).
9. My mother is very (sensible, sensitive, sensual) to a cold.
10. It has rained for five (successful, successive) days.
11. The problem is very (momentous, momentary) to our economy.
12. My son is (like, similar) his mother in many respects.
13. They were given according to their (respectable, respective) abilities.
14. Oatmeal is a very (healthy, healthful, sound) food.
15. Modern society must reduce (industrial, industrious) pollution.

해답

❶ 1.far 2.wide 3.deaf 4.short 5.awake
❷ 1.dressed in long silk dress in a party 2.bound with beautiful red leather 3.the first two troublesome 4.the two big white stone 5.all the white men present
❸ 1.read 2.are 3.are 4.is 5.are
❹ 1.hard 2.tall; 3.low 4.considerable 5.beneficial 7.economic 8.imaginable 9.sensitive 10.successive 11.momentous 12.like 13.respective 14.healthful 15.industrial

어법 문제 ②

◆ 밑줄 친 곳에 알맞은 것은?

1. Those girls are identical twins, aren't they?
Yes, they look exactly __________ .
① same ② same ones ③ like ④ alike ⑤ similarly

2. You've made a very _________ decision. Any reasonable person would have done the same thing.
① sensitive ② sensible ③ sensed ④ sentimental ⑤ sensational

3. Every nation in Asia is very ________ to the expansion of communist China's influence.
① sensible ② sensitive ③ sensational ④ sensual ⑤ sensed

4. It was nearly stony broke then; I had to keep body and soul together somehow with the greatest difficulty _________ .
① imaginary ② imagery ③ imaginable ④ imaginative ⑤ imagining

5. General elections are ______ affair; they are held every two years.
① a semiannual ② a biennial ③ biannual ④ an annual ⑤ a yearly

6. Shakespeare's ________ motive in Hamlet was to criticize the moral climate of his own times.
① ulterior ② underlying ③ understanding ④ uninterested

7. When he became Prime Minister in 1940, Churchill made an __ speech.
① historical ② historic ③ history ④ historian ⑤ historied

8. My mother is so _______ that she believes everything she is told.
① credulous ② reliable ③ believable ④ creditable ⑤ credible

9. What is your nationality? I am _________.
① The Korean ② Korean ③ Korea ④ a Korea ⑤ Koreans

해답

1. ④; 오감동사(look, sound, smell, taste, feel)는 to be 없는 형용사를 보어로 취한다.
alike는 서술적으로 쓰이는 형용사다. like는 목적어가 와야 한다.
2. ②; 문맥상 '사려 깊은, 현명한'의 뜻인 sensible이 맞다
3. ②; 문맥상 '민감한'의 뜻이므로 sensitive이다 (be sensitive to)
4. ③; 문맥상 '상상할 수 있는'의 imaginable이 옳다. imaginary number 허수($i=\sqrt{-1}$)
5. ③; ①반년마다의 ②2년마다의 ③1년에 두 번의 ④일 년마다의 ⑤매년의
6. ①; an ulterior motive : 숨은 동기, 저의
7. ②; '역사적으로 유명한'의 의미인 historic; ④historian 역사가; ⑤역사를 가진; 유서 깊은;
8. ①; credulous 쉽사리 믿는, 속기 쉬운;
9. ②; 국적을 나타낼 때는 형용사로 표시한다.

어법 문제 ③

1. 다음 문장 중 어법상 올바른 것은?
① I will be convenient next Sunday.
② I am pleasant at the news.
③ He is hard to please.
④ She is impossible to solve the problem.
⑤ Your both hands are dirty.

2. 밑줄 친 단어의 뜻과 같이 사용된 것은?
Aluminium is a light substance.
① I'm not hungry. I'll have a light meal.
② I like light color.
③ Let's go home while it is light.
④ He read the letter by the light of the candle.
⑤ I'm going to buy a light overcoat.

3. 틀린 문장을 골라라.
① She lives in comparative comfort.
② The typhoon did considerable damage to the crops.
③ Oatmeal is very healthy food.
④ It has rained for five successive days.
⑤ My father was industrious farmer who worked from dawn to dark.

◆ 밑줄 친 곳에 알맞은 것을 골라라. (4-6)

4. They caught a tiger ______ .
① living ② alive ③ livelihood
④ aliving ⑤ to live

5. The man was always _______ to older people.
① respected ② respectable ③ respecting
④ respective ⑤ respectful

6. It was very _______ of him to have followed my advice.
① sensitive ② sensible ③ sensuous
④ sensational ⑤ sensual

해답

1. ③; It is hard to please him.; ①It will be convenient to me; ②pleasant-pleased; ④; It is impossible for her; ⑤Both your
2. ⑤; 가벼운; ①담백한; ②밝은; ③밝은; ④빛;
3. ③; healthy(건강한)-healthful(건강에 유익한)
4. ②; 목적보어로 사용될 수 있는 형용사;
5. ⑤; ①훌륭한, 높이 평가되는; ②존경할 만한; ③~에 관하여; ④각자의; ⑤공손한, 예의바른
6. ②; ①민감한; ②지각하고 있는; ③감각적인; ④물의를 일으키는; ⑤육감적인

어법 문제 ④

◆ 문법적으로 옳은 문장을 골라라.

1. ① How sweetly this new rose smells!
② To my relief, I found them both asleep.
③ I hired all the diligent four workmen.
④ Your both the hands are dirty. Wash them at once.
⑤ I'm glad you have made not a few mistakes in your composition.

2. ① You should have respectable towards your teachers.
② The country has only three millions people.
③ They are all empty, I am afraid.
④ There are seldom, if any, people believe it.
⑤ It was too good chance to be lost.

3. ① I was not little surprised at the news of the assassination.
② I am absolutely incapable to tell such a downright lie.
③ New Zealand has only three millions population.
④ Tens of thousands of soldiers are likely to be killed and wounded in cruel battles.
⑤ It is good of you to help her learn English.

4. ① Let's side with the intelligent few rather than with the ignorant many.
② However rich man he is, he is not able.
③ I haven't much money in my purse! I have not a few dollars.
④ Numbers that can be divided by two are even called numbers.
⑤ Six months is so short a time to master a foreign language.

5. ① It may sound strangely.
② He is a boy clear, honest and kind.
③ I am necessary to do the work.
④ He was a very industrial armer.
⑤ Look at two those red roses.

해답

1. ②; ①sweetly→sweet(오감 동사→형용사) ②them both=both of them
③all the diligent four→all(전치) the(중심) four(후치) diligent
④your both the hands→both(전치) your(중심) hands
your와 the는 둘 다 중심한정사이어서 같이 쓸 수 없다.
⑤문맥상 '실수가 거의 없다'는 의미이어야 하므로 not a를 없애야한다.
2. ③; ①respectable→respectful ②millions→million ③all are→are all
④seldom→few ⑤too good chance→too good a chance
3. ⑤; ①not little→not a little ②to tell→of telling, be incapable of ~ing
③millions→million(수사 다음에 명사가 바로 오면 단수형이다)
④tens of thousands of soldiers (수만 명의 군인들) ⑤so→such
4. ①; ②man→a man ③not a few→few ④even called→called even ⑤so→too
5. ②; ①strangely-strange; ③It is necessary for me to do; ④industrious; ⑤those two

어법 문제 ⑤

◆ **Choose the one which is grammatically wrong.**

1. Situated(①) in he heart of grain-farming and livestock-raising(②), Abilone, Kansas, is a prosperous(④) trading and distribute(④) center.

2. The common(①) field(②) mouse is about four inches long(③) and has a three-inches(④) tail.

3. In adolescence(①), a young person may experience some stress emotional(②) due to(③) conflicting and confusing(④) social demands.

4. Perspiration, the body's built-in cooling(①) mechanism(②), occurs as natural(③) reaction to nervousness, intense heat or vigorously(④) exercise.

5. In the United States, the individual(①) income tax is the governmental(②) largest source(③) of revenue(④).

6. The geographical distribution of animals, alike(①) that of(②) plants, is(③) dependent on both(④) climatic and historical factors.

7. Some(①) antibiotics used in(②) the treatment of human disease are like(③) only in that they are obtained(④) from fungi and bacteria.

해답

1. ④; center를 수식하는 형용사가 되어야한다. distribute→distributing.
2. ④; '수사+명사'가 형용사 역할을 하는 경우에 명사는 단수 형태이어야 한다.
3. ②; 형용사가 단독으로 명사를 수식하는 경우는 전위 수식이 원칙이다.
4. ④; 문맥상 exercise가 명사이므로 그 앞에는 형용사가 와야 한다.
5. ②; 형용사간의 어순은 SSCANOMA이다. largest(size)+governmental(attachment).
6. ①; 목적어(that)를 취할 수 있는 형용사는 like, worth, near, opposite 등이다.
7. ③; 문맥상 '유사한'의 의미이고 be동사(are)의 보어이므로 like를 alike로 고친다.

어법 문제 ⑥

❶ 다음 글에서 밑줄 친 부분 중 어법상 틀린 것은?
Falling in love is ① alike being wrapped in magical cloud. The air feels fresher, the flowers smell sweater, food tastes more delicious, and the stars shine more ② brilliantly in the night sky. You feel light and happy ③ as though you are sailing through life. Your problems and challenges suddenly seem ④ insignificant. Your body feels alive, and you jump out of bed each morning ⑤ with a smile on your face. You are in a state os supreme delight.

❷ 밑줄 친 (A) (B) (C)에서 문맥에 가장 맞게 짝지은 것을 고르시오.
Like all other industries, the rose business must (A) adopt / adapt to changing conditions in the marketplace. In the past, a flower shop was most likely a local, independently owned business that bought roses from a wholesaler who purchased them from a farmer. On special days like Valentine's Day, the cost of a dozen roses rose twofold or more as a result of high (B) supply / demand today, suppliers of roses include large supermarket chains, wholesalers who sell directly at many locations, and direct telephone marketers. The romance of roses has been replaced by (C) economic / economics realities.

	(A)	(B)	(C)
①	adopt	supply	economic
②	adopt	demand	economics
③	adopt	supply	economics
④	adapt	demand	economic
⑤	adapt	supply	economic

❸ 밑줄 친 것 중에서 어법에 맞는 표현을 골라 짝지은 것으로 가장 적절한 것은?
New York also has many people with very (A) few/ little money. A lot of homeless people live in the streets. They often sleep in the subway and train stations. The poor often (B) don't/ doesn't have enough food and clothing. Newcomers to New York are often (C) surprising/ surprised to see so many very rich people and so many very poor people.

	(A)	(B)	(C)
①	few	don't	surprised
②	few	doesn't	surprising
③	little	don't	surprised
④	little	doesn't	surprising
⑤	little	doesn't	surprised

해답

❶ ①; alike는 쓰이는 형용사로서 like와 달리 목적어를 취할 수 없다. alike를 like로 고친다.
❷ ④; (A)adapt(적응하다) to 동명사; (B)내용상 수요이어야 하므로 demand; (C)realities를 수식하는 형용사가 와야 하므로 economic이어야 한다.
❸ ③; (A)little (B)the poor는 복수 취급, don't; (C)주어가 Newcomers이므로 surprised.

영작 문제

❶ Put the following into English.
1. 날씨가 너무 좋아서 나는 집에 있을 수가 없었다.
2. "침묵은 금이다"는 말은 속담이다.
3. 그리스 문명은 유럽 전역으로 보급되었다.
4. 우리는 건너 편 둑까지 강을 걸어서 건너가야 했다.
5. 그는 자기의 목적을 달성하기 위하여 가능한 모든 수단을 시도했다.
6. 나는 저 괴물 같은 개를 몹시 두려워한다.
7. 내 시계는 방수가 된다.
8. 우리들은 자유를 위하여 기꺼이 죽을 준비가 되었다.
9. 모든 사람들은 잘못을 저지르기 쉽다.
10. 내 아들은 많은 점에서 자기의 엄마를 닮았다.

❷ Put the following into English.
11. 학식이 있는 사람들은 무지한 사람들을 무시하기 쉽다.
12. 그녀는 자기의 아들이 무사히 돌아온 것을 알고는 매우 기뻤다.
13. 신분이 높든 신분이 낮든 모두 자신의 생을 즐길 권리가 있다.
14. 그녀가 그런 잘못을 저지르는 것은 매우 어리석다.
15. 그 태풍은 농작물에 상당한 피해를 주었다.
16. 그는 아주 근면해서 새벽부터 저녁까지 일했다.
17. Lincoln은 게티스버그에서 역사적으로 유명한 연설을 했다.
18. 그 시인을 기념해서 기념 예배가 이루어졌다.
19. 민감한 피부는 지나친 햇빛에 쉽게 손상된다.
20. 연속 사흘 동안 비가 내렸다.

해답

❶
1. It was so nice that I couldn't stay at home.
2. "Silence is golden" is a saying.
3. The Greek civilization was propagated all over Europe.
4. We had to wade through the river to the opposite bank.
5. He tried every means possible to achieve his goal.
6. I am much afraid of that monster of a dog.
7. My watch is proof against water. My watch is waterproof.
8. We are ready to die for the cause of freedom.
9. All men are liable to make mistakes.
10. My son is like his mother in many respects.

❷
11. The learned are apt to despise the ignorant.
12. She was good and happy to find her son safe and sound.
13. High and low alike have the right to enjoy their lives.
14. It is very foolish of her to commit such an error.
15. The typhoon did considerable damage to the crops.
16. He was so industrious that he worked from dawn to dark.
17. Lincoln made a historic speech at Gettysburg.
18. A memorial service was held in memory of the poet.
19. A sensitive skin is easily hurt by too much sunshine.
20. It has rained for three successive days.

8장 부사

1 형성

1. 본래 부사
2. 파생 부사
3. 불변화 부사
4. 속격 부사
5. 대격 부사
6. 동형 부사
7. 이중 부사

2 종류

1. 시간 부사
2. 장소 부사
3. 빈도 부사
4. 정도 부사
5. 양태 부사
6. 초점 부사
7. 접속 부사

3 기능

1. 수식 기능

① 부사, 부사구, 부사적 수식
② 형용사 수식
③ 동사 수식
④ 문장 전체 수식

2. 형용사 기능

4 어순

1. 같은 종류의 부사간의 어순
2. 다른 종류의 부사간의 어순

1 부사의 형성

❶ 본래 부사
here there quite soon still very perhaps too not

❷ 파생 부사
kindly wisely easily nobly solely truly economically

❸ 동형 부사

Dead men tell no tales. He was **dead** tired at that time.

I have **enough** money to buy. He is old **enough** to go to school.

❹ 이중 부사

I am working too **hard** this year. I **hardly** ever go to the theater.

The bus arrived 5 minutes **late**. I've been to the theater **lately**.

❺ 속격 부사

①-s 형태 always backwards besides nights nowadays sometimes

②of 형태 of course; of late; of necessity; of a sudden; of a Sunday

❻ 대격 부사 : 한정사와 결합

①시간 **Some day** my dream will come true. **What time** do you get up?

②공간 She lives **next door** to me. She lives **a long way** from Seoul.

③양태 He always travel **third class**. He is **every inch** a gentleman.

④방향 Come **this way**. One sheep goes **the wrong way**.

⑤척도 This boat is **five feet** wide. His house is **seven miles** away.

⑥정도 It is **a little** cold today. I couldn't sleep **a wink** last night.

❼ 불변화 부사

1. 전치사로도 사용 about above along below down in off on over up
2. 불변화 부사로만 사용 away back backwards downwards forwards
3. 전치사와 불변화부사와의 구별

①Look at the girl!(0) Look the girl at! (×)

Put on your coat.(0) Put your coat on.(0) Put it on.(0) Put on it.(×)

②What are you looking for? =For what are you looking? (0)

Who called the party off? ≠Off who called the party? (×)

③Who will **look after** the children if their mother is in hospital?

I'll have to **put off** going till next month.

1 부사의 형성

❶ 본래(本來) 부사 : here there quite soon still very perhaps too not

❷ 파생(派生) 부사 : *형용사+ly

kindly wisely easily nobly solely truly economically publicly

❸ 동형(同形) 부사 : *형용사와 같은 형태로 문맥에 따라 형용사, 부사 역할을 하는 부사

*dead early enough farther last half little long right sharp still well

dead죽은/아주; early이른/일찍이; enough충분한/충분히; farther더 먼/더 멀리;
last마지막의/마지막으로; half절반의/절반으로; little작은/거의~않다; long긴/길게
right옳은/올바르게; sharp날카로운/날카롭게; still잔잔한/여전히; well건강한/잘;

죽은 사람은 말이 없다. 그는 그 당시 몹시 피곤했다.

살 충분한 돈이 있다. 학교에 갈만큼 충분히 나이가 되었다.

*I want to have a **collect** call. 수신자 부담 전화를 하고 싶습니다.

*I want to send this call **collect**. 이 전화를 수신자 부담으로 하고 싶습니다.

❹ 이중(二重) 부사 : *부사의 형태가 형용사와 같은 경우와 '형용사+ly' 의 부사

나는 금년에 매우 열심히 일하고 있다. 나는 극장에 거의 가지 않는다.

그 버스는 5분 늦게 도착했다. 나는 최근에 영화 보러 갔다 왔다.

❺ 속격(屬格) 부사 : *예전의 명사의 소유격이 s의 탈락 없이 부사로 쓰이는 경우

①-s 형태 : always 항상; backwards 뒤로; besides 게다가; forwards 앞으로;
Sundays 일요일마다; mornings 아침마다; nights 밤마다; nowadays 요즈음;
sometimes때때로;

②of 형태 : of course(물론); of late 최근에(=lately=recently),
of necessity 필연적으로(necessarily); of a sudden 갑자기(suddenly);
of one's own accord 자발적으로(voluntarily); of a Sunday 일요일 같은 날에

❻ 대격(對格) 부사 : *한정사와 결합된다.

*'전치사 + 목적격'에서 전치사가 생략되고 목적격 형태만 남은 것.

①시간 : 언젠가 너의 꿈이 실현될 것이다. 너는 몇 시에 일어나느냐?

②공간 : 그는 내 집 옆에 산다. 그녀는 서울에서 멀리 떨어져 산자.

③양태 : 그는 항상 삼등칸으로 여행한다. 그는 철두철미 신사다.

④방향 : 이쪽으로 오세요. 양 한 마리가 길을 잘못 들었다.

⑤척도 : 이 보트는 폭이 5피트다. 그의 집은 7마일 떨어져 있다. *He is 50 years old.

⑥정도 : 오늘은 약간 춥다. 나는 어제 밤 한 숨도 못 잤다.

❼ 불변화(不變化) 부사 : *형태가 변하지 않고 동사하고만 결합하는 부사

1. 전치사로도 사용 : about above along below down in off on over up
2. 불변화 부사로만 사용 : away back backwards downwards forwards
3. 전치사와 불변화부사와의 구별 :

①동사와 전치사 사이에는 목적어를 둘 수 없으나, 동사와 불변화 부사 사이에 목적어를 둘 수 있다. 목적어가 대명사면 반드시 그 사이에 둔다.

Look at the girl!(0) 그 소녀를 보아라. Look the girl at! (×)

Put on your coat.(0) Put your coat on.(0) Put it on.(0) Put on it.(×)

②전치사는 문두에 나갈 수 있으나 불변화 부사는 문두로 나갈 수 없다.

What are you looking for? 너는 누구를 찾느냐?

Who called the party off? 누가 그 파티를 취소했느냐?

③'동사 + 전치사'에서는 두 단어 본래의 의미가 남아 있으나, '동사 + 불변화부사' 에서는 두 단어 본래의 의미가 소멸된다.

그들의 어머니가 병원에 입원하면 누구 그 애들을 돌볼까?

나는 다음 달까지 가는 것을 연기해야겠다.

give up=surrender; blow up=explode; call off=cancel; put off=postpone;

2 종류① : 시간 부사

❶ 시점 부사 when exactly?에 해당하는 부사

1. 특정 시점 부사

①종류 today, tonight, next Monday, at five o'clock, in July

②위치 *We checked in at the hotel **on Monday**.

***At three o'clock tomorrow**, I'll meet you outside the theater.

*I was born **at 11: 30 on Monday December 8th, in 1951.**

***This morning** I had a telephone call from Shelly.

***Today** I'll meet you at 3, but **tomorrow** I'll meet you at 5.

2. 불특정 시점 부사

①종류 afterwards lately soon then early late nowadays

②위치 We arrived at the airport too **early** for our flight.

Some day I will tell you about it.

3. 주요 시점 부사 : just, just now, already, yet, still

①I've **just** finished my homework. He arrived here **just now**.

②This machine is **already** out of order. Are you leaving **already**?

She has not arrived **yet**. Has she come home **yet**?

He **still** works for the company. I **still** haven't heard from her.

❷ 기간 부사 when?에 해당하는 부사

1. 종류 ago, before, all day long, no longer, not any more,
from ~till(to), for ~, by ~, since, throughout

2. 위치 문미에 두는 것이 원칙이다.

He has been ill **for considerable time.**

From 9 o'clock until noon he was working in the garden.

3. 주요 기간 부사 ago, before, since, by, till,

①The washer we bought about a month **ago** doesn't work right.

I had met him three years **before**.

Such a thing never happened **before**. I had not met him **before**.

I have not seen him **since**. I saw him two years **since**.

②I'll finish the work **by** 3 o'clock.

Will you stay here **till** Monday?

2 종류① : 시간 부사

❶ 시점 부사 *when exactly?에 해당하는 부사

1. **특점 시점 부사**
 ①종류 : today tonight, next Monday, at five o'clock, in July
 ②위치 : *문미에 두는 것이 원칙이다. 우리는 월요일에 호텔에 체크인 했다.
 *두 개의 시점 부사가 결합되어 있을 때는 분리해서 문두로 나갈 수 없지만 결합된 상태로는 가능하다.
 내일 3시에 나는 극장 밖에서 너를 만나겠다.
 *시점 부사가 겹치면 작은 단위가 먼저 온다.(time+day+date+year)
 나는 1951년 12월 8일 11시 30분에 태어났다.
 *강조나 대조를 위해서 문두에 둘 수 있다.
 오늘 아침 나는 Shelly부터 전화 한 통화를 받았다.
 오늘은 너를 3시에 만나고, 내일은 5시에 만나겠다.
2. **불특정 시점 부사** :
 ①종류 : afterwards lately soon then early late nowadays
 ②위치 : 문미에 두는 것이 원칙이다.
 우리들은 비행기를 타기 위해서 너무 일찍 공항에 도착했다.
 언젠가 나는 그것에 대해서 너에게 말하겠다.
3. **주요 시점 부사** : *just, just now, already, yet, still
 ①**just** : *현재완료 시제와 쓰인다. 나는 나의 숙제를 막 끝마쳤다.
 just now : *과거시제와 쓰인다. 나는 조금 전에 이곳에 도착했다.
 ②**already** : *긍정문에 사용되고 문중에 둔다. 이 기계는 벌써 고장이 나있다.
 *의문문에서는 의외, 놀람을 나타낸다. 벌써 떠나려고 하십니까?
 yet : *부정문에 사용. 그녀는 아직 도착하지 않았다.
 *의문문에 사용. 그녀는 벌써 집에 왔니?
 *부정사 앞에 두면 '아직 ~ 않다'의 뜻이 된다. 아직 그 사실을 모른다.
 still : *긍정문에서는 계속을 나타내며, 문중에 위치한다. 그는 아직도 그 회사에 다닌다.
 *부정문에서는 놀람이나 불만을 나타낸다. 아직도 그녀로부터 소식을 듣지 못했다.

❷ 기간 부사 when?에 해당하는 부사

1. **종류** : *ago before, no longer, from ~till(to), for ~, by ~, since
2. **위치** : *문미에 두는 것이 원칙이다. 그는 상당한 기간 동안 아팠다.
 *두 개의 기간 부사가 결합되어 있을 때는 분리해서 문두로 나갈 수 없지만 결합된 상태로는 가능하다.
 9시부터 정오까지 그는 정원에서 일하고 있었다.
3. **주요 기간 부사** : *ago, before, since; by, till
 ①**ago** : *과거시제와 쓰이고 기간표시 부사어구가 따른다.
 약 한 달 전에 산 세탁기가 작동이 잘 되지 않습니다. work right/[properly
 before : *과거완료와 쓰이고 시간표시 어구가 따른다. 3년 전에 그를 만났다.
 ▶*before가 시간의 부사를 수반하지 않고, 단독으로 쓰일 때에는 '지금보다 이전에(before now)' '그때보다 전에(before then)'의 뜻이 되며, 전자일 때는 present perfect 또는 past, 후자에서는 past perfect를 수반함.
 Such a thing never happened before. I had not met him before.
 *때의 어구를 수반했을 때, before는 '그때보다 전'의 뜻으로, 보통 과거완료에 수반된다.
 since : *단독으로 현재완료와 쓰인다.
 *기간표시 어구와 쓰이면 ago 또는 before의 뜻이다.
 ②**by** : *완료를 나타내고 동작동사와 쓰인다.
 till : *계속을 나타내고 상태동사와 쓰인다.

2 종류② : 장소 부사

❶ 종류

1. **위치 부사** : Where ……?에 대한 대답이 되는 부사

Mary is now **in Seoul**.

In Seoul Mary stays **at the Hilton Hotel.**

I'll see you **downstairs** in the foyer in half an hour.

2. **방향 부사** : Where to……? Where from?에 대한 대답이 되는 부사

He has moved **to Seoul** recently.

He went by plane **to Incheon**.

I would go abroad but that I am poor.

❷ 형태

①abroad ahead everywhere somewhere anywhere nowhere away back backwards forwards here there left right north south

②above behind below beneath underneath upstairs downstairs

③down, below, over here, over there, far away

④at my mother's, from New York, in hospital, on the left.

❸ 위치

①He lives **in a small house in a village outside Reading in England**.

②**In doors** it was nice and warm, **Outside** it was snowing heavily.

③**On many large farms**, farm workers live in tied cottage.

④Who is the man walking **around in the garden**?

I think they are moving the piano **into another room upstairs**.

❹ 주요 장소 부사

①Here **Here** comes the train!

Here we are at the station.

Here you are.

②There **There** is a vase on the table.

There lived an old woman in that cottage.

There you are!

There goes the last bus.

2 종류② : 장소 부사

❶ 종류

1. 위치 부사 : *Where ……? 에 대한 대답이 되는 부사
   Mary는 지금 서울에 있다.
   Seoul에서 Mary는 Hilton Hotel에 투숙한다.
   30분 후에 아래층 로비에서 만나요.
2. 방향 부사 : *Where to ……? Where from?에 대한 대답이 되는 부사
   그는 최근에 서울로 이사를 갔다.
   그는 인천에 비행기로 갔다.
   가난하지만 않다면 해외여행을 할 텐데. *but that 다음에는 직설법 시제가 온다.

❷ 형태

①abroad외국으로 ahead앞서 everywhere somewhere anywhere
nowhere(어디서도 ~않다) away back backwards뒤쪽으로 forwards앞쪽으로
here there left right north south
②above; behind; below; beneath바로 아래; underneath밑에; upstairs; downstairs;
③down, below, over here, over there, far away
④at my mother's, from New York, in hospital, on the left

❸ 위치

①장소의 부사어구가 둘 이상이면 작은 것부터 큰 것으로의 순서다.
그는 영국의 Reading주 외곽의 한 마을의 조그마한 집에서 산다.
②강조 또는 대조를 위해서 위치부사는 문장 첫머리에 둘 수 있다.
실내에서는 매우 따뜻하고 실외에서는 눈이 심하게 내리고 있었다.
③둘 이상의 장소의 부사어구가 있는 경우 혼란이나 애매함을 피하기 위하여 문두에 둔다.
많은 큰 농장위에는 농장 일꾼 들은 사택에서 산다.
④'방향부사 + 위치부사'의 어순을 취한다.
정원 주위에서 걷고 있는 그 사람은 누구냐?
그들이 피아노를 위층에 있는 다른 방으로 옮기고 있다고 나는 생각한다.

❹ 주요 장소 부사

①Here : *상대의 관심을 끌기 위해 문장 첫머리에 사용; 열차 온다!
*목적지에 닿았을 때; 역에 다 왔습니다.
*원하는 것을 줄 때; 여기 있습니다. (=Here it is. =Here you go.)
②There : *유도 부사로 사용될 때. 탁자 위에 꽃병이 있습니다.
*존재를 나타내는 there 구문의 주어에 한정된 명사는 쓸 수 없다.
There is **the book** on the desk. (x)
There is **that book** on the desk. (x)
*be 동사 이외에도 왕래 등을 나타내는 동사와 쓰인다.
저 오두막에 한 노부인이 살았다.
어서 드세요! 다 됐지.(관용적)
저기 막차가 가네.

2 종류③ : 빈도 부사

❶ 특정 빈도 부사

1. 종류

①once; twice; three times a day [a week, a month, a year];

②hourly daily weekly fortnightly yearly biannually biennially

③every day [week, month, year]; every morning [evening, night];

④on Sundays [Mondays, weekdays, weekends]

2. 위치

①There is a collection from this letter box **twice daily**.

②**Once a month** we visit our daughter who is at Seoul University.

③A daily magazine is published **daily**.

❷ 불특정 빈도부사

1. 종류

①always, almost always, nearly always

②generally normally, regularly, usually

③frequently, often, sometimes, occasionally

④hardly, ever, rarely, scarcely, seldom, never

⑤again and again, every so often, from time to time

⑥constantly, continually, continuously, repeatedly

2. 위치

①be 동사 뒤 He **is always** in time for meals.
Are you happy? I **certainly am**.

②조동사 뒤 You **can always** contact me on 543-1234.
She **could easily have been** killed.
Don't trust the politician. I **never have**.

③일반동사 앞 I **sometimes stay** up all night.

3. 주의할 빈도 부사 : ever

①긍정문 He **ever** repeated the same words.

②부정문 I do**n't ever** remember seeing him.
I **hardly ever** see Brian these days.

③의문문 Do you **ever** study in the library? Yes, I sometimes do.

④조건문 Come and see me if you are **ever** in London.

2 종류③ : 빈도 부사

▶빈도 부사란 'How often'에 해당하는 부사다.

❶ 특정 빈도 부사

1. 종류

①once twice; three times a day(a week, a month, a year)
three times a day(하루에 3번); three times=thrice
②hourly daily weekly fortnightly(2주마다) yearly
biannually(1년에 두 번) biennially(2년마다)
③every day(week, month, year); every morning(evening, night)
④on Sundays(Mondays, weekdays, weekends) *on Sundays일요일 같은 때에

❷ 위치

①문미에 둔다.
이 우체통에부터 하루에 2번 수거가 있다.
②애매함을 피하기 위하여 문두에 둔다.
한 달에 한 번씩 우리는 서울대학에 다니는 우리 딸을 방문한다.
③-ly형 빈도부사(hourly, daily, yearly)는 문두에 두지 않는다.
일일 잡지는 매일 발행된다.

❷ 불특정 빈도부사

1. 종류 :

①always; almost always; nearly always;
②generally 일반적으로; normally 보통; regularly 규칙적으로; usually 대개;
③frequently 종종; often 종종; sometimes 가끔씩; occasionally 이따금씩;
④준부정어; hardly; ever; rarely; scarcely; seldom; never;
⑤again and again 되풀이해서; every so often 때때로; from time to time
⑥constantly 항상; continually; continuously; repeatedly 반복해서; not ~ any more;

2. 위치 :

①be 동사 뒤 :
그는 항상 식사시간에 맞게 온다.
너는 행복하니? 예, 그렇습니다. *보어가 생략되면 be동사 앞에 둔다.
②조동사 뒤 :
너는 543-1234로 항상 나와 연락을 취할 수 있다.
그녀는 쉽게 살해될 수도 있었다. *조동사가 많으면 제1조동사 다음에 둔다.
그 정치가를 믿지 마라. *본동사가 생략되면 조동사 앞에 둔다.
③일반 동사 앞 :
나는 때때로 밤샘을 한다.

3. 주의할 빈도 부사 : *ever

①긍정문 : *ever=always; 그는 항상 똑같은 말을 되풀이 한다.
②부정문 : *not ever =never; 나는 그를 만난 기억이 전혀 나지 않는다.
*hardly ever 거의 ~않다; 나는 요즈음 Brian을 거의 보지 못한다.
③의문문 : *ever =at any time 일찍이; 이제까지;
당신은 도서관에서 공부를 하느냐? 예, 가끔씩 합니다.
④조건문 : *언젠가, 언제든; 일간, 근간; 하여간, 좌우간
London에 오거든 나를 보러 오너라.
⑤비교급 강조 : It is raining harder than ever.
비가 이전보다 더 심하게 내리고 있다.
최상급 강조 : He is the greatest poet that England ever produced.
그는 영국이 낳은 가장 위대한 시인이다.

2 종류④ : 정도 부사

❶ 종류

absolutely almost altogether barely completely enough entirely extremely far fairly hardly just much nearly only quite rather really so somewhat scarcely too very, a bit, a little

❷ 위치

①형용사, 부사 수식 : 앞에 둔다. 단 enough는 뒤에 둔다.

It is absolutely necessary you should come yourself.

The water in this river is warm enough to swim in.

②동사 수식 : 문중에 둔다. 단 much는 문미에 둔다.

You can hardly expect her to smile at you.

I nearly stopped and asked what he wanted.

Do you like camping much?

❸ 주요 정도 부사

1. Very

①형용사 수식 This book is **very** *important*.

부사 수식 He worked **very** *hard*.

②현재분사 수식 It is a **very** *amusing* book.

과거분사 수식 He wore a **very** *worried* look in his face.

③ dead 사용 They were **dead** *tired* when they finished the work.

2. Much

①비교급 수식 This is **much** *the better* of the two.

②원급 수식 I am **much** *afraid* of that monster of a dog.

Poverty is **much** *preferable* to ill health.

③과거분사 수식 He is **much** *addicted* to sleeping pills.

④구 수식 Much to my annoyance, he failed in the exam again.

⑤동사 수식 I don't like this picture much.

3. Too

①형용사 수식 The soup is **too salty** for me.

②부사 수식 I arrived at the station **too late.**

③too 수식어구 There are **far too** many people there.

2 종류④ : 정도 부사

▶'to what extent'(어느 정도)에 해당되는 부사

❶ 종류

absolutely절대적으로; almost; altogether전적으로; barely겨우; completely완전히; enough충분히; entirely전적으로; extremely극단적으로; far; fairly꽤; hardly거의 ~않다; just; much; nearly거의; only단지; quite아주; rather꽤; really; so; somewhat어느 정도; scarcely거의 ~않다; too; very; a bit약간; a little약간;

❷ 위치

①형용사, 부사 수식 : 앞에 둔다. *단 enough는 뒤에 둔다.
네가 직접 오는 것이 절대적으로 필요하다. *He drives too fast.
이 강물에 있는 물은 수영하기에 충분히 따뜻하다.
②동사 수식 : 문중에 둔다. *단 much는 문미에 둔다.
너는 그녀가 너를 보고 웃으리라고는 거의 예상할 수 없다.
나는 겨우 멈춰서 그가 무엇을 원하는지를 물었다.
너는 캠핑을 좋아하느냐?

❸ 주요 정도 부사

1. Very :
①형용사, 부사의 원급 수식
이 책은 매우 중요하다. 그는 매우 열심히 일했다.
②현재분사와 한정적으로 사용된 과거분사 앞
그것은 매우 재미있는 이야기다.
그녀는 얼굴에 매우 근심스러운 모습을 지었다.
③very 대신에 dead는 일정한 형용사와 결합한다.
이 때 dead의 뜻은 'extremely' 'completely' 'exactly'의 뜻이다.
*ahead drunk level quiet right slow straight sure tired wrong
그들이 그 일을 끝냈을 때는 너무 피곤했다.

2. Much :
①형용사, 부사의 비교급 및 최상급을 수식한다.
이것은 둘 중에서 더 좋다.
*This is much the best I've ever seen.
②형용사의 원급을 수식한다.
저 괴물 같은 개를 몹시 두려워한다. *a-로 시작되는 서술 형용사
가난은 좋지 못한 건강보다 훨씬 낫다.
*비교 관념이 내포된 형용사 수식 different, superior, preferable
그는 수면제에 너무 많이 빠져있다. *과거분사 수식
③구(phrase)를 수식 :
아주 놀랍게도 그는 시험에 또 떨어졌다.
=To my great annoyance, he failed in the exam.
④동사 수식 : 나는 이 그림을 별로 좋아하지 않는다.

3. Too :
①형용사 수식 : *형용사 앞에 위치; 이 국은 나에게는 너무 짜다.
②부사 수식 : *부사 앞에 위치; 나는 너무 늦게 역에 도착했다.
③too를 수식하는 부사 : *much, far, even, still, a bit, a little 등이다.
그 곳에는 너무 많은 사람들이 있다.

2 종류⑤ : 양태 부사

❶ 형태

①형용사+ly형태 He **slowly** opened the door and look inside.

②명사+ly형태 He spoke to me **in a friendly way**.

③전치사+명사 He came here **by bus** and returned **in a car**.

❷ 위치

①자동사 : 자동사 다음(원칙), '자동사+전치사+목적어'이면 전치사 앞 혹은 목적어 뒤

*It **snowed heavily** last night.

*He looked **suspiciously at** me.

*He looked at **me suspiciously**.

*He looked **suspiciously at** everyone who got off the train.

②타동사 : 목적어 다음에 둔다. 그러나 목적어가 긴 경우는 타동사 다음에 둔다.

*He gave her some money **reluctantly**.

*He **angrily denied** that he had stolen the jewels.

③불변화 부사 다음 :

*He took the pictures **down carefully**.

④be동사, 조동사 다음 : 조동사가 둘 이상이면 마지막 조동사 다음

*He **was happily** playing with his toys.

*Do you think the repair has **been properly** done?

❸ 주의할 양태 부사

1. badly, well

①Mr. Kim pays his staff very well(badly).

②You may well think so.

=You have good reason to think so.

③This room has been well designed.

The house was very badly built.

2. 성격과 지각능력에 관련된 부사

I **foolishly forget** my passport.

He **behaved foolishly** at the party.

Kindly keep your opinions to yourself in future!

He **kindly** showed me the way.

2 종류⑤ : 양태 부사

▶양태 부사란 How something is done에 해당하는 부사

❶ 형태

①**형용사+ly형태** : kindly rudely(무례하게) wisely; easily happily; nimbly(신속하게) idly
그는 천천히 문을 열고 안을 들어다 보았다.
②**명사+ly형태** : in a ~ way [manner, fashion];
그는 다정하게 나에게 말을 걸었다.
③**전치사+명사** : by bus; in a car; with kindness; by chance;
그는 버스로 와서 자동차로 돌아갔다.

❷ 위치

①**자동사** :
*자동사 다음(원칙); 어제 눈이 심하게 내렸다.
*'자동사+전치사+목적어'이면 전치사 앞 혹은 목적어 뒤
그는 의심스럽게 나를 쳐다보았다.
suspicious 의심스러운; 의심 많은(of); ⓥsuspect ⓝsuspicion
*목적어가 길면 전치사 앞에 둔다.
그는 열차에서 내리는 사람이면 누구나 의심스럽게 쳐다보았다.
②**타동사** :
*목적어 다음 :
그는 그녀에게 마지못해 돈을 주었다.
reluctant 마음 내키지 않는(unwilling); 마지못해하는(to do); -ly 마지못해; 싫어하면서;
*목적어가 길면 타동사 다음 :
그는 보석을 훔쳤다는 것을 화가 나서 부인했다.
③**불변화 부사 다음** :
그는 그 사진들을 조심스럽게 내려놓았다.
④**be동사, 조동사 다음** : 조동사가 둘 이상이면 마지막 조동사 다음에 둔다.
장난감을 가지고 즐겁게 놀았다.
너는 그 수리가 올바르게 되었다고 생각하느냐?

❸ 주의할 양태 부사

1. **badly, well** :
①문미에 둔다.
Kim씨는 그의 직원에게 후하게(박하게) 급료를 준다.
②well이 '충분한 이유가 있는'(with good reason) 뜻이면 문중에 둔다.
그렇게 생각해도 당연하다
=네가 그렇게 생각할 충분한 이유가 있다.
③수동 문에서는 과거분사 앞에 둔다.
이 방은 디자인이 잘 되었다.
그 집은 좋지 않게 지어졌다.

2. **성격과 지각능력에 관련된 부사** :
*bravely(용감하게); cleverly(영리하게); cruelly(잔인하게); foolishly;
generously(관대하게) kindly stupidly(어리석게) 등은 위치에 따라 강조 부분이 달라진다.
어리석게도 나의 여권을 잃어버렸다.
=It was foolish of me to forget my passport
그는 파티에서 어리석게 행동했다.
=He behaved in a foolish way at the party.
장차 당신의 의견을 말하지 말아 주십시오! kindly=please;
그는 친절하게 내게 길을 가르쳐 주었다. kindly=in a kind way;

2 종류⑥ : 초점 부사

❶ 종류

alone also even just merely only particularly simply too, as well

❷ 주요 초점 부사

①**Alone** : 대개 수식하는 말 뒤에 둔다.

Man shall not live by **bread alone**.

His name alone made the enemy shudder.

②**Also** : 수식하는 말 앞에 둔다.

I've **also read** her other novels.

John **also plays** the piano.

Harry was at the party, and Fred was **also there**.

③**Even** : 강조하는 말 앞에 둔다.

Even I did not see him on Sunday.

I did not **even see** him on Sunday.

I did not see **even him** on Sunday.

I did not see him **even on Sunday**.

④**Only** : 대개 앞에 둔다.

Only you could do a thing like that.

I like **only people** who like me.

She talks like that **only when she is nervous**.

⑤**Just, Merely, Simply** : 수식하는 말 앞에 둔다.

He is **just an ordinary man.**

It is **just** two o'clock. I have come **just** to see you.

⑥**Too, As well** : 대개 문장 뒤에 둔다.

I like John and I like his wife, **too**.

I don't like John and I don't like his wife, **either.**

I, **too,** know where he is to be found.

I've got an idea. '**Me, too!**'

We had better get some butter **as well.**

2 종류⑥ : 초점 부사

▶초점부사 : 'direct our attention to one part of the clause'에 해당하는 부사

❶ 종류

alone also even just merely(단지) only particularly(특히)
simply(단순히) too, as well

❷ 주요 초점 부사

①**alone** : *대개 수식하는 말 뒤에 둔다.
인간은 빵만으로는 살 수 없다.
그의 이름만으로도 적들을 떨게 했다.

②**also** : *수식하는 말 앞에 둔다.
나는 그녀의 다른 소설을 읽었다.
John은 또한 피아노를 또한 연주한다.
Harry는 파티에 있었다. Fred도 역시 그 곳에 있었다.

③**even** : *강조하는 말 앞에 둔다.
나조차도 일요일에는 그를 보지 못했다. **Even** a worm will turn.
나는 일요일에는 그를 보지도 못했다.
나는 일요일에는 그 사람조차도 보지 못했다.
나는 그를 일요일에도 보지 못했다.

④**only** : *대개 앞에 둔다.
너만이 그와 같은 일을 할 수 있다.
나는 나를 좋아하는 사람만을 좋아한다.
그녀는 신경이 과민할 때만 그렇게 말한다.
⑤**just, merely, simply** : *수식하는 말 앞에 둔다.
그는 그저 평범한 사람에 불과하다.
이제 겨우 2시다. 나는 당신을 보러만 왔다.
She was **simply** tying to apologize.
My mother was **particularly** impressed by the dancing.

⑥**too, as well** : *대개 문장 뒤에 둔다.
나는 John을 좋아한다. 또한 그의 아내를 좋아한다.
나는 John을 좋아하지 않고, 또한 그의 아내도 좋아하지 않는다.
*부정문에서 too가 either로 바뀐다.
나 또한 그를 어디에서 찾을 수 있는지 알고 있다.
*too가 주어 다음에 오는 경우는 comma(,)로 주어와 too를 분리시킨다.
나는 좋은 생각이 있었다. 나 또한 좋은 생각을 가지고 있다.
*짧은 문장에서 목적격 대명사 다음에 둘 수 있다.
우리들은 약간의 버터도 또한 가져가는 게 낫겠다.

▶John teaches skiing **as well**. 이 문장은 3가지의 다른 의미를 가질 수 있다.
①Other people teach skiing, and John does **as well**.
②John teaches other things, and skiing **as well**.
③John does other things, and teaches skiing **as well**.

2 종류⑦ : 접속 부사

❶ 부가

I can't go there; **to begin with**, it's too cold; **besides** it is too dark.

I don't want to go skating; **moreover** the ice is too thin.

❷ 선택

Apart from the cost, the hat does not suit me.

Start at once, **otherwise** you will be late for school.

❸ 강조

Noise is unpleasant, **especially** when you are trying to sleep.

Finally we boarded the plane and fastened our seat belts.

❹ 대조

By contrast, our use of oil has increased enormously.

You think me idle, but **on the contrary** I am very busy.

❺ 환언

Two girls were absent, **namely,** Harry and Shelly.

In other words, they're treating the oil price increase as temporary.

❻ 요약

The man, **in short,** is not to be trusted.

In conclusion, there is one more thing I will tell you.

❼ 예시

For example, electric heating is another way to heat a house.

Take, **for instance**, the case of Dr Bigs.

❽ 전환

By the way what happened to all the money I gave you.

Incidentally this wine goes particularly well with cheese.

❾ 양보

However cold it is she always goes swimming.

It's too expensive and **anyhow** the colour doesn't suit you.

❿ 결과

I've never been to China and **therefore** I don't know much about it.

He was penniless; **hence** he had to accept the first offer.

2 종류⑦ : 접속 부사

❶ **부가(附加) :**

*additionally, indeed, moreover, still, furthermore); to begin with; first firstly second secondly lastly finally; for one thing; above all

나는 그곳에 갈 수 없다. 우선 너무 춥다; 게다가 너무 어둡다.

나는 스케이팅 타러 가고 싶지 않다. 더욱이 얼음이 너무 얇다.

❷ **선택(選擇) :** *alternatively양자택일로, instead, except for; otherwise; then

비용은 차치하고, 그 모자는 나한테 안 어울린다.

즉시 출발하라. 그렇지 않으면 너는 수업에 늦을 것이다.

We could take the train or **alternatively** go by car.

❸ **강조(强調) :** *사실을 열거하거나 강조하는 부사

*finally, mainly주로, above all, primarily주로, in the first place우선(=to begin with),

소음은 불쾌하다. 특히 여러분들이 자려고 할 때.

마침내 우리들은 비행기 타서 좌석 벨트를 매었다.

❹ **대조(對照) :** *conversely; however; as compared with~와 비교할 때; in contrast with ~와 대비해서

이와는 대조적으로, 우리의 기름사용은 엄청나게 증가되었다.

너는 내가 빈둥거리고 있다고 생각하고 있지만 오히려 나는 매우 바쁘다.

❺ **환언(換言) :** *namely; in other words; that is to say 말하자면; say; accordingly 따라서;

두 소녀 즉 Harry와 Shelly가 결석을 했다.

환언하면 그들은 일시적으로 석유가격의 상승을 조절하고 있다.

❻ **요약(要約) :** *all told 합해서; in conclusion 결론적으로; in short 간단히 말해서

그 사람은 간단히 말해서 신뢰할 수 없다.

결론적으로 너에게 한 가지만 더 말하겠다.

❼ **예시(例示) :**

예를 들어, 전기난방은 집을 덥히는 또 다른 방법이다.

Dr. Bigs의 예를 들어 보자.

❽ **전환(轉換) :** *incidentally말하자면; as far as A is concerned A에 관한 한; by the bye 그건 그렇고; 그런데;

그런데 내가 너에게 준 모든 돈은 어찌 되었느냐?

말하자면 이 포도주는 특히 치즈와 잘 맞는다.

❾ **양보(讓步) :** *anyhow; anyway; despite~에도 불구하고; nevertheless여전히; after all; ~에도 불구하고; 결국

아무리 날씨가 추워도 그녀는 항상 수영하러 간다.

그것은 너무 비싸다. 하여튼 색깔이 너한테 어울리지 않는다.

❿ **결과(結果) :** *accordingly따라서; consequently결국; therefore그러므로; hence그러므로; as a result~결과;

중국에 가 본 적이 없다. 그러므로 중국에 대해서 아는 것이 별로 없다.

그는 무일푼이었다. 그러므로 그는 첫 제안을 받아들여야만 했다.

▶ **원인(原因) :** *because of ~때문에;
*~때문에(on account of; owing to; on the ground of; on the score of)
*for this reason 이런 이유로; on this reason 이 때문에;

3 부사의 기능과 어순

❶ 기능

1. 수식 기능

①형용사 This novel is **very** interesting.

②부사 Thank you **very** much for your kindness.

③동사 I **distinctly** heard a very rapid step coming near on the street.

④문장 **Happily** he did not die in the accident.

Fortunately his injury seems to be minor.

2. 형용사 기능

①한정적 기능

ⓐ명사수식 *He planned each day's work the night **before**.

*The climate **here** is milder than that of your country.

ⓑ대명사 수식 ***Almost** no one believes her.

*Everybody **else** has agreed except for you.

ⓒMan shall not live by bread **alone**. You **alone** can help me.

We walked **about** 10 miles. The movie lasted **nearly** four hours.

②서술적 가능

ⓐSchool is **over**.

ⓑWe found the game already **on**.

❷ 어순

1. 같은 종류의 부사 간의 어순

①시간 ⓐI was born **at 11:15** on Monday, **December 8th in 1952**.

ⓑHe got up **early in the morning**.

②장소 ⓐHe stayed **at a hotel by the lake in the village**.

ⓑI went **to the station in Masan**.

③빈도 The magazine is published **twice a month**.

2. 다른 종류의 부사간 어순

①방장시 He read the book **quietly in the library all afternoon**.

He landed **safely at Dover the next morning**.

②장방시 He went to the hospital **by car last night**.

Come to my office **alone at about 4 o'clock**.

③장빈시 He went **to London several times this year**.

He goes **to school every other day nowadays**.

3 부사의 기능과 어순

❶ 기능

1. 수식 기능 : *수식하는 말 앞에 둔다. 단 enough는 수식하는 단어 뒤에 둔다.

①형용사 수식 :

②부사(구) 수식 : 당신의 친절에 정말 감사합니다. (부사 수식)

Much to my surprise he fell asleep with his boots on.

아주 놀랍게도 그는 부츠를 신은 채 잠이 들었다. *구를 강조하는 것은 much이다.

③동사 : 나는 거리에서 매우 빠른 발자국 소리가 가까이 오고 있는 것을 분명히 들었다.

④문장 전체 수식 : 문수식 부사, 관점 부사라고도 하며, 문장전체나 절 전체를 꾸민다.

=It was happy that he did not die. 다행스럽게도 그는 그 사고에서 죽지 않았다.

cf. He did not die happily. =He died in misery. 그는 행복하게 죽지 않았다.

=It is fortunate that his injury seems to be minor. 운 좋게도 상처는 미미한 것 같다.

Certainly he told a lie. =It was certain that he told a lie.

Apparently he is weak, but he has hidden strength. =It is apparent that ~ .

Possibly he may recover, but possibly he may not. =It is possible that he may ~.

▶**위치** ①문장 첫머리 : **Fortunately**, he escaped the danger.
②문장 중간 : He **evidently** thought it was funny.
③문장 끝 : This means some compromise, **inevitably**.

2. 형용사 기능

①한정적 기능 :

ⓐ명사수식 : *even과 only는 명사 앞에 둔다.

어린애라도 그것을 할 수 있다. Smith만이 그 비밀을 안다.

Even a child can do it. **Only** Smith knows the secret.

*시간의 부사는 명사 뒤에 둔다. 매일의 일과를 전날 밤에 계획했다.

*장소의 부사는 명사 뒤에 둔다. 이곳의 기후는 당신 나라의 기후보다 더 온화하다.

ⓑ대명사 수식 : *almost nearly는 대명사 앞에 둔다.

I've talked to **nearly everyone** concerned. 거의 모든 사람이 그녀의 말을 믿지 않았다.

관계있는 거의 모든 사람에게 이야기했다.

당신 외에 그 밖의 다른 사람 있느냐? *else가 (-one, -body, -thing)로 끝나면 후위 수식

ⓒalone이 형용사로 사용되면 항상 후위 수식이다.

인간은 빵만으로는 살 수 없느니라. 너만이 그를 도울 수 있다.

▶부사 about가 숫자 앞에 와서 '약'의 뜻이 된다. 부사 nearly(거의 ~)는 숫자 앞에 둔다.

우리들은 약 10마일을 걸었다. 그 영화는 거의 4시간 정도 계속했다.

②서술적 기능 :

ⓐ수업은 끝났다. The miners' strike is **off**. 광부들의 파업은 끝났다.

ⓑ우리들은 게임이 이미 계속되고 있다는 것을 알았다. Let's take today **off**.

❷ 어순

1. 같은 종류의 부사 간 어순

①시간 : ⓐ작은 단위 + 큰 단위; 나는 1952년 12월 8일 월요일 11시 15분에 태어났다.
ⓑ불특정 시점 + 특정 시점; 그는 아침 일찍이 일어났다.

②장소 : ⓐ작은 단위 + 큰 단위; 그는 마을에 있는 호수가의 한 호텔에서 머물렀다.
ⓑ방향부사 + 위치 부사; 나는 마산에 있는 역으로 갔다.

③빈도 : 작은 단위 + 큰 단위; 그 잡지는 한 달에 두 번 발행된다.

2. 다른 종류의 부사 간 어순

①방법 + 장소 + 시간 :

오후 내내 도서관에서 조용히 책을 읽었다. 다음날 아침 도버해협에 무사히 상륙했다.

②장소 + 방법 + 시간 : 왕래발착 동사

그는 어제 밤 자동차로 병원에 갔다. 4시경에 혼자 나의 사무실로 오너라.

③장소 + 빈도 + 시간 : 그는 올해 여러 번 런던에 갔다. 그는 요즘 하루 걸러서 학교에 간다.

어법 문제 ①

❶ 괄호 안에 적당한 말을 넣으시오.
1. A friend in need is a friend (   ).
2. They looked (   ) to him as their leader.
3. You cannot be (   ) careful in the choice of your friend.
4. Let a man be (   ) so humble, he can live a virtuous life.

❷ 다음 (   ) 안의 말 중 알맞은 것을 골라라.
1. John is (very, much) taller than Judy.
2. The twins are (very, much) alike in appearance and character.
3. Dr. Kim is (very, much) the best scholar in Korea.
4. He speaks English (pretty, prettily) well.
5. I can't do such a thing, and I won't, (either, too).
6. As the medicine tasted (bitter, bitterly), he frowned (bitter, bitterly)
7. I am only (too, enough) pleased to help you.
8. You will do (good, well) to leave him alone.

❸ 다음 짝지은 두 문장의 뜻이 같아지도록 (   )에 알맞은 것을 골라라.
1. It is probable that she lost her way in the wood.
   =(   ) she lost her way in the wood.
2. It is evident that someone overheard their conversation.
   =(   ) someone overheard their conversation.
3. He had the misfortune to lose all his property.
   =He (   ) lost all his property.
4. I am sure of his success in the new enterprise.
   =He will (   ) succeed in the new enterprise.

❹ 괄호 안에 주어진 부사를 문장의 알맞은 위치에 넣으시오,
1. She can't get married yet. She is not old. (enough)
2. Let's get a taxi. It's far to walk. (too)
3. I've finished reading the paper. (just)
4. Don't tell me you've eaten it. (already)

❺ 다음 (   )안의 단어를 순서대로 배열하라.
1. Sally was born (on Monday, at 11:15, December 8th, 1951).
2. They are moving the piano (upstairs, into another room).
3. We went (by car, last night, to the library).
4. He read the digest (in the study, all afternoon, quietly).

해답

❶ 1.indeed 2.up 3.too 4.ever
❷ 1.much 2.much 3.much 4.pretty 5.either 6.better; bitterly 7.too 8.well
❸ 1.Probably 2.Evidently 3.unfortunately 4.surely
❹ 1.old enough 2.too far 3.just finished 4.just eaten
❺ 1.at 11:15 on Monday December 8th 1951 2.into another room upstairs
3.to library by car last night 4. quietly in the study all afternoon

어법 문제 ②

◆ 밑줄 친 곳에 알맞은 것은?

1. They were _______ tired when they finished the work.
① well ② good ③ dead ④ enough ⑤ deadly

2. A : Haven't you ever heard Russian spoken? B : _____________ .
① No, I have never. ② No, I never have ③ Yes, I have never
④ Yes, I never have ⑤ No, I have ever

3. She went ___________ .
① there late yesterday ② late yesterday there
③ yesterday late there ④ late there yesterday
⑤ there yesterday late

4. I think it's ________ for walking.
① much too hot ② very much hot ③ too much heat
④ very much heat ⑤ much very heat

5. He will not be ________ to vote in this year's election.
① old enough ② enough old ③ as old enough
④ enough old as ⑤ old enough as

6. How is her condition now? It has improved _______ .
① better ② greatly ③ so ④ much ⑤ very

7. Reaching the top of the mountain, we ____ energy left for the descent.
① had hardly any ② hadn't hardly any ③ had hardly no
④ hadn't hardly no ⑤ any hardly not

8. Let's take a walk before we start to study. Oh, I think it's ___ for walking.
① much too hot ② very much hot
③ too much heat ④ very much heat

해답

1. ③; 부사로서의 dead(completely, exactly)는 특정한 형용사와 쓰인다.
2. ③; 완전한 대답은 No, I have never heard Russian spoken.
본동사가 생략되고 조동사만 남는 경우, 부사는 그 조동사 앞에 둔다.
3. ①; 왕래 발착의 동사는 '장소-방법-시간'어순
4. ①; too를 수식할 수 있는 부사는 비교급을 수식하는 부사다.
5. ①; enough는 수식어구 뒤에 둔다.
6. ②; ①improve 자체에 better의 뜻이 포함. ②greatly는 동사하고만 결합한다.
③so는 앞문장과 연결해 볼 때 맞지 않음 ④much는 단독으로 문중에 위치 할 수 있으나 문미에 위치할 수는 없다.
7. ①; hardly는 준 부정어이므로 부정어마 함께 사용하지 못한다.
8. ①; is의 보어(hot)가 와야 하고, 그 보어(원금)를 수식할 수 있는 부사는 too이다.

어법 문제 ③

◆ 밑줄 친 곳에 알맞은 것은? (1 ~ 4)

1 I have told you this many times. But ________ .
① I still cannot remember it ② I cannot still remember it
③ I cannot remember it still ④ I cannot remember still it.

2 Despite his broken leg, Allen can walk _____ get around.
① good to ② fine enough to ③ good enough
④ well enough to ⑤ bad enough

3 The nectarine is a fruit ______ like a peach.
① as ② and ③ too ④ much ⑤ very

4. I went ____________________ .
① to school every day slowly.
② to school slowly every day.
③ slowly every day to school.
④ slowly to school every day.
⑤ every day slowly to school.

5. 다음에서 옳지 않은 문장을 골라라.
① They soon found what they wanted.
② He is standing still.
③ We already have found the answer.
④ They didn't even try to help.
⑤ You usually arrive late, don't you?

6. 각각의 두 문장이 같은 뜻이 되도록 한 것 중에서 의미가 <u>다른</u> 것은?
① He went out without so much as saying goodbye to us.
=He went out without even saying goodbye to us.
② He is above asking such a question.
=He is too proud to ask such a question.
③ Happily he did not die. =He did not die happily.
④ He was not a little surprised. =He was much surprised.
⑤ He is anything but a fool. =He is far from a fool.

해답

1. ①; 부정문에서 still은 조동사 앞에 둔다. 이때 still은 놀람이나 불만족을 나타낸다.
2. ④; 동사(walk)수식은 부사(well). enough는 수식어구 뒤에 둔다.
3. ④; 구(like a peach)를 수식 할 수 있는 것은 much이다.
4. ②; 왕래발착의 동사와 결합하면 (장소-방법-시간)이다.
5. ③; already는 조동사(have) 다음에 둔다. 완료형에서 have는 조동사다.
6. ③; 처음 문장은 '다행스럽게도 그는 죽지 않았다.' '그는 비참하게 죽었다.'

어법 문제 ④

◆ Choose the sentence which is grammatically right

1. ① He usually get up lately.
   ② The ground was frozen hardly.
   ③ A friend in need is a friend indeed.
   ④ I am very afraid of that dog.
   ⑤ You'd better give up them.

2. ① He speaks English pretty well.
   ② Do you think why he did not come?
   ③ How quickly does the snow begin?
   ④ He found his wife very changed.
   ⑤ He doesn't study hard, and I don't, too.

3. ① What do you pronounce this word?
   ② When we lifted up it, we found the money hidden.
   ③ Aren't you tired? No, a little.
   ④ Why do you suppose he failed in the examination?
   ⑤ He will come to home before long.

4. ① No one has once solved this problem.
   ② Can't you speak French? Yes, I can't.
   ③ I got to home about six o'clock.
   ④ He explained very clearly the situation.
   ⑤ He speaks English petty well.

5. ① He said that he had seen me somewhere near Seoul long ago.
   ② I told Dr. Lee where she lives and what she lives by.
   ③ I am much grateful to you for your sincere counsel.
   ④ Rarely I have seen a better work.
   ⑤ Strangely as it may sound, it is quite true.

6. ① I can't hardly remember her address.
   ② The twins are much alike.
   ③ I haven't read it already.
   ④ He is very taller than I.
   ⑤ They sell dearly at that store.

해답

1. ③; ①lately-late; ②hardly-hard; ④very-much; ⑤give them up;
2. ①; ②Why do you think he~; ③quickly-soon; ④very-much; ⑤too-either
3. ④; ①What-How; ②lifted it up; ③No-Yes; ⑤come to home-come home;
4. ⑤; ①once→ever; ②Yes→No; ③home앞의 to제거; ④very clearly를 situation 뒤에 둠
5. ②; ①ago→before ③much→very ④have I ⑤strangely→strange
6. ②; ①can't-can; ③already-yet; ④very-much; ⑤dearly-dear

어법 문제 ⑤

◆ **Choose the one which is grammatically wrong.**

1 He entertained us with lively(①) descriptions of his adventures in traveling(②) and amusing(③) stories of remarkable people whom he had met in abroad(④).

2. The amount(①) of oxygen and nitrogen in the air always almost(②) remain stable but the amount(③) of water vapor varies considerably(④).

3. During(②) dreams the body is asleep but(②) the thinking part(③) of the brain is awake wide(④).

4. The contemporary parent is often(①) irritated by radios played by(②) teenagers who refuse to turn(③) down them(④).

5. A detailed(①) map of the mining camp was handed out, and the directions for getting(②) there(③) were repeated very clear(④).

6. By 1800 New York State had become second in population(①), but ten years lately(②) it had surpassed(③) all other(④) states in the Union.

7. I wouldn't(①) be interested in buying(②) this here(③) farm even(④) if you were(⑤) to offer it to me for a hundred dollars.

해답

1. ④; abroad는 부사이므로 그 앞에 전치사를 두지 못한다. in을 없앤다.
2. ②; '정도부사+빈도부사'의 어순이다. almost always
3. ④; 부사(wide)는 수식하는 말 앞에 둔다. wide awake 완전히 깨어있다.
4. ④; 대명사는 동사와 불변화 부사 사이에 둔다. turn them down
5. ④; clear는 형용사/부사로 사용. *If an adverb of degree precedes, 'clearly' is used
6. ②; 문맥상 '10년 후' 뜻이므로 lately(최근에)를 later로 고친다.
7. ③; 부사가 형용사적으로 사용되면 후위 수식. here를 farm 뒤에 둔다.

어법 문제 ⑥

❶ 밑줄 친 (A) (B) (C) 중에서 어법에 맞는 표현을 짝지은 것을 고르시오.
Possible the most effective way to focus on your goals is (A) to write them down /write down them. Although this may sound like an obvious first step that many people ignore. As a result, their goals often remain unfocused, and therefore unrealized. Go to a fairly quiet place where you are not likely to (B) disturbed/be disturbed. Make a list of every goal you have. Include goals about fiances, relationships, and your career. Be as (C) specifically/ specific as possible.

❷ 밑줄 친 부분 중에서 어법에 맞는 표현을 골라라.
After he stopped boxing, Muhammad Ali became a good magician and frequently ① entertained/entertaining guests with his tricks. He often explained the secret behind each trick. "Never do a trick twice," he once said. "And never show the audience ② how/what you do it." "I don't get it, champ," one of his friends said. "If that's the case, then why did you show them?" "To prove to them how ③ easy/easily they can be tricked!"

❸ 밑줄 친 것 중에서 어법에 맞는 표현을 골라라.
Walking not only ① strengths/strengthens the muscle, but also builds up the bones. Studies show that women who exercised ② regular/regularly as children and young adults decreased their risk of ③ developing /develop bone-related problems.

❹ 다음 글의 밑줄 친 부분 중, 어법상 틀린 것은?
As a foreign student, you may encounter language problems in America. Spoken English may sound very ① rapidly. You may have trouble ② understanding what a person says simply because he speaks so fast that your comprehension cannot keep up. Do not hesitate to ask people to speak slowly or to repeat ③ what has been said. People in America use a great deal of slang, and spoken words are often abbreviated. For example, medical school is usually ④ referred to as 'Med school,' chemistry is 'chem,' and physical education is 'PE.' Often the abbreviation is the first syllable of the word, or if two or more words are together, ⑤ their initials.

해답

❶ (A) to write them down; 대명사는 동사와 불변화부사 사이에 둔다.
(B) to be disturbed; '방해받는다'는 뜻이므로 수동형 부정사
(C) specific; be동사의 보어가 되어야 하므로 형용사이어야 한다.
❷ ①주어(Ali)에 대한 동사가 되어야 한다. entertained; ②do의 목적어(it)가 있으므로 what은 될 수 없다. ③내용상 부사가 되어야 하므로 easily;
❸ ①구문상 Walking의 동사가 되어야 하므로 strengthens; ②동사(exercised)의 수식어가 되어야 한다. regularly; ③전치사 of의 목적어가 되므로 developing
❹ ①오감동사(sound)의 보어가 되어야 하므로 형용사 rapid이어야 한다.

영작 문제

❶ Put the following into English.
1. 나는 어제 한 잠도 잘 수가 없었다.
2. 그는 서울에서 멀리 떨어져서 산다.
3. 그는 1951년 12월 8일 월요일 아침에 태어났다.
4. 월요일까지 여기 있어도 될까요?
5. 그는 영국의 Reading주 외곽의 한 마을의 조그마한 집에서 산다.
6. 너는 543-1234로 항상 나와 연락을 취할 수 있다.
7. 한 달에 한 번씩 우리는 서울대학에 다니는 우리 딸을 방문한다.
8. 저 오두막에 한 노부인이 살았다.
9. 그녀는 얼굴에 매우 근심스러운 모습을 지었다.
10. 가난은 좋지 못한 건강보다 훨씬 낫다.

❷ Put the following into English.
11. 물은 수영하기에 충분할 정도로 따뜻하다.
12. 네가 그렇게 생각하는 것도 당연하다.
13. 그는 열차에서 내리는 사람이면 누구나 의심스럽게 쳐다보았다.
14. 그녀는 신경이 과민할 때만 그렇게 말한다.
15. 인간은 빵 만으로만 살지 못하리라.
16. 비용은 차치하고, 그 모자는 나한테 안 어울린다.
17. 그런데 내가 너에게 준 모든 돈은 어찌 되었느냐?
18. 그는 마을에 있는 호수가의 한 호텔에서 머물렀다.
19. 오후 내내 도서관에서 조용히 책을 읽었다.
20. 그는 요즘 하루 걸러서 학교에 간다.

해답

❶
1. I couldn't sleep a wink last night.
2. She lives a long way from Seoul.
3. He was born at 11: 30 on the morning of Monday December 8th, in 1951.
4. Shall I stay here till Monday?
5. He lives in a small house in a village outside Reading in England.
6. You can always contact me on 543-1234.
7. Once a month we visit our daughter who is at Seoul University.
8. There lived an old woman in that cottage.
9. He wore a very worried look in his face.
10. Poverty is much preferable to ill health.

❷
11. The water was warm enough to swim in.
12. You may well think so. =You have good reason to think so.
13. He looked suspiciously at everyone who got off the train.
14. She talks like that only when she is nervous.
15. Man shall not live by bread alone.
16. Apart from the cost, the hat does not suit me.
17. By the way what happened to all the money I gave you.
18. He stayed at a hotel by the lake in the village.
19. He read the book quietly in the library all afternoon.
20. He goes to school every other day nowadays.

9장 비교

1 비교의 형성

❶ 규칙적 형성

1. -er -est를 붙이는 경우
2. more most를 붙이는 경우
3. 양쪽 모두 쓰이는 경우
4. 합성어인 경우

❷ 불규칙적 형성

2 비교의 종류

❶ 원급

1. 종류
2. 직유
3. 주의 사항
4. 관용적 용법

❷ 비교급

1. 종류
2. 주의 사항
3. 관용적 용법

❸ 최상급

1. 종류
2. 주의 사항
3. 관용적 용법
4. 최상급 의미의 표현 방법

1 비교의 형성

❶ 규칙적 형성

1. ~er, ~est를 붙이는 경우 :

①1음절어 fast long slow; nice rare wide; big hot thin; happy shy sly;
②2음절어 clever; gentle simple; narrow shallow; ugly happy;
③3음절어 impolite unhappy unlucky ignoble

2. more, most를 붙이는 경우 :

①1음절어 fond kind real worth wrong; like right true
②2음절어 alike fertile vivid famous careful careless childish active
③3음절어 comfortable convenient difficult important satisfactory
④분사 형용사 annoying charming exciting; annoyed charmed excited
⑤형용사+ly loudly slowly quickly simply
⑥형용사로 사용 She is more mother than wife.
James was more of a gentleman than a king.
⑦동일인 비교 He is more shy than unsocial.
His remark is more witty than just.

3. 양쪽 모두 사용 :

angry common cruel often quiet stupid wealthy

4. 복합어 :

①more-most 사용 good-natured, true-hearted, well-to-do
②제1요소가 변한다 well-known, hard-working, fine-looking

❷ 불규칙적 형성

원급	비교급	최상급	원급	비교급	최상급
good/well	better	best	**bad/ill**	worse	worst
many/much	more	most	**little**	less	least
old 신규	older	oldest	**old** 나이	elder	eldest
far 거리	farther	farthest	**far** 정도	further	furthest
late 시간	later	latest	**late** 순서	latter	last

His **elder** sister is **older** than my **eldest** brother.
Contentment is **better than** riches.
The **latter** story is **better** than the first story.
Things went from bad to **worse** with her.
I have nothing **further** to say on the subject.

1 비교의 형성

❶ 규칙적 형성

1. ~er ~est를 붙이는 경우 :

①1음절어 : thin여윈; shy수줍은; sly교활한; nice멋진; rare드문;
ⓐ-er -est를 붙인다. faster fastest; longer longest; slower slowest;
ⓑ-e로 끝나면 -r, -st를 붙인다. nicer nicest; rarer rarest; wider widest;
ⓒ자음+y는 y를 i로 고치고 -er, -est를 붙인다. shier shiest; slier sliest
ⓓ'단모음+단자음'으로 끝나면 자음을 겹치고 -er, -est를 붙인다. bigger; hotter; wider;
②2음절어 : -er, -le, -ow, -y 등으로 끝나는 2음절 단어
polite공손한 clever영리한 noble고상한 narrow좁은
③3음절어 : 부정 접두어 + 2음절 단어; impolite; ignoble; unhappy unlucky;

2. more, most를 붙이는 경우 :

①1음절어 : like right true는 양쪽 모두 가능하나 more most가 더 일반적이다.
I am more fond of apples than oranges.
He couldn't have been more wrong.
②2음절어 : 대부분의 단어; fertile비옥한 vivid생생한 fatal치명적인 childish유치한
③3음절어 : comfortable안락한 convenient편리한 satisfactory만족스러운
④분사 형용사 : bored pleased wicked;
⑤형용사+ly : loudly slowly quickly simply
⑥형용사적으로 쓰인 다른 품사 :
그녀는 아내답기보다는 더욱 엄마답다. James는 왕답기보다는 더 신사답다.
⑦동일인/동일물의 다른 성질을 비교 할 때 :
그는 비사교적이기라기 보다는 오히려 수줍은 편이다.
그의 언급은 정당하기보다는 오히려 재치가 넘쳐흐른다.

❸ 양쪽 모두 사용되는 경우 :
They were very angry with the Nobel Committee, even **angrier** with me.
Even when it's fine the buses are late **more often** than not.

❹ 복합어 :
①more-most : good-natured 성격이 좋은; true-hearted 진정한 마음의; well-to-do
②제1요소 변화 : well-known 유명한; hard-working 부지런한; fine-looking 잘 생긴;
Summerfest is even **better known** for music than for beer.

2 불규칙적 형성

그의 누나는 형님보다 나이가 더 많다.;
후자의 이야기가 전자의 이야기보다 더 좋다.
족(足)함을 아는 것은 부(富)보다 낫다. (속담)
그녀에게 상황은 점점 더 악화되어가고 있다.
그 주제에 관해서는 더 이상 언급할 말이 없다.

▶비교 변화를 하지 않는 형용사 : *형용사 그 자체의 내재적 성질 때문이다.
*absolute 대적인; complete완전한; dead죽은; empty텅 빈; full가득 찬;
future미래의; half절반의; impossible불가능한; matchless비교할 수 없는;
perfect완전한; round둥근; solar태양의; square네모난; singular단일의;
unique독특한; vacant비어있는; weekly매주의;

2 비교의 종류❶-① : 원급

❶ 종류

①동등 ⓐHe is just **as** tall **as** his younger brother.

I can run **as** fast **as** Mary.

ⓑShe is as kind as beautiful.

Man is as old as he feels and woman is as old as she looks.

②열등 Man is **not as** social **as** ants or bees.

Her husband was **not so** clever **as** his wife was wicked.

③배수 This book is **twice as** thick **as** that.

Your house is **three times as** large **as** mine.

❷ 직유법

①두운법

He's **as blind as a bat** without his glasses.

The water was **as clear as crystal**.

The captain remained **as cool as a cucumber.**

Sweet little Mary is **as pretty as a picture.**

②기타

The twins are **as like as two peas** in a pod.

The boy was **as meek as** a lamb.

My aunt is **as poor as a church mouse.**

He was **as slippery as** an **eel**.

He is **as stubborn as a mule.**

❸ 주의 사항

①as ~ as에서 앞의 as는 부사이고, 뒤의 as는 접속사다.

This bus is **as** fast **as** the train (is fas).

②as **형용사** as 구문에서 형용사 앞에 very는 올 수 없다.

She is as <u>*very*</u> charming as the foreigner. (X)

③as ~ as 구문에서 종속절(as절)에는 부정어를 사용하지 못함.

My watch is not as expensive **as** yours is ***not*** expensive. (X)

④as ~ as 구문에서의 생략 : 전후관계로 보아 비교되는 대상이 명백한 경우

I love you **as** much **as** she (loves you).

I love you **as** much **as** (I love) her.

2 비교의 종류❶-① : 원급

❶ 종류

①동등 비교 : *as ~ as;

ⓐ그는 꼭 자기 동생만하다. 나는 Mary만큼 빨리 달릴 수 있다.

ⓑas A as B : B하기도 하고 A하기도 하다. 뒤의 as 다음에 she is가 생략되었다.

그녀는 아름다울 뿐만 아니라 마음이 착하다.

남자는 느끼는 만큼 늙었고 여자는 보이는 만큼 늙었다.

②열등 비교 : *not as ~ as =not so ~ as

인간은 개미나 벌만큼 군거성(群居性)이 없다.

그녀의 남편은 그의 아내가 영악한 만큼 영리하지 못하다.

③배수 비교 : *배수 + as ~ as

이 책은 저 책의 두께의 2배다.

당신의 집은 내 집의 크기의 3배이다.

❷ 직유법 : *강조적인 표현으로 'very+형용사'의 뜻이다. *매우 ~ 한

①두운법(頭韻法) : A as A as B; A, B 단어의 첫 글자가 같은 경우

as **b**usy as a **b**ee 몹시 바쁜;

as **b**lind as a **b**at [mole, beetle] 장님이나 마찬가지인;

그녀는 안경이 없으면 장님이나 마찬가지다.

as **c**lear as **c**rystal 맑고 깨끗한; 이 물은 수정처럼 맑다.

as **c**ool as a **c**ucumber 아주 냉정(침착)하여; 그 선장은 아주 침착했다.

as **h**ungry as a **h**awk [**h**unter] 몹시 배고픈;

as **p**retty as a **p**icture 그림처럼 예쁜; 상냥한 Mary는 그림처럼 예쁘다.

as **p**roud as a **p**eacock 몹시 뽐내어; as **s**low as a **s**nail 매우 느린;

②기타 :

as cunning as a fox (여우처럼) 아주 교활한; The impostor is as cunning as a fox.

as drunk as a fish 곤드레만드레 취하여;

as greedy as a wolf 몹시 탐욕스러운;

as like as two peas (강낭콩처럼)꼭 닮은; 그 쌍둥이는 서로가 너무 닮았다.

as meek as a lamb (양처럼) 아주 온순한; 그 소년은 양처럼 온순하다.

as poor as a church mouse 몹시 가난한; 내 숙모님은 너무 가난하다.

as quiet as a mouse (쥐 죽은 듯이)조용한;

as slippery as an eel. 붙잡기 어려운; 파악할 수 없는. 그는 파악하기 힘들다.

as stubborn as a mule (노새처럼) 고집 센; 그는 몹시 고집이 세다.

as wise as Solomon 아주 현명한; The judge is as wise as Solomon.

as wet as a drowned rat(물에 빠진 쥐) 흠뻑 젖어;

❸ 주의

①as ~ as : *앞의 as는 부사이고, 뒤의 as는 접속사다

이 버스는 그 열차만큼 빠르다.

②as 형용사 as 구문 : *형용사 앞에 very는 올 수 없다.

*almost, exactly, just, nearly 등이 수식할 수 있다.

He is as very handsome as you.(x)

③as ~ as : *종속절에는 부정어를 사용하지 못함.

He is as clever as he is **not**. (x)

④as ~ as : *구문에서의 생략; 전후관계로 보아 비교되는 대상이 명백한 경우.

나는 그녀가 너를 사랑하는 만큼 나는 너를 사랑한다.

나는 내가 그녀를 사랑하는 만큼 나는 너를 사랑한다.

2 비교의 종류❶-② : 원급-관용적 용법

❶ as ~ as any (other) 단수명사

She is as charming as any (other) girl in her class.

He studies as hard as any other boy in his class.

❷ as ~ as ever + 과거동사

He is as great a scholar as ever lived.

I loved you as truly as ever a man loved a woman.

❸ as ~ as can be =as ~ as anything

He is as poor as can be. =He is as poor as anything.

He is as happy as can be.

❹ as ~ as possible =as ~ as one can

I will get in touch with you as soon as possible.

She tried to look as charming as possible.

❺ as good as =almost; all but; nearly; practically

The man who had been shot is as good as dead.

When the car was repaired, it looked as good as new.

❻ as much as to say =as if to say

He raised his hand as much as to say something.

He shook his head as much as to say 'that is mission impossible'.

❼ go as[so] far as to 부정사

She went as far as to say that I was an impostor.

She went as far as to say that I was an idiot.

❽ not so much as =not even

She cannot so much as write his own name.

She went away without so much as saying goodbye to me.

❾ not so much A as B =rather B than A

A man's true worth lies not so much in what he has as in what he is.

He is not so much a scholar as a writer.

❿ As long [far; often] as

As long as I live, you shall want for nothing.

As far as I am concerned, I have no objection to your plan.

As often as he went out, he lost something.

2 비교의 종류❶-② : 원급-관용적 용법

❶ **as ~ as any (other) 단수명사** : *어느 누구 못지않게 ~한; 최상급의 뜻
그녀는 자기 반에 있는 어느 소녀 못지않게 매력적이다.
그는 자기 반에 있는 어느 소년 못지않게 열심히 공부한다.
❷ **as ~ as ever + 과거동사** : *지금까지 ~한 누구 못지않게; 최상급의 뜻
=He is the greatest scholar that ever lived.
그는 여태 살아온 어느 누구 못지않은 위대한 학자다.
어느 남자가 여자를 사랑한 것 못지않게 나는 너를 진심으로 사랑했다.
❸ **as ~ as can be =as ~as anything** : *몹시 ~한;
그는 몹시 가난하다. 그는 더할 나위 없이 행복하다.
❹ **as ~ as possible =as ~ as one can** : *가능한 한;
가능한 한 곧 너에게 연락을 취하겠다.
그녀는 가능한 매력 있게 보일려 했다.
❺ **as good as =almost; all but; nearly; practically** : *~나 다름없는;
총에 맞은 그 사람은 죽은 거나 다름없다.
차가 수리되자 새것이나 다름없어 보였다.
❻ **as much as to say =as if to say** : *마치 ~라고 하는 것처럼;
그는 마치 뭔가를 말하려는 것처럼 손을 들었다.
'저것은 불가능한 임무'라고 말하려는 것처럼 머리를 좌우로 흔들었다.
❼ **go as[so] far as to 부정사** : *심지어 ~하기까지 하다;
심지어 내가 사기꾼이이라고까지 말했다
그녀는 내가 바보천치라고까지 말했다.
❽ **not so much as =not even** : *~조차도;
그녀는 자기 이름조차도 쓰지 못한다.
그녀는 나에게 작별인사도 없이 가 버렸다.
❾ **not so much A as B =rather B than A** : *A라기 보다는 B이다;
그는 작가라기보다는 학자다.
He is not so much a scholar as a writer.
=He is not a scholar so much as a writer.
=He is less a scholar than a writer.
=He is a scholar less than a writer.
=He is more a writer than a scholar.
=He is a writer more than a scholar.
=He is rather a writer than a scholar.
=He is a writer rather than a scholar.
한 인간의 가치는 그가 가지고 있는 재산에 있기라기보다는 그가 어떠한 인물 인가에 있다.
lie in = consist in ~하는 데 있다.
❿ As long/far/often/as :
***As long as** : *~하는 한; 내가 살아 있는 한 네가 부족한 것이 없게 하겠다.
I'll never forget your favor **as long as** I live.
살아 있는 동안은 너의 은혜를 잊지 않겠다.
***As far as** : *~에 관한 한; 나에 관한 한 나는 너의 계획에 반대는 없다.
As far as I know, he is not an honest man.
내가 아는 한 그는 정직한 사람이 아니다.
***As often as** : *~할 때마다(whenever); 그는 외출할 때마다 무언가를 잃어버린다.
As often as he sees me, he asks for money.
그는 나를 볼 때마다 돈을 요구한다.

2 비교의 종류❷-① : 비교급

❶ 종류

①우등 He is two years older than I.
Eyes are more eloquent than lips.
②열등 She is less beautiful than her sister.
③배수 This land is five times larger than ours.
④동일인 He is more shy than unsocial.
⑤절대 This book is written for the younger generation.
⑥라틴어 This wine is inferior **to** that in flavor.
He is senior **to** me. =He is two years senior to me.

❷ 주의 사항

1. **강조** The result was much worse than I expected.
This is by far the better of the two.

2. **비교의 대상은 동일해야 한다.**
The population of Masan is larger than that of Jinju.
The climate of Korea is far milder than that of Siberia.

3. **비교의 대상이 분명하면 생략가능하다.**
I love you more than she. I love you more than (I love) her.

4. **비교급 상당 어구**
Health is above wealth. There is no other way but to surrender.

5. **비교구문의 종속절에는 부정어를 사용하지 않는다.**
A whale is no more a fish than a horse is **not** a fish. (×)

6. **비교급에 the를 붙이는 경우**
①**The more** we have, **the more** we want.
②Of gold and silver, the former is **the more precious.**
③It is **none the less** true **because** it sounds strange.
I am **none the wiser for** his explanation.

7. **비교급에 than을 사용하지 않는 경우**
①I have never been happier now in my life.
②I would be happier if she were here with me.
③I want a better job. Bring me a smaller one.
④It is warmer this morning. They made the house bigger.

2 비교의 종류❷-① : 비교급

❶ 종류

①우등 비교 : =He is older than I by two years. =He is senior to me by two years.
=He is my senior by two years old. *by는 차이를 나타내는 전치사
눈은 입보다 더 능변이다.(속담) (더 풍부하게 감정을 표현한다.)

②열등 비교 : less ~ than; 그녀는 그녀의 여동생보다 덜 예쁘다.

③배수 비교 : =This land is five times as large as ours.

④동일인 비교 : *동일인의 다른 면을 비교할 때는 1음절이라도 more를 붙임.
비사교적이라기보다는 수줍음이 많다.

⑤절대 비교 : *비교의 대상을 명시하지 않고 전체를 막연히 둘로 나누어서 비교함.
이 책은 젊은 세대를 위해서 쓰여 졌다.

⑥라틴어 : *than 대신에 to를 사용함.
*superior≠inferior; interior≠exterior; j unior≠senior; major≠minor; posterior≠anterior
이 포도주는 향에 있어서는 저 포도주보다 못하다.
그는 내 보다 두 살 위다. =He is my senior by two years.

*Poverty is much preferable **to** ill health. 가난은 건강이 좋지 않는 것보다 훨씬 낫다.
*I prefer playing soccer to going playing football.
*Charles prefers vegetables to meat.
*The cold was preferable to the smoke.
*This option is preferable to any other.

❷ 주의 사항

1. **강조** : *much, still, even, far, by far, a bit, a little, a lot, lots, any, rather
그 결과는 내가 예상했던 것보다 훨씬 나빴다. 이것은 둘 중에서 훨씬 더 낫다.
2. **비교의 대상은 동일해야 한다.**
마산의 인구는 진주의 인구보다 더 많다.
한국의 기후풍토는 시베리아의 기후풍토보다 훨씬 더 온화하다.
3. **비교의 대상이 분명하면 생략 가능하다.** she (loves you);
4. **비교급 상당 어구** : *above rather other else elsewhere
건강은 재산보다 낫다. 항복하는 것 외는 다른 방법이 없다.
5. **비교 구문의 종속절에는 부정어를 사용하지 않는다.**
A whale is no more a fish than a horse is **not** a fish. (×)
고래가 물고기가 아닌 것은 말이 물고기가 아닌 것과 같다.
6. **비교급에 the를 붙이는 경우** :
①the + 비교급, the+비교급 : 많이 가지면 가질수록 더 많이 원한다.
②the + 비교급 + of A and B : 금과 은 중에서 금이 더 귀중하다. the former전자
③the + 비교급+이유 : 양보의 부사구나 절이 온다.
그것은 이상하게 들릴지 모르지만 그래도 사실이다.
none the less =no less;그래도
나는 그의 설명에도 불구하고 여전히 모르겠다.
none the wiser 여전히 모르고
I like him **all the better for** his faults.
나는 그의 결점에도 불구하고 더욱 그를 좋아한다.
6. **비교급에 than을 사용하지 않는 경우** :
①비교되는 부분이 분명 : 내 생애에서 이보다 더 행복해본 적이 없다.
②뒤에 if절이 따를 때 : 그녀가 나와 같이 있으면 더 기쁘겠는데.
③명사나 부정대명사 one 수식 : 더 좋은 일자리를 원한다. 작은 것을 가져오게.
④서술적으로 사용 : 오늘 아침은 더욱 따뜻하다. 집을 더 크게 했다.
⑤비교의 대상이 둘 : 둘 중에서 더 크다. 둘 중에서 더 젊다.

2 비교의 종류❷-② : 비교급-관용적 용법

❶ Better

①He is **no better than** a beggar.

②You **had better** not go there.

③She **knows better than to** answer back.

④He **got the better of** his shyness.

⑤She'll **think better of** you if you say you're sorry.

⑥He spent **the better part of** the week fishing.

⑦His health was **none the better** for the change of air.

❷ Less

①He paid **no less than** 10 dollars. It is **no less than** a fraud.

②He is **no less** clever **than** his elder brother.

He was **no less** a person **than** a king.

A whale is **no less** a mammal **than** a horse is.

③He has **not less than** 10 dollars.

④She is **not less** beautiful **than** her sister.

⑤It was **nothing less than** monstrous.

⑥He cannot speak English, **still less** French.

⑦He had some faults, but was loved **none the less.**

❸ Longer

①I can**not** put up with your rudeness **any longer**.

②I am sorry I can wait **no longer.**

❹ More

①A whale is **no more** a fish **than** a horse is.

②He is **no more than** a puppet.

③I have **not more than** 5 dollars.

④She was **more than** pleased with her son's performance.

⑤It's an hour's journey **more or less**.

⑥He is **little more than** a child.

⑦He can speak French fluently, **still more** English.

2 비교의 종류❷-② : 비교급-관용적 용법

❶ Better

①no better than : *~나 매한가지(as good as, practically); 그는 거지나 다름없다.
②had better : *~하는 편이 낫다; 그 곳에 안가는 편이 낫다.
③know better than to : *~않을 만큼 분별력이 있다.
그녀는 말대꾸하지 않을 정도의 분별력은 있다.
④get the better of : *극복하다=overcome=surmount; 그는 자기의 수줍음을 극복했다.
⑤think the better of : *다시 생각하게 되다.
만약 네가 미안하다고 말하면 그녀는 다시 생각하게 될 것이다.
⑥the better part of : *~의 대부분; 그는 일주일의 대부분을 낚시에 소비했다
⑦none the better : *조금도 나아지지 않다.
전지요양에도 불구하고 조금도 나아지지 않았다. change of air 전지요양

❷ Less

①no less than : *~만큼이나 =as much as; 그는 10달러나 지불했다.
no less than : *~나 다름없는; 그것은 사기나 다름없다.
②no less ~than : *~에 못지않은; 그는 자기 형님 못지않게 영리하다.
no less ~than : *다름 아닌 바로 그 자신; 그는 다름 아닌 왕 자신이었다.
A is no less B than C is D. A가 B인 것은 C가 D인 것과 같다; **▶고래 제1법칙**
고래가 포유류인 것은 마치 말이 포유류인 것과 같다.
③not less than : *적어도 =at least; 그는 적어도 10달러는 있다.
④not less ~than : *~못지않게 ~이다; 그녀는 자기 여동생 못지않게 예쁘다
⑤nothing less than : *참으로 ~이다; 그것은 정말 괴물 같다.
⑥still less =much less : *하물며 ~않다; *부정문에 사용함
불어는커녕 영어도 말하지 못한다.
⑦none [not] the less =no less : *그래도; 그럼에도 불구하고(nevertheless); 여전히
그는 결점이 몇 가지 있다. 그러나 여전히 사랑을 받았다.
*less than =never : *결코 ~않다 She was **less than** pleased.

❸ Longer

①not ~ any longer =no longer : *더 이상 ~않다
나는 너의 무례함을 더 이상 참을 수가 없다.
put up with =bear; endure; stand; tolerate 참다, 견디다
②no longer : *더 이상 ~않다; 더 이상 기다릴 수가 없어서 미안하다.

❹ More

①A is no more B than C is D : *A가 B아닌 것은 C가 D아닌 것과 같다. **▶고래 제2법칙**
고래가 물고기가 아닌 것은 마치 말이 물고기가 아닌 것과 같다.
②no more than : *단지(=only); 그는 허수아비에 불과하다. puppet 꼭두각시; 괴뢰;
③not more than : *기껏해야(=at most); 나는 기껏해야 5달러뿐이다.
*not more ~than : *more ~ than의 부정; She is **not more** bright **than** her sister.
④more than : *~이상, 매우(=very); 자기 아들의 연주에 매우 기뻤다.
⑤more or less : *약=(about); 한 시간 정도의 여정이다.
no more : *~도 또한 아니다; you will not go there, **no more** will I.
⑥little more than : *~과 다름없다; 그는 어린애나 마찬가지다
⑦still more =much more : *하물며; *긍정문에 사용함
그는 영어는 말할 것도 없고 불어도 유창하게 말할 수 있다.

2 비교의 종류❸-① : 최상급

❶ 종류

1. the+최상급+of(among)+한정사+복수명사
   Gold is **the most** valuable of all metals.
   Jack is **the oldest** of the three children.
2. the+최상급+in+(한정사)+단수명사 (집합명사)
   The Han River is **the longest** in Korea.
   She is **the most** beautiful in our class.
3. the+서수+최상급
   Busan is **the second largest** city in Korea.
   =Busan is **the largest** city but one in Korea.
4. the+최상급 명사+that ~ever +과거동사
   This is **the most** beautiful picture that I **ever** saw.
   It was **the most** charming story that they had **ever** heard.
5. the+최상급+명사+that+S+have(had)+experienced for the last ~
   This is **the hottest** summer that we **have experienced** for the last 10 years.

❷ 주의 사항

1. 무관사

①부사의 최상급 Mother gets up **earliest** in our family.
②동일인 비교 She is **happiest** when she is at table.
③동일물 비교 This lake is **deepest** at this point.
④보어로 사용 Father is **busiest** of late. (SC)
We found his lecture **easiest**. (OC)
⑤중심 한정사 You are my **best** friend.

2. 강조

It's **quite** the worst play that I have ever seen.
Tom is **the very** best student in our class.

3. 양보

The poorest can afford to buy a few apples.
Sudden death comes to **the strongest** man.

4. 최상급 구문의 that절(종속절)에는 부정어를 사용하지 못함

He is the ugliest baby that I have ever seen. (o)
He is the ugliest baby that I have never seen. (×)

2 비교의 종류❸-① : 최상급

❶ 형태

1. the + 최상급 + of(among) + 한정사 + 복수명사
금은 모든 금속 중에서 가장 가치 있다.
Jack은 세 아이들 중에서 제일 나이가 많다.

2. the + 최상급 + in + (한정사) + 단수명사 (집합명사)
한 강은 한국에서 가장 길다.
그녀는 우리 반에서 제일 아름답다.

3. the + 서수 + 최상급
부산은 한국에서 두 번째로 큰 도시다.
=부산은 한국에서 하나를 제외 하고는 제일 큰 도시다. *but=except

4. the + 최상급 + 명사 + that ~ ever
이것은 내가 여태까지 본 것 중에서 가장 아름다운 그림이다.
그것은 그들이 여태까지 들은 것 중에서 가장 매력적인 이야기다.

5. the +최상급 + 명사 + that + S + have(had) + experienced for the last ~
이것은 우리들이 지난 10년 동안 경험했던 것 중에서 가장 더운 여름이다.
We had the severest earthquakes that we had experienced for the last twenty years.
우리들이 지난 20년간 경험했던 것 중에서 가장 격심한 지진이었다.

▶**절대 최상급** : *a most =very; 범위가 정해지지 않은 막연한 최고의 정도를 나타낸다.
He was a most brave man. 그는 매우 용감한 사람이었다.

❷ 주의 사항

1. 무관사
①부사의 최상급 : 어머니는 우리 가족 중에서 제일 일찍이 일어난다.
②동일인 비교 : 그녀는 식사중일 때가 제일 행복하다.
③동일물 비교 : 이 호수는 이 지점이 제일 깊다.
④보어로 사용 : 아빠는 요즘 제일 바쁘다.
그의 강의가 제일 쉽다는 것을 알았다
⑤중심 한정사가 오는 경우 : 중심한정사끼리는 상호 배타적이다.
You are my the best friend.(x)
'A farewell to Arms' is Hemingway's greatest novel.

2. 최상급의 강조 : *much, far, by far, almost, nearly, practically, quite, the very
그것은 내가 여태까지 보아온 것 중에서 최악의 연극이었다.
Tom은 우리 반에서 최고의 학생이다.

3. 양보 : *최상급이 문맥에 따라 양보로 해석해야할 경우가 있다.
아무리 가난한 사람들이라도 몇 개의 사과는 살 수 있다.
가장 튼튼한 사람에게도 갑작스러운 죽음은 온다.

4. 최상급 구문의 that절에는 부정어를 사용하지 못함
그는 내가 여태까지 보아왔던 가장 못생긴 어린애이다.

2 비교의 종류❸-② : 최상급-관용적 용법

❶ 관용적 표현

1. Best

①Life is, **at best**, a sea of trouble.

②She **made the best of** the unfavorable condition.

③**To the best of my knowledge**, she is not such a woman.

④I will do the work **to the best of my ability**.

⑤Though he is nearly 50, he played tennis **with the best**.

2. Last

①He is **the las**t person to come here.

②He is **the last** person to tell a lie.
He is **the last** man to desert a friend in need.

3. Least

①Lying is a bad habit, **to say the least of it**.

②**Least of all** do I want to hurt you.

③I was **not in the least** surprised at the news.

④I would like to read three books a month **at least**.

4. Most

①He is now twenty **at (the) most**.
There were three or four **at most** who gathered up for meeting.

②We have to **make the most** of opportunities.

③Summer in Korea, **for the most part**, dry and sunny.

❷ 최상급 의미의 여러 가지 표현

①최상급 He is the great**est** scholar in Korea.

②비교급 =He is great**er than any other** scholar in Korea.
=**No (other)** scholar in Korea is great**er than** he.

③원 급 =He is **as** great **as any** scholar in Korea.
=He is **as** great **as** a scholar **ever lived** in Korea.
=**No (other)** scholar in Korea is **so** great **as** he.

2 비교의 종류❸-② : 최상급-관용적 용법

❶ 관용적 표현

1. Best

①**at best** : *기껏해야; 인생은 기껏해야 고통의 바다다.
②**made the best of** : *최대한 이용하다 . 그녀는 불리한 조건을 최대한 이용했다.
③**to the best of one's knowledge** : ~가 아는 한 (=as far as ~ know)
내가 아는 한 그녀는 그러한 여자가 아니다.
④**to the best of one's ability** : *능력이 미치는 한,
능력이 미치는 한, 그 일을 내가 하겠다.
⑤**with the best** : *누구에게도 못지않게
비록 그는 50살에 가깝지만 누구에게도 못지않게 테니스를 잘 쳤다.

2. Last

①**the last** : *마지막. 그는 이곳에 제일 마지막으로 온 사람이다.
②**the last** : *결코 ~하지 않는.
그는 결코 거짓말을 할 사람이 아니다.
그는 곤경에 처해 있는 친구를 결코 버릴 사람이 아니다.

3. Least

①**to say the least of it** : *줄잡아 말해도. 거짓말은 대충 말해도 나쁜 습관이다.
②**Least of all** : *특히 ~아니다. 특히 너를 해치고 싶지는 않다.
③**not in the least** : *전혀 ~아니다. 나는 그 소식을 듣고 전혀 놀라지 않았다.
④**at least** : *적어도; 나는 적어도 한 달에 책 3권을 읽고 싶다.
You should brush your teeth at least twice a day.
Look on the bright side: at least you have still your job.

4. Most

①**at most** : *기껏해야; 그는 이제 겨우 20살이다.
It was a minor offence at most. 기껏해야 사소한 위반이다.
모임에 모인 사람들은 기껏해야 3~4명밖에 안 되었다.
②**make the most of** : *~을 최대한 이용하다.
그녀는 그다지 예쁘지는 않지만 자기의 외모를 최대한 이용한다.
③**for the most part** : *대개. 한국의 여름은 대개 건조하고 햇볕이 내려 쪼인다.

❷ 최상급 의미의 여러 가지 표현

①최상급 He is the greatest scholar in Korea.
=He is the greatest **of all** scholars in Korea.
②비교급 =He is the great**er than any other scholar** in Korea.
=He is the great**er than all the other** scholars in Korea.
=**No other** scholar in Korea is great**er than** he.
③원급 =He is **as** great **as any** great in Korea.
=He is **as** great **as** a scholar **ever lived** in Korea.
=**No other** scholar in Korea is **as** great **as** he.

▶**주의** :
①같은 종류의 비교에는 other를 쓰나, 다른 종류의 비교에는 other를 쓰지 않는다.
He is taller than any **other** boy in his class.
This horse is cleverer than **any dog.** 이 말은 어떤 개보다 더 영리하다.
②주어가 복수이면 'any other 복수명사' 구문이 된다.
The **two boys** are taller than **any other boys**.

어법 문제 ①

❶ 다음 문장에서 어법상 틀린 곳을 고쳐라.
1. Seoul is larger than any city in Korea.
2. Tokyo is larger than any other city in Korea.
3. This horse is cleverer than any other dog.
4. He is superior than that in quantity and quality.
5. The two boys are taller than any other boy.

❷ 괄호 안에 적당한 단어를 넣으시오.
1. He left the house without so much (　　) saying a word.
2. He is as wise as (　　) can be.
3. Most people more or (　　) selfish.
4. He is not so much a scholar (　　) a statesman.
=He is not a scholar (　　) much as a statesman.
=He is (　　) a scholar than a statesman.
=He is a statesman (　　) than a scholar.
=He is (　　) of a statesman than a scholar.
5. He is the greatest scholar in Korea.
=He is the greatest scholar (　　) all the scholars in Korea.
=He is greater than any (　　) scholar in Korea
=(　　) other scholar in Korea is greater than he.
=He is as great as (　　) scholar in Korea.
=He is as great as a scholar (　　) lived in Korea.

❸ 괄호 안에 적당한 단어를 넣으시오.
1. She loved him none the (　　) for his faults.
2. He knows (　　) than to do such a mean thing.
3. Most people more or (　　) selfish.
4. (　　) often than not, he had to go abroad.
5. I don't say that he is idle, much (　　) that he is dishonest.

❹ 지시한대로 바꿔 써라.
1. Robert is younger than any other boy in his class. 최상급으로
2. No other flowers in the garden as lovely as this. 최상급으로
3. He is the cleverest boy in his class. 비교급으로
4. This is the most beautiful scenery I have ever seen. 비교급으로
5. Kate is the best singer in our class. 비교급으로

해답

❶ 1.any other city　2.city→cities　3.other를 뺀다.　4.than→to;
❷ 1.as　2.wise　3.less　4.as; so; less; rather; more;　5.of; other; No; any; ever;
❸ 1.less　2.better　3.less　4.More　5.less
❹ 1.Robert is the youngest boy in his class.　2.This is the most lovely flower in the garden.　3.No other boy in his class is cleverer than he.　4.I have never seen more beautiful scenery than this.　5.Kate is a better singer than any other boy in his class.

어법 문제 ②

◆ 밑줄 친 곳에 알맞은 것은?

1. Of the two sisters, I think Mary is ____________ .
   ① the most beautiful ② less beautiful ③ more beautiful
   ④ the more beautiful ⑤ most beautiful

2. The ____ we go, the smaller and lighter are the particles of dust in the air.
   ① high ② highly ③ higher ④ highest ⑤ more higher

3. It is quite a surprise to see you here.
   =You are the _______ man I expected to see you here.
   ① last ② least ③ first ④ latest ⑤ little

4. This apartment _______ in the building.
   ① is biggest than any other one ② is biggest that any other one.
   ③ is bigger than any other one. ④ is bigger that any other one.
   ⑤ is bigger than ones

5. The Eiffel Tower is still ____ of the man-made structures in the world.
   ① a very high one ② highest one ③ one of the highest
   ④ the higher one ⑤ the one of the highest

6. 밑줄 친 부분과 뜻이 같은 것은?
   Looking at the baby, the driver said, "My goodness! What an ugly baby!" <u>I don't think I have ever seen an uglier baby.</u>
   ① I don't think it's an ugly baby I have ever seen.
   ② I remember it's the ugly baby I have seen.
   ③ I'm afraid it's the ugliest baby I have ever seen.
   ④ I think it's an uglier baby I have never seen.
   ⑤ I don't think I've ever seen such a pretty baby.

7. 다음 중 틀린 것은?
   ① Nothing is so precious than time. ② It is the more useful of the two.
   ③ The lake is deepest here. ④ This is superior in quality to that.
   ⑤ Nothing is more important than this.

해답

1. ④; the 비교급 + of the two 구문
2. ③; the 비교급, the 비교급 구문
3. ①; the last가 부정의 뜻을 나타내는 경우다.
4. ③; 비교급 + than any other 단수명사
5. ③; one of the highest one(=structure) 최상급 다음에 one이 생략되었다.
6. ③; my goodness!=Goodness me! 어머나, 저런 .
7. ①; than→as

어법 문제 ③

◆ 두 문장의 뜻이 일치하지 않는 것은? (1~2)

1. ① Nothing is so precious as mine.
   =Time is the most precious of all.
   ② I have paid him as much as ten dollars.
   =I have paid him no less than ten dollars.
   ③ He is not so much a scholar as a statesman.
   =He is a scholar rather than a statesman.
   ④ Tom is the tallest boy in his class.
   =No other boy in his class is taller than Tom.
   ⑤ A bat is no more a bird than a rat is.
   =A bat is not a bird any more than a rat is.

2. ① She is two years older than I.
   =She is junior to me by two years.
   ② I prefer meat to fish.
   =I like meat better than fish.
   ③ I have never heard a better story than this.
   =This is the best story that I have ever heard.
   ④ I have no more than five dollars.
   =I have only five dollars.
   ⑤ He has three times the number of my books.
   =He has three times as many books as I have.

◆ 다음에서 문법적으로 잘못이 없는 문장은? (3~4)

3. ① His brother is not so diligent as him.
   ② This camera is superior than that one.
   ③ He is the last man to tell a lie.
   ④ He is younger of the two.
   ⑤ This lake is the deepest at this point.

4. ① I am fonder of coffee than tea.
   ② I feel the happier when I am at home.
   ③ The later half of the program was very interesting.
   ④ No mountain in the world is so high as Mt. Everest.
   ⑤ The little you talk about it, the good it will be.

해답

1. ③; not so much A as B =B rather than A; A라기보다는 오히려 B이다.
2. ①; junior→senior; to는 비교를 나타내는 전치사이다.
3. ③; ①him→he; ②as→than; ④larger→largest; ⑤still more→still less;
4. ④; ①fonder→more fond; ②the를 뺀다. ③later→latter; ⑤the good→the more

어법 문제 ④

1. 다음 중에서 문장 전환이 잘못된 것은?
   ① He was as good as his word.
   =His word once given was never broken.
   ② My house is as high as his. =My house is the same high as his.
   ③ His villa is twice as large as mine.=His villa is twice the size of mine.
   ④ As rust eats iron, so care eats the heart.
   =Care eats the heart s rust eats iron.
   ⑤ Water is to fishes as air is to men.
   =As air is to men, so is water to fishes.

2. 주어진 문장과 뜻이 가장 먼 것은?
   Mt. Baikdu is the highest mountain in Korea.
   ① No mountain in Korea is so high as Mt. Baikdu.
   ② No mountain in Korea is higher than Mt. Baikdu.
   ③ Mt. Baikdu is higher than any other mountain in Korea.
   ④ Mt. Baikdu is the highest of all the mountains in Korea.
   ⑤ No mountain in Korea is as high as Mt. Baikdu.

◆ 문법적으로 올바른 것을 고르시오.(3 ~ 5)

3. ① His composition must be better than you.
   ② This lesson is not more difficult than it is tedious.
   ③ He is two inches taller than me.
   ④ She is braver than candid.
   ⑤ They firmly believe that death is much preferable to dishonor.

4. ① Which of the two cities is lighted better at night?
   ② The professor is no better than statesman.
   ③ This bell is much more heavier than that in the temple.
   ④ London has the largest population in all the cities of Europe.
   ⑤ On the contrary she is as well as word.

5. ① I am the least man to desert a friend in need.
   ② I like her all the better because her faults.
   ③ I am sure that New York is the larger of all the cities in the world.
   ④ His ingenuity in mathematics is greater than Einstein.
   ⑤ The more we suspect others, the more they will suspect us.

해답

1. ②; high→height
2. ⑤; as ~ as 사이에는 원급이 들어간다.
3. ⑤; ①you→yours ②not→no ③ me→I ④braver→more brave(동일인 비교)
4. ①; ②a statesman ③more를 없앤다. ④in→of ⑤well→good
5. ⑤; ①least→last ②because→for ③larger→largest ④than Einstein→than that of

어법 문제 ⑤

◆ Choose the one which is grammatically wrong

1. The songs of Bob Dylan are very popular among young people(①), who regard(②) him as more superior(③) to other musicians(④).

2. O'hare Airport in Chicago handles(①) more freight(②) and mail than(③) any another(④) airport in the United States.

3. Until(①) the 1980's most of the paper(②) money in circulation in the world was issued(③) by banks or private companies rather by(④) government.

4. Of all(①) Native American tribes(②), the Shawanee Indians were(③) a most(④) transient.

4. Ancient drawings indicate(①) that the skill of juggling(②) is at less(③) three thousand years(④) old.

5. Perhaps the greatest all-round(①) male athlete the United States has(②) never produced, Jim Thorpe excelled(③) in track(④), football, and baseball.

6. Very old dolls may have remained intact solely because(①) they were fashioned(②) from substances durable(③) than cloth(④).

해답

1. ③; superior는 라틴어 비교급이다. 비교급을 수식하는 부사는 much
2. ④; 비교급 + than any other 단수명사 another→other
3. ④; 문맥상 rather가 비교급으로 사용되었음. rather by→rather than
4. ③; at least(적어도)
5. ②; never→ever 최상급의 that 절에는 부정어를 사용 안한다.
6. ③; -able로 끝나는 형용사는 more most를 붙인다. durable→more durable

어법 문제 ⑥

❶ 다음 글에서 밑줄 친 부분 중 어법상 자연스러운 것은?

Cigarette smoking is believed ① to be relating to cancer of the oral cavity. Male cigarette smokers have ② the highest death rate from heart disease than non-smoking males. Nevertheless, some smokers are ③ so addicted that they just ④ cannot quit to smoke. As a result, smokers are at least twice as ⑤ likely to suffering from heart disease as non-smokers.

❷ 다음 글에서 밑줄 친 부분 중 어법상 틀린 것은?

Diamonds are ① older than nearly everything else on earth. They have been used to cut glass, cure snakebites, and ② charming kings and queens. ③ Famed for their flashing beauty, diamonds are the hardest substance on earth and among ④ the most useful. However, digging for diamonds ⑤ is an expensive and exhausting operation. Miners may dig through about 250 tons of rock to find just one stone.

❸ 다음 글의 밑줄 친 부분 중, 어법상 틀린 것은?

The Masai are a people who are continually trying to preserve their own ways ① in an increasingly modern world. They live along the border of Kenya and Tanzania, ② moving their homes from time to time to follow their cattle, the source of their livelihood. The Masai depend on their cattle for many parts of their life. They don't slaughter their cattle for food; but if a cow is killed, then the horns are used for containers; the hides ③ are used to make shoes, clothing, and bed coverings. The more cattle a man owns, ④ the rich he is considered to be. The cattle, ⑤ though owned by the man, are considered to belong to the man's entire family.

❹ 밑줄 친 (A) (B) (C) 중에서 어법에 맞는 표현을 고르시오.

Black bears are the smallest and (A) commonest/ most common bears in the United States. At one time, they roamed freely in 49 of the 50 states. Today, their numbers are (B) very/ much smaller, the bears are found in only 30 states. (C) Little/ Much was known about the habits of these animals until the 1950s, when researchers began to study them.

해답

❶ ①to be related; ③so much; 'so 과거분사 that'은 목적이 된다. The bridge is so made that it opens in the middle. ④to smoke→smoking; ⑤suffering→suffer;

❷ ②; to cut, cure, and charm 즉 'to + 동사원형'이 되어야 한다.

❸ ④; the +비교급 (the more), the +비교급 구문임; the rich를 the richer로 바꾼다.

❹ (A)commonest; the most common 둘 다 가능하다.
(B)much smaller; 비교급을 강조하는 부사는 much이다.
(C)Little; 내용상 1950년대까지는 알려진 것이 거의 없으므로 little이어야 한다.

영작 문제

❶ Put the following into English.
1. 사태는 그에게 점점 악화돼 갔다.
2. 그 주제에 관해서는 더 이상 언급할 말이 없다.
3. 인간은 개미나 벌만큼 사회적이 아니다.
4. 그 선장은 아주 침착했다.
5. 그 쌍둥이는 서로가 너무 닮았다.
6. 난 쥐 죽은 듯이 조용히 할게.
7. 그는 자기 반에 있는 어느 소년 못지않게 열심히 공부한다.
8. 그는 작가라기보다는 학자다.
9. 차가 수리되자 새것이나 다름없어 보였다.
10. 내가 살아 있는 한 네가 부족한 것이 없게 하겠다.

❷ Put the following into English.
11. 이 포도주는 향에 있어서는 저 포도주보다 못하다.
12. 나는 그의 결점에도 불구하고 더욱 그를 좋아한다.
13. 그는 거지나 다름없다.
14. 고래가 포유류인 것은 마치 말이 포유류인 것과 같다.
15. 고래가 물고기가 아닌 것은 마치 말이 물고기가 아닌 것과 같다.
16. 그는 불어는커녕 영어도 말하지 못한다.
17. 이것은 우리들이 지난 10년 동안 경험했던 것 중에서 가장 더운 여름이다.
18. 내가 아는 한 그녀는 그러한 여자가 아니다.
19. 그는 결코 거짓말을 할 사람이 아니다.
20. 한국의 여름은 대개 건조하고 햇볕이 내려 쪼인다.

해답

❶
1. Things went from bad to worse with him.
2. I have nothing further to say on the subject.
3. Man is not as social as ants or bees.
4. The captain remained as cool as a cucumber.
5. The twins are as like as two peas in a pod.
6. I'll be (as) quiet as a mouse.
7. He studies as hard as any other boy in his class.
8. He is not so much a scholar as a writer.
9. When the car was repaired, it looked as good as new.
10. As long as I live, you shall want for nothing.

❷
11. This wine is inferior to that in flavor.
12. I like him all the better for his faults.
13. He is no better than a beggar.
14. A whale is no less a mammal than a horse is.
15. A whale is no more a fish than a horse is.
16. He cannot speak English, still less French.
17. This is the hottest summer that we have experienced for the last 10 years.
18. To the best of my knowledge, she is not such a woman.
19. He is the last man to desert a friend in need.
20. Summer in Korea, for the most part, dry and sunny.

10장 전치사

1 전치사 일반

1. 종류 (형태 기준)
2. 기능
3. 목적어
4. 생략

2 전치사의 종류 (기능 기준)

1. 시간
2. 장소
3. 원인/결과
4. 관련/제외
5. 목적/재료/수단/출처/척도
6. 비교/상태/양보/양태/조건/종사

1 전치사 일반

❶ 종류 (형태 기준)

①단일 전치사　after before by for from in of over till to under with
②이중 전치사　from behind, from under, except for, till after
③句 전치사　according to, as to, because of, in spite of, owing to
④轉成 전치사　concerning considering excepting regarding respecting
like near opposite past round minus plus

❷ 기능

①형용사구　A bird **in the hand** is worth two **in the bush**.
This book is **of great use** to me.
②부사구　Smoking is not good **for health.**
We live nearest **to the church**.
He returned home early **in the morning**.
In other words, we had to give up our plan.

❸ 목적어

1. 어　The tax reduction bill takes effect as from **June** the first.
2. 구　The moon peeped out from **behind the clouds**.
3. that 절
①Men differ from brutes **in** that they can think and speak.
Little is known of him **except** that he left school at the age of ten.
②I insisted **that** he was innocent.
I have no idea **that** he is wealthy.
③I will answer for **it** that he is honest.
He paid attention to **the fact** that the child was unhappy at home.

❹ 생략

①**(At) What time** do you usually get up in the morning?
Some day your dream will surely come true.
②**(Of)** What color is her hair?
③He is **(by)** two years older than I.
④He spent his time **(in)** reading a novel.
⑤I saw her on the way **home**.

1 전치사 일반

❶ 종류 (형태 기준)

①단일 전치사 : against among around beside despite off since through
②이중 전치사 : A voice was heard from under the curtain.
③구(句) 전치사 : according to ~에 따라; as to ~에 관하여; because of ~에 때문에; in spite of ~에도 불구하고; owing to ~에 때문에; in addition to 게다가 (besides), instead of ~대신에(in place of; in lieu of); due to ~ 때문에;
④전성(轉成) 전치사 : *다른 품사에서 온 전치사
concerning ~에 관하여; considering ~을 고려하면; excepting ~을 제외하면; regarding ~에 관하여; respecting ~에 관하여; like ~같은; near ~의 가까이에; opposite ~ 맞은편에; past ~을 지나서; round ~을 돌아서; minus ~을 뺀; plus ~을 더한

❷ 기능

①형용사구 : 손 안에 있는 한 마리의 새는 숲 속에 있는 두 마리의 새의 가치가 있다.
이 책은 나에게 매우 가치가 있다.
②부사구 : 흡연은 건강에 좋지 않다. 우리들은 교회에서 가장 가까이 산다.
그는 아침 일찍이 집으로 돌아갔다. 다시 말해, 그는 계획을 포개해야 했다.

❸ 목적어

1. **어** : 그 감세 법안은 1월 1일부터 효력을 발생한다.
Would you like to go for a swim? (명사) It is too cold for you. (대명사)
The poor fellow went from bad to worse. (형용사)
There is nothing for it but to surrender. (부정사)
He took it for granted that the invitation included his wife. (분사)
The rain prevented me from going to my uncle's. (동명사)
2. **구** : 달은 구름 뒤에서 얼굴을 내밀었다.
3. **that 절** : *전치사는 in, but을 제외하고는 that절을 목적어로 취할 수 없다.
①that절을 목적으로 취할 수 있는 전치사 : in, but(=except=save=besides)
인간은 생각하고 말할 수 있다는 점에서 야수와는 다르다.
10살 때 학교를 떠났다는 것 외는 그에 관해서 알려진 것이 거의 없다.
②발언(say)과 생각(think)을 의미하는 말 다음의 that절 앞의 전치사는 생략한다.
나는 그가 무죄라고 주장했다. =I insisted on his being innocent.
나는 그가 부유하다는 것을 전혀 모른다. =I have no idea of his being wealthy.
③위의 두 가지 경우 외는 전치사와 that사이에 가목적어 it나 the fact 삽입한다.
나는 그가 정직하다는 것을 책임지겠다.
그는 그 어린애가 집에서는 불행하다는 사실에 주목했다.

❹ 생략

①한정사(all what; every each some any this that; last next one) + 시간 명사 앞 :
너는 보통 아침 몇 시에 일어나느냐? **(At)** Nine o'clock in the morning. 아침 9시에
언젠가 너의 꿈은 틀림없이 실현될 것이다. The party lasted **all** night.
I rode the bus to school **every day.** Could we stop by **next week**?
②형용사적 대격 : 명사Ⅱ(수, 성, 격)참조; 그녀의 머리카락은 무슨 색깔이냐?
Her hair is **(of)** dark brown.그녀의 머리카락은 짙은 갈색이다.
③부사적 대격 : 명사Ⅱ(수, 성, 격)참조
그는 나보다 두 살 많다. Please come **(in)** this way.이쪽으로 들어오세요.
④5장 동명사(현재분사와의 구별) 참조; 그는 소설을 읽는데 그의 시간을 보냈다.
He is busy (in) setting the table. 그는 상을 차리느라 바쁘다.
⑤home이 명사로 사용될 때 올 수 있는 전치사는 at이다. 이때 상태 동사와 결합한다.
집으로 돌아오는 도중에 나는 그녀를 보았다.
I stayed **(at) home** all day long. *미식 영어에서는 상태동사와 결합한 at도 생략가능.

2 종류① : 시간

❶

①**At** School begins **at** 9 and ends at 4.
The train starts **at** 14:00.
We used to play soccer **at** lunch time.
We would often eat boiled eggs **at** Easter.
He went to America **at** the age of 14.

②**In** I take a walk in the park **in** the morning.
In April, we prepared to make our first trip to Europe.
In 1892, Chicago was burned to the ground.
It will be warmer **in** spring.

③**On** The accident happened **on** the morning of October the first.
He returned home **on** a rainy day.

❷

①**In** The work will be finished **in** a month or so.
②**Within** He will arrive here **within** an hour.
③**After** He came back **after** two months.
④**Before** The accident took place **before** the election.

❸

①**For** The Browns used to live here **for** five years.
②**During** It was very hot **during** last summer.
③**Through** The children are too young to sit **through** a long concert.
④**Over** The book was in production **over** a period of ten years.

❹

①**By** I will let you know the result **by** Monday.
②**Till** I will stay here **till** Monday.
③**Up to** I've never met him **up to** now.

❺

①**From** The office will be open **from** next Monday.
②**Since** I have known him **since** his childhood.

❻

①**Past** It is a quarter **past** 11 o'clock.
②**To** It is a quarter **to** 11 o'clock.

2 종류① : 시간

❶ at; in; on

①**at** : *때의 일점(=point of time)을 나타낸다.
수업은 9시에 시작해서 4시에 끝난다.
열차는 14시에 출발한다.
우리들은 점심시간에 축구를 하곤 했었다.
우리들은 부활절에 삶은 계란을 먹곤 했었다.
그는 14살에 미국에 갔다.

②**in** : *=some time during; 기간을 나타낸다.
나는 아침에 공원에서 산책을 한다.
4월에 우리들은 우리의 첫 번째 유럽영행을 할 준비를 했다.
1892년 시카고는 전소되었다.
봄이 되면 따뜻해 질 것이다.

③**on** : *special time(특정한 때)를 나타낸다.
그 사건은 10월 1일 아침에 발생했다.
그는 비오는 날에 집에 돌아왔다.
May I accompany you **on** your trip?

❷ in; within; after; before

①**in** : *미래시제와 사용되어 시간의 경과를 나타낸다.;
그 일은 한 달쯤 지나면 마쳐 질 것이다.

②**within** : 그는 한 시간 이내에 여기에 올 것이다.

③**after** : *과거시제에 쓰인다.; 그는 2달 후에 돌아왔다.

④**before** : 그 사건은 선거 전에 발생했다.

❸ for; during; through; over

①**for** : *일반적으로 숫자나 기간 앞에서 쓰인다.
Brown씨 가족은 5년 동안 여기서 살았었다.

②**during** : *상태의 계속을 나타내며, 특정의 사건이나 특정의 기간 앞에서 쓰인다.
I stayed in Seoul for two month. During the two months I met her.
작년 여름은 매우 더웠다.

③**through** : *처음부터 끝까지; 그 애들은 너무 어려서 긴 연주회 내내 앉아 있었다.

④**over** : *…에 걸쳐; 비교적 짧은 시간에 사용; 그 책은 10년간에 걸쳐서 출판되었다.

❹ by; till; up to

①**by** : *어느 때까지의 동작의 완료를 나타낸다.
나는 월요일까지 그 결과를 알려 주겠다.
Turn in your resume in duplicate by Nov. 25th, please.

②**till** : *어느 때까지의 동작의 계속을 나타낸다.
나는 월요일까지 여기에 머무를 것이다.

③**up to** : *(시간, 공간적으로) …까지; …에 이르기까지;
나는 지금까지 그를 만난 적이 없다.

❺ from; since

①**from** : *출발점만 나타내고, 현재까지의 계속의 의미는 없다.
사무실은 다음 월요일에 열린다.

②**since** : *출발점의 시작을 나타내는 동시에 과거로부터 현재까지의 계속을 나타낸다.
나는 그의 어린 시절부터 그를 알았다.

❻ past; to

①**Past** : 11시 15분이다.

②**To** : 11시 15분 전이다.

2 종류② : 장소

❶ ①**At** The chapel stands **at** a small village in the country.
②**In** He lives **in** Seoul, but works at a small village.

❷ ①**In** Jinju is located **in** the south of Korea.
②**On** China is located **on** the north of Korean peninsula
③**To** China lies **to** the west of Korea.

❸ ①**On** There is a fly **on** the ceiling.
②**Beneath** The plank **beneath** my feet is about to crack.
③**Over** The moon is **over** the roof of our house.
④**Under** There is nothing new **under** the sun.
⑤**Above** The summit of Everest is 8,000 meters **above** sea level.
⑥**Below** Water changes into ice when the temperature is **below** 32℉.

❹ ①**Before** Your name comes **before** mine.
②**After** Monday comes **after** Sunday.
③**Behind** There is a pine tree **behind** the house.

❺ ①**By** My house is **by** the river.
②**Near** We live **near** the station.
③**Beside** I would like to live **beside** the sea.

❻ ①**Between** Switzerland lies **between** France, Austria and Germany.
②**Among** She was standing **among** a crowd of people.

❼ ①**For** The ship is bound **for** Busan.
②**To** He goes **to** and from the office by bus.
③**Towards** The house faces **towards** the south.

❽ ①**Into** He made running dive **into** the river.
②**Out of** He walked **out of** the room.
③**Through** The Han River winds its way to the Yellow Sea **through** Seoul.
④**Across** There is a bridge **across** the street.
⑤**Along** We walked arm in arm **along** the bank.

2 종류② : 장소

❶ at; in

①at : *좁은 장소; 그 예배당은 시골의 조그마한 마을에 위치해 있다.
*통과지점; We changed cars **at** Taegu to go to the native place.
*일시적인 체류; This plane will stop one hour **at** New York.
*거리 명; He lives **at** 24 Westway.
*번지 He lives at the same number. 같은 번지에 산다.
*전화 번호If you want to contact me, please call me **at** 238-8131.

②in : *(넓은 장소); 그는 서울에서 살지만 조그마한 마을에서 일한다.
There are 50 families **in** this village. 어느 지역 안

❷ in; on; to

①in : *내부; 진주는 한국의 남쪽에 위치해 있다.
②on : *인접, 경계; 중국은 한반도 북쪽에 인접해있다. He lives **on** 78th Maple Street.
③to : *떨어져서; 중국은 한국의 서쪽에 위치해 있다.

❸ on; beneath; over; under; above; below

①on : *접촉, 표면; 천정에 파리 한 마리가 붙어있다.
②beneath : *접촉면 밑; 내 발 바로 밑에 있는 판자가 무너지려고 한다.
③over : *바로 위; 달은 우리 집 지붕 바로 위에 있다.
④under : *바로 아래; 태양아래 새로운 것은 없다.
⑤above : Everest 정상은 해발 8,000미터다.
The temperature is three degrees **above** zero. 온도는 영상 3도다.
⑥below : 물은 온도가 화씨 32도 아래면 얼음으로 변한다.

❹ before; in front of; after; behind

①before : *순서에 관련될 때;
너의 이름은 내 앞에 온다.
You must appear before a judge by noon. *면전을 의미할 때
②after : 월요일은 일요일 다음에 온다.
③behind : 집 뒤에 소나무 있다.
▶in front of : He stood just **in front of** me. ≠at the back of; behind

❺ by; near; beside

①by : *near 보다 더 가까운 곳 (nearer)
②near : *'가까운'의 가장 보편적인 말
③beside : *'곁'이란 뜻의 beside가 by보다 더 명료하다.

❻ between; among

①between : *분리 가능; 스위스는 프랑스, 이태리, 오스트리아, 독일 사이에 있다.
②among : *분리해서 볼 수 없는 것; 그녀는 사람들 무리 사이에 서 있었다.

❼ for; to; towards

①for : *일정한 방향; 그 배는 인천항이다.
Where are you headed for?
②to : *도착지; 그는 버스로 출퇴근 한다.
③towards : *막연한 방향; 그 집은 남쪽으로 향해 있다.

❽ into; out of; through; across; along

①into : *밖에서 안으로; 그는 강물로 뛰어 들었다.
②out of : *안에서 밖으로; 그는 방 밖으로 걸어 나갔다.
③through : *관통하여; 한강은 서울을 관통하여 황해로 흘러간다.
④across : *가로 질러; 그 거리를 가로 질러 다리 하나가 놓여 있다.
⑤along : *~을 따라서; 우리들은 강둑을 따라 팔짱을 끼고 강둑을 따라 걸었다.

2 종류③ : 원인 - 결과

❶ 원인

①At I was surprised **at** the news of his death.
He marvelled **at** the extent of his teacher's knowledge.

②Between **Between** sewing, and raising children, she kept busy.
My time is taken up **between** writing and lecturing.

③For I couldn't sleep a wink **for** anxiety last night.
This place is famous **for** its scenery.

④From She became deaf **from** that explosion.
He died **from** some unknown disease.

⑤Of He died **of** cancer (old age/hunger).
His illness comes **of** eating too much.

⑥Over We rejoiced over the victory **of** our team.
She is crying over the loss **of** her son.

⑦Through He lost his job **through** his neglect of his duty.
The accident happened t**hrough** no fault of yours.

⑧With She was shivering **with** cold.
She came down **with** pneumonia.

⑨Because of I was absent from school **because of** the typhoon.
Things fall to the ground **because of** gravity.

⑩Due to My absence from school was **due to** the typhoon.
The accident was **due to** his carelessness.

⑪Out of The boy stole the book **out of** mischief.
People often threaten you **out of** fear.

❷ 결과

①To The drizzle changed **to** a rain.
He broke the glass **to** pieces.
The audience were moved **to** tears at his speech.

②Into The girl turned **into** a swan.
Grapes are made **into** wine.
The sleet changed **into** snow.

2 종류③ : 원인 - 결과

❶ 원인 (이유, 동기)

①at : *감정의 원인 (보고, 듣고, 알고, 생각하고)
나는 그가 죽었다는 소식을 듣고 놀랐다.
학생들은 그들 선생님의 지식의 범위에 놀랐다.

②between : *~이다 ~이다 해서; 한편은 ~하고 다른 한편으로는 ~해서;
한편으론 놀라고 한편으로 기쁘고 해서, 그는 한 마디 말도 할 수 없었다.
한편으로는 저술과 또 한편으로는 강연으로 나의 시간 완전히 꽉 차 있다.

③for : *심리적 원인을 나타냄. 명성, 상벌의 원인, 기타 관용적 용법에 사용.
나는 어제 밤에 근심걱정으로 한 숨도 잘 숨도 없었다.
이곳은 그 경치로 유명하다.

④from : *직접적인 원인, 이유, 동기
그녀는 그 폭발로 귀가 멀었다.
그는 어떤 알지 못하는 질병으로 죽었다.

⑤of : *원인 이유 동기
그는 암 (노령, 기아)으로 죽었다. *die of + 병 노령 기아
너의 질병은 과식에서 생겼다.
*He died from a wound (injury/fatigue).
그는 부상 (상처, 피로)로 죽었다. *die from + 외부적, 간접적 원인

⑥over : *감정적 원인
우리들은 우리 팀의 승리의 소식을 듣고 기뻤다.
그녀는 그녀의 아들을 잃고 슬피 울고 있다.

⑦through : *매개적 감정적 원인
그는 자기의 의무를 소홀히 했기 때문에 직장을 잃었다.
그 사건은 너의 잘못 때문에 일어난 것은 아니다.

⑧with : *육체에 미치는 무형의 원인
그녀는 추위로 떨고 있었다. 그녀는 열로 오래 동안 알아 왔다.
그녀는 폐렴에 걸렸다. come down with: (병에) 걸리다
She has long been sick with fever.

⑨because of :
나는 태풍 때문에 학교에 결석했다. 물체는 중력 때문에 땅으로 떨어진다.

⑩due to :
내가 학교에 결석한 것은 태풍에 기인한다. *due to는 서술적으로 쓰인다.
그 사고는 그의 부주의가 원인이었다.

⑩out of : *동기를 나타 냄. 주로 감정명사와 함께 쓰일 경우가 많다.
그 소년은 장난으로 책을 훔쳤다.
사람들은 두려움 때문에 너를 위협한다.
*They helped us **out of** pity. 그들은 동정심에서 우리를 도왔다.

❷ 결과

①to : *한 가지 상태로의 변화.
이슬비는 비로 바뀌었다. drizzle 보슬비; 가랑비; 이슬비같이 내리다;
그는 컵을 박살내었다. break to pieces =tear to pieces 갈기갈기 찢다
청중은 그의 연설을 듣고 감동을 받아 눈물을 흘렸다.
***To** my surprise, she objected to my plan

②into : *다른 상태로의 변화.
그 소녀는 백조로 변했다. swan 백조; 정처 없이 헤매다;
포도는 포도주로 변한다. cf. Wine is made from grapes.
그 진눈개비는 눈으로 변했다. sleet 진눈개비; 진눈개비가 내리다; It sleets.

2 종류④ : 관련 - 제외

❶ 관련

①**About** He is careless **about** his personal appearance.

②**On** He gave a lecture **on** Korean economics.

③**Of** He is slow **of** speech.

④**For** She looks young **for** her age.

⑤**As for** **As for** me, I would rather not go.

⑥**To** Eye is sensitive **to** light.

⑦**In** He looked me **in** the face.

⑧**With** I have nothing to do **with** the affair.

⑨**Over** It is no use crying **over** the spilt milk.

❷ 제외

①**But**

I will go to any restaurant **but** that one.

I have no other way **but** to follow his orders.

None **but** the brave deserve the fair.

Who **but** a fool would do such a thing?

②**Except for**

I have cleaned the house **except for** the bathroom.

I don't like asking for money **except** when I have to.

③**Excepting**

Excepting the mayor, all were present.

Everyone was tired, always **excepting** John.

Everyone, not **excepting** myself, agreed to the plan.

④**Besides**

We know no man **besides** him.

Who was at the party **besides** Jack?

⑤**Than**

I have no other dictionary **than** this.

How else can we come **than** on foot?

2 종류④ : 관련 - 제외

❶ 관련

①**about** : *일반적, 일반적인 것
그는 자기의 개인적인 외모에 무관심하다.
*know say speak 다음에 about가 오면 자세한 사정에 관해서 말하며, of가 오면 단순히 어떤 일이 있었다는 것과 일어난 일을 나타낸다.
I have heard of it, but I don't know about it.
②**on** : *about보다 전문적, 학술적인 것에 관한 것
그는 한국의 경제 상태에 관한 강의를 했다.
③**of** : *about, on, over에 비하여 뜻이 가볍다.
그는 말이 느리다. (of =in respect of)
I suspect him **of** murderer.나는 그 사람을 살인자라고 의심한다.
cf. He is blind of one eye. He is blind in the right eye.
④**for** : 그녀는 나이에 비해서 젊어 보인다. *For my part, I have no objection to it.
⑤**As for** : *이미 화제에 올라 있는 것을 대조적으로 말할 때 사용한다.
나로서는 가고 싶지 않다.
⑥**to** : 눈은 빛에 민감하다.
Reply **to** my question at once.즉시 내 질문에 답하라.
⑦**in** : 그는 나의 눈을 쳐다보았다.
He is lacking **in** courage. 그는 용기가 부족하다.
⑧**with** : 나는 그 사건과는 아무 관련이 없다.
What do you want **with** me?
⑨**over** : 엎질러진 우유를 한탄해 본들 아무 소용이 없다. cry over 한탄하다(lament)

❷ 제외

①**but** : *all, any, every, no, 의문사, 서수 다음의 but은 except의 뜻임
저 식당을 제외하고는 아무 식당에라도 가겠다.
그는 결코 학자가 아니다.
*anything but A : (A를 제외하고는 ~이다) 즉 결코 A는 아니다.
나는 그의 명령을 따르는 것 외에는 다른 방법이 없다.
용감한 사람이 아니면 아무도 미인을 차지할 수가 없다.
바보가 아니고서 누가 그와 같은 짓을 하겠는가?
②**except for** : *all any every no none whole 다음, 전치사, 접속사 앞은 except 이다.
나는 욕실을 제외하고는 그 집을 청소했다.
내가 요구해야 할 경우를 빼고는 나는 돈을 요구하는 것을 싫어한다.
③**excepting** : *문두, always, not 다음
그 시장을 제외하고는 모두가 참석했다.
항상 John을 제외하고는 모두 지쳤다.
나 자신을 제외하고 모든 사람이 그 계획에 동의했다.
④**besides** : *부정문, 의문문 등에 사용
그 사람 외는 아무 사람도 모른다.
Jack말고 누가 그 파티에 있었는가?
⑤**than** : *other, otherwise, another, else 다음에는 except의 뜻이다
I cannot do otherwise than obey you.
당신을 따르는 것 외는 별도리가 없다
The fact is not known elsewhere than in America.
그 사실은 미국 내 외의 그 밖의 곳에 알려져 있지 않다.
She did nothing else than smile. 그녀는 그저 미소만 지을 뿐이었다.

2 종류⑤ : 목적-재료-수단-출처-척도

❶ 목적 (의도)

①For We went to the pub **for** a drink.

②After The policeman ran **after** the deserted robber.

③On I have no time to go **on** an errand for you.
No admittance is allowed except **on** business.

❷ 재료

①Of Old Korean houses are generally made **of** wood.

②From Wine is made **from** grapes.

③With This cake is made **with** lots of eggs.

④In He always writes a letter **in** pen.
The statue is made **in** marble.

❸ 수단 (도구)

①By He was killed **by** a robber with a pistol.
What do you mean **by** that word?

②With I have no money to buy **with**.
She deceived me **with** sweet words.

③Through Fish respire **through** their gills.
We learned of the accident **through** a newspaper.

❹ 출처

①From Where are you **from**? I am **from** Changwon.
He drew a bucketful of water **from** the well.

②Of His wife comes **of** a good family.
He is a man **of** royal descent. cf. He is **from** Jinju.

❺ 척도

①By A man is known **by** the company he keeps.
Pencils are sold **by** the dozen.

②At He drove **at** the speed of 50 miles an hour.
Eggs are sold **at** so much a piece.

③For I paid 50 dollars **for** the camera.
He gave his watch **for** her camera.

2 종류⑤ : 목적-재료-수단-출처-척도

❶ 목적 (의도)

①**for** : *'대상'을 강조; 우리들은 한 잔 하러 선술집에 들렀다.
A vase is a kind of pot **for** holding flowers.
화병은 꽃을 담아 두기 위한 일종의 단지다.

②**after** : *'추구'를 강조
경찰은 탈영한 강도를 추적했다.
*Did they inquire **after** me? 그들은 나의 안부를 물었는가?

③**on** : *'행위의 목적'을 나타냄
*주로 errand expedition journey mission tour trip voyage 등과 함께 쓰임.
나는 너 대신에 심부름 갈 시간이 없다.
용무 외는 입장이 허용되지 않는다.

❷ 재료

①**of** : *제품이 재료의 원래의 모양을 남기는 경우와 구성물의 성분을 나타냄
*동사와 전치사가 떨어져 있는 경우는 out of를 쓴다.
I made the frame out of wood. What did he make it out of?
한국의 고택은 대개 나무로 이루어져 있다.
The drink is made **of** orange, juice, sugar and water.
그 음료는 오렌지 주스, 설탕, 물로 만들어진다.

②**from** : *제품이 재료의 원래의 모양을 잃을 때
포도주는 포도로 만들어진다.
Nylon is made **from** petroleum. 나일론은 석유로 만들어진다.

③**with** : *전체를 구성하는 여러 요소들 중의 한 요소를 말할 때
이 케이크는 많은 계란으로 만들어진다.

④**in** : *해당 동사; *carve cast bind paint speak write
그는 항상 펜으로 편지를 쓴다.
*해당 명사; *color cash crayon marble word
그 동상은 대리석으로 만들어져 있다.

❸ 수단 (도구)

①**by** : 그는 강도에 의하여 권총으로 살해되었다. 저 단어가 무엇을 의미하는가?

②**with** : 나는 살 돈이 없다. 그녀는 달콤한 말로 나를 속였다.
cf. He drinks coffee **from** a glass. *도구가 그릇이면 from을 쓴다.
그는 유리잔으로 커피를 마신다.

③**through** : *매개체; 물고기는 아가미로 호흡한다.
우리들은 신문을 통해서 그 사건을 알았다.

❹ 출처

①**from** : 너는 어디 출신이냐? 나는 창원 출신이다. 그는 우물에서 한 양동이의 물을 길렀다.

②**of** : *가계, 혈통; 그의 아내는 훌륭한 가문 출신이다. 그는 왕족의 한 사람이다.

❺ 척도

①**by** : 사람은 그가 사귀는 친구로 판명된다. 연필은 다스로 팔린다.

②**at** : 그는 시간당 50마일의 속도로 운전했다. 계란은 개당 얼마씩에 팔린다.
At this rate we will be millionaires by Christmas.

③**for** : *for는 '~와 상환으로', at은 '~의 값으로'의 뜻이다.
나는 카메라에 대한 대가로 50달러를 지불했다.
그는 카메라에 대한 대가로 그의 시계를 주었다.

2 종류⑥ : 비교-상태-양보-양태-조건-종사

❶ 비교

①To He is second **to** none in English in his class.
The score of the game was 9 to 3.

②For There is one Korean passenger **for** every five English.

③Against He was elected by a majority of 2000 against 500.

❷ 상태

①At My honor is **at** stake.

②In He is **in** danger now.

③On The house is **on** sale.

④Under The road is **under** construction.

❸ 양보

①In spite of They went out in spite of the heavy rain.

②Despite He attended the meeting despite his serious illness.

③For all For all her many faults, he still likes her.

After all After all my care in packing it, the clock arrived broken.

④Notwithstanding any other agreements, the law will go into force.

❹ 양태

①In They sat in a circle. She cooks chicken in the way I like.

②With He did it with confidence. Treat this machine with care.

❺ 조건

①With With a lever, I could remove the rock.

②Without Without your help, I couldn't do anything.

③But for But for your help, I should have failed.

❻ 종사

①At The children are at play on the ground.

②About What are you about? Mind what you are about.

③On The baseball player is on the Giant.

④Over Let's discuss the matter over a cup of coffee.

2 종류⑥ : 비교-상태-양보-양태-조건-종사

❶ 비교

①to : 그는 자기 반에서 영어에 있어서는 최고다.
그 경기의 점수는 9대 3이다.
This car does 25 miles to the gallon. 이 차는 갤런 당 25마일을 달린다.
Reading is to the mind what food is to the body.
독서가 마음에 대한 관계는 음식이 육체에 대한 관계와 같다.
He is quite rich now to what he used to be.
그는 옛날에 비해 지금 훨씬 부유하다

②for : *each every 수사 앞에서 '~에 대해 ~꼴로'
영국인 승객 5명당 한국인 한명의 승객이 있다.
Use five cups of water for one cup of dry beans.
마른 콩 한 컵 당 물 다섯 컵을 사용해라.

③against : *~에 대비하여; 그는 2000대 500의 표차로 선출되었다.
Our team won the game by a majority of 50 against 30.
우리 팀은 50대 30의 표차로 그 게임을 이겼다.

❷ 상태

①at : 나의 명예가 위험에 처해 있다.
*I always feel at easy in his company.
나는 그 사람과 함께 있으면 항상 마음이 편하다.

②in : 그는 지금 위험에 처해 있다.
나는 나의 친구들과 대화중에 있다. I was in conversation with my friends.

③on : 그 집은 팔려고 내 놓았다.
He is on the run from the police. 그는 경찰로부터 추적을 당하고 있다.

④under : 그 다리는 건설 중에 있다.

❸ 양보

①in spite of : *가장 일반적이다. 그들은 폭우에도 불구하고 나갔다.

②despite : *보다 격식을 차리는 글에 쓴다.
그는 중병에도 불구하고 그 모임에 참석했다.

③for : ***~에도 불구하고;** 그녀의 많은 결점에도 불구하고 그는 여전히 그녀를 사랑한다.
With all her faults he still liked her.

④Notwithstanding : *공식적이며 법률적인 용어에 주로 쓰인다.
어떤 다른 논쟁에도 불구하고 그 법은 시행될 것이다.

❹ 양태

①In : 그들은 원 형태로 앉았다. 그녀는 내가 좋아하는 방식으로 닭요리를 한다..

②With : 그는 자신 있게 그것을 했다. 조심스럽게 이 기계를 다루어라.

❺ 조건

①With : 지렛대가 있으면 나는 바위를 치울 수 있겠는데.

②Without : 너의 도움이 없으면 나는 아무것도 할 수 없다.

③But for : 너의 도움이 없었더라면 나는 실패했을 것이다.

❻ 종사

①at : 애들은 운동장에서 놀고 있다.

②about : 너는 무슨 일을 하고 있느냐?
네가 하는 일에나 신경을 쓰라.

③on : 그 야구선수는 Giant팀에 속해 있다.

④over : 커피나 한잔 하면서 그 문제에 관해서 토의합시다.

어법 문제 ①

❶ ( ) 안에 알맞은 전치사를 넣으시오.
1. I like him ( ) that he is honest and candid.
2. The doctor is ( ) opinion that the invalid will recover.
3. You made a great mistake ( ) that you didn't act promptly.
4. The picture reminds me ( ) my childhood.
5. The doctor has cured me ( ) my disease.
6. This novel is not ( ) my taste.
7. He is taller than I ( ) a head.
8. The same is true ( ) the nation.
9. We would often eat boiled eggs ( ) Easter.
10. He went home to see his parents ( ) Christmas.

❷ ( ) 안에 알맞은 전치사를 넣으시오.
11. May I accompany you ( ) your walk?
12. ( ) that time I shall have finished the work.
13. The ship will arrive here on Sunday ( ) two o'clock in the afternoon.
14. We walked together in the forest ( ) a fine morning.
15. The train was ( ) time, so I could not reach there ( ) time.
16. I wanted to sell my car, but ( ) second thought I changed my minds.
17. China is located ( ) the north of Korean peninsular.
18. This ship is bound ( ) San Francisco.
19. There is a fly ( ) the ceiling.
20. The plank ( ) my feet is about to crack.

❸ ( ) 안에 알맞은 전치사를 넣으시오.
21. The summit of Everest is 8,000 meters ( ) sea level.
22. Water changes into ice when the temperature is ( ) 32℉.
23. A coffee tree can grow ( ) a height of 30 feet.
24. You may leave the room but you must stay ( ) call.
25. I couldn't sleep a wink ( ) anxiety last night.
26. The audience were moved ( ) tears at his speech.
27. His success resulted ( ) his diligence.
28. His diligence resulted ( ) his success.
29. That singer is known ( ) his good looks and his bad temper.
30. ( ) their joy, he came back home in safety.

해답

❶ 1.in 2.of 3.in 4.of 5.of 6.to 7.by 8.of 9.on 10.on
❷ 11.on 12.By 13.at 14.on 15.on; in 16.on 17.to 18.for 19.on 20.beneath
❸ 21.above 22.below 23.to 24.within 25.for 26.to 27.from 28.in 29.for 30.To

어법 문제 ②

❹ ( ) 안에 알맞은 전치사를 넣으시오.
31. I have no other way ( ) to follow his orders.
32. I have no other dictionary ( ) this.
33. No admittance is allowed except ( ) business.
34. There is nothing for it ( ) to wait.
35. She is indifferent ( ) her dress.
36. He gave a lecture ( ) Korean economics.
37. I sympathize ( ) you about your problems.
38. He will come by six ( ) fail.
39. He died of hunger, while his wife suffered much ( ) illness.
40. The scenery was beautiful ( ) description.

❺ ( ) 안에 알맞은 전치사를 넣으시오.
41. Old Korean houses are generally made ( ) wood.
42. Nylon is made ( ) petroleum.
43. His wife comes ( ) a good family.
44. He went abroad ( ) a public errand.
45. Gasoline is sold ( ) the gallon.
46. Pencils are sold at so much ( ) the dozen.
47. He drove ( ) the speed of 50 miles an hour.
48. Eggs are sold ( ) so much a piece.
49. I am heartily grateful to you ( ) what hoy have done to me.
50. I hope you will succeed ( ) the inheritance.

❻ ( ) 안에 알맞은 전치사를 넣으시오.
51. The score of the game was 9 ( ) 3.
52. Let's discuss the matter ( ) a cup of coffee.
53. Life is often compared ( ) a voyage.
54. He is ( ) the run from the police.
55. We ought to independent ( ) our parents.
56. We must save some money ( ) a rainy day.
57. We danced ( ) the accompaniment of his piano.
58. Are you for or ( ) the bill?
59. What do the letters UNESCO stand ( )?
60. The government should do away ( ) these stupid regulations.

해답

❹ 31.but 32.than 33.for 34.but 35.to 36.on 37.with 38.without 39.from 40.beyond
❺ 41.of 42.from 43.of 44.on 45.by 46.to 47.at 48.at 49.for 50.to
❻ 51.to 52.over 53.to 54.on 55.of 56.for/against 57.to 58.against 59.for 60.with

어법 문제 ③

◆ 밑줄 친 곳에 알맞은 것은?

1. __________ history the making of fine books has been an art requiring much skill and imagination.
① The ② It is the ③ Since the ④ Throughout ⑤ Through

2. Don't worry, she'll be here _______ twenty minutes.
① by at least ② around ③ at nearly ④ in about ⑤ at the latest

3. Casual swimmers forget their swimming muscles and have lost their strength ________ long periods of disuse.
① on ② from ③ along ④ by ⑤ in

4. Mr. Kim was born _______ seoul ________ August 21, 160 _____ 3:40 in the afternoon.
① at-by-on ② in-in-in ③ in-on-at ④ at-at-at

5. Elgin, Illinois, a manufacturing and trading center, lies thirty-eight miles _____ Chicago.
① northwest of ② northwesterly into during
③ to northwestern ④ northwest ward by

6. The weather is good today, except in the _______ .
① west-north ② south-west ③ east-south ④ south-north

7. I am fed ______ your temper.
① fed up by ② fed up with ③ fed up because of ④ fed up to

8. When his reputation _______ pieces, all his friends desert him.
① falls into ② is shattered ③ falls to ④ is broken ⑤ chattered

9. He attributes the current complacency about population control _____ a misreading of statistics
① at ② to ③ in ④ with ⑤ by

해답

1. ④; 'throughout' can replace 'in' or 'during' to emphasize from beginning to end.
2. ④; in은 시간의 경과, 숫자 앞의 some은 약(about, around)의 뜻
3. ⑤; in은 during의 뜻
4. ③; in(장소), on(특정일), 시각(at)
5. ①; of는 from의 뜻
6. ②; 동서남북(north-east-south-west)은 시계방향, 8방은 북(north)남(south)을 기준으로 north-east, north-west, sout-east, south-west
7. ②; be fed. up with ~에 넌더리를 내다.
8. ③; fall to pieces 산산이 부서지다.
9. ②; attribute(impute, ascribe) A to B : A를 B의 탓으로 돌리다.

어법 문제 ④

◆ 밑줄 친 곳에 알맞은 것은?

1. Your new house is insured ________ fire, isn't it?
   ① against ② off ③ on ④ with ⑤ none

2. Is John your relative? Yes, he is a cousin ____ me.
   ① for ② of ③ to ④ in ⑤ about

3. Dr. Jones is an authority ______ urban planning.
   ① in ② of ③ on ④ with ⑤ to

4. I seldom use my credit cards. I pay for almost everything in cash or _____ check.
   ① in ② by ③ for ④ on ⑤ with

5. In Korea most workmen ar paid ____ the month.
   ① at ② by ③ in ④ for ⑤ with

6. We discussed the matter ______ lunch.
   ① with ② at ③ over ④ for ⑤ to

7. Is she older than you? Yes, she is older than _______two years.
   ① me for ② me by ③ I for ④ I by ⑤ me to

8. There is no method of steering clear ____ this inconvenience.
   ① from ② past ③ through ④ of ⑤ up

9. What? We danced ______ the music of Jimmy Dorsey's band.
   ① to ② with ③ in ④ on ⑤ by

10. The evidence I have collected ____ to the fact that he is a shoplifter.
   ① boils up ② boils on ③ boils off ④ boils down

11. I will cure you _______ your disease.
   ① with ② to ③ on ④ for ⑤ of

해답

1. ①; against(~에 대비하여).
2. ③; to(관련을 나타낸다) be sensitive to light.
3. ④; ~에 관한(on, about) 학술적인 것에 관해서는 on.
4. ②; by check 수표로.
5. ②; by the month 월 단위로.
6. ③; over (종사) over a cup of coffee.
7. ②; 차이를 나타내는 전치사(by).
8. ④; steer clear of 피하다(shun, avoid).
9. ①; to (~에 맞추어)는 수반을 나타낸다.
10. ④; boil down to ~로 요약되다.
11. ⑤; cure(clear, deprive, rid, rob, relieve) A of B, of는 분리, 박탈, 제거를 나타낸다.

어법 문제 ⑤

◆ **Choose the one which is grammatically wrong.**

1. Situated(①) at an altitude of 7,600 feet over(②) sea level and only 15 degrees north of the equator, Kagnew Station occupies a(③) unique position(④) in the communications world.

2. Since(①) their high vitamin and low calorie(②) content, mushrooms are included(③) in certain diets(④).

3. Because their(①) extreme simplicity, viruses have provided(②) invaluable to molecular biologist interested in the(③) structure and function(④) of genes.

4. Many(①) bacteria(②) are necessary in the manufacture to(③) cheese, vinegar, and antibiotics(④).

5. Prices fall in times(①) of deflation, and this results(②) at(③) a rise in the demand for goods and services(④).

6. In all organisms(①), from human beings(②) to bacteria and viruses, the genes, or units of heredity(③), are composed from(④) nucleic acid.

7. Soot is made up tiny(①) particles, such as(②) coal, wood, or oil(③), that are not burned(④).

해답

1. ②; 해발 above sea level
2. ①; since가 전치사로 사용되면 이유의 뜻은 없다. since를 Because of로 고친다.
3. ①; 뒤에 주어와 동사가 있기 때문에 ①부분에는 구가 되어야 한다.
4. ③; in the manufacture of (~를 제조하는데)
5. ③; result in ~의 결과로 되다. result from ~로부터 기인하다.
6. ④; be composed of ~로 구성되어 있다.
7. ①; be made up of

어법 문제 ⑥

❶ (A) (B) (C)에서 어법에 맞는 표현을 골라 바르게 짝지은 것은?

Men who drink a lot of alcohol may have a higher chance of having children with physical or mental problems. Doctors have long been (A) aware of/ aware that women alcoholics may give birth to defective babies. However, scientists have recently discovered that alcoholism in men may be responsible for birth defects too. Large quantities of alcohol may (B) affect / effect the quality of the father's genes. This genetics change may cause a child to be born (C) defective /defectively in some way. Scientists are not sure how this happens. But the statistics of the study seem to leave little doubt that it can happen.

(A)	(B)	(C)
① aware of	effect	defectively
② aware of	affect	defectively
③ aware that	affect	defective
④ aware that	effect	defective
⑤ aware that	affect	defectively

❷ (A) (B) (C)의 밑줄 친 부분 중 어법에 맞는 표현을 골라 짝지은 것은?

A developing trend threatens the supply of manpower in the areas of science and engineering, as students are increasingly (A) avoided/ avoiding those fields. College graduates who majored in them are reluctant to take related jobs. The nation is on the edge of (B) import/ importing research workers, while many college graduates from these fields are preparing to enter medical or medicine colleges. Experts are afraid (C) of/ that it will be serious blow to South Korea in the long term if the trend continues.

(A)	(B)	(C)
① avoided	import	of
② avoiding	importing	that
③ avoided	importing	that
④ avoiding	importing	of
⑤ avoiding	import	that

❸ 다음 글의 밑줄 친 부분 중, 어법상 틀린 것은?

We have ① long known about IQ and rational intelligence. And, in part ② because of recent advances in neuroscience and psychology, we have begun to appreciate the importance of emotional intelligence. But we are largely ③ ignorant of that there is such a thing ④ as visual intelligence. Vision is normally so swift and sure, so dependable and informative, and apparently so effortless that we take it for ⑤ granted.

해답

❶ ⑤; (A) in, but을 제외한 전치사는 직접 that절을 취할 수 없다. (B)'영향을 미치다'이므로 affect; (C) 문맥상 부사가 와야 하므로 effectively.
❷ ③; (A) 주어와 동사와의 관계가 능동관계이므로 avoiding; (B) 전치사 of의 목적어가 되어야 하므로 importing; (C) that; of는 직접 that절을 목적어로 취할 수 없다.
❸ ③; 전치사 of는 직접 that절을 목적어로 취할 수 없다. of를 뺀다.

영작문

❶ Put the following into English.
1. 미국에서는 남녀 모두 21살이 되면 성인이 된다.
2. 수요일까지 그 결과를 알려 주겠다.
3. 나는 1982년 5월 17일 아침에 태어났다.
4. 온도계는 화씨 32°를 가리키고 있다.
5. 지리산은 해발 1915m 이다.
6. 이 배는 부산행이다.
7. 벽에 파리 한 마리가 앉아있다.
8. 일본 한반도 동쪽에 위치해 있다.
9. 요즈음 많은 사람들이 폐암으로 죽는다.
10. 한국 돈을 달러로 바꾸고 싶습니다.

❷ Put the following into English.
11. 관중들은 그의 연설을 듣고 눈물을 흘렸다.
12. 포도주는 포도로 만들어진다.
13. 포도는 포도주로 된다.
14. 나로서는 그 법안 관해 반대가 없다.
15. 'lichen'이라는 단어가 무슨 뜻입니까?
16. 연필은 다스 당 얼마에 팔린다.
17. 고래는 허파로 숨을 쉰다.
18. 나는 그 카메라 값으로 50달러를 지불했다.
19. 인생은 종종 항해에 비유되어진다.
20. 커피나 한 잔 하면서 그 문제에 관해서 논의합시다.

해답

❶
1. In America, both men and women come of age at 21.
2. I will let you know the result by Wednesday.
3. I was born on the morning of May the 17th in 1982.
4. The thermometer stands at 32 degrees Fahrenheit.
5. Mt. Jiri is 1915 meters above the sea level.
6. This ship is bound for Busan.
7. There is a fly on the wall.
8. Japan is located to the east of Korea.
9. Many people die of lung cancer nowadays.
10. I'd like to change Korean money into dollars.

❷
11. The audience were moved to tears at his speech.
12. Wine is made from grapes.
13. Grapes are made into wine.
14. For my part I have no objection to the bill.
15. What do you mean by the word 'lichen'?
16. Pencils are sold at so much to the dozen.
17. Whales respire through their lungs.
18. I paid 50 dollars for the camera.
19. Life is often compared to a voyage.
20. Let's discuss the matter over a cup of coffee.

11장 접속사

1 등위 접속사

① 부가

② 대조

③ 선택

④ 결과

2 종속 접속사

❶ 명사절

1. that
2. whether
3. but
4. 의문사
5. 관계사

❷ 부사절

1. 시간, 장소
2. 원인, 결과
3. 제한, 제외
4. 양보, 양태
5. 목적, 조건, 비교

1 등위 접속사

❶ 부가

①**And** Iron, coal, copper **and** lead are imported into our country.
I sent off my check **and** I am looking forward to receiving parcels.

②**Both A and B** This book is **both** interesting **and** instructive.

③**Not only A But also**
He gave me **not only** advice **but also** help.
Illness leads **not only** to poverty **but also** to moral degradation.

❷ 대조

①**But** He is a clever man, **but** fails in perseverance.
The drop hollows the stone **not** by its force, **but** by its frequency.
Not that I love Caesar less **but that** I love Rome more.
Indeed he is old, **but** he is still strong.

②**However** We were late for dinner; **however** there was plenty left for us.

③**Yet** The story may sound strange, **yet** it is true.
Love your neighbor, **yet** pull not down your fence.

④**While** Jane is dressed in brown, **while** Mary was dressed in blue.
Wise men love truth, **while** fools shun it.

⑤**Whereas** She is slender, **whereas** her sister is fat.
He looks about forty, **whereas** his wife looks about twenty.

❸ 선택

①**Or** Rain **or** shine, I will go there.
He weighs 130 pounds **or** 60kg.

②**Nor** She does not drinks, smokes, nor eats meat.
Neither wealth nor power alone brings about happiness.

❹ 결과

①**For** He must be ill, **for** he looks pale.
It is morning, **for** birds are chirping.

②**So** He speaks little English, **so** I talked to him through an interpreter.
We were very tired, **so** we turned in about nine o'clock.

③**Therefore** I think **therefore** I am.
He ran out of money, and **therefore** had to look for a job.

1 등위 접속사

❶ 부가

①**and** : 철, 석탄, 구리, 납은 우리나라로 수입된다. lead [led]납
나는 수표를 보냈다. 그리고 소포가 오기를 고대하고 있다.
import수입하다 ≠export수출하다; look forward to =expect, anticipate

②**both A and B = at once A and B** : *A하고 동시에 B하다
이 책은 재미있고 또한 유익하다.
=This book is at once interesting and instructive.
*at once 대신에 alike, equally를 사용할 수 있음
*as well 대신에 besides, in addition, into the bargain을 사용할 수 있음

③**not only A but also = B as well as A** : *A뿐만 아니라 B도
*only 대신에 merely, simply, solely, alone을 사용할 수 있다.
*also 대신에 equally, likewise를 사용할 수 있다.
그는 낭에게 충고뿐만 아니라 도움도 주었다. =He gave me help as well as advice.
질병은 가난뿐만 아니라 도덕적 타락까지 초래한다.

❷ 대조

①**but** : 그는 영리한 사람이다. 그러나 인내심이 부족하다.
물방울이 돌을 뚫는 것은 그 힘에 의해서가 아니라 빈번함에 의해서다.
내가 시저를 덜 사랑해서가 아니라 로마를 더 사랑하기 때문이다.
과연 그는 나이가 많지만 그는 여전히 튼튼하다.
*양보를 나타내는 경우: of course, indeed, may 다음의 but은 양보의 뜻
*not A but B : A가 아니고 B이다 *indeed ~ but 과연 ~이긴 하지만

②**however** : 우리는 저녁식사에 늦었지만 우리를 위해서 많이 남아있었다.

③**yet** : 그 이야기는 이상하게 들릴지 모르지만 그러나 그것은 사실이다.
너의 이웃을 사랑하라. 그러나 담장을 허물지는 마라.

④**while** : *=whereas ~임에 반하여
Jane은 갈색 옷을 입고 있다. 반면에 Mary는 푸른 가운을 입고 있다.
현명한 사람은 진실을 사랑한다. 반면에 어리석은 사람은 진실을 피한다.

⑤**whereas** : *~임에 반하여 (while on the other hand)
그는 날씬하나 그의 여동생은 뚱뚱하다.
그는 40 살쯤으로 보이나 그의 아내는 20 살쯤으로 보인다.

❸ 선택

①**or** : 그는 몸무게가 130 파운드 즉 60kg이 나간다. *or=namely 즉
비가 오든 날씨가 좋든 간에 나는 그 곳에 가겠다. *or가 양보의 뜻.
*Which do you like better tea or coffee?
*Hurry up or you will be late for school. *or=otherwise
*Either my mother or I am to go there tomorrow.
▶not A or B는 A, B 둘 다 아니다,
*Violence can**not** be justified by any excuse **or** any pretext.
폭력은 그 어떤 이유와 명분으로도 정당화될 수 없다

②**nor** : *not (neither) A nor B : A도 아니고 B도 아니다.
그녀는 술도 안마시고 담배도 안 피우고 육 고기도 먹지 않는다.
부도 권력도 그것만으로는 행복을 가져오지 않는다.

❹ 결과

①**for** : *앞 문장에 대한 부가적인 이유나 판단의 근거를 나타냄.
그는 틀림없이 아프다. 창백한 것을 보니. 아침이다. 새들이 지저귀는 것을 보니.

②**so** : 우리들은 매우 피곤했다. 그래서 9시쯤 돼서 잠자리에 들었다.

③**therefore** : 나는 생각한다. 고로 나는 존재한다.
그는 돈이 떨어졌다. 그래서 그는 일자리를 찾아야 했다.

2 종속접속사❶ : 명사절

❶ That

①주어 **That he will come** is certain.

②보어 The trouble is **that we have no money.**

③목적어 I don't think **that it will be fine tomorrow.**

Men differ from brutes *in* **that they can think and speak.**

That will do *except* **that it is too long.**

④동격 No one can deny the fact **that smoking is harmful.**

The news **that her son was killed** was a great shock to her.

❷ Whether

①주어 **Whether he will come or send a substitute** is immaterial to me.

②보어 The problem is **whether he will get well or not.**

③목적어 I wonder **whether he knows the truth.**

Everything depends *on* **whether we have enough money.**

❸ But

①I don't doubt **but** he will consent.

I don't deny **but** he is innocent.

②How can I tell **but** you will do the same thing?

Who knows **but that** everything will come out all right?

❹ 의문사

①주어 It matters little to me **who does it so long as it is done.**

②보어 The problem is **who will water my plants when I am away.**

③목적어 I will tell you **when he will come to my house.**

There was a heated arguments as to **who should be appointed.**

❺ 관계사

①주어 **What you say** makes no sense.

Unfortunately **what you say** is only too true.

②보어 This is **where I was born.**

That is **why I don't like her.**

③목적어 I will give you **what you want.**

He chose **whichever he liked.**

2 종속접속사❶ : 명사절

❶ That

①주어(S) : 그가 오리라는 것은 확실하다. =It is certain that he will come.
That he is still alive is great luck.

②보어(C) : 곤란한 점은 우리가 돈이 없다는 것이다. (S=C)
My opinion is **that he doesn't understand you.**
나의 견해는 그가 너를 이해하지 않는다는 것이다.
*비인칭 동사(seem appear chance happen)의 보어로 사용된다.
I happened **that I had no money with me at that time.**

③목적어(O) : 나는 내일 날씨가 좋지 않을 것이라고 생각한다. *타동사의 목적어
인간은 생각하고 말할 수 있다는 점에서 짐승과 다르다.
그것이 좀 길다는 것을 제외하고는 충분하다. *전치사의 목적어
*전치사로서 that절을 목적으로 취할 수 있는 것은 in, but(=except)이다.
*그 외의 전치사가 that 절을 목적으로 취하려면 형식목적어 **it**을 사용한다.
I will answer for **it that he is honest**. 그가 정직하다는 것을 내가 책임지겠다.

④동격(A) : 흡연이 해롭다는 사실을 아무도 부인할 수 없다.
그녀의 아들이 살해되었다는 소식은 그녀에겐 큰 충격이었다.

❷ Whether

①주어 : 그가 오든 대리인을 보내든지 그것은 나에게 중요하지 않다.
Whether he will come or not is another question.
그가 올지 안 올지는 별개의 문제다.

②보어 : 문제는 그가 건강해질 것인지 아닌지 이다.

③목적어 : 그가 그 사실을 알고 있을지 없을지 궁금하다.
모든 것은 충분한 돈이 있는지 없는지에 달려 있다.

❸ But : *타동사의 목적어로만 쓰인다.

①*deny doubt gainsay hinder question impossible unlikely처럼 부정의 뜻이 있고 그것이 부정되어 있을 때 but은 that의 뜻으로 명사절을 취한다. 이때 but=that이다.
그가 동의하리라는 것을 의심하지 않는다.
무죄라는 것을 부인하지 않는다.
*Nothing will hinder **but that** I will accomplish my purpose.
내가 나의 목적을 달성하리라는 것을 아무도 방해하지 않을 것이다.

②*believe expect fear know say tell think등이 부정문, 의문문에 사용되어 명사절을 취함. 이때 but은 that ~ not의 뜻이다.
네가 똑같은 짓을 하지 않으리라는 것을 어떻게 말할 수 있겠는가?
모든 것이 잘 되지 않으리라는 것을 누가 알겠나?

❹ 의문사

①주어 : 행해지기만 하면 누가 그것을 하는지는 나에게 거의 중요치 않다.

②보어 : 문제는 내가 없는 동안에 누가 나무에 물을 주느냐 이다.

③목적어 : 그가 내 집에 언제 올 지를 너에게 말해 주겠다.
누가 임명되어야 할지에 관해서 열띤 논쟁이 있었다.

❺ 관계사

①주어 : 네가 말하는 것은 이치에 맞지 않다.
불행하게도 네가 말한 것은 유감스럽지만 사실이다. only too 유감이지만

②보어 : 이곳이 내가 태어난 곳이다. 저것이 내가 그녀를 좋아하지 않는 이유다.

③목적어 : 네가 원하는 것을 주겠다. 그가 좋아하는 것은 무엇이든 골랐다.
Give it to whoever wants it. Give it to whomever you like.

2 종속접속사❷ : 부사절1-시간/장소

❶ 시간

①**As soon as** he saw me, he took to his heels.
Could you please let me know **as soon as** it arrives?
②Lock the stable door **after** the horse has bolted.
I left home **after** he had done his work.
③**As** I entered the room, they all applauded.
You will grow wiser **as** you grow older.
④I will stay with you **as long as** there is a room free.
You shall want for nothing **as long as** I live.
⑤I had not gone a mile **before** I felt tired.
It will not long **before** he gets quite well.
⑥**Once** a beast of prey has licked blood, it longs for it forever.
Once you start, you must finish it.
⑦Ten years have passed **since** he died.
How long is it **since** I saw you last?
⑧We do not know the value of health **until** we have lost it.
It was not **until** I came to Korea that I learned Korean.
⑨**While** there's life, there's hope.
Strike **while** the iron is hot.
⑩**When** you are in Rome, do as the Romans do.
I almost had a fit **when** I heard the news.
⑪**Whenever** he comes up to Seoul, he drops in on us.
Whenever I am in trouble, I consult him.
⑫The dog barks **every time** it sees the mailman.
Bob has his nose in a book **every time** I see him.

❷ 장소

①**Where** Where there is a will, there is a way.
②**Wherever** He is welcomed wherever he goes.
③**Whence** Do you know whence he came?
④**Whither** Go whither you like.

2 종속접속사❷ : 부사절1-시간/장소

❶ 시간

①**As soon as** : *~하자마자 곧;
=The moment (minute, instant) he saw me, he took to his heels.
=Immediately (Instantly, Directly) he saw me, he took to his heels.
=No sooner had he seen me than he took to his heels.
=Hardly (Scarcely)) had he seen me when he took to his heels.
*take to one's heels =show one's heels 꽁무니를 빼다. 부리나케 도망가다.
*The moment (minute, instant)가 접속사적으로 사용됨
*Immediately (Instantly, Directly) 부사가 접속사적으로 사용됨.
*no sooner, hardly, scarcely 등은 도망간 것이 나를 본 것보다 먼저이므로 과거완료시제를 사용함. 또 부정어로 문두에 왔으므로 문장은 도치됨.

②**After** : *~한 후에; 소 잃고 외양간 고치기. has bolted 대신에 is stolen도 가능함.
그는 자기 일을 마친 후 집을 나갔다.
③**As** : *~하자 곧; 내가 방에 들어가자 그들은 모두 박수갈채를 보냈다. cf. applause
나이가 들어감에 따라 더 현명해질 것이다.
④**As long as** : ~ *하는 한; 방이 남아 있는 한 너와 같이 머무르겠다.
살아 있는 한 부족함이 없게 하겠다.
⑤**Before** : *~하기 전에; 일 마일도 가기 전에 나는 피곤했다.
*피곤하기(felt) 전에 먼저 갔기 때문에 주절의 시제는 과거완료 시제임.
머지않아 그는 건강해질 것이다.
⑥**Once** : *일단 ~하면: 일단 맹수가 피 맛을 보면 영원히 그 피를 잊지 못한다.
일단 시작하면 그것을 끝마쳐야 한다.
⑦**Since** : *~한 이래로; 그가 죽은 지 10년이 됐다.
=He died 10 years ago. =It is 10 years since he died.
=He has been dead for 10 years.
그를 마지막으로 본 이후 얼마나 되었나?
⑧**Until** : *~할 때까지; 우리는 건강을 잃을 건강의 가치를 모른다.
Until he returns, nothing can be done.
그가 돌아올 때까지는 아무것도 할 수 없다.
⑨**While** : *~할 동안; 목숨이 있는 한 희망이 있다. 쇠뿔도 단김에 빼라. 勿失好機(물실호기);
While you were away, there was a big fire in the neighbor.
⑩**When** : ***~할 때;** 로마에서는 로마인들이 하는 대로 해라.(속담) (入鄕循俗 입향순속).
내가 그 소식을 들었을 때 나는 거의 까무러질 뻔했다.
It was dark when I arrived at the village.
⑪**Whenever** : *~할 때마다; 그가 상경할 때마다 그는 우리에게 들른다.
어려움에 처할 때마다 그 사람과 상의한다.
⑫**Every time** : =each time; *~할 때마다;
그 개는 우편집배원을 볼 때마다 짖는다.
내가 Bob을 볼 때마다, 그는 언제나 책을 읽고 있다.
I get the blues every time I hear that song.
나는 저 음악을 들을 때마다 우울해진다.

❷ 장소

①**Where** =*at the place where 뜻이 있는 곳에 길이 있다.
②**Wherever** =*in any place where 그는 어디에 가든지 환영받는다.
③**Whence** =*from the place where 혹은 from the place to
너는 그가 어디서부터 왔는지를 아느냐?
④**Whither** =*to the place where 네가 가고 싶은 곳으로 가라.

2 종속접속사❷ : 부사절2-원인/결과

❶ 원인

①Because

She always wears glasses because she is near-sighted.

It is because he is candid that I like him.

You should not look down on a man because he is poor.

②As

As it is raining, you had better take a taxi.

As it was getting darker, we soon turned back.

③Since

Since we have no money on us, we can't buy the book.

Since she is ill, I can't take her with me.

④Now (that)

Now that you mention it, I do remember.

Now that you're grown up, you must stop this childish behavior.

⑤Seeing (that)

Seeing that it is 9 o'clock, we will wait no longer.

Seeing that it looks like raining, you had better leave now.

❷ 결과

①So ~ that

I got up so early that I could catch the first train.

You speak so fast that I can't catch your meaning.

It is so dark that I can't see my hand before me.

②So that

His car broke down, so that we had to walk home.

His father died suddenly, so that he was obliged to leave school.

I was short of fresh water, so that I drank as little as possible.

③Such ~ that

He is such an early riser that he is never late for school.

She is such a good lecturer that all her courses are full.

Her change was such that even her father could not recognize her.

2 종속접속사❷ : 부사절2-원인/결과

❶ 원인

①**Because** :

그녀는 근시이기 때문에 항상 안경을 쓴다.

near-sighted =short-sighted ≠far-sighted

내가 그를 좋아하는 것은 그가 솔직하기 때문이다. candid=frank ㊔candor

*강조 구문에서는 because를 쓴다.

사람이 가난하다고 해서 그를 무시해서는 안 된다.

*not ~ because : ~라고 해서 ~않다. look down on =despise 무시하다

②**As** : *이유가 명백하거나 이미 알려져 있는 경우에 사용함.

비가 오니까 택시를 타는 게 낫겠다.

=It is raining , so you had better take a taxi.

날씨가 어두워져가고 있기 때문에 우리들은 곧 돌아왔다.

As the door was open, I walked in. 문이 열려 있었기에 안으로 들어갔다

③**Since**=as : *사실을 전제로 하거나 이미 자명한 이유일 때

*강도는 because> since> as> for 순서이다.

수중에 돈이 없기 때문에 그 책을 살 수가 없다.

그녀는 아프기 때문에 나는 그녀를 데려 갈 수가 없다.

Since we have no money, it is no good talking about a holiday.

돈이 없으므로 휴일에 관해서 이야기 해봐도 소용없다.

④**Now (that)** =since *~이므로; ~이니까;

네가 언급을 하니 기억이 난다. 네가 자랐으니 이런 유치한 행동을 그만 둬라.

childish=puerile 철없는 유치한; childlike=young어린애 같은

Now that he resigned his post, you must succeed to him.

그가 직을 사임했으니까 네가 그를 계승해야 한다.

⑤**Seeing (that)** : *~이므로;

9시 이니까 더 이상 기다리지 말자. *will은 가벼운 명령을 나타낸다.

비가 올 것 같으니까 지금 떠나는 게 낫겠다.

Seeing that life is short, we must not waste time.

❷ 결과

①**so ~ that** : *~해서 ~하다.

나는 일찍 일어나서 첫 열차를 잡을 수 있었다.

네 말이 너무 빨라서 네가 말하는 의미를 이해할 수 없다.

너무 어두워서 눈앞의 손도 보이지 않는다,

②**so that** : *그래서 *comma(,) that은 결과를 나타낸다.

그의 차는 고장이 났다. 그래서 우리들 걸어서 집에 가야했다.

그의 아버지가 갑자기 돌아가셨다. 그래서 그는 학교를 그만 두어야했다.

It was raining heavily, so that we could not go out.

담수가 부족했다. 그래서 나는 가능한 한 적게 마셨다.

***be short of** ⓐ…이하의, …에 못 미치는; money[hands] 돈[일손]이 부족하다

ⓑ…에 이르지 못하다; His age is short of forty.

③**such ~ that** : *~해서 ~하다.

그는 일찍 일어나는 사람이라 결코 수업에 늦지 않는다.

그녀는 대단한 강사여서 그녀의 모든 강좌는 만원이다.

그녀의 변화는 아주 심해서 그녀의 아버지조차도 그녀를 알아보지 못했다.

2 종속접속사❷ : 부사절3-제한/제외

❶ 제한 (범위)

①As far as

As far as I know, she is an angel of a wife.

As far as I can see, that is highly unlikely.

②So far as

So far as I am concerned, he is honest.

So far as Grammar is concerned, it leaves nothing to be desired.

③As long as

You may play the piano **as long as** you like.

My family shall live in comfort **as long as** I live.

④So long as

Any book will do **so long as** it is interesting.

You may stay here **so long as** you keep quiet.

⑤That

He has never been abroad, **that I know of.**

Tom was never hand and glove with Jack, **that I remember.**

❷ 제외

①But

I never pass by the house **but** I think of her.

It never rains **but** it pours.

②But that

I would buy the car **but that** I am poor.

I could have done it **but that** he lacked the courage.

③Except that

That will do **except that** it is too long.

I would buy this watch **except that** it's too expensive.

④Save that

I know nothing **save that** she loves you.

He would have gone **save that** he had no other means.

⑤Only that

He is a good student **only that** he is a little lazy.

I would help you with pleasure **only that** I am too busy.

⑥Than

She did nothing **else than** smile.

I have no **other** method **than** this.

2 종속접속사❷ : 부사절3-제한/제외

❶ 제한

①**as far as** : *=so far as; ~하는 한;
내가 아는 한 그는 천사와 같은 아내다.
=As far as my knowledge goes, she is an angel of a wife.
=To the best of my knowledge, she is an angel of a wife.
내가 아는 한, 그것은 거의 불가능하다.
It's a good job as far as the pay goes. 급료에 관한 한 괜찮다.

②**so far as** : *~하는 한; *so far as A is concerned : A에 관한
As far as I am concerned, this is all nonsense.
나에 관한 한 그는 정직하다. 문법에 관한 한 너의 글은 바랄나위 없다.
leave nothing [much] to be desired 더할 나위 없다. [유감스러운 점이 많다.]

③**as long as** : *~하는 한; ~하는 동안은
네가 좋아하는 한 피아노를 쳐도 좋다.
내가 살아 있는 한 너를 편안하게 살게 하겠다.
You couldn't turn the heat off as long as the system was operating.

④**so long as** : *하기만 하면 (=if only)
재미있기만 하면 그것이 어떤 책이라도 무방하다.
네가 조용히 있기만 하면 여기에 있어도 좋다.

⑤**that** :
내가 아는 한 (*that I know of) 그는 외국에 가 본 적이 없다.
He is not a man of means that I know of. 내가 아는 한 그는 재산가가 아니다.
내가 기억하는 한(*that I remember) Tom과 Jack은 결코 친하지 않다.
hand and glove =hand in glove 극히 친밀하여(with).

❷ 제외

①**but** : =that ~ not; *but 앞에 부정어가 있고, but 다음에 주어+동사가 오면 but=that~not
나는 그녀를 생각하지 않고는 결코 그 집을 지나지 않는다.
비가 올 때마다 퍼 붓는다.(속담) 왔다 하면 장대비다, 화불단행(禍不單行).

②**but that** : *but that 다음에는 직설법 시제가 따른다.
내가 가난하지 않으면 그 차를 살 수 있을 텐데. *주절은 가정법 과거
용기가 부족하지 않았더라면 그것을 할 수 있었을 텐데. *주절은 가정법 과거완료

③**except that** : *except that 다음에는 직설법 시제가 따른다.
그것이 너무 길지만 않으면 무방하다.
그 시계가 너무 비싸지만 않으면 나는 그것을 사겠는데.

④**save that** : *save that 다음에는 직설법 시제가 따른다.
그녀가 너를 사랑한다는 것 외에는 나는 아무 것도 모른다.
다른 수단이 있었더라면 그는 갔을 것이다.

⑤**only that** : *only that 다음에는 직설법 시제가 따른다.
조금 게으른 것을 제외하면 그는 좋은 학생이다.
내가 바쁘지만 않으면 기꺼이 너를 돕겠는데.

⑥**Than** : *else, other, otherwise, another 다음의 than은 '~밖에는', '~이외에'의 뜻.
*different, differently 다음의 than은 '~와는 다른', '~와는 달라서'의 뜻이다.
그녀는 웃기만 한다. 너에게 복종하는 것 외에는 달리 하는 방법이 없다.
I cannot do **otherwise than** obey you. 이것 외에는 다른 방법이 없다.
It was done **differently than** ever before. 그것은 지금까지와는 다르게 행해졌다.
It was none other **than** my old friend Irving. 나의 옛 친구 바로 Irving이었다.

2 종속접속사❷ : 부사절4-양보/양태

❶ 양 보

①Though

Though they are so poor, they are always honest.

Although it was so cold, he went out without an overcoat.

②As

Woman **as** she was, she was equal to the task.

Try hard **as** you may, you can't master English within a month.

③If

I will do it even if it takes me all the afternoon.

If he is poor, he is a good chap.

④Granting (that)

Granting that he was drunk, that is no excuse for his conduct.

Granted that he is in hospital, he can do us much harm.

⑤When

The heat didn't ease when the sun went down.

I have only three dishes when I need five.

⑥While

While he has many friends, Tom is often lonely.

While I admit I did it, I didn't intend to.

⑦Whether ~ or

Whether we win or lose, we must play fair.

Whether you like or not, you must do it.

❷ 양 태

①As

Do in Rome as the Romans do.

His lecture was cut and dried as I expected.

②As~so

As rust eats iron, so care eats mind.

As the bees love sweetness, so the flies love rottenness.

③As if

He looks as if he had seen a ghost.

He lifted up the stone as easily as if it were of cotton.

④The way

You won't be liked the way you talk to others.

The way I see it, this situation is serious.

2 종속접속사❷ : 부사절4-양보/양태

❶ 양보

①**Though** : *=Although

비록 그들은 아주 가난하지만 그들은 항상 정직하다.
비록 날씨가 아주 추웠지만 외투도 입지 않고 나갔다.

②**As** : *명사, 동사, 형용사, 부사 + as + s + v *명사인 경우는 무관사.

비록 여자지만 그녀는 그 일을 감당할 수 있었다.
=Though he was **a** woman, she was equal to the task. *Though 구문이면 관사를 씀.
아무리 열심히 해도 한 달 내에 영어를 정복할 수 없다.
=Though you try hard, you can't master English within a month.
*Such as it is, you may use my car.
보잘것없지만 너는 내 차를 사용해도 좋다. such as it is 변변치 못하지만
*Dearly **as** he loved his native country, he loved liberty more.
그는 조국을 몹시 사랑했지만 그는 자유를 더 사랑했다.

③**If** : ***=even if**

비록 오후 내내가 걸리더라도 나는 그것을 하겠다.
그는 가난하지만 괜찮은 녀석이다.

④**Granting that** : *=granted that; ~라고 하더라도

비록 그가 술에 취했지만 그것은 그의 행동에 대한 변명이 못된다.
비록 그가 병원에 입원해 있을지라도 그는 우리에게 많은 해를 끼칠 수 있다.

⑤**When** : ***=though**

해가 졌음에도 불구하고 열기가 줄어들지 않았다.
다섯 개가 필요한데도 나는 단지 3개 밖에 없다.

⑥**While** : ***=though**

비록 많은 친구가 있지만 Tom은 종종 고독하다.
내가 그것을 했다는 것을 인정하지만 의도적으로 한 것은 아니다.

⑦**whether ~ or** :

이기든지 지든지 정정당당하게 경기해라.
네가 좋아하든지 않든지 간에 너는 그것을 해야 한다.

❷ 양태

①**As** :

로마에서는 로마인들이 하는 대로 해라. 入鄕循俗
그의 강의는 내가 예상했던 대로 무미건조했다. cut and dried 신선미 없는; 무미건조한;

②**As ~ so** : *~하듯이 ~하다

녹이 쇠를 갉아 먹듯이 근심이 마음을 갉아 먹는다.
벌이 단 것을 좋아하듯이 파리는 썩은 것을 좋아 한다.
As you sow, so you reap. 뿌린 대로 거두리라.

③**As if =as though** : *마치 ~인 것처럼

그는 마치 유령을 보았던 것처럼 보인다.
그는 돌을 마치 솜인 것처럼 쉽게 들어 올렸다.

④**The way(that)** : *~하는 방식으로

네가 다른 사람들에게 말하는 방식으로는 호감을 얻지 못할 것이다.
내가 그것을 본 방식으로는 이번 상황은 심각하다.
▶the way가 명사절을 인도하는 경우.
I like the way he laughs.
The way you talk reminds me of your dead father.

2 종속접속사❷ : 부사절5-목적/조건/비교

❶ 목적

①That ~ may

He worked hard so that he might succeed.

We started early so that we might get seats.

②Lest ~ should

Be careful lest you should fall from the tree.

He worked hard lest he should fail.

③So 동사(과거분사) that

The bridge is so made that it opens in the middle.

You should so act that we shall have nothing to regret.

❷ 조건

①If

If you mix yellow and blue, you get green.

If you can't stand the heat, get out of the kitchen.

②Unless

Do not contact me unless it is an emergency.

Milk quickly turns sour unless it's refrigerated.

③Providing

Providing the salary is satisfactory, I will accept your offer.

Providing there is no opposition, we shall hold the meeting.

④Supposing

Supposing I were a bird, I could fly to you.

Supposing something should go wrong, what would you do?

⑤In case

In case I forget, please remind me of my promise.

Who will succeed him in case that he resigns?

❸ 비교

①As

He is as clever as his brother.

He is as diligent as any boy in his class.

②Than

He is stronger than any other boy in his class.

She is more beautiful than her sister.

2 종속접속사❷ : 부사절5-목적/조건/비교

❶ 목적

①**so that ~ may** : *~하기 위하여

그는 성공하기 위하여 열심히 일했다.

=He worked hard **in order to** succeed.

=He worked hard so as to succeed.

=He worked hard **for the purpose of** succeeding. (동명사)

=He worked hard **with a view to** succeeding.(동명사)

그는 좋은 자리를 잡기 위하여 일찍 출발했다.

Mice and rabbits are being sacrificed daily by thousands so that men may learn how to live in this atomic age.

I am giving my boy a good education so that he can easily cope with life's difficulties.

②**lest ~ should** : *~하지 않도록 (소극적 목적)

나무에서 떨어지지 않도록 조심해라.

그는 실패하지 않도록 하기 위하여 열심히 일했다.

=He worked hard in order not to fail.

=He worked hard that he might not fail.

=He worked hard for fear that he should fail.

*for fear that에서 for는 원인, that은 동격의 접속사임.

③**so (동사)과거분사 that** : *~하도록, ~할 수 있도록

그 다리는 가운데가 열릴 수 있도록 만들어져 있다.

여러분들은 후회할 일이 남지 않도록 행동해야 한다.

A man is so made that he cannot live without loving others.

❷ 조건 : 가정법 참조

①**If** :

노란 색과 파란 색을 섞으면 초록색이 된다. 절이 싫으면 중이 떠나야 한다.

②**Unless** : *=if ~ not

긴급한 일이 아니면 나에게 연락하지 마라. 우유는 냉장되어지지 않으면 빨리 쉬어진다.

③**Providing** : *=supposing

급료가 만족스러우면 나는 너의 제안을 받아들이겠다.

반대가 없으면 회의를 개최하겠다.

④**Supposing** : *=if

만일 내가 새라면 너에게 날아갈 수 있을 텐데.

만일 뭐가 잘못 되면 너는 어찌 할래?

⑤**In case** : *=In the event of

내가 잊어버리면 나에게 약속을 상기시켜 주게.

그가 사임하면 누가 그를 계승할까? (=in the event that)

❸ 비교 : 비교 참조

①**As** :

그는 자기 동생만큼 영리하다.

그는 자기 반에 있는 어떤 다른 소년만큼 부지런하다.(최상급 의미)

②**Than** :

그는 자기 반에 있는 어떤 다른 소년보다 더 힘이 세다.

그녀는 자기 동생보다 더 예쁘다.

어법 문제 ①

❶ 문맥상 괄호 안에 적당한 접속사를 넣으시오.
1. I am not rich , (   ) do I wish to be.
2. The drop hollows the stone not by its force, ( ) by its frequency.
3. Not that I love caesar less (   ) that I Rome more.
4. Wise men love truth, (   ) fools shun it.
5. It must have rained much yesterday, (   ) the river is high.
6. It does not matter (   ) he will approve of this plan or not.
7. Unfortunately he was not able to ascertain (   ) it was true or not.
8. I asked George by telephone (   ) he would attend the meeting.
9. Only the wearer knows (   ) the shoe pinches.
10. I do not deny (   ) that he is diligent.

❷ ( ) 안에 적당한 접속사를 써 넣으시오.
1. A book is not always a good book (   ) it is written by a famous writer.
2. (   ) that you are a man, you ought to know better.
3. It is (   ) he has behaved so badly that he must be punished.
4. (   ) that it is 9 o'clock, we will wait no longer.
5. Neither wealth (   ) power alone brings about happiness.
6. No man so old (   ) that he may learn.
7. I never pass by the house (   ) I think of her.
8. There is no habit so old (   ) may be cured by a strong will.
9. He has never been abroad, (   ) I know of.
10. I could have done it (   ) that he lacked the courage.
11. (   ) there is a will, there is a way.

❸ (   ) 안에 알맞은 단어를 써 넣으시오.
1. Woman (   ) I am, I amy be of help in time of need.
2. Such (   ) it is, you may use my car.
3. As rust eats iron, (   ) care eats mind.
4. (   ) sick or well, he is always cheerful."
5. As the bees love sweetness, (   ) the flies love rottenness.
6. (   ) you make your bed, so you must lie in [upon] it.
7. (   ) you like it or not, it's going to happen."
8. (   ) a beast of prey has licked blood, it longs for it forever.
9. Lock the stable (   ) the horse is stolen.
10. No sooner had he received the letter (   ) she started.
11. I worked very hard (   ) I should fail in the exam.

해답

❶ 1.nor 2.but 3.but 4.while 5.for 6.whether 7.whether 8.whether 9.where 10.but

❷ 1.because 2.Now/Seeing 3.because 4.Now 5.nor 6.but 7.but 8.but 9.that 10.but 11.Where

❸ 1.as 2.as 3.so 4.Whether 5.so 6.As 7.Whether 8.Once 9.before 10.than 11.lest

어법 문제 ②

◆ 밑줄 친 곳에 알맞은 것은?

1. In Scandinavian countries household goods are devised both to function well _______ .
   ① and to be looking beautiful ② and to look beautiful
   ③ and to be beautiful ④ as well as to look beautifully

2. ____________ are the juice and pulp of the grape useful, but various products are made from the skins and seeds.
   ① Not that they ② They never ③ Neither ④ Not only

3. The brown thrasher is not a particularly large or strong bird, ____ equipped for fighting.
   ① it is not ② neither is ③ but not ④ nor is it ⑤ nor does it

4. Fat is not digested in the stomach, ________ in the small intestine.
   ① but ② and ③ which ④ although ⑤ whether

5. _________ that he is gone, we miss him very badly.
   ① Since ② Now ③ Then ④ Saying ⑤ Being

6. Small parrots may lay as many as ten eggs each season, ______ large parrots may lay only one.
   ① lest ② instead ③ whereas ④ otherwise ⑤ as

7. Argon is used to fill light bulbs ______ not react with the white-hot metal of the filament.
   ① does ② for it does ③ it is does ④ it does ⑤ it did

8. The reason we are late is _____ the bus was delayed by heavy traffic.
   ① that ② because ③ for ④ due to that ⑤ whether

9. ______ an organism dies, bacteria cause it to decay.
   ① How ② That ③ When ④ Either ⑤ Nor

해답

1. ②; both로 미루어 상관접속사 and가 와야 한다. 병렬 구문.
2. ④; not only ~ but (also)구문. 부정어(not)가 문장 첫머리에 와서 도치됨.
3. ④; nor=and ~ not 부정어가 있어 도치가 되었다.
4. ①; not A but B 구문.
5. ②; now that =since.
6. ③; 문맥상 대조를 나타내므로 whereas(=while on the other hand).
7. ②; 문맥상 뒤 문장은 앞 문장에 대한 이유를 나타낸다.
8. ①; is의 보어로서 명사절을 이끌 수 있는 것은 that이다.
9. ③; 뒷부분이 완전한 문장이므로 앞부분은 부사적이어야 한다.

어법 문제 ③

◆ 밑줄 친 곳에 알맞은 것은?

1. What have I done to him _______ he should stare at me like that?
   ① lest ② because ③ that ④ since ⑤ but

2. _________ want to go to the concert.
   ① Not that ② no that ③ to the extent that ④ to the effect that

3. Little is known about platinum ________ so little of it exists.
   ① but ② why ③ because ④ although ⑤ for all

4. He walked warily _______ he should fall.
   ① lest ② unless ③ except ④ before ⑤ in order to

5. Such was his kindness _________ we will never forget him.
   ① so ② which ③ and ④ that ⑤ as

6. May I have the loan? _______ you offer good security.
   ① But ② Unless ③ Provided ④ But for ⑤ Except

7. The reading of books, _______ the student buy or borrows them from the library, is just essential.
   ① which ② that ③ however ④ whatever ⑤ whether

8. 주어진 문장의 밑줄 친 단어의 용법에 가장 가까운 용법을 가진 문장은?
   Personally I am of the opinion <u>that</u> immediate measures should be taken to meet the situation.
   ① These are the dictionaries <u>that</u> I can never do without.
   ② We had no idea <u>that</u> the task would take such a long time.
   ③ I feel some difficulty in believing <u>that</u> he is guilty.
   ④ What have we done to him <u>that</u> he should trust us so harshly?
   ⑤ It was yesterday <u>that</u> John broke the window.

9. 밑줄 친 것과 뜻이 같은 것은?
   Clever <u>as</u> he is, he is backward in giving his views.
   ① In the light of his cleverness ② Because of his cleverness
   ③ For all his cleverness ④ Speaking his cleverness

해답

1. ③; 의문사 + that ~ should : should는 의외, 놀람을 나타내는 조동사이다.
2. ①; not that ~한 것은 아니다.
3. ③; so little =but little =only a little
4. ①; lest ~ should : ~하지 않도록
5. ④; such ~ that
6. ③; provided=if
7. ⑤; such ~ that
8. ②; 주어진 문장의 that은 동격을 나타낸다.
9. ③; as는 양보를 나타낸다.

어법 문제 ④

◆ 다음 중 문법적으로 잘못이 없는 문장은? (1~6)

1. ① I went to see the zoo during I stayed in Seoul.
   ② It turned out just like I wished.
   ③ As years went on, he grew duller.
   ④ You must take care because you should catch cold.
   ⑤ Unless you have no objection, I will come tomorrow.

2. ① A book is not always good because it is written by a famous writer.
   ② She will recover, see that she is still very young.
   ③ His only fault is what he has no fault.
   ④ It will not be long when spring comes.
   ⑤ He was never late, nor she was.

3. ① So that you are ill, I will do it for you.
   ② You must do it whether you like it or not.
   ③ This book is both interesting or instructive.
   ④ Send for the doctor at once, and he will die.
   ⑤ It was not before he warned me that I became aware of the danger.

4. ① It is five years during I came here.
   ② I wonder that he'll succeed or not.
   ③ I am sorry, and I must be going now.
   ④ He lost not only his ticket, but also his baggage.
   ⑤ A boy as he is, he knows much.

5. ① I had not walked a mile before I got tired.
   ② I'd rather die if suffer disgrace.
   ③ Come but see me tomorrow again.
   ④ He studies lest he should not fail.
   ⑤ She was absent because illness.

6. ① Where on earth did you find the book?
   ② He neither speaks English nor French.
   ③ I have read the two first chapter.
   ④ Butter is sold by pound.
   ⑤ He finished to write the paper by the time she time back.

해답

1. ③; ①during→while; ②like→as; ④because→lest; ⑤Unless→If
2. ①; ②see that→seeing that; ③what→that; ④when→before; ⑤nor was she;
3. ②; ①So that→Now that; ③or→and; ④and→or; ⑤before→until
4. ④; ①during→since; ②that→whether; ③and→but; ⑤A boy→Boy;
5. ①; ②if→than; ③but→and; ④not을 삭제 한다; ⑤because→from;
6. ①; ②neither speaks→speaks neither; ③the first two; ④by the pound; ⑤to write→writing;

어법 문제 ⑤

◆ Choose the one which is grammatically wrong.

1. The Empire State Building, once(①) America's tallest(②), is now surpassed(③) by either(④) the Sears Towers in Chicago and the World Trade Center in New York.

2. Washington, D.C., is neither part of any(①) state or(②) a federal territory, but is a separated area composed(③) of lands ceded(④) by neighboring states to the federal government.

3. Archeology has brought(①) about an increased awareness where(②) the past is more complicated(③) than the written record suggests(④).

4. He had trouble finding out(①) that(②) the capital of the country lay in(③) the costal area or in the mountains(④).

5. The people of the Earth(①) in general, and of the United States in particular(②), are not aware of that(③) their world can be viewed(④) as a small cellar.

6. The reason most(①) Americans don't(②) pay much attention to rising(③) African nationalism is because(④) they really don't know modern African.

7. Unlike(①) any other metal, mercury, a liquid at room(②) temperature, flows too easily(③) and rapidly it is sometimes called(④) 'quicksilver'

해답

1. ④; either→both
2. ②; or→nor
3. ②; where→that(동격)
4. ④; 문맥상 '인지 ~아닌지'의 뜻이다. that→whether
5. ③; of를 삭제. in, but(=except)을 제외한 전치사는 that 절을 목적으로 취할 수 없다.
6. ④; because→that
7. ③; it is 앞에 접속사 that이 생략됨. so ~ that 구문. too→so

어법 문제 ⑥

❶ (A) (B) (C)의 각 네모 안에서 어법에 맞는 표현을 골라 짝지은 것은?
Yesterday evening my son came in to ask (A) if/that I felt like playing a ball with him. I was trying to get important work done, and I almost said no. Then it (B) occurred/was occurred to me that my boy would never be a seven-year-old again. So we went out onto the front lawn. With the sun setting, we enjoyed (C) to be/ being together. There was a sense of beauty about the whole experience.

❷ (A) (B) (C)에서 어법에 맞는 표현을 골라 올바르게 짝지은 것은?
There is little doubt (A) I f/ that early people passed family beliefs from one generation to another by telling stories. we call this storytelling oral history because older members by (B) talk / talking about events in the past. It is possible that some of our favorite legends began as stories thousands of years ago, but we have no written proof that this is so. If we say that history began with writing, then history is only about 6,000 years old. That is (C) when / which the Sumerians in Mesopotamia began keeping records, using symbols on clay tablets.

❸ (A), (B), (C)의 각 네모 안에서 어법에 맞는 표현을 골라 짝지은 것은?
What makes a person really attractive? I remember (A) to see / seeing Omar Sharif in *Doctor Zhivago* and *Lawrence of Arabia*. At that time, I thought he was astoundingly handsome. But when I saw him being interviewed on television some months later, and heard him (B) declare / declared that his only interest in life was playing bridge, to my great amazement he was transformed before my eyes into an astoundingly unappealing man. (C) Despite / Although a person's good looks may get our attention, it is not an impression that necessarily lasts.

해답

❶ 답; it; occurred; being
(A) ~인지 아닌지(whether)의 의미가 될 수 있는 것은 if이다. that은 그러한 뜻은 없다.
(B) occur는 자동사이므로 수동태가 되지 않는다. 따라서 occurred이다.
(C) enjoy이므로 부정사가 아닌 동명사를 목적어로 취한다.

❷ 답; that; talking; when
(A) 문맥상 동격을 나타내는 접속사이어야 하므로 that이다. if는 동격을 나타낼 수 없다.
(B) 전치사 by의 목적어가 되어야 하므로 동명사(talking)가 와야 한다.
(C) be동사의 보어가 되어야 하므로 명사절이 와야 한다. when은 관계부사로서 선행사 the time이 생략된 명사절을 이끈다.

❸ 답; seeing; declare; Although
(A); 문맥상 과거를 나타내므로 동명사가 와야 한다. remember 다음의 동명사는 과거의 일을 기억한다.
(B); 목적어(him)와 목적보어와의 관계가 능동관계이므로 부정사가 와야 한다. heard가 지각동사이므로 원형부정사 declare가 되어야 한다.
(C); 문맥상 양보를 나타내고 그 뒤에 '주어+동사'가 따르므로 접속사가 와야 한다. 따라서 접속사 although가 와야 한다. despite는 양보를 나타내지만 전치사이다.

영작문

❶ Put the following into English.
1. 하늘의 응징은 느리지만 반드시 온다.
2. 가난은 창피한 일은 아니고 많이 불편한 것이다.
3. 흡연이 해롭다는 사실을 아무도 부인할 수 없다.
4. 진짜 괴로움은 당사자만이 안다.
5. 내가 그 곳에 도착하면 곧 너에게 몇 자 적어 보내겠다.
6. 자라보고 놀란 가슴 소댕 보고 놀란다.
7. 고양이가 없으면 쥐가 설친다.
8. 아니 땐 굴뚝에 연기 나랴.
9. 저녁이 준비 되었으니 손을 씻으세요.
10.그의 차가 고장이 났다. 그래서 그는 집에 걸어가야 했다.

❷ Put the following into English.
11. 재가 아는 한 그는 친척이 없다.
12. 내다 알기로는 그는 재산가가 아니다.
13. 강한 의지로 고치지 못할 오래된 습관은 없다.
14. 그의 성공은 전적으로 그 자신의 근면에 의한 것이었다.
15. 비록 여자이지만 그는 그 일을 감당할 수 있다.
16. 음식이 우리의 신체에 영양을 주듯이 책은 우리의 마음에 영양을 준다.
17. 내가 약속을 잊으면 나에게 나의 약속을 생각나게 해 주세요.
18. 음식이 신체에 대한 관계는 독서가 마음에 대한 관계와 같다.
19. 그는 조금 게으른 것을 제외하고는 좋은 학생이다.
20. 그 다리는 가운데가 열릴 수 있도록 만들어져 있다.

해답

❶
1. Heaven's vengeance is slow but sure.
2. Poverty is no disgrace, but it is a great inconvenience.
3. No one can deny *the fact* that smoking is harmful.
4. Only the wearer knows where the shoe pinches.
5. I will drop you a line as soon as I get there.
6. Once bitten, twice shy.
7. When the cat is away, the mice will play.
8. Where there's smoke, there's fire.
9. Now that dinner is ready, wash your hand.
10. His car broke down, so that we had to walk home.

❷
11. As far as I know, he has no relatives.
12. He is not a man of means, that I know of.
13. There is no habit so old but it may be cured by strong will.
14. His success was due to nothing else than his own diligence.
15. Woman as she was, she was equal to the task.
16. As food nourishes our body, so books nourish our mind.
17. In case I forget, please remind me of my promise.
18. Just as food is to the body, so reading is to the mind.
19. He is a good student only that he is a little lazy.
20. The bridge is so made that it opens in the middle.

12장 관계사

1 관계 대명사

❶ 단순 관계대명사
1. Who
2. Which
3. That
4. What

❷ 복합 관계대명사
1. Whoever
2. Whomever
3. Whichever
4. Whatever

❸ 유사 관계대명사
1. As
2. But
3. Than

2 관계 형용사

❶ 단순 관계형용사
1. Whose
2. Which
3. What

❷ 복합 관계형용사
1. Whosever
2. Whichever
3. Whatever

3 관계 부사

❶ 단순 관계부사
1. When
2. Where
3. Why
4. How

❷ 복합 관계부사
1. Whenever
2. Wherever
3. However

1 관계대명사① : Who

❶ 격

①주 격 The man **who** was idle in his youth can't succeed in life.

②소유격 A child **whose** parents are dead is called an orphan.

③목적격 This is the statesman **(whom)** everyone respects.

This is the boy **of whom** I spoke yesterday.

=This is the boy **(whom)** I spoke **of** yesterday.

❷ 일반 용법

①한정 I was operated on by the surgeon **who** practiced last month.

This is the man **whose** wife was injured in the accident.

He has few friends **whom** he can talk with.

②계속 He called on Jane, **who** welcomed her warmly.

I met an old friend**,** **who** didn't recognized me.

Everybody likes Tom, **who** is kind.

The man, **who** is not rich, is contented with his life.

③차이 He had two sons **who** became doctors.

He had two sons**,** **who** became doctors.

❸ 특수 용법

①의인화 She has a dog **who** always gives her a welcome.

②일반사람 He **who** runs after two hares at once will catch neither.

Heaven helps those **who** help themselves.

③선행사포함 **Whom** the gods love die young.

④집합명사 He has a large family **which** he should maintain.

I know a family **who** often quarrel among themselves.

⑤동일어 Tom is a strange character **who** dislikes parties.

Tom has a fine character **which** he was inherited from his father.

▶관계사와 선행사와의 관계

①**A man** doesn't pardon another's faults **who** has more of his own.
The day will surely come **when** your dream will come true.

②He is one of my friends **who** help me with my homework.
He is the only one of my friends **who** helps me with my homework.

③Painting is, to them who live by it, a cruel art.
He is a man whom we can trust.

1 관계대명사① : Who

▶관계대명사란 두 문장을 연결시키는 접속사 역할과 대명사 역할을 한다.

❶ 격

①주격 : 젊은 시절에 게을렀던 사람은 인생에서 성공할 수 없다.
The man can't succeed in life. **He** was idle in his youth.

②소유격 : 그의 부모가 죽은 아이는 고아라고 불리어진다.
A child is called an orphan. **His** parents are dead.

③목적격 : ⓐ타동사의 목적어 : 이 사람은 모든 사람이 존경하는 정치가다.
This is **the statesman**. Everyone respects **him**.
ⓑ전치사의 목적어 : 이 사람이 그 소년이다. 내가 어제 그에 관하여 말했다.
이 사람이 내가 어제 말했던 그 소년이다.
This is **the boy**. I spoke of **him** yesterday.
*전치사는 대개 관계대명사 앞에 두나 그 천치사와 관련된 단어 뒤에 둘 수 있다.
*관계대명사가 생략되면 반드시 뒤의 적당한 곳에 둔다.

▶**삽입 구문** : *(**주어+동사**) 다음에 동사나 조동사가 오면 삽입구문으로 본다.
*해당 동사 : believe imagine guess suppose think say know claim; be sure; hope remember
*이때 삽입구문은 생략할 수 있다.
The boy **who** (I believed) **was** honest deceived me.
The boy **who** (I thought) **was** very healthy suddenly fell ill.
I know the man **who** (they say) **is** a fluent speaker of English.
내가 정직하다고 믿은 그 소년이 나를 속였다.
내가 생각하기로는 그 직에 적합한 사람을 고용했다.
그들이 말하기로 영어를 유창하게 말하는 사람을 알고 있다.

❷ 일반 용법

①한정적 용법 : *선행사를 수식하는 형용사절을 유도한다.
나는 지난달에 개업한 외과의사에게 수술을 받았다.
이 사람이 그의 아내가 그 사고에서 부상을 입은 사람이다.
그는 같이 이야기 할 수 있는 친구가 거의 없다.

②계속적 용법 : *내용에 따라 and, but, for, though 등의 뜻이 된다.
그는 Smith를 방문했는데, Smith는 그를 따뜻하게 환영했다. (and)
나는 옛 친구를 만났다. 그러나 그는 나를 알아보지 못했다. (but)
모든 사람들이 Tom을 좋아 한다. 왜냐하면 그는 친절하기 때문이다. (for)
그 사람은 비록 부유하지는 않지만, 자기의 생활에 만족하고 있다. (though)

❸ 특수 용법 *선행사에 따라 관계대명사가 달라지는 경우

①의인화 : 그녀는 항상 자기를 환영해 주는 개가 있다. *개를 감정 있는 생명체로 보았다.
②일반사람 : 동시에 두 마리의 토끼를 쫓는 사람은 한 마리도 못 잡는다.
하늘은 스스로 돕는 자를 돕는다. those=people
③선행사 포함 : *whom=those whom. 신이 사랑하는 사람은 일찍 죽는다.
④집합명사 : *집합명사로 사용. 그는 부양해야할 가족이 많다.
*군집명사로 사용. 자기들끼리 종종 말다툼을 하는 가족을 알고 있다.
⑤동일단어 : *동일한 단어라도 뜻에 따라 관계대명사가 달라진다. character 인물, 성격
Tom은 파티를 싫어하는 이상한 사람이다.
Tom은 자기 아버지로부터 물려받은 좋은 성격을 가지고 있다.

▶**관계사와 선행사와의 관계**

①선행사와 관계사는 원칙적으로 인접하나, 구문 상의 이유로 서로 떨어져 있다.
②'one of 복수명사'의 선행사는 복수명사이나, one 앞에 수식어가 있으면 one이 선행사다.
③선행사의 격과 관계사의 격은 일치할 필요는 없다. 관계사가 그 문장에서의 역할에 따라 결정된다.

1 관계대명사② : Which

❶ 격

①주격 The villa **which** stands on the hill commands a fine view.

②소유격 This is the house the roof **of which** is red.

=This is the house **of which** the roof is red.

=This is the house **whose** roof is red.

③목적격 I found the watch **(which)** I had lost.

This is the house **(which)** I lived in in my early days.

▶The hill **beyond which** I once lived, commanded a fine view.

He believes himself a man, **than whom** nobody can write better.

❷ 일반 용법

①한정 A dictionary is a book **which** gives you the meaning of words.

Hand me the book **whose** cover is frayed.

The dog **which** I am so fond of belongs to my aunt.

②계속 He tore my photo, **which** upset me very much.

He offered me a considerable sum, **which** I declined.

Our car, **which** is second-hand, seldom breaks down.

③차이 He tore up my photo **which** upset me.

He tore up my photo**, which** upset me.

❸ 특수용법

①선행사가 문장의 일부 또는 전부를 받는 경우는 계속적 용법으로만 쓴다.

He is smart, **which** I am not.

She looked happy, **which** she really was not.

The ghost beckoned Hamlet to approach, **which** he did.

I said nothing, **which** made him more angry.

You say money is everything, **which** I believe is wrong.

②선행사가 사람의 지위, 신분, 인물을 나타내고 보어로 쓰이면 which나 that을 쓴다.

She is not the cheerful woman **(which)** she was.

John is a soldier, **which** I should like to be.

He is no longer the timid fellow **(which)** he used to be.

He is not the man **(which)** his father wants to be.

1 관계대명사② : Which

❶ 격

①주격 : 언덕 위에 있는 그 빌라는 전망이 좋다. command a fine view 전망이 좋다
*The villa stands on the hill. It commands a fine view.
②소유격 : 이것은 지붕이 붉은 집이다. *which의 소유격은 whose, of which의 두 가지다.
*whose와 the는 중심한정사이므로 상호배타적이다. 따라서 the가 생략됨.
This is **the house**. The roof **of it** is red. *its 대신에 of it은 가능함.
③목적격 :
ⓐ타동사의 목적어 : 나는 내가 잃어버렸던 시계를 찾았다.
ⓑ전치사의 목적어 :
내가 어린 시절에 살았던 집이다.
*This is **the house**. I lived **in it** in my early days.
▶beyond, than, between, during 등은 항상 관계대명사 앞에만 둔다.
We have two rooms, neither of which has been used for years.
He has hundreds of books, most of which he has read.
내가 옛날에 살았던 그 언덕은 전망이 좋았었다.
그는 자신을 한 인간이라 믿는다.
그런데 어느 누구도 자기보다 글을 더 잘 쓸 수 없다.

❷ 일반 용법

①한정적 용법 : 사전이란 우리에게 단어의 의미를 알려주는 책이다.
표지가 닳은 그 책을 나에게 전해 주게.
내가 아주 좋아하는 그 개는 나의 숙모님 것이다.
②계속적 용법 : *콤마(,)가 있는데, 문맥에 따라 and, but, though 등의 뜻이 된다.
그는 사진을 찢었는데, 그런 행동이 나를 몹시 당황케 했다.(and)
나에게 상당한 액수를 제시했지만 나는 그것을 거절했다.(but) decline 거절하다
우리 차는 비록 중고지만 좀처럼 고장이 나지 않는다.(though)
▶선행사가 부정대명사이면 항상 계속적 용법으로만 사용된다. 이 전치사는 뒤로 갈 수 없고 of which[whom]의 형태로 사용된다. of는 부분을 나타낸다.
우리는 방이 두 개 있는데, 그 어느 것도 수년 동안 사용되지 않았다.
나는 수백 권의 책이 있는데, 그 대부분을 읽었다.
It's a family of eight children, all of whom are studying hard.
③차이 : *한정적 용법으로 사용된 경우와 계속적 용법으로 사용된 경우의 차이점
그는 나를 화나게 하는 나의 사진을 찢어버렸다.
그는 나의 사진을 찢어 버렸는데 그것은 나를 화나게 했다.

❸ 특수용법

①선행사가 문장의 일부 또는 전부를 다 받는 경우 : *계속적 용법으로만 쓰인다.
그는 영리하지만 나는 그렇지 못하다. *which는 smart를 받음
그녀는 행복해 보였지만 실제로는 행복하지 않았다. *which는 happy를 받음
그 유령은 Hamlet에게 다가오라고 손짓을 했는데, 그는 다가갔다.
*which는 to approach를 받음. did는 조동사임 beckon 손짓으로 부르다
나는 아무 말도 하지 않았다. 그런데 그것이 그를 더욱 화나게 했다.
*which는 앞 문장 전체를 다 받음.
②선행사가 사람의 지위, 신분, 인물을 나타내고 **보어**로 쓰이면 which/that 사용한다. 이 who/which가 한정적용법으로 쓰이면 주격이라도 생략이 가능하다.
그녀는 옛날의 그 쾌할 했던 여자가 아니다.
John은 군인인데, 나는 군인이 되고 싶다. *which는 a soldier를 받음
그는 이제는 더 이상 과거의 그 겁 많은 친구가 아니다.
그는 그의 아버지가 바라는 그런 사람이 아니다.

1 관계대명사③ : That

❶ 격

①주격 The trees **that** line the street have lovely blossoms in spring.

②목적격 The dress **that** she bought for me suits me perfectly.

He is the last man **that** I want to work with.

❷ 일반 용법

①단순한정 Give it to the boy **that** came here yesterday.

The carp **that** I caught yesterday was very big.

②이중한정 Can you mention anyone **that** you know **who** is as tall as he.

He is the only man **that** I know **who** is cut out for the post.

③순환구조 Bring me a box **that** contains much medicine **which** he sent.

We want graduates **who** finished a college **that** has good teachers.

❸ 특수 용법

①선행사에 the only, the very, the same, 서수, 최상급이 있는 경우

Man is the only animal **that** is gifted with speech.

This is the very dictionary **that** I have long been looking for.

This is the same picture **that** I took yesterday.

He was the first boy **that** came here on foot.

This is the most beautiful scenery **that** I have ever seen.

②선행사에 all every any no much little 등이 있는 경우

All **that** glitters is not gold.

He lost all the money **that** his father gave him.

Any paper **that** you read will give you the same story.

Much **that** had been said about her proved to be true.

③선행사가 사람과 사물을 동시에 포함할 때

The pedestrians and vehicles **that** cross the bridge are counted.

A truck ran over a boy and his dog **that** were crossing the crosswalk.

④선행사가 의문사이거나 의문사와 관련이 있는 경우

Who **that** has common sense can believe such a thing?

Who is the man **that** is talking with a foreigner?

1 관계대명사③ : That

❶ 격 : *소유격은 없다
①주격 : 거리를 따라 일렬로 서있는 나무들은 봄이 되면 사랑스런 꽃을 피운다.
②목적격 : 그녀가 나에게 사 준 그 옷은 나한테 꼭 맞다.
그는 내가 결코 함께 일하고 싶지 않는 사람이다.
*the last가 부정의 의미를 가지는 경우이다.

❷ 일반 용법 : *한정적 용법만 있다.
어제 여기에 온 소년에게 그것을 주어라. 내가 어제 잡은 잉어는 매우 컸다.
①단순한정 : *관계대명사가 앞의 선행사를 수식하는 경우.
②이중한정 : *하나의 선행사를 두 개의 관계대명사가 수식하는 경우를 말한다.
네가 알고 있는 사람으로서 그 사람만큼 키가 큰 사람을 말할 수 있나?
그는 내가 알고 있는 사람으로 그 직에 꼭 맞는 유일한 사람이다.
③순환구조 : *순환고리처럼 뒤에서부터 계속적으로 한정을 하는 구조다.
그가 오늘 보낸 많은 약품이 들어있는 상자를 나에게 가지고 오라.
좋은 선생들이 있는 대학을 졸업한 졸업생을 우리는 원한다.

❸ 특수 용법
①선행사에 the only, the very, the same, 서수, 최상급이 있는 경우.
인간은 언어의 능력을 부여받은 유일한 동물이다.
이것은 내가 오랫동안 찾아왔던 바로 그 사전이다.
이것은 내가 어제 찍은 것과 똑같은 사진이다.
그는 걸어서 여기에 온 제일 첫 번째 소년이다.
이것은 내가 여태까지 보아온 것 중에서 가장 아름다운 경치다.
②선행사에 all any every no much little 등이 있는 경우.
반짝거리는 모든 것이 다 금은 아니다.
그는 자기 아버지가 준 돈을 모두 잃어버렸다.
네가 읽는 신문은 너에게 똑 같은 기사를 전할거야.
그녀에 관한 많은 이야기가 사실임이 판명되었다.
*all any가 사람을 의미하는 경우는 who를 사용한다.
이 배와 이 배를 타고 항해하는 모든 사람에게 신의 가호 있기를.
이런 행복한 시절을 경험한 사람이면 누가 잊을 것인가?
*any는 복수 취급하여 have 동사를 받음.
▶God bless this ship and all **who** sail in her.
Will any forget **who** have these happy times?
③선행사가 사람과 사물을 동시에 포함할 때
다리를 건너는 보행자와 차량들은 자동적으로 세어진다.
pedestrian ⓗ도보의, 단조로운; ⓜ보행자; 도보여행자; cf. equestrian 마상의; 기수
vehicle 탈것; 매개물, 전달수단;
어떤 트럭이 교차로를 지나가고 있던 소년과 개를 치였다.
④선행사가 의문사이거나 의문사와 관련이 있는 경우
상식을 가진 사람이면 누가 그와 같은 것을 믿을 수 있겠는가?
외국인과이야기하고 있는 저 사람은 누구냐?

▶동격의 that과 구별 : *두 문장으로 분리가능하면 관계대명사다.
*The rumor **that** he spread is a groundless one. (관대)
The rumor **that** he spread the news is groundless one.(동격의 접속사)
*The news **that** her son brought was a great shock to her. (관대)
The news **that** her son had been killed was a great shock to her. (동격의 접속사)

1 관계대명사④ : What

❶ 격

①**What** the child needs is loving care and attention.

②Don't put off till tomorrow **what** you can do today.

❷ 일반 용법

①주어 **What** you say now is not consistent with what you said last.

②보어 This is just **what** I have wanted to have for a long time.

③목적어 Let's review **what** has happened so far.

I have no compunction for **what** I have done.

❸ 특수 용법

①what + be동사 + 비교급

The district has a mild climate, what is better, it is alive with fish in its brook.

We were tired, and what was worse, it began to rain.

②what + 주어 + be동사

He is quite rich now to what he used to be.

The country is no longer what it was ten years ago.

③what + 주어 + have동사

A man should be judged by what he is, not by what he has.

I respect him, not for what he has, but for what he is.

④what + we/you/they/people + call =what is called

He is now leading what we call a hand-to-mouth life.

He is what is called a walking dictionary.

⑤what by A and what by B

What by threats and what by entreaties, he accomplished his purpose.

What by luck and what by skill, he succeeded in business.

⑥what with A and what with B

What with fatigue and what with hunger, he fell down on the ground.

What with overwork and what with money worries, he fell ill.

⑦A is to B what(=as) C is to D ⇒ A : B =C : D

Leaves are to the plant what lungs are to the animals.

Love is to women what sunshine is to flowers.

Reading is to the mind what food is to the body.

1 관계대명사④ : What

❶ 격 : *관계대명사 what은 선행사를 포함하고 있어, 항상 명사절을 이끈다.
①주격 : 당신이 지금 말하는 것은 지난번에 말한 것과 일치하지 않는다.
②목적격 : 오늘 할 수 있는 것을 내일로 미루지 마라. put off 연기하다(postpone)

❷ 일반 용법 : *한정적 용법만 있다.
①주어 : 네가 지금 말하는 것은 네가 지난번에 말한 것과 일치하지 않는다.
②보어 : 이것이 내가 오래 동안 갖고 싶어 하던 것이다.
③목적어 : 지금까지 일어난 것을 되돌아봅시다. (타동사의 목적어)
내가 한 것에 대하여 양심의 가책은 없다. (전치사의 목적어)
compunction 양심의 가책; 후회, 회한

❸ 특수 용법

①what + be동사 + 비교급 : *더욱 ~한 것은
이 지역은 기후가 온화하다. 더욱 좋은 것은 개울에 물고기가 풍부하다.
우리들은 지쳤다. 더욱 나쁜 것은 비까지 퍼붓기 시작했다.
He is intelligent, energetic, and what is the best of all, devoted to his work.
그는 머리가 좋고 정력적이며 더욱 좋은 것은 자기 일에 헌신적이라는 것이다.

②what + 주어 + be동사 : *인물 인격 상태
그는 옛날에 비해서 지금이 훨씬 부유하다. *to는 비교의 전치사
그 나라는 이제 10년 전의 그 나라가 아니다.
A man should be judged by what he is, not by what he has.
Coal and iron has made England what she is.

③what + 주어 + have동사 : *재산(소유)을 나타낸다.
사람은 재산에 의해서가 아니라 그 사람의 됨됨이에 의해서 판단되어져야한다.
그녀는 그녀의 인격에 의해서 아니라 그녀가 가진 재산에 의해서 주목 받았다.

④what + we(you/they/people) + call =what is called : *소위
그는 이제는 소위 그날 벌어서 그날 먹고 산다.
그는 소위 걸어 다니는 사전이다.

⑤what by A and what by B : *한편으로는 A에 의하여, 또 한편으로는 B에 의하여;
*by는 수단을 나타내는 전치사
한편으로는 협박으로 또 한편으로는 간청으로 그의 목적을 달성했다.
threat 협박; 위협(menace); make a ~협박하다; ⓥthreaten
entreaty 간절한 부탁; 간청; ⓥentreat 간청하다; 탄원하다
한편으로는 행운으로 또 한편으로는 기술로 그는 사업에 성공했다.

⑥what with A and what with B : *한편으로는 A때문에, 또 한편으로는 B 때문에
*with는 이유를 나타낸다.
한편으론 피로하고 또 한편으론 굶주림 때문에 그는 땅에 쓰러졌다.
한편으론 과로로 또 한편으론 돈 걱정 때문에 결국 병에 걸렸다.
fatigue 피로, 피곤; 노역(toil); 작업의;

⑦A is to B what(=as) C is to D ⇒ A : B =C : D
잎이 식물에 대한 관계는 허파가 동물에 대한 관계와 같다. lung 허파
사랑이 여자에 대한 관계는 햇빛이 꽃에 대한 관계와 같다.
독서가 마음에 대한 관계는 음식이 육체에 대한 관계와 같다.
=**Just as** food is to the body, **so** reading is to the mind.
*Wit is to conversation **what** salt is food.

▶A is to B what C is to D
=(just)as C is to D, so A is to B
=what C is to D, that A is to B

2 복합 관계대명사

❶ Whoever

①명사절 **Whoever** wishes to succeed in life must be industrious.
Whoever leaves the office last should switch off the light.
He helps **whoever** is in need of help.
We will welcome **whoever** visits our country.

②부사절 **Whoever** telephone, tell him I'm out.
Whoever may say so, I don't believe it.
Whoever may object, I won't give up.
Whoever may break this law, he will be punished.

❷ Whomever

①명사절 **Whomever** you like is welcome to me.
Whomever you love will desert you.
Give this book to **whomever** you meet.

②부사절 **Whomever** you may ask, you will get the same answer.
Whomever you may see on the way, don't speak to him.
Whomever you may recommend, I will not employ him.

❸ Whichever

①명사절 **Whichever** cheaper will suit me.
Use **whichever** of the other three dyes is appropriate.
I will give you **whichever** you choose.

②부사절 **Whichever** you may choose, it will become you.
Whichever you may choose, make sure that it is a good one.
Whichever you take, he will not be satisfied with it.

❹ Whatever

①명사절 **Whatever** is worth doing at all is worth doing well.
Whatever you want is fine with me.
I will give him **whatever** he needs.

②부사절 **Whatever** you do, do it thoroughly.
Whatever the consequence may be, I'll speak the truth.
Whatever you do, I will always love you.

2 복합 관계대명사

▶복합관계대명사란 -ever가 붙은 관계대명사로서 선행사를 포함하고 있으며 명사절이나 부사절을 이끈다.

❶ Whoever

①명사절 : *anyone who *any는 긍정문에서는 양보의 의미다.

*주어 : 성공하기를 바라는 사람은 누구나 다 부지런해야한다.
industrious=diligent=hard-working=assiduous=sedulous 근면한
사무실을 제일 나중에 떠나는 사람은 전등을 꺼야 한다.

*목적어 : 그는 도움을 필요로 하는 사람이면 누구든 돕는다.
be in need of =be in want of : ~을 필요로 하다.
우리나라를 방문하는 사람은 누구나 환영할 것이다.

②부사절(양보) : *no matter who
누가 전화를 하든지 간에 내가 외출했다고 전해라.
그렇게 말하는 사람이 누구이든지 간에 나는 그것을 믿지 않는다.
누가 반대하더라도 나는 그것을 포기하지 않겠다.
object ⓢ반대하다(be opposed to); give up 포기하다(abandon)
이 법을 어기는 자는 누구이든지간에 처벌을 받을 것이다.

❷ Whomever

①명사절 : *=anyone whom

*주어 : 네가 좋아하는 사람이면 누구이든 나에게는 환영이다.
네가 사랑하는 사람은 누구든지 너를 버릴 것이다.
desert ⓜ사막 ⓗ사막의; 불모의(barren); 황폐한 ⓢ버리다(abandon); 도망가다

*목적 : 네가 만나는 사람 아무에게나 이 책을 주어라.

②부사절(양보) : *=no matter who
네가 누구에게 묻든지 간에 너는 똑같은 대답을 듣게 될 것이다.
네가 도중에 누구를 만나든 간에 그에게 말을 걸지 말라.
네가 누구를 추천하든지 간에 나는 그를 고용하지 않겠다. recommend 추천하다

❸ Whichever

①명사절 : *=anything that

*주어 : 싼 것은 어느 것이든 내 형편에 맞다. suit 맞다; 적당하다
다른 3가지 염료 중에서 적당한 것을 사용하라.

*목적어 : 네가 고르는 것은 어느 것이든 너에게 주겠다.

②부사절 : *양보 =No matter which
네가 고르는 것은 어느 것이든지 그것은 너에게 어울릴 것이다.
become =suit =match =look good on =look nice on =go well with 어울리다
네가 어느 것을 선택하든지 간에 그것이 좋은 것인지를 확인해라.
그가 어떤 것을 고르든 간에 그것에 만족하지 않을 것이다. satisfy 만족시키다

❹ Whatever

①명사절 : *=anything that
어쨌든 할 만한 가치가 있는 것은 잘 할 가치가 있다.
네가 원하는 것은 나에게도 좋다.
나는 그가 필요로 하는 것은 무엇이든 그에게 주겠다.

②부사절 : *양보 =No matter what
네가 무엇을 하든지 간에 그것을 철저하게 하라. thoroughly 철저하게
그 결과가 어떻게 되든지 간에 나는 사실을 말하겠다. consequence 결과
네가 무엇을 하든 간에 나는 항상 너를 사랑하겠다.

3 유사 관계대명사

❶ As

1. 한정적 용법

①as As many members **as** were present agreed to the plan.
He is as diligent a man **as** ever lived.

②such Don't trust such man **as** praise to your face.
He gave me such food **as** we give the dog

③same This is the same watch **as** I lost yesterday.
Women wear much **the same** clothes **as** men.

④like She fought against it like a brave woman **as** she was.
The film wasn't anything **like as** good **as** ET.

2. 계속적 용법

①주격 He came home drunk, **as** was often the case with him.
He played truant from school, **as** was often the case with him.

②목적격 He was a foreigner, **as** I knew from his accent.
Time is not a merciful master, **as** we all know.

❷ But

①부정어 There is no rule **but** has some exceptions.
There is no mother **but** loves her children.
There is **no**body **but** has his faults.
There are **few** people **but** are against the war.

②의문사 Who is there **but** commits errors?
Who is there **but** loves his children?

3 Than

①주격 Children should not have more money **than** is necessary.
There are fewer people **than** might have been expected.
Don't use more words **than** are necessary.

②목적격 He has a far better dictionary **than** I have.
Fewer women **than** we had expected were present.
Don't ask for more money **than** you deserve.

3 유사 관계대명사

▶**유사(類似)**관계대명사란 who, which, that, what처럼 관계대명사 역할을 하는 것으로 as, but, than을 말한다.

❶ As : *선행사에 as, such, the same, like 등이 있는 경우.

1. 한정적 용법

①as : 참석한 많은 회원들은 그 계획에 동의했다.
그는 지금까지 살아온 어떤 사람 못지않게 근면한 사람이다.
*as ~ as ever lived =as ~ as any 누구 못지않게: 최상급의 의미

②such : 너의 면전에서 너를 칭찬하는 그런 사람을 믿지 마라.
우리들이 개에게 주는 그런 음식을 그는 나에 주었다.

③the same : 이것이 내가 어제 잃어버린 것과 같은 종류의 시계다.
남자들이 입는 것과 같은 종류의 옷을 여자들이 입는ㄷ.

④like : 그녀는 용감한 여자처럼 그것에 대항해서 싸웠다.
그 영화는 결코 ET만큼 훌륭하지 못했다.

2. 계속적 용법 : *문장 전체를 선행사로 받을 때

①주격 : 그는 술에 취해 집에 왔다. 그런 일은 그에게는 흔히 있는 일이다.
as is often the case with A : A에게는 흔히 있는 일이지만
그는 무단결석을 했다. 그에게는 흔히 있는 일이다.
play truant from 무단결석하다, 땡땡이치다

②목적격 : 그는 외국인이었다. 나는 그의 억양으로부터 그것을 알았다.

❷ But : *주격만 있으며, but 다음에 동사가 따른다. *but=that~not

①부정어 : *선행사에 부정어가 있다
예외 없는 규칙은 없다.(속담)
자식을 사랑하지 않는 엄마는 없다.
결점 없는 사람은 없다.
그 전쟁에 반대하지 않는 사람들은 거의 없다. *few는 준 부정어

②의문사 : *선행사에 의문사가 있다. *수사의문문
잘못을 저지르지 않는 사람은 누가 있겠는가?
자식을 사랑하지 않는 사람이 누가 있겠는가?

▶**종속접속사** (부사절) : *but 앞에 부정어가 오고, but 다음에는 S+V가 따른다.
*but =that ~ not의 뜻이다.

*I never pass there **but** I think of you. 너를 생각지 않고는 그 곳을 지나가지 않는다.
=It never rains **but** it pours. 비가 퍼붓지 않고는 결코 오지 않는다.
=It never rains without pouring.
=When it rains, it always pours.
=Whenever it rains, it pours.
*No man so old **but** he may learn. 그는 그것을 알지 못할 그러한 바보는 아니다.
*He is not such a fool **but** knows it. 나이가 많아서 배울 수 없는 사람은 없다.

❸ Than : *선행사 앞에 비교급이 있는 경우. 한정적 용법만 있다.

①주격 : 애들은 필요한 것보다 더 많은 돈을 가져서는 안 된다.
예상했었던 것보다 사람들이 더 적었다.
필요한 것보다 더 많은 단어를 사용하지 마라.

②목적격 : 그는 내가 가지고 있는 사전보다 훨씬 더 좋은 사전을 가지고 있다.
예상했었던 것보다 더 적은 여자들이 참석했다.
네가 받을 만큼보다 더 많은 돈을 요구하지 마라. ask for 요구하다

4 관계 형용사

❶ 단순 관계형용사

1. **Whose**

The boy **whose** father complained to me is very stupid.

My brother, **whose** major was economics, is a university professor.

2. **Which**

He spoke to me in French, **which** language I couldn't understand.

I may have to work late, in **which** case I will telephone.

I consulted him, **which** step later proved effective.

The house **whose** window is broken is unoccupied.

I picked up a model plane **whose** wings were broken.

3. **What**

I gave him **what** money I had.

I will lend you **what few** books I have on the subject.

The burglar robbed him of **what little** money he had.

❷ 복합 관계형용사

1. 명사절

①**Whosever** horse comes in first wins the race.

Return this book to **whosever** name is on it.

②Take **whichever** book you like.

Help yourself to **whichever** cake you like.

③**Whatever** orders he gives are obeyed.

You can rely on **whatever** promise he may make.

2. 부사절

①**Whosever** address may be on it, return it to the owner.

I will have the house, **whosever** it may be.

②**Whichever** way you take, it will lead you to the station.

Whichever tie you may choose, it will become you.

③**Whatever** reason he may give, I cannot trust him.

Whatever difficulty may arise, he is not discouraged.

4 관계 형용사

❶ 단순 관계형용사

1. Whose :

그의 아버지가 나에게 불평한 그 소년은 매우 어리석다.

*The boy is stupid. His father complained to me. 두 문장으로 분리할 수 있다.

나의 남동생은, 그의 전공은 경제학이었는데, 현재 대학 교수이다.

2. Which : *관계형용사로 사용될 때는 계속적 용법만 있다.

그는 나에게 불어로 이야기했는데, 그러나 나는 그 불어를 이해할 수 없었다.
나는 늦게까지 일해야 할지 모른다. 그 경우에는 내가 전화하겠다.
나는 그와 상의했는데, 그 조처가 나중에 효과적임이 판명되었다.
창문이 개어진 그 집은 아무도 살지 않고 있다.

▶which의 소유격은 of which와 whose 두 가지다.

▶*The house is unoccupied. Its window is broken.

①=The house **whose window** is broken is unoccupied.

*The house is unoccupied. **The window of it** is broken. *its 대신에 of it은 가능.

②=The house the **window of which** is broken is unoccupied.

③=The house of which the window is broken is unoccupied.

날개가 부러진 모형 비행기 하나를 집어들었다.

3. What : *=all the ~that

내가 가지고 있던 모든 돈을 그에게 주었다.
그 주제에 관하여 내가 가지고 있는 몇 권의 책을 모두 너에게 빌려 주겠다.
내 수중에 있는 얼마 안 되는 돈을 전부 그에게 주었다.
그 강도는 그가 가지고 얼마 안 되는 돈을 그에게서 전부 강탈했다.

The burglar robbed him of **what** little money he had.
=The burglar stole from him **what** little money he had.

*rob의 대상은 사람이나 장소이고 steal의 대상은 물건이다.
*rob the bank=steal money from the bank

▶a few, a little에서 a가 없으면 '거의 ~없다'는 부정적인 뜻이나 what few, what little은 긍정적인 뜻이다. 이것은 관계한정사로 쓰이는 what과 a는 같은 중심한정사로서 같이 사용할 수 없는 성질 때문이다.

❷ 복합 관계형용사

1.명사절 :

①whosever : 누구의 말이든 일등으로 들어오면 경주에 이긴다.*주어=anyone whose
그 위에 이름이 써져 있는 사람에게 이 책을 돌려주어라. *목적어=any~that

②whichever : 네가 좋아하는 아무 책이나 가져가라.
네가 좋아하는 아무 케이크나 실컷 먹어라.
*help yourself to+음식: 실컷 드세요

③whatever : 그가 내리는 무슨 명령이든 간에 지켜진다.
그가 하는 약속은 무슨 약속이든 간에 너는 신뢰할 수 있다.
그녀가 가지고 있는 책은 무엇이든 주석으로 표시되어 있다.

2. 부사절 :

①whosever : 그 위에 누구의 주소가 씌어져 있든 간에 그것을 그 주인에게 돌려줘라.
그것이 누구의 것이든 간에 나는 그 집을 가지겠다.

②whichever : 네가 어느 길을 택하든 간에 나는 너를 역으로 통할 것이다.
네가 어떤 타이를 고르든 간에 그것은 너에게 어울릴 것이다.
*Whichever you decide, I will back you up.

③whatever : 그가 어떤 이유를 대든 나는 그를 믿을 수 없다.
어떤 어려움이 일어날지라도 그는 용기를 잃지 않는다.
*Whatever happens, I will go there alone.

5 관계 부사

❶ 단순 관계부사

1. When

①형용사절 May is the month when we can see many flowers.
I was about to leave, **when** there was a knock on the door.

②명사절 Sunday is **when** I am not busy.
The best time of her life is **when** all the family get together.

2. Where

①형용사절 This is the place **where** the great poet is buried.
They came to the village, **where** they lodged for the night.

②명사절 This is **where** I used to live.
He walked directly to **where** she sat still.

3. Why

①형용사절 Tell me the reason **why** he was dismissed.
That is the reason **why** we hesitate.

②명사절 That is **why** I raised this question again.
Bill is very talkative. This is **why** I don't like him.

4. How

①형용사절 I didn't like the way **that** she spoke to me.
This is the way **in which** he said it to me.

②명사절 That is **how** it happened.
He told us **how** God was almighty.

❷ 복합 관계부사

1. Whenever

Whenever I visited him, he was not at home.
Please drop in on us whenever you are in town.

2. Wherever

Wherever you may go, I will follow you.
Wherever you may go, you cannot succeed without perseverance.

3. However

However humble it may be, there is no place like home.
However hard we may study, we can't master English in a year or two.

5 관계 부사

❶ 단순 관계부사

1. **When** : *at/[in/on/during the time which
 ①형용사절 :
  한정적 : 5월은 우리들이 많은 꽃들을 볼 수 있는 달이다.
  계속적 : 내가 막 떠나려고 했다. 그 때 문에 노크가 있었다. *when=and at that time;
 ②명사절 : 선행사를 포함한다. *the time when
  일요일은 내가 바쁘지 않는 때다.
  그녀의 생애에서 제일 즐거웠던 때는 모든 가족이 함께 있을 때다.
 ▶선행사가 시간에 관련된 것이라도 그것이 관계사절 중의 **동사**에 대하여 **주어(S)**나 **목적어(O)** 관계에 있으면 관계대명사(which나 that)를 사용한다.
  May is the month which **shows** the richest variety of flowers.
  May is the month which I **like** the most.
2. **Where** : *at [in; on; to] which
 ①형용사절 :
  한정적 : 이곳이 그 위대한 시인이 묻힌 곳이다. *at the place which
  계속적 : *and at the place where;
  그들은 그 마을에 도착했다. 그리고 그 곳에서 그들은 그 날 밤 숙박했다.
 ②명사절 : *the place where; 선행사를 포함한다.
  이곳이 내가 살았던 곳이다. 그는 그녀가 조용히 앉자있는 곳까지 똑바로 걸어갔다.
3. **Why** : *why =for which; *한정적 용법만 있다.
 ①형용사절 : 그가 해고된 이유를 나에게 말해 달라.
  그것이 우리 망설이는 이유다.
 ②명사절 : *선행사를 포함한다. *the reason that
  그것이 내가 이 문제를 다시 제기한 이유다.
  Bill은 매우 말이 많다. 이것이 내가 그를 좋아하지 않는 이유다.
4. **How** : *how =in which; *한정적 용법만 있다. *선행사 way와 같이 사용하지 못한다.
 ①형용사절 : 그녀가 나에게 말하는 방식이 마음에 들지 않는다. *in which=that
  이것이 그가 나에게 말한 방식이다.
  *That is the way that I was rescued.
 ②명사절 : 저런 식으로 그것이 발생했다. *the way how
  그는 우리에게 하나님의 어떻게 전지전능하신지를 이야기 해 주었다.

❷ 복합 관계부사 : *양보의 부사절

1. **whenever** : ***no matter when; =at any time when**
  내가 그를 방문할 때마다 그는 집에 없었다.
  네가 상경하거든 그 때마다 우리한테 잠깐 들러주게.
  drop in on us 잠깐 들러다. in town 상경하여
  *The roof leaks whenever it rains.
2. **wherever** : *no matter where; =to any place where
  네가 어디로 가든지 간에 나는 너를 따라 가겠다.
  네가 어디로 가든지 간에 인내심이 없이는 성공할 수 없다.
  *He comes from London, wherever that may be.
3. **however** : *no matter how; =in the way which
  아무리 보잘 것이 없더라도 집만 한 곳은 없다.
  아무리 열심히 공부하더라도 1~2년 만에 영어에 숙달 할 수 없다.
  *She has the window open, however cold it is outside.

어법 문제 ①

❶ 관계사를 사용하여 두 문장을 한 문장으로 만들어라.
1. The author is a woman. She wrote this novel.
2. This is the child. His parents are dead when young.
3. The man is diligent. We are going to employ him.
4. The man betrayed me. I thought him to be my friend.
5. The man is coming to tea. You spoke to him yesterday.
6. This is the first letter. It came from my boyfriend.
7. The mountain is covered with snow. The summit of it is high.
8. In his garden he had a fine pine tree. He was very proud of it.
9. I said nothing, and it made my father the more angry.
10. She was the first girl. I met her yesterday.
11. He spread the rumor. It was a great shock to her.
12. The time will surely come. Your dream will come true at the time.
13. He was absent on the reason. Do you know the reason?
14. This is the way. He did the work in the way.
15. Saturday is the day. He is less busy on the day.

❷ ( )에 가장 적당한 관계사를 넣어라.
1. Reading is to the mind ( ) food is to the body.
2. The city now is very different from ( ) it was ten years ago.
3. What with fatigue and what ( ) hunger, he fell down on the ground.
4. She is not the cheerful woman ( ) he used to.
5. As many man ( ) came here were given small gifts.
6. He played truant from school, ( ) was often the case with him.
7. There are few people ( ) are against the war.
8. Who is there ( ) commits errors?
9. I will give it ( ) wants it.
10. ( ) you want is fine with me.
11. Nobody met me at the station ( ) I alighted.
12. Read ( ) books as benefit you.

해답

❶ 1.The author who wrote this novel is a woman. 2.The student who speaks English best shall have this prize. 3.The man whom we are going to employ is diligent. 4.The man whom I thought to be my friend betrayed me. 5.The man whom you spoke to yesterday is coming to tea. 6.This is the letter that came from my boyfriend. 7.The mountain the summit of which is high is covered with snow. 8.In his garden he had a fine tree of which he was very proud of. 9.I said nothing, which made me my father the more angry. 10.She was the first girl that I met yesterday. 11.He spread the rumor which was a great shock to her. 12.The time your dream will come true will surely come. 13.do you know the reason why he was absent yesterday? 14.This is the way in which he did the work. 15.Saturday is the day when he is less busy.

❷ 1.what 2.what 3.with 4.which 5.as 6.as 7.but 8.but 9.whoever 10.Whatever 11.where 12.such 13.

어법 문제 ②

◆ (   )에 알맞은 것은?

1. The subject (   ) I am interested is Korean history.
   ① in that   ② in which   ③ for which   ④ at which

2. 밑줄 친 부분을 가장 올바르게 고친 것은?
   He won't make friends with anyone, <u>whose</u> character is narrow-minded.
   ① and his   ② for his   ③ if his   ④ though his

3. The little girl could not find her ice cream on the table.
   She asked (   ) her ice cream.
   ① which was   ② what had happened to
   ③ where was   ④ what was the matter to

4. (   ) with teaching (   ) writing, his time is fully taken up.
   ① Because; of   ② What; and   ③ That; or   ④ since; but

5. Is Fred going to fix our TV for us? Yes, (   ) he is here.
   ① that's for   ② that's because   ③ that's reason   ④ that's why

6. Wait till eight, when he (   ) back.
   ① is   ② will be   ③ comes   ④ need come

7. That is the reason (   ).
   ① he did it   ② why did he do ti
   ③ when he did it   ④ how he did it

8. Mary is a secretary (   ) I can trust.
   ① whomever   ② whoever   ③ whom   ④ whosever

9. These cities are very quiet places (   ) we like to live forever.
   ① that   ② in that   ③ where   ④ which

해답

1. ②; I am interested <u>in the subject</u>. in which
2. ②; 계속적 용법은 문맥상 의미는 and, but, for, though의 4가지다. 여기서는 이유다.
3. ②; 이때의 what은 의문대명사로 asked의 목적어로서 명사절이다.
4. ②; What with A and (what with) B : 한편으로 A때문에, 다른 한편으로는 B때문에
5. ④; 관계부사가 선행사가 생략됨으로써 명사절이 되어 보어로 쓰인 경우다.
6. ②; 관계부사 when이 계속적 용법으로 사용되었으므로 미래시제인 경우는 will이 필요하다
7. ①; That is the reason. He did it <u>for the reason</u>. for which =why; why는 생략가능.
8. ③; Mary is <u>a secretary</u>. I can trust <u>her</u>. 목적격이므로 whom
9. ③; ~ quiet places in which we like to live ~. in which =where

어법 문제 ③

◆ 밑줄 친 곳에 알맞은 것은?

1. He believed himself to be a man than _____ no one could write better.
① who ② whose ③ whom ④ but ⑤ as

2. I'll employ the young man ____ they say is a fluent speaker of English.
① who ② that ③ which ④ whom ⑤ for whom

3. Dozen is to twelve as score is to _____ .
① fifteen ② twenty ③ record ④ points ⑤ thirty

4. In the financial world, where knowledge is power, anyone ________ information in advance is in a position to profit from it.
① who does he receives ② if he receives ③ receives
④ who is received ⑤ who receives

5. The reporter feels sure that _________ wins the election will have the support of both parties.
① who ② that ③ whom ④ which ⑤ whoever

6. ___________ he saw sympathized with him.
① Whoever ② Anyone ③ Whatever ④ Whomever ⑤ Whether

7. There is scarcely a man _________ has his weak side.
① that ② but ③ which ④ as ⑤ than

8. She writes with a worse pen ________ I write with.
① as ② which ③ than ④ but ⑤ what

9. There is no reason ________ you must become a salesman just because your father is running a store.
① why ② how ③ when ④ which ⑤ for

해답

1. ③; 두 문장을 분리시키면 He believed himself to be a man. No one could write better than him. *than 다음에 대명사가 단독으로 오면 목적격이 된다.
2. ①; they say는 삽입 구문
4. ②; A si to B as(what) C is to D
3. ⑤; 주절의 주어는 anyone, 동사는 is이다. information in advance는 anyone을 수식하는 형용사 절이어야 한다.
5. ⑤; that 절의 동사 will have의 주어이어야 하고, 동시에 wins the election의 주어이어야 한다. 이 조건을 만족시키는 것은 whoever이다.
6. ④; sympathized의 주어이어야 하고 동시에 saw의 목적어이어야 한다. anyone whom
7. ②; has의 주어이어야 하고 앞에 부정어가 있으므로 that~not의 뜻인 but이어야 한다.
8. ③; 비교급이 있으므로
9. ①; 선행사가 이유인 the reason이 있으므로 why

어법 문제 ④

◆ 밑줄 친 곳에 알맞은 것은?

1. The best investment a young man can make is in good books, ______ study broadens our mind.
① whose ② which ③ that ④ what ⑤ who

2. All men are created equally free and independent, and have certain inherent rights, ______ they cannot, by any compact, deprive or divest their posterity.
① which ② what ③ that ④ of which ⑤ where

3. This is the only one of the automobiles that ___ in working order.
① is ② had ③ are ④ were ⑤ am

4. Earthworms occur _____ adequate moisture and food and the necessary soil conditions are found.
① and ② but ③ however ④ wherever ⑤ whatever

5. There is often disagreement as to ____ is the better Shakespearean actor.
① whom ② who ③ whose ④ what ⑤ which

6. Is that his daughter _________ talent he is very proud.
① of whose ② of which ③ whose ④ which ⑤ of whom

7. He said he knew, but it was a lie.=He said he knew, ___ was a lie.
① that ② which ③ what ④ who ⑤ whose

8. The trumpeter swan is probably the heaviest flying bird ____ is.
① it ② there ③ what ④ each ⑤ one

9. Tell me the reason ________ which he was dismissed.
① in ② for ③ at ④ with ⑤ to

해답

1. ①; 구 문상 study가 명사로 사용되어 그 명사를 수식하는 수식어구가 와야 한다.
동시에 books와 관계가 있어야 하므로 whose가 맞다.
whose study =of which the study =the study of which.
2. ④; deprive(divest) their posterity of rights.
3. ①; the only one이 선행사다. 관계대명사가 주격일 때 동사는 선행사에 일치 시킨다.
4. ④; 문맥상 at any place where의 뜻이다.
5. ②; is의 주어이어야 한다. as to의 목적어는 who 이하 전체 절이다.
6. ①; talent(명사)의 수식어야 하고 또 be proud of이므로 of whose이다.
7. ②; 앞 문장 전체를 받을 수 있는 관계대명사는 as와 which이다.
8. ②; there is 구문에서 which(주격)가 생략됨.
9. ②; why=for which;

어법 문제 ⑤

◆ **Choose the one which is grammatically wrong**

1. We have a curious habit of thinking(①) that nature must(②) always(③) look like the pictures to we are accustomed(④).

2. The metaphors we use routinely(①) ar the means which by(②) we describe(③) our everyday experiences(④).

3. That rich woman offered(①) a reward(②) to who(③) should restore her lost(④) car.

4. Contrary to(①) the opinion of the members, the president should appoint whomever(②) he thinks can do(③) the job most adequately(④).

5. Sam had a louder voice as(①) the other speakers, but unfortunately the louder(②) his voice became, the less(③) attention he(④) got.

6. Although(①) the fossil record has numerous gaps, scientists are able to classify(②) groups of related(③) animals to show how the way(④) they evolved.

7. William the Conqueror built(①) the Tower of London to protect himself(②) from them(③) he had conquered(④).

해답

1. ④; 관계대명사 which가 생략되었다. 따라서 to는 be accustomed 다음에 두어야 한다.
2. ②; 선행사(means)와 밀접한 관계가 있는 전치사는 관계대명사 뒤로 갈 수 없다.
3. ③; who의 선행사가 없으므로 whoever여야 한다. to의 목적어는 whoever절 전체다.
4. ②; he thinks가 삽입구문이므로 can do의 주어이어야 하고 선행사를 포함해야 한다. whomever를 whoever로 고쳐야 한다.
5. ①; 선행사에 비교급이 있으므로 than이 와야 한다. as→than.
6. ④; 관계부사 how와 way는 같이 사용할 수 없으므로 how를 빼야한다.
7. ④; 일반 사람을 나타내는 경우(one, they those), 형용사절의 수식을 받으면 those다.

어법 문제 ⑥

❶ 다음 밑줄 친 부분 중 어색한 것이 있다면 그 부분은?
The fact that someone is ① interested enough to give help to poor villagers ② often work wonders. The villagers become interested in helping themselves. They become ③ less discouraged when they realize that they themselves can ④ help make a better future.
① 어색한 부분 없음 ② ③ ④ ⑤

❷ 다음 글에서 밑줄 친 부분 중 어법상 틀린 것은?
Schubert spent his whole life ① in poverty. But he had one noble purpose in life. That was ② to write down the beautiful musical thoughts which seemed to flow from his brain in an endless rush of melody. As ③ one of the most productive composers, Schubert wrote music ④ as freely as one would write a friendly letter. He just produced ⑤ which was in him, and brought us a rich treasure of music.

❸ 다음 글의 밑줄 친 부분 중 어법상 틀린 것은?
Clocks mark the passage of time--not only of each hour and day, but ① of whole lives. They are closely involved in people's lives. Some people once hled the superstitious belief that clocks could predict the future of the houses ② they were in. When the rhythm of a clock changed suddenly, it ③ was considered a sign of approaching death. Many stories have been ④ told of clocks that stopped when their owners died. It is a very old custom, in some areas, to stop the clocks in a house ⑤ where has been a death. This is done to show that the person who died no longer has anything to do with time.

❹ 다음 글의 밑줄 친 부분 중, 어법상 틀린 것은?
Gas stations are a good example of an impersonal attitude. At many stations, attendants have even stopped ① pumping gas. Motorists pull up to a gas station where an attendant is ② enclosed in a glass booth with a tray for taking money. The driver must get out of the car, pump the gas, and ③ walk over to the booth to pay. And customers with engine trouble or a non-functioning heater are ④ usually out of luck. Why? Many gas stations have gotten rid of on-duty mechanics. The skillful mechanic has been replaced by a teenager in a uniform ⑤ which doesn't know anything about cars and couldn't care less.

해답
❶ ②; 주어가 the fact이므로 동사는 work는 works로 바꾸어야 한다.
❷ ⑤; produced의 목적어가 와야 하므로 which는 what으로 바꾸어야 한다.
❸ ⑤; has been의 주어가 되어야 하므로 where를 which로 바꾸어야 한다.
❹ ⑤; 문장에서 선행사는 a teenager이므로 which를 who로 바꾸어야 한다.

영작 문제

❶ Put the following into English.
1. 스포츠를 즐기는 사람들은 대개 건강하다.
2. 기다리노라면 볕들 날 있다. (속담)
3. 우이독경(마이동풍)
4. 이것은 그 지붕이 붉은 집이다.
5. 그는 이제는 더 이상 과거의 그 겁 많은 친구가 아니다.
6. 내가 어린 시절에 살았던 집이다.
7. 인간은 언어의 능력을 부여받은 유일한 동물이다.
8. 다리를 건너는 보행자와 차량들은 자동적으로 세어진다.
9. 한편으로는 협박으로 또 한편으로는 간청으로 그의 목적을 달성했다.
10. 잎이 식물에 대한 관계는 허파가 동물에 대한 관계와 같다.

❷ Put the following into English.
11. 성공하기를 바라는 사람은 누구나 다 부지런해야한다.
12. 어쨌든 할 만한 가치가 있는 것은 잘 할 가치가 있다.
13. 너의 면전에서 너를 칭찬하는 그런 사람을 믿지 마라.
14. 그 전쟁에 반대하지 않는 사람들은 거의 없다.
15. 애들은 필요한 것보다 더 많은 돈을 가져서는 안 된다.
16. 어떤 어려움이 일어날지라도 그는 용기를 잃지 않는다.
17. 5월은 우리들이 많은 꽃들을 볼 수 있는 달이다.
18. 이곳이 그 위대한 시인이 묻힌 곳이다.
19. 그가 해고된 이유를 나에게 말해 달라.
20. 이것이 그가 나에게 말한 방식이다.

해답

❶
1. Those who like sports are generally healthy.
2. Everything comes to those who wait.
3. None so blind as those who won't see.
4. This is the house the roof of which [of which the roof] is red.
5. He is no longer the timid fellow (which) he used to be.
6. This is the house (which) I lived in in my early days.
7. Man is the only animal that is gifted with speech.
8. The pedestrians and vehicles that cross the bridge are counted.
9. What by threats and what by entreaties, he accomplished his purpose.
10. Leaves are to the plant what lungs are to the animals.

❷
11. Whoever wishes to succeed in life must be industrious.
12. Whatever is worth doing at all is worth doing well.
13. Don't trust such man as praise to your face.
14. There are few people but are against the war.
15. Children should not have more money than is necessary.
16. Whatever difficulty may arise, he is not discouraged.
17. May is the month when we can see many flowers.
18. This is the place where the great poet is buried.
19. Tell me the reason why he was dismissed.
20. I didn't like the way that she spoke to me.

13장 특수 구문

1 도치
1. 구문상의 도치
2. 강조를 위한 도치

2 강조
1. 구문상의 강조
2. 강조어구에 의한 강조

3 생략
1. 구문상의 생략
2. 품사의 생략

4 공통 관계
1. X(a+b)=Xa+Xb
2. (a+b)X=aX+bX

5 동격
1. 명사와 동격
2. 대명사와 동격
3. 부정사와 동격
4. 전치사와 동격
5. 접속사와 동격

6 삽입
1. 단어의 삽입
2. 구의 삽입
3. 절의 삽입

7 부정

1 도치 (倒置)

❶ 구문상의 도치

①양보 **Child as** he is, he is equal to the task.

Study hard as you may, you can't master English in a year.

Rich as he is, he is very industrious in his work.

Much as I would like to go there, I can't.

②비교 **The higher** we climbed, **the steeper** became the path.

She respects him far more **than** does her son.

③가정법 **Had I known it**, I should have told it to you.

Had he seen it, he would have been astonished.

④인용문 What do you mean by that word? **asked Mary.**

What do you do for a living? **he asked.**

❷ 강조를 위한 도치

①보어 **Blessed** are the poor in spirit; for theirs is the kingdom of heaven.

Wide is the gate, and **narrow** is the way which leads to life.

②목적어 **That book** I read when I was sixteen.

The date of her mother's birthday she should never remember.

▶목적어에 부정어나 한정적 의미를 가진 only many much가 수반되면 조동사+S+V다.

Not a word did the man say all day long.

Many a rabbit has he snared.

Too much sugar did they eat.

③부정 부사어구가 문장 첫머리에 오는 경우

Little did I dream that I fell in love with her.

Hardly had I arrived there when I had a new problem to cope with.

④긍정 부사어구가 문장 첫머리에 오는 경우.

ⓐ**Well** do I remember the date and place we met for the first time.

Only then did I realize how dangerous the situation had been.

ⓑ**Here** is a call for you. **There** goes the bus!

At the top of the hill stands a tiny chapel.

At the top of the hill **it stands** out against the sky.

ⓒ**Down** came the rain in torrents.

Away went the car at full speed.

1 도치(倒置)

❶ 구문상의 도치

①**양보 구문** : *(명사, 동사, 형용사, 부사) + as + S + V

*명사 + as + S + V : 정치(定置)가 되면 가산 명사인 경우 그 앞에 관사가 온다.

비록 어린이지만 그는 그 일을 감당할 수 있다. =Though he is **a** child

*동사 + as + S + V : 아무리 열심히 공부해도 한 달 정도 만에 영어를 정복할 수는 없다.

*형용사 + as + S + V : 비록 부유하지만 그는 자기 일에 매워 근면하다.

*부사 + as + S + V : 그 곳에 아주 많이 가고 싶지만 나는 갈 수 없다.

②**비교 구문** :

높이 오르면 오를수록 길은 점점 더 가파러 졌다.

그녀는 자기 아들보다 그를 훨씬 더 존경한다.

③**가정법** : *If가 생략되면 도치가 된다.

만일 내가 그것을 알았더라면 나는 그것을 너에게 이야기 했을 텐데. *If I had known it

만일 내가 그것을 보았었더라면 그는 깜짝 놀랐었을 것이다. *If I had seen it

④**인용문** :

*주어가 명사이면 도치이나, do동사를 사용하지 않는다.

'저 단어가 무슨 뜻인데?' 하고 Mary가 물었다.

*주어가 대명사이면 정치다. '직업이 무엇 입니까?' 라고 그가 물었다.

❷ 강조를 위한 도치

①보어가 문장 첫 머리에 나오는 경우 :

마음이 가난한 자는 복이 있나니; 왜냐하면 천국이 그들의 것이기 때문이다.

생명으로 이르는 문은 넓으나 그 길은 좁다.

②목적어가 문장 첫 머리에 나오는 경우 :

내가 16살 이었을 때 나는 저 책을 읽었다. (목적어가 어구인 경우)

그녀는 자기 엄마의 생일을 결코 기억해서는 안 된다.

▶목적어에 부정어나 한정적 의미를 가진 only many much가 수반되면 조동사+S+V다

그 사람은 하루 종일 한 마디도 하지 안했다. 많은 토끼를 덫으로 잡았다.

그들은 너무 많은 설탕을 먹었다.

③부정 부사어구가 문장 첫머리에 오는 경우 : *일반 동사는 do를 사용함

내가 그녀와 사랑에 빠지리라고는 꿈에도 생각하지 못했다.

내가 그 곳에 도착하자마자 나는 처리해야 할 새로운 문제에 봉착하게 되었다.

④긍정 부사어구가 문장 첫머리에 오는 경우 :

ⓐwell, many a, so, often, only + 수식어구

우리들이 처음으로 만났던 날짜와 장소를 기억하고 있다.

그 상황이 얼마나 위험했었는지를 그 때서야 깨닫게 되었다.

ⓑ장소의 부사구 : *위치동사, 이동 동사와 결합. do동사를 사용하지 않음

너한테 전화 왔다. 저기 버스 간다.

언덕 꼭대기 위에 조그만 예배당이 하나 서 있다.

*주어가 대명사이면 정치이다.

그것은 언덕 꼭대기 위에서 하늘을 배경으로 하여 우뚝 서 있다.

ⓒ불변화 부사 : *away back down off over

*동작동사와 결합하며, do동사를 사용하지 않음

비가 억수같이 내렸다. 그 차는 전 속력으로 가 버렸다.

cf.주어가 대명사면 정치(定置). 그는 급히 갔다.

Away **he went** in a hurry.

2 강조 (强調)

❶ 구문상의 강조

①수사의문 **Who** is there but commits errors?

②분리문 **It is** not I but he that is to blame for the matter.

It was not until day broke **that** I fell asleep.

③도치 **Great** was my surprise when I realized the fact.

④반복 The shark is cruel **and** greedy **and** strong **and** clever.

He makes many mistakes **and that** very often.

⑤삽입 There are few, **if any**, people to love him.

He seldom, **if ever**, smokes in the office.

❷ 강조어구에 의한 강조

1. 명사 강조

①He is **the very** man that I am looking for.

②I have no intention **whatever** of resigning.

③**Even** a child can do the work within an hour.

④**Only** Tom knows the answer in the class.

⑤She is happiness **itself**.

⑥Your life is **your own** affair.

2. 동사 강조

I **do** love you. Who **did** break the window?

3. 형용사, 부사 강조

①원급 My son is **very** handsome.

I was **dead** tired that night.

②비교급 It is **much** colder today than it was yesterday.

When I told her the news, she became **all the** more depressed.

③최상급 I want to give my children **the very** best education I can afford.

She is **by far** the most intelligent student in the school.

4. 부정어 강조

He is not **at all** suitable for the position.

I cannot, **for the life of me**, recollect his name.

5. 의문사 강조

What **in the world** do you mean by the word?

What **on earth** do you expect me to do?

2 강조 (强調)

❶ 구문상의 강조

①수사 의문문 :
잘못을 저지르지 않는 사람은 누가 있겠는가? *but =that ~ not
What is wealth without health? 건강 없는 부가 무엇이란 말인가?

②분리문 :
그 문제에 대하여 책임을 져야할 사람은 내가 아니고 그 사람이다.
날이 새고 나서야 비로소 나는 잠이 들었다.
I didn't fall asleep until day broke.
=It was not until day broke that I fell asleep.
=Not until day broke did I fall sleep.
=I fell asleep only after day broke.
=It was only after day broke that I fell asleep.
=Only after day broke did I fall sleep.
=Day broke before I fell asleep.

③도치 : 내가 그 사실을 알았을 때 나의 놀람은 대단했다.

④반복 : 상어는 잔인하고 욕심이 많고 영리하다.
그는 많은 실수를 한다. 더구나 그것도 매우 자주.

⑤삽입 : 그를 좋아하는 사람은 있다손 치더라도 거의 없다.
그는 사무실에서는 설령 있다손 치더라도 좀처럼 담배를 피우지 않는다.

❷ 강조어구에 의한 강조

1. 명사 강조 :

①the very : *바로; 그는 내가 찾고 있는 바로 그 사람이다.

②whatever : *조금의~도 없는; 항상 후위 수식이며 앞에 any나 no가 있다.
나는 사직할 의향이 조금도 없다.
Do you have any interest **whatever**? 너는 흥미가 조금이라도 있느냐?

③Even : 어린애조차도 한 시간 내에 그 일을 할 수 있다.

④Only : *단지~만 ;그 반에서는 Tom만이 답을 안다.

⑤추상명사 + itself =all + 추상명사 =very + 형용사; 그녀는 매우 행복하다.

⑥one's own : *소유격 강조; 너의 인생은 너 자신의 일이다.

2. 동사 강조 : *do 동사를 사용한다.
나는 너를 정말 사랑한다. 누가 그 창문을 부셨나?

3. 형용사, 부사 강조 :

①원급 강조 : *very dead awfully extremely really terribly so pretty ever
내 아들은 매우 잘 생겼다. 나는 그 날 밤 몹시 피곤했다.

②비교급 강조 : *much, far, by far, even, still, a lot, lots, any, no, all the
오늘은 어제보다 훨씬 더 춥다. 소식을 들었을 때 그녀는 더욱 풀이 죽었다.

③최상급 강조 : *much, far, by far, the very, nearly, quite
나는 나의 자녀에게 내가 할 수 있는 바로 그 교육을 제공하고 싶다.
그녀는 그 학교에서 가장 영리한 학생이다.

4. 부정어 강조 : *at all, in the least, a bit, a button, not a, a wink
그는 그 직에 전혀 어울리지 않다.
나는 아무리해도 그의 이름을 기억해 낼 수가 없다.
for the life of me 아무리 해도

5. 의문사 강조 : *ever, on earth, in the world, the hell, the devil, the deuce 등이 의문사와 결합하여 '도대체'의 뜻이 된다.
도대체 그 말이 무슨 의미냐?
도대체 너는 내가 무엇을 하기를 기대하느냐?

3 생략 (省略)

❶ 구문상의 생략

1. S의 생략

①발화문 (**I**) Beg your pardon. (**It**) serves you right.

②명령문 (**You**) Do your best and abide by the event.

③일기문 (**I**) Got up earlier than usual.

④등위절 He sang and (**he**) played the piano.

⑤상업영어 (**We**) Received yours of the 19th ultimo.

2. V의 생략

①명령문 (**Wait**) Just a moment.
(**Tell me**) your name please.

②비교 구문 Run as fast as you can (**run**).

③광고문 No parking (**is allowed**). Help [Situation] (**is**) wanted.
Admission (**is**) free. So much (**has been said**) for today.
(**This is**) Not for sale. (**This**) House (**is**) to let.

3. S +V의 생략

①발화문 (**I am**) Glad to see you again.

②의문문 (**Do you want**) some more coffee?

③감탄문 What a beautiful day (**it is**)!

④등위절 Susan is listening to the radio and (**she is**) writing a letter.

⑤종속절 When (**you are**) in Rome, do as the Romans do.
(**If you take**) No pains, (**you will get**) No gains.
(If a man is) Out of sight, (**he will go**) out of mind.

❷ 품사의 생략

①명사 He went to the barber's (**shop**).
Two (**persons**) of a trade seldom agree.

②대명사 This is my desk and that is my brother's. (**one**)
She is not the cheerful woman (**which**) she was.

③전치사 (**At**) Some day your dream will come true without fail.
Please come (**in**) this way.

④접속사 He believes (**that**) he is honest and frank.
It was so hot (**that**) he could not sleep a wink last night.

3 생략 (省略)

❶ 구문상의 생략

1. S의 생략

①발화문(發話文) : 죄송합니다. 실례합니다.
I beg your pardon, but which is the city hall?
꼴좋다.
②명령문 : 최선을 다하고 그 결과를 기다려라.
③일기문 : 평소보다 일찍 일어났다.
④등위절에서 동일한 주어인 경우 :
그는 노래를 부르고 피아노를 쳤다.
*조동사가 같으면 대명사를 써도 좋고 생략해도 좋다.
John has read the book and (he) has seen the film.
*조동사가 다르면 대명사는 대개 생략된다.
Mary has washed the dishes and will dry them.
⑤상업영어 : 지난 달 19일 자 당신의 편지를 받았습니다.
ultimo 지난달의; instant 이번 달의; proximo내달의;

2. V의 생략

①명령문 : 잠시만 기다려라.
이름을 다시 한 번 말해 주세요.
②비교 구문 : 가능한 한 빨리 달려라.
③광고문, 게시문, 속담 등 :
No parking 주차 금지; Help wanted 구인; Situation wanted 구직;
Admission free 무료입장; So much for today 오늘은 이만;
Not for sale 비매품; House to let 셋 집 있음; out of order 품절

3. S + V의 생략

①발화문 : 다시 만나서 기쁩니다.
②의문문 : 커피 좀 더 하시겠습니까?
③감탄문 : 참 좋은 날씨구나!
④등위절 : *주어+be동사의 생략(주절의 주어와 같을 때)
Susan은 라디오를 들으면서 편지를 쓰고 있다.
⑤종속절 : 주어+be 동사의 생략
로마에서는 로마인들이 하는 대로 하라. (入鄕循俗)
Correct errors, if (**there are**) any. 잘못이 있으면 고쳐라.
I drop in on you tomorrow afternoon if (**it is**) possible.
가능하면 내일 오후에 너에게 잠시 들르겠다.
⑥격언 : 수고 없으면 얻는 것도 없다. 안 보면 잊혀 진다.
(**If there are**) so many men, (**there are**) so many minds. 각양 각생.

❷ 품사의 생략

①명사 : *소유격 다음의 장소를 나타내는 명사
그는 이발소에 갔다.
장사 샘이 시앗 샘. 같은 직업의 두 사람은 좀처럼 의견이 맞지 않다.
②대명사 : 이것은 나의 책상이고 저것은 내 동생의 책상이다.
그녀는 옛날의 쾌활했던 그 여자가 아니다.
③전치사 : 언젠가 너의 꿈이 틀림없이 이루어 질 것이다.
이쪽으로 오세요.
④접속사 : 그는 자기가 정직하고 솔직하다고 믿는다.
날씨가 너무 더워서 어제 밤 한 숨도 잘 수 없었다.

4 공통관계 (共通關係)

❶ X(a+b) =Xa+Xb

①S(동+동) **I went** home and **watched** television.
Tom was and **is** a black sheep in the family.

②V(명+명) He **lost** his **hat** and his **temper**.
He **writes novels** and **poems.**

③V(형+형) His eyes **were large** and **sharp**.
Be strict with yourself and **lenient** to others.

④V(전+전) Water **turns into** ice at 0℃, and **into** steam at 100℃.
The fly **went out of** the frying pan and **into** the fire.

⑤N(구+구) **A man**, **of virtue** and not **of wealth**, deserves our respect.
Government of the people, **by** the people, **for** the people shall not perish from the earth.

❷ (a+b)X =aX+bX

①(주+주)V **My sister**, not **my mother**, **went** with me.
Tom and **Mary have led** a kind of cat and dog life for years.

②(조+조)V We **can** and indeed **must help** the weak.
You **cannot, must not**, **leave** the baby alone in the room.

③(형+형)N The pen may a **surer,** but the tongue is a **nicer instrument.**
Air and water are the most **important** but the **cheapest things**.

④(전+전)N We cannot live **by and for ourselves**.
You can see the bridges on your way **to and from the school**.

⑤(동+동)C She **has been** and **will be** a beauty.
She **was**, but she **is** not, **an attractive girl**.

⑥(동+동)O Oxygen **purifies** and bad air **taints the blood**.
He always **blames**, and never **praises his pupils**.

⑦(명+명)구 Man is the **master,** and not **servant of his destiny**.
Passions weaken, but **habits** strengthen **with age.**

⑧(명+명)절 **The man who is rich, but who is not healthy,** can't be happy.
Can you mention **anyone that we know who is versed** in Chinese?

4 공통관계 (共通關係)

❶ X(a +b)=Xa +Xb

①S(동+동) :
나는 집에 가소 TV를 봤다.
Tom은 자기 집에서 말썽꾸러기 이었고 지금도 말썽꾸러기다.

②V(명+명) :
그는 모자를 잃어버리자 화를 냈다.
그는 소설도 쓰고 시도 쓴다.

③V(형+형) :
그의 눈은 크고 예리하다.
너 자신에게 엄격하고 남들에겐 관대하라.

④V(전+전) :
물은 섭씨 0도에서 얼고 100도에서 수증기로 된다.
그 파리는 프라이팬에서 나와 불속으로 들어갔다.

⑤N(구+구) :
덕은 있으나 부유하지 않은 사람은 우리의 존경을 받을 만하다.
국민의 국민에 의한 국민을 위한 정부는 지구상에서 사라지지 않을 것이다.

❷ (a +b)X=aX +bX

①(주+주)V : *V는 동사
내 어머니가 아닌 내 누이동생이 나와 함께 갔다.
Tom고 Mary는 수년 동안 견원지간으로 살았다.
*cat and dog 사이가 나쁜; 심한; a cat and dog competition 심한 경쟁;
*live a cat and dog life 싸움만 하고 지내다; be on cat and dog terms 견원지간이다

②(조+조)V :
우리들은 정말로 약자들을 도울 수 있고 도와야 한다.
애를 방에 혼자 둘 수 없고, 두어서도 안 된다.
We **can** and **must do** what we think is right.
우리들이 옳다고 생각하는 것을 할 수 있고 해야 한다.

③(형+형)N : *N은 명사
글의 힘은 더 확실한 도구이지만 말의 힘은 더 나은 도구다.
공기와 물은 가장 중요하지만 제일 값싼 것이다.

④(전+전)N :
우리들은 혼자서 혼자 힘으로 살 수 없다.
너는 학교에 오고 가는 길에 그 다리들을 볼 수 있다.

⑤(동+동)C : *C는 보어.
그녀는 미인이었고 앞으로도 미인 일 것이다.
*She felt and looked disappointed. 그녀는 실망을 느꼈고 실망한 것처럼 보였다.
그녀는 매력적인 소녀였으나 지금 매력적인 소녀가 아니다.

⑥(동+동)O : *O는 목적어
산소는 피를 맑게 하고 나쁜 공기는 피를 더럽힌다.
그는 항상 자기 학생들을 나무라기만 하고 결코 칭찬하지 않는다.

⑦(명+명)구 : *구=phrase
인간은 자기 운명의 주인이지 하인은 아니다.
나이가 들어감에 따라 열정은 약해지고 습관은 강해진다.

⑧(명+명)절 : *절=clause
부유하나 건강하지 않는 사람은 결코 행복해 질 수 없다.
우리들이 알고 있는 사람으로서 중국어에 능통한 사람을 말해 줄 수 있니?

5 동격 (同格)

❶ 명사

①What do you think of Mr. Kim, **the new vice principal**?

He prefers outdoor activities - **fishing and hunting**.

②He killed his prisoner - **a barbarous act**.

He forgot to take off his hat - **an evidence of confusion**.

❷ 대명사

①**We** Koreans live on boiled rice.

He has done **me**, a failure many kindnesses.

②We **all** like to drink draft beer at pub's.

They must **both** have been a beauty.

I bought the girls **each** an ice cream.

❸ 부정사

①He has only one aim in life, **to make much money**.

He has two ambitions; **to live in peace and to have good friends**.

②He made a promise **to buy me a good cellular phone**.

His only wish **to live in his native place again** came true at last.

❹ 전치사

①**of**

ⓐHe lives in the city **of** Jinju.

ⓑHe lives in a palace **of** a house.

ⓒHe gave up the idea **of** getting to his destination before dark.

②**in**

I have found a friend **in** Mary.

You have done us a great favor **in** encouraging us.

❺ 접속사

①The fact **that** he is honest is known to everybody.

The news **that** her son had been killed was a great shock to her.

②I am in doubt **whether** I ought to give assent to the plan.

The question comes to my mind **whether** it was worth my effort.

③The **question** arose who would hang the bell on the cat?

You have no **idea** how anxious we have been.

5 동격 (同格)

❶ 명사
①앞의 어구 :
새로 오신 교감선생님인 Kim을 어떻게 생각합니까?
그는 옥외 활동인 낚시와 사냥을 좋아하신다.
②문장 내용 :
그는 죄수를 죽였다. 그것은 야만적인 행위였다.
그는 모자 벗는 것을 잊었다. 그것은 혼란의 증거다.

❷ 대명사
①인칭 대명사 :
우리 한국인은 밥을 주식으로 산다.
그는 실패자인 나에게 많은 친절한 행위를 해 주었다.
②부정 대명사 :
우리 모두는 선술집에서 생맥주 마시기를 좋아한다. *일반 동사 앞에 둔다.
We were all glad to see you again.
우리 모두는 너를 다시 만날 수 있게 돼서 기쁘다. *be동사 다음에 둔다.
그들은 둘 다 미인이었음에 틀림없다. *조동사 다음에 둔다.
나는 그 소녀들 각자에게 아이스크림을 사 주었다. *목적어와 동격이면 그 다음에 둔다.

❸ 부정사
①명사적 용법 :
그는 인생에서 유일한 한 가지 목적을 가지고 있다. 즉 많은 돈을 버는 것.
그는 두 가지의 야망을 가지고 있다. 즉 평화스럽게 살고 좋은 친구를 갖는 것
②형용사적 용법 :
그는 안에 좋은 휴대폰을 사 주겠다는 약속을 했다.
그의 유일한 소망 즉 다시 고향으로 돌아가서 사는 것이 마침내 실현되었다.

❹ 전치사
①of :
ⓐ진주시에서 산다.
Have you ever heard of the name **of** John recently?
너는 최근에 John이라는 이름을 들어본 적이 있느냐?
ⓑ'a + 명사(A) + of + a + 명사(B)' : *A같은 B
그는 대궐 같은 집에서 산다. (=a palatial house)
She will make an angel of a wife. (=an angelic wife)
그녀는 천사와 같은 아내가 될 것이다.
ⓒ그는 어둡기 전에 목적지에 도착한다는 생각을 버렸다.
ⓓDon't forget the fact **of** your being a student. 네가 학생이라는 사실을 잊지 말아라.
②in : 나는 Mary라는 친구를 찾았다.
너는 우리를 격려해주는 호의를 베풀어 주었다.

❺ 접속사
①that : *두 문장으로 분리가능하면 관계대명사, 분리불가능하면 동격의 접속사이다.
그가 정직하다는 사실은 누구에게나 알려져 있다.
그녀의 아들이 살해되었다는 소식은 그녀에겐 엄청난 충격이었다.
②whether : *whether이하가 명사절을 나타낸다.
내가 그 계획에 동의를 해야 하는지 아지 안해야 되는지 의심스럽다.
그것이 나의 노력을 들 일만한 가치가 있는지 없는지 하는 의심이 들었다.
③의문사 : *의문사가 동격이 되는 경우다.
누가 고양이 목에 방울을 매다느냐 하는 문제가 제기되었다.
우리들이 얼마나 염려해왔는지를 모른다.

6 삽입 (插入)

❶ 어(語)

To study something, **say**, history or botany, is peculiar to man.

We knew, **however**, that he would fail.

❷ 구(句)

①대부분의 경우

True greatness has little, **if anything**, to do with rank or power.

The French are, **on the whole**, a thrifty people.

There are few, **if any**, mistakes in your composition.

He hardly, **if ever**, loses his temper.

②부정사

She is, **to be precise**, twenty years and three months old.

The newspaper, **so to speak**, the eyes and ears of society.

To tell the truth, he is not much of a scholar.

③분사 구문

The English are, **generally speaking**, a practical people.

It has cost, **roughly speaking,** about two dollars.

Judging from his accent, he must be a German.

❸ 절(節)

①주절의 삽입

Mr. Smith, **I believe**, is 70 years old.

His opinion, **it seems to me**, is not worth considering.

His book, **I am sure**, will be the best seller.

②종속절의 삽입

The boy, **who was honest,** was loved by all the neighbors.

The school, **where I teach**, is close to the station.

He is, **as far as I know,** a reliable man.

③독립절의 삽입

Night fell and, **what was worse**, it began to rain.

Failure, **it has been said from olden times**, is the mother of success.

If what he said is true, **and I am sure it is**, she must have lied to us.

6 삽입 (揷入)

❶ 단어의 삽입

어떤 것 즉 역사나 식물학을 공부한다는 것은 인간에게 독특하다.
그러나 우리는 그가 실패하리라는 것을 알았다.

❷ 구의 삽입

①대부분 :

진정한 위대함은 관련이 있다손 치더라도 직위와 권력과 거의 관계가 없다.
프랑스인은 대체적으로 검소한 국민이다.
*on the whole 대개(as a rule; by and large)
thrifty 검소한(frugal), 알뜰한; 번영하는; ⓝthrift 검소, 검약; 번영;
너의 작문에는 다소 있다손 치더라도 잘못이 거의 없다,
그는 어느 편인가 하면 좀처럼 화를 내지 않는다.
lose one's temper 화를 내다(get out of temper; fly into a temper)
≠keep[hold; control] one's temper 화를 억누르다, 화를 참다
*Honesty is, **in most cases**, the best policy.
정직은 대부분의 경우 최선의 방책이다.

②부정사 :

그녀는 정확히 말해서 나이가 20년 3개월이다.
신문은 말하자면 사회의 눈과 귀다. so to speak 말하자면(as it were; in general)
사실대로 말하면 그는 대단한 학자는 아니다. not much of a 명사 : 대단한 ~는 아니다

③분사 구문 :

영국인들은 일반적으로 말해서 실용적인 국민이다.
그것은 대충 말해서 약 2달러다. roughly speaking 대략; 대체로
영화에 관해서 말하면, 나는 슬픈 영화는 안 좋아한다.
그의 억양으로 판단해 볼 때, 그는 독일인임에 틀림없다.

❸ 절의 삽입

①주절의 삽입 :

나는 Smith씨가 70살이라고 믿는다.
그의 견해는 나한테는 고려할 가치가 없는 것처럼 보인다.
*What **do you imagine** will happen tomorrow?
그의 책은 베스트셀러가 되리라고 확신한다.

②종속절의 삽입 :

그 소년은 정직하기 때문에 모든 이웃사람들에게 사랑을 받았다.
그 학교는 그 곳에서 내가 가르치는데 역 가까이 있다.
내가 아는 한 그는 신뢰할 수 있는 사람이다.
*You may, **if you like,** take this book home.
네가 좋다면 이 책을 집으로 가져가도 좋다.
*A butterfly, **as it comes out of the egg**, is called a caterpillar.
나비는, 그것이 알에서 나올 때는 유충이라고 불리어진다.

③독립절의 삽입 :

밤이 되자 설상가상으로 비가 내리기 시작했다.
실패는, 옛날부터 이야기되어 왔던 것처럼 성공의 어머니다.
그가 말한 것이 사실이라면, 그것이 사실일 것이라고 확신하지만,
그녀는 우리에게 거짓말을 했었음이 틀림없다. *must have pp : 과거의 강한 추측

7 부정

❶ 부정어구

①부사 Such a perfect opportunity might **never** repeat itself.

He **seldom or never** watches television.

These animals **rarely** thrive in captivity.

②접속사 I sleep with the window open **unless** it's really cold.

③한정사 **Neither** of us know how to operate this machine.

④대명사 Despite his cries **no one** came to his assistance.

⑤접두사 The future of the project remained **uncertain**.

⑥접미사 A car is **useless** without petrol.

❷ 부분 부정

Life is **not all** beer and skittles.

A man of learning is **not always** better than a man of wisdom.

I think the answer's right but I'm **not absolutely** sure about it.

I am **not altogether** happy about the decision.

I am **not completely** satisfied with the result.

He was not entirely ignorant of the matter.

It's **not exactly** what I wanted but it will serve my purpose.

Unhappiness is **not necessarily** annexed to poverty.

It's **not quite** cold. The theatre was **not quite** full.

I'm **not wholly** convinced by your argument.

❸ 이월 부정

I **don't believe** she is at home, but I'll go and see.

I **don't expect** anyone will know who I am anyway.

She **didn't imagine** that we would say anything.

I **don't suppose** either of them are there now.

I **don't think** you've met my wife.

❹ 부정을 나타내는 관용적 표현

Who knows what will happen tomorrow?

Your answer is **anything but** perfect.

The show was **far from** being a success.

He **fails to** write to his mother every week.

7 부정

❶ 부정어구

①부사 :* not never; hardly rarely scarcely seldom; nowhere;
그렇게 완벽한 기회는 다시는 오지 않을 수도 있다.
그는 좀처럼 TV를 보지 않는다.
이들 짐승은 감금상태에서는 잘 살지를 못한다.
②접속사 : *nor unless; 날씨가 정말로 춥지 않으면 나는 창문을 열어 놓고 잔다.
③한정사 : *neither no few little; 우리들 어느 누구도 이 기계를 조작할 줄 모른다.
④대명사 : *none; no one; nobody; nothing; 고함을 쳤지만 아무도 도우러 오지 않았다.
⑤부정접두사 : **un** unhappy uncertain; **in** inaccurate inapt **il**legal **im**possible **ir**regular
dis dishonest disagree discourage **non** nonstop nondrinker nonhuman
*그 프로젝트는 전망이 불투명한 상태였다.
⑥부정접미사 : ***-less**; useless careless; 자동차는 기름이 없으면 쓸모가 없다.

❷ 부분 부정

*부정어가 다음 단어와 함께 쓰이면 부분 부정을 나타낸다.
*absolutely절대적으로; all; altogether아주; always; both; completely완전히; each; entire전체의; entirely전적으로; every; everybody everyone everything everywhere; exactly정확하게; generally대개; necessarily반드시; quite아주; whole; wholly전적으로;
인생은 즐겁기만 한 것은 아니다.
학식이 있는 사람이라고 해서 지혜 있는 사람보다 반드시 더 나은 것은 아니다.
나는 그 대답이 옳다고 생각하지만 그것에 대해 절대적으로 확신하지는 않는다.
난 그 결정에 전적으로 만족하지는 않는다.
나는 그 결과에 완전히 만족하지는 않는다.
그는 그 문제를 전혀 몰랐던 것은 아니다.
그것이 정확히 내가 원하는 것은 아니지만, 목적에는 알맞을 거야.
가난에 반드시 불행이 따르는 것은 아니다.
아주 춥지는 않다. 극장이 모두 꽉 찬 것은 아니다.
나는 당신의 주장을 완전히 확신하지는 않습니다.

❸ 이월 부정

▶**BigSet동사**(believe imagine guess suppose expect think)가 포함된 복문에서는 그 종속절을 부정하지 않고 이 BigSet동사를 부정한다.
그녀는 집에 없다고 믿지만 가보겠다.
어쨌든 아무도 내 정체를 모르기를 바란다.
우리들은 아무것도 말하지 않을 것이라고 그녀는 생각했다.
그들 둘 다 지금 거기 없으리라고 본다.
당신이 내 아내와 인사를 하지 않으셨죠?.
cf. I hope it won't rain. (0) I don't hope it will rain. (X)
이들 동사가 'short answer'로 not과 결합하는 경우는 이들 동사다음에 둔다.
Will it rain? I hope **not.** Is my car ready? I believe **not.**

❹ 부정을 나타내는 관용적 표현

내일 무슨 일이 일어날지 누가 알겠는가? *수사 의문
당신의 대답은 결코 완전하지 않다. *anything but =never
그 쇼는 결코 성공적인 것이 아니었다. *far from =never
그는 주말마다 그의 어머니에게 편지를 쓰지는 못한다.
He is **too** ill **to** receive a great deal of company. *so ~that cannot
He is **the last** man to betray his friend. *결코 ~하지 않을
He **is above telling** a lie. *~할 수 없다

어법 문제 ①

❶ 보통 어순으로 바꿔라.
1. Child as he is, he can solve the problem with ease.
2. Had I known it, I should have told it you.
3. Blessed are the poor in spirit; for theirs is the kingdom of heaven.
4. Not a word did the man say all day long.
5. Well do I remember the date and place we met for the first time.

❷ 강조 부분을 찾아라.
1. What on earth do you expect me to do?
2. I have no intention whatever of resigning.
3. Your life is your own affair.
4. I was dead tired at that time.
5. I cannot, for the life of me, recollect his name.

❸ 생략된 부분을 찾아라.
1. No parking.　2. Some more coffee?　3. So much for today.
4. Not for sale　5. Help wanted　6. Situation wanted

❹ 공통 어구를 찾아라.
1. A man of virtue and not of wealth deserves our respect.
2. Water turns into ice at 0℃ and into steam at 100℃.
3. We cannot live by and for ourselves.
4. Man is the master, and not the servant of his destiny.
5. He has been and will be a harder worker.

❺ 다음 문장에서 동격을 찾아라.
1. The news that her son was wounded was a great shock to her.
2. That fool of a John has forgotten to shine my shoes.
3. He gave up the idea of getting to his destination before dark.
4. He made a promise to buy me a cellular phone.
5. The question arose who would hang the bell on the cat?

해답

❶ 1.Though he is a child, ~.; 2.If I had known it, ~.; 3.The poor in spirit are blessed in spirit; for ~.; 4.The man did not say a word all day long.; 5. I remember the date and place we met for the first time well.;
❷ 1.on earth 2.whatever 3.own 4.dead 5.for the life of me;
❸ 1.No parking (is allowed) 2.(Would you like) some more coffee? 3.So much (has been said) for today. 4.(This is) not for sale. 5.Help (is) wanted. 6.Situation (is) wanted.
❹ 1.A man 2.water turns 3.ourselves 4.of his destiny 5.a harder worker
❺ 1.news와 that 2.of 3.of 4.a promise와 to buy 5.the question과 who

어법 문제 ②

◆ 밑줄 친 곳에 알맞은 것은?

1. Not until 1939 _________ between Europe and the United States.
① began regular airmail flight ② did regular airmail flights begin
③ with regular airmail flight beginning ④ regular airmail flights began

2. Only in recent years ___ that wild dogs often do more good than harm.
① have people begun to realize ② since people have begun to realize
③ people have begun to realize ④ have people begin to realize

3. _________ in a cell that enable complicated chemical reactions, such as digestion, to take place.
① It is the enzymes ② The enzymes are
③ The enzymes ④ Because the enzymes

4. _______ young, he would drop in at temples alone.
① when he ② When was ③ When ④ When in

5. __________ as he was, the teacher demanded that he hand in his homework on time.
① Patient ② Illness ③ Sickness ④ A little boy ⑤

6. No sooner __________ gone home than it began to rain heavily.
① had I ② have I ③ I had ④ I have ⑤ I've done

7. Maybe he won't agree to our plan. I am afraid _______ .
① not ② it ③ to ④ that ⑤ such

8. In this solar system, only the Earth satisfies the complex conditions ______ physical life as we know it.
① necessary for ② that is necessary
③ are necessary to have ④ is it necessary for

9. At the far end of a kaleidoscope ____, one made of clear glass and the other of ground glass.
① two plates are ② two plates are there
③ are two plates there ④ are two plates

해답

1. ②; 도치 구문 (Not until).
2. ④; 도치 구문 (only in recent years).
3. ①; 강조 구문 (it is that).
4. ③; 생략 구문 (접속사 다음에 주어+be 동사).
5. ③; 양보 구문 (형용사/부사+as+주어+동사).
6. ⑤; 도치 구문 (부정어 No sooner ~).
7. ①; 앞문장이 부정이면 not.
8. ①; necessary가 for 이하를 수반, 후위 수식.
9. ④; 도치.

어법 문제 ③

1. 다음 중 강조하는 문장의 형식이 아닌 것은?
① Had I known it, I should have told it.
② Not a single word did he say.
③ He did know the answer.
④ What on earth do you mean?
⑤ It was in America that I bought this car.

2. 다음 글 중 어순이 바르게 된 것은?
① Not until the sun set we did arrive there.
② We arrived there not until the sun set.
③ Until the sun set we arrived not there.
④ Not until the sun set we arrive there.
⑤ Not until the sun set did we arrive there.

3. 다음 중 옳은 문장은?
① We learned to read the passages carefully and underlining the main ideas.
② Flying is not only faster but also safer than traveling by sea.
③ Never before I have been so humiliated.
④ No sooner he had heard the news than he fell down.
⑤ They finished the work; so we did.

4. 다음 문장 중에서 삽입구가 들어있지 않은 문장?
① He is what we call a grown-up baby.
② What is better still is that she is very beautiful.
③ He is the only boy that I think can speak English.
④ The man who I thought was my friend deceived me.
⑤ She is a girl who I know is proficient in English.

5. 다음에서 공통관계가 들어있지 않은 것은?
① I am totally ignorant of what to do right now.
② Oxygen purifies, and bad air taints the blood.
③ The pen may be a surer, but the tongue is a nicer, instrument.
④ Man is the master, and not the servant of his destiny.
⑤ A man of virtue, not of wealth, deserves our respect.

해답

1. ①; '가정법 과거완료'에서 조건절의 if가 생략됨으로써 문장이 도치되었다.
2. ⑤; 부정의 부사구가 문장 첫 머리에 나오면 문장이 도치된다.
3. ②; ①underlining→to underline; ③I have→have I; ④he had→had he; ⑤so did we;
4. ②; ①what we call; ③I think; ④I thought; ⑤I know
5. ①; ②the blood; ③instrument; ④of his destiny; ⑤A man;

어법 문제 ④

◆ Choose the sentence which is grammatically right.

1. ① Never I shall forget this insult of yours.
   ② Try how you may, you cannot persuade her to accept your proposal.
   ③ Not until we arrive there we found all of them dead.
   ④ Once married, a woman loses her independence.
   ⑤ That was too hard for me to solve it for myself.

2. ① It is his parents and uncle that is in charge of his education.
   ② He was the very best scholar in the field of statistics.
   ③ I have no intention however of accepting my fate blindly.
   ④ The situation is simplicity itself and very easy.
   ⑤ It was difficult, if not possible, to get along with such a fellow.

3. ① Had he done as told, he will be promoted.
   ② He can speak French fluently, and so are his two daughters.
   ③ Happy the man is who is content with his lot.
   ④ Do take some more bread. You will get hungry soon.

4. I neve saw him again, _________ .
   ① nor I regret it ② nor did I regret ③ I did not regret it
   ④ nor regretted it ⑤ none of the above

5. 다음에 주어진 글의 밑불 친 부분의 용법과 같은 것은?
   Scientists are not different from other men. They are certainly no worse than other men. But they <u>do</u> differ from other men in one thing.
   ① You know that as well as I do. ② Do be quiet.
   ③ It won't do you harm to take another week's holiday.
   ④ A man doesn't care such a thing, but a woman does.

6. What is <u>it</u> that makes her happy? 밑줄 친 it의 용법과 같은 것은?
   ① Tell me who is it that has stolen my hat.
   ② We consider it wrong to cheat in the exam.
   ③ She is apt to take it easy in everything.
   ④ I took it that she would be there.
   ⑤ I took it for granted that he attained his purpose.

해답

1. ④; ①never shall I ②how→as ③did we arrive ⑤it 생략
2. ②; ①is→are ③however→whatever ④simplicity itself→very simple ⑤possible→impossible
3. ④; ①would have been ②are→can ③happy is the man
4. ②; Nor가 있어 도치됨.
5. ②; 강조 용법
6. ①; ①주어진 it은 강조용법; (it is 의문사) ②가주어; ③비인칭(상황); ④가목적어 ⑤가목적어

어법 문제 ⑤

◆ **Choose the one which is grammatically wrong**

1. We have a curious habit of thinking(①) that nature must(②) always(③) look like the pictures to we are accustomed(④).

2. The metaphors we use routinely(①) ar the means which by(②) we describe(③) our everyday experiences(④).

3. That rich woman offered(①) a reward(②) to who(③) should restore her lost(④) car.

4. Contrary to(①) the opinion of the members, the president should appoint whomever(②) he thinks can do(③) the job most adequately(④).

5. Sam had a louder voice as(①) the other speakers, but unfortunately the louder(②) his voice became, the less(③) attention he(④) got.

6. Although(①) the fossil record has numerous gaps, scientists are able to classify(②) groups of related(③) animals to show how the way(④) they evolved.

7. William the Conqueror built(①) the Tower of London to protect himself(②) from them(③) he had conquered(④).

해답

1. ④; 관계대명사 which가 생략되었다. 따라서 to는 be accustomed 다음에 두어야 한다.
2. ②; 선행사(means)와 밀접한 관계가 있는 전치사는 관계대명사 뒤로 갈 수 없다.
3. ③; who의 선행사가 없으므로 whoever여야 한다. to의 목적어는 whoever절 전체다.
4. ②; he thinks가 삽입구문이므로 can do의 주어이어야 하고 선행사를 포함해야 한다. whomever를 whoever로 고쳐야 한다.
5. ①; 선행사에 비교급이 있으므로 than이 와야 한다. as→than.
6. ④; 관계부사 how와 way는 같이 사용할 수 없으므로 how를 빼야한다.
7. ④; 일반 사람을 나타내는 경우(one, they those), 형용사절의 수식을 받으면 those다.

어법 문제 ⑥

❶ 밑줄 친 부분 중 어색한 부분이 있다면 그 부분은?
Everybody became (A) part of the war. The men and boys were fighting; the women and girls were (B) in the factories, making war materials or (C) while they were helping (D) with civil defence and fire fighting.
① 어색한 부분 없음 ② (A) ③ (B) ④ (C) ⑤ (D)

❷ 다음 글이 밑줄 친 부분 중 어법상 틀린 것은?
Abraham Lincoln ① showed his concern for everyday Americans ② while trying to lead his country through its greatest crisis. Lincoln devoted one day a week to reading mail from the people and ③ answer with notes on the back of the page. Not surprisingly, many letters ④ were written to seek jobs or other favors. The presidents often ⑤ tried to help these ordinary people even though they were strangers to power and influence.

❸ 밑줄 친 부분 중 어색한 부분이 있다면 그 부분은?
In order make their dream (A) come true. Mike and Amy decided (B) not to waste money. By living temporarily with Mike's parents and (C) drastically cut their leisure expenses, they hoped (D) to save enough money to buy a modest house in two years.
① 틀린 부분 없음 ② (A) ③ (B) ④ (C) ⑤ (D)

❹ 밑줄 친 부분 중 어법상 틀린 것은?
He looked up and saw, on the bridge over his head, and overturned truck. the truck ⓐ had smashed into another truck. The accident was so bad that all of the money the truck ⓑ was carrying spilled into the road. the wind was blowing hard, so the bills were floating all over. He saw people ⓒ running from everywhere. They were shouting to each other ⓓ to hurry up. They were gathering money and ⓔ to put it in purses and bags. He had never seen people working so quickly.
① ⓐ ② ⓑ ③ ⓒ ④ ⓓ ⑤ ⓔ

❺ 다음 글에서 밑줄 친 부분 중 어법상 틀린 것은?
The pace of my life ① has been too fast since I came to America. I have been running after the "American dream" ② for too long. And it doesn't bring about happiness, peace, or ③ any kind of success. Now I am actually looking forward ④ to spending some quiet nights by myself. I just want to read some novels, take a walk, or ⑤ doing anything that I want.

해답
❶ ④; 병렬구문(or) 문제; making~ 과 같은 helping이 되어야 한다. **while they were** 생략.
❷ ③; 병렬구문(and) 문제; devote ~to reading; devote to **answering**
❸ ④; 병렬구문(and) 문제; by living ~; **by cutting drastically**
❹ ②; 병렬구문(and) 문제; gathering ~; putting ~; to put을 putting으로 고쳐야 한다.
❺ ⑤; 병렬구문(or) 문제; to read ~; to take ~; to do; 따라서 doing을 to do로 고친다.

영작 문제

❶ Put the following into English.
1. 아무리 열심히 공부해도 일 년 안에 영어를 마스터 할 수 없다.
2. 생명으로 이르는 문은 넓고 길은 좁다.
3. 여기서 당신을 만나게 되리라는 것은 꿈에도 생각 못했다.
4. 비가 억수같이 쏟아졌다.
5. 날이 새고 나서야 비로소 나는 잠이 들었다.
6. 어제보다 오늘이 훨씬 춥다.
7. 나는 사직할 마음이 전혀 없다.
8. 아무리해도 그의 이름이 기억나지 않는다.
9. 로마에서는 로마인들이 하는 대로 하라.
10. 오늘은 이만.

❷ Put the following into English.
11. 물은 섭씨영도엣 얼고 섭씨 100도에서 증기로 바뀐다.
12. 그는 실패자인 나에게 많은 친절한 행위를 베풀어 주었다.
13. 덕은 있으나 부유하지 않은 사람은 존경받을 만하다.
14. 인간은 자기 운명의 주인이지 하인이 아니다.
15. 그는 어둡기 전에 목적지에 도달하겠다는 생각을 단념했다.
16. 그녀의 아들이 살해되었다는 소식은 그녀에게는 엄청난 충격이었다.
17. 진정한 위대함은 지위나 권력과 관계가 있다손 치더라도 거의 관계가 없다.
18. 프랑스인은 대체로 검소한 국민이다.
19. 학식이 있는 사람이라고 해서 지혜 있는 사람보다 반드시 더 나은 것은 아니다.
20. 그는 그가 집에 없다고 믿지만 가보겠다.

해답

❶
1. Study hard as you may, you can't master English in a year.
2. Wide is the gate, and narrow is the way which leads to life.
3. Little did I dream that I come to meet you here.
4. Down came the rain in torrents. It rained cats and dogs.
5. I didn't fall asleep until day broke. Not until day broke did I fall asleep.
6. It is much colder today than it was yesterday.
7. I have no intention whatever of resigning.
8. I cannot, for the life of me, recollect his name.
9. When in Rome, do as the Romans do.
10. So much for today.

❷
11. Water *turns* into ice at 0℃, and into steam at 100℃.
12. He has done me, a failure many kindnesses.
13. *A man,* of virtue and not of wealth, deserves our respect.
14. Man is the master, and not servant *of his destiny.*
15. He gave up the idea of getting to his destination before dark.
16. The news that her son had been killed was a great shock to her.
17. True greatness has little, if anything, to do with rank or power.
18. The French are, on the whole, a thrifty people.
19. A man of learning is not always better than a man of wisdom.
20. I don't believe he is not at home, but I will go and see.

14장 동사

1 1형식 : S +V ① S +V
② S +V + 부사[부사구; 부사절]

2 2형식① : S +V +C S=C, C=명사 상당어
2형식② : S +V +C S≠C, C=형용사 상당어

3 3형식 : S +V +O ① O가 명사 상당어
② V가 타동사구 형태

4 4형식 : S +V +O +O ① S +V +IO +DO
② S +V +DO +DO

5 5형식 : S +V +O +OC ① OC가 명사 상당어
② OC가 형용사 상당어

6 타동사와 전치사

7 동사의 활용

8 주의할 동사의 활용

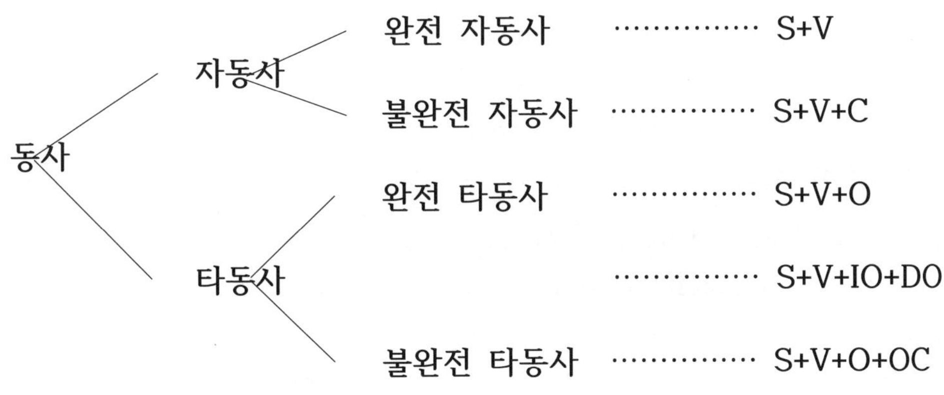

1 1형식 : S+V

❶ S+V

Man **proposes**, God **disposes**.

The moon **waxes** and **wanes**.

I **think**; therefore I **am**.

The king **reigns** but does not **rule**.

❷ S+V+부사

Farming does not **pay** nowadays.

This wood does not **saw** well.

This cloth does not **dye** well.

The matter does not **matter** very much.

❸ S+V+부사구

The game **ended** in a draw three to three.

This book **sells** like hot cakes.

Stars **twinkle** in the dark sky

Honesty will **tell** in the end.

Government, of the people, by the people, for the people shall not **perish** from the earth.

❹ S+V+부사절

Any book **will do** so long as it is interesting.

Men **differ** from brutes in that they can think and speak.

We **go** to the beach when it is hot.

Where there is a will, there **is** a way.

❺ 주의해야 할 자동사 : 타동사로 착각하기 쉬운 자동사

Milk does not **agree with** me. (become=suit)

You must not **complain of** your food. (=complain about)

He **graduated from** Harvard University.

I **objected to** her going to the mountain. (=oppose)

Proceed with your story. (=continue)

It is very difficult to **reason with** the man. (=persuade)

Time and tide **wait for** no man. (=await)

1 1형식 : S+V

▶부사, 부사구, 부사절은 형식의 구성요소가 안 된다. cf. 불변화 부사

❶ S+V

인간은 일을 계획하나 하느님은 성패를 가르신다.(속담)
propose ㊅제안하다; (축배)제의하다; 꾀하다; ㊆계획하다(to) ⓝproposal; proposition;
dispose ㊅배치하다; ~하게 하다; ㊆처분하다(of); 형세를 정하다 ⓝdisposal; disposition
달은 커졌다가 작아진다.
wax ㊆커지다; (해가)길어지다; (달)차다; ㊔(달)참; 번성; on the wax; ㊔밀랍; 왁스
wane (달)이지러지다; 작아지다; 끝이 가까워지다; ㊔쇠퇴; 감퇴; on the wane;
나는 생각한다. 고로 나는 존재한다. am=exist(존재하다). Cogito ergo sum.
왕은 군림하나 지배하지는 않는다. reign ㊔치세; 통치; 지배; ㊐군림하다, 지배하다(over)

❷ S+V+부사

오늘날 농사는 수지가 안 맞다. farming ㊔농업 ㊒농업의; farm ㊐경작하다(cultivate)
pay ㊆수지맞다, 이익이 되다 ㊅(빚)갚다, (대금)지불하다; pay-paid-paid; ⓝpayment
이 나무는 톱질이 잘 안 된다. wood ㊔나무, 목재(timber); (pl)숲(forest); ㊒나무의; 목재의
saw ㊔톱; ㊐톱질하다, 톱으로 켜다; saw-sawed-sawn; ㊔속담(proverb), 격언
이 천은 염색이 잘 안 된다. cloth ㊔천; cloths 천의 종류; clothes옷; ⓥclothe 옷을 입히다
dye ㊔염료; 색깔; ㊐물들이다, 염색하다; ⓝdyeing 염색; 현재 분사형 dyeing;
그 문제는 그렇게 중요하지 않다. matter ㊔물질; 문제; 지장 ㊐중요하다; (상처)곪다

❸ S+V+부사구

그 게임은 3:3 무승부로 끝났다. draw 끌다; 접근하다; 그리다; ㊐(승부)비김(tie); 추첨
이 책은 불티나게 팔린다. sell like hot cakes 날개 돋친 듯이 팔리다
별들이 어두운 하늘에서 빛난다. twinkle ㊆반짝반짝 빛나다; ㊔반짝임; 섬광; 순간
결국은 정직이 말을 한다. tell ㊅말하다; 분간하다; ㊆효과가 있다;
국민의, 국민에 의한, 국민을 위한 정부는 이 지상에서 사라지지 않을 것이다.
*shall은 예언을 나타낸다. perish 멸망하다; 사라지다;

❹ S+V+부사절

어떤 책이라도 그것이 재미있기만 하면 무방하다.
will do 무방하다; 충분하다(be sufficient); so long as ~하기만 하면(if only);
인간은 생각하고 말할 수 있다는 점에서 동물과 다르다. *in that : ~점에서
날씨가 더울 때 우리들은 해변에 간다.
뜻이 있는 곳에 길이 있다. (精神一到 何事不成). will ㊔의지; 소원; 유언(서)

❺ 주의해야 할 자동사 *타동사로 착각하기 쉬운 자동사

▶abstain from 삼가다(refrain from); arrive at =get to=reach; add to=increase;
complain about[of] 불평하다; depend on 의존하다(rely on); laugh at 비웃다(deride);
major in 전공하다; hope for 바라다; listen to 듣다; look at 보다;
*We all **hope for** your success. **Listen to** me. **Look at** me.
*His illness **accounts for** his absence. *account for =explain 설명하다
*I **apologized to** her for stepping her foot. *apologize to 사죄하다
우유는 나한테 맞지 않다. cf. I don't agree with you.
너의 음식을 불평하지 마라. 그는 하버드대학을 졸업했다.
나는 그녀가 산에 가는 것을 반대한다. 네 이야기를 계속해라.
그 사람을 설득하는 것은 매우 어렵다. 세월은 사람을 기다려주지 않는다.

2 2형식 : S+V+C

❶ 보어(C)가 명사 및 그 상당어인 경우 : (S=C)

①명 The ugly frog became a handsome **prince**.
Laughter is the best **medicine**.

②대명사 **Who** is it? It's **me**, Mom.
Which is the shortcut to the station?

③부정사 Her only fault is **to talk too much**.
Her duty is **to take care of** the wounded soldier.

④동명사 Commerce is **buying and selling, or exchanging** goods.
My hobby is **collecting** old coins and rare stamps.

⑤명사절 The trouble is **that I don't know her address.**
The truth is **that he is not fit for the position.**

❷ 보어(C)가 형용사 및 그 상당어인 경우 S≠C

1. 상태 동사와 결합 : *be 동사류

①Be 동사 All men **are** equal before the law.
Man **is** mortal. =Man is subject to death.

②오감 동사 You **look** young for your age.
This story may **sound** strange, but it is true.
This rose **smells** fragrant.
Good medicines **taste** bitter to the mouth.
This cloth **feels** rough.

③인상 동사 This apple **appears** to be rotten inside.
He **seems** to be content with the result.

④계속 동사 I hope it will **continue** fine tomorrow.
This contract **holds** good for 10 years.
He **kept** silent to the last during the meeting.
The beggar **lay** dead on the street.
The house **remained** empty for a long time.

2 2형식 : S+V+C

❶ 보어(C)가 명사 및 그 상당어인 경우 : *S=C

①명 사　그 못생긴 개구리는 잘 생긴 왕자가 되었다.
　frog개구리; tadpole올챙이; toad두꺼비; hyla청개구리; a small round frog
　웃음은 제일 좋은 약이다. laughter 웃음; medicine 약; take ~ 약을 먹다
②대명사　누구세요: 접니다, 엄마. *it은 사람을 확인(identify people)할 때 사용한다.
　역으로 가는 지름길은 어느 것인가? short cut 지름길; cf. detour 우회로;
③부정사　그녀의 유일한 결점은 말을 너무 많이 하는 것이다. fault 잘못; 결점; 책임;
　그녀의 의무는 부상당한 군인을 돌보는 것이다.
④동명사　상업은 재화를 사고팔고 교환하는 것이다. commerce 상업; 교섭;
　나의 취미는 옛날 동전과 희귀한 우표를 모으는 것이다. rare 드문; 진귀한
⑤명사절　문제는 내가 그녀의 주소를 모르는 것이다.
　사실은 그가 그 직책에 맞지 않다는 것이다. fit 알맞은, 적당한; 건강이 좋은

❷ C가 형용사 및 그 상당어인 경우 *S≠C

1. 상태 동사와 결합 : be 동사 유형

①be V :
모든 인간은 법 앞에 평등하다.
인간은 죽을 수밖에 없는 운명이다. be subject to 지배를 받는; ~해야 하는
②오감 V :
*시각(look), 청각(sound), 후각(smell), 미각(taste), 촉각(feel) 등을 말한다.
너는 네 나이에 비해 젊어 보인다. for/considering one's age 나이에 비해
이 이야기는 이상하게 들릴지 모르지만 사실이다.
이 장미는 향기로운 냄새가 난다. fragrant 향기로운; ⓝfragrance 향기
좋은 약은 입에 쓰다. bitter [bítər] (맛)쓴;　이 천은 촉감이 거칠다.

▶ⓐ오감동사가 형용사를 보어로 취할 때는 그 앞에 to be를 두지 않는다.
ⓑ오감동사 다음에 명사가 오면 그 앞에 like나 of를 둔다.
The earth looks like an orange.　This food smells of garlic.
ⓒ오감동사가 타동사로 사용되기도 한다. The 'h' of hour is not sounded.

③인상V : *appear, seem을 말하는데 이들 동사 다음에 오는 to be는 생략할 수 있다.
이 사과는 안이 썩은 것 같다.　rotten [rátn] 썩은(stale);　rot ㊔썩음; ㊍썩다
그는 그 결과에 만족하고 있는 것 같다. content ~에 만족하는(with)

④계속V : *hold keep lie remain
나는 날씨가 내일도 계속해서 맑기를 바란다. continue 연속하다; 계속 ~하다
이 계약은 10년간 유효하다.　hold good/true (계약서, 차표)유효한
그는 회의 동안 끝까지 침묵을 지켰다.　to/till the last 끝까지; 죽기까지
그 거지는 거리에서 죽어 있었다.　lie-lay-lain (어떤 상태로)있다.
그 집은 오랫동안 빈 채로 남아 있었다.　empty ㊊텅 빈; ㊍비우다

2. 동작 동사와 결합 : *become 동사류

①**판명 동사** The wound **proved** to be fatal.
The rumor **turned out** to be false in the long run.

②**변화 동사** Your dream will **come** true some day. (=be realized)
He **fell** asleep with the radio on.
Take the tea before it **gets** cold.
Eggs soon **go** stale in hot weather.
She **went** mad at the news of her husband's death.
Man **grows** wise with age.
The well has **run** dry on account of a long drought.
She **turned** pale at the miserable sight.

③형용사구 This book is not **for sale**.
This lunch is **on me**.
This music is not **to my taste.**

④부정사 He is **to make** a speech on the radio tonight.
Not a soul **was to be seen** on the street.

⑤분사 He stood **leaning** against the wall.
He returned home **contented** with my present.

⑥부사 School is **over**.
The radio is **off.**
What's **on** at the theater this evening?

❸ 유사 보어

①형용사 She married **young** and died **poor**.
The poetess lived **single** all her life.

②분 사 He lay on the grass **enjoying** the sunshine.
The old man sat **surrounded** by his children.

③명 사 They met **enemies** and parted **friends**.
He lived **a saint** and died **a martyr**.

2. 동작 동사와 결합 : *become 동사 유형

①판명V : *prove; turn out;
상처는 치명적임이 판명되었다. wound 부상, 상처; fatal 치명적인 ⓝfatality
그 소은 결국 거짓임이 판명되었다. in the long run =in the end =finally 결국

②변화V : *come fall get go grow run turn
*come 너의 꿈은 언젠가는 실현될 것이다. come right 좋아지다;
*fall 그는 라디오를 켜 놓은 채 잠들었다. *fall은 asleep ill sick due의 원급과 쓰인다.
with radio on/off 라디오를 켜/꺼놓은 채로; with shoes on 신을 신은 채로;
*get 차가 식기 전에 차를 마시세요. *get은 진행형에 흔히 사용된다.
It is getting darker and darker.
*go 계란은 더운 날씨에는 곧 상한다. *go는 변화가 영구적이거나 원상으로 돌아오기 어려운 경우에 사용된다(go is also used with adjectives in many cases where people or things change for the worse, especially when the change is permanent or difficult to return. *stale [steil] 상한, ~ bread; 진부한, ~ jokes
*grow 사람은 나이가 들어감에 따라 현명해진다. *grow는 형용사, 분사와 사용된다.
*run 그 우물은 오랜 가뭄 때문에 말라버렸다. *run은 dry low short wild 등과 사용된다.
*turn 그녀는 그 광경을 보고 창백해졌다. pale 창백한 ⓝpallor 창백함(paleness)

③형용사구 :
이 책은 비매품이다. sale 판매; 특매; for/on sale (팔려고) 내놓은;
이 점심은 내가 부담한다. on the house (비용)회사/가게 부담으로; 무료로

④부정사 :
그는 오늘 밤 라디오로 연설을 할 예정이다. on/over the radio 라디오로
거리에는 한 사람도 볼 수가 없었다. a soul 사람
부정사의 형용사적 용법 중에서 서술적 용법을 참조하기 바랍니다.

⑤분사 : *주어와 분사와의 관계가 능동관계면 현재분사, 수동관계면 과거분사를 쓴다.
그는 벽에 기대어 서 있다. lean ⓢ기대하다; 의지하다; ⓗ야윈(thin)
그는 내 선물에 만족해서 집에 돌아갔다. content

⑥불변화 부사 : *동사하고만 결합하는 부사
ⓐ불변화 부사로만 사용 : away back backwards downwards forwards
ⓑ전치사로 사용 : about above along below down in off on over up
수업은 끝났다. be over =end
라디오는 꺼져 있다.
오늘 저녁 극장에는 무엇이 상연되나?

❸ 유사 보어 : *완전자동사이어서 보어가 필요 없지만 그 뒤에 형용사, 분사, 명사 등이 와서 보어가 되는 경우를 말한다.

①형용사 : 그녀는 젊어서 결혼했고 가난하게 죽었다.
*She was young when she married and poor when she died.
그 여류시인은 일생동안 독신으로 살았다.
*all one's life 평생 동안; single 독신의(≠married)
poetess 여류시인; poet 시인; poem (한 편의)시; poetry 시(집합적)

②분 사 : 그는 햇볕을 쬐이며 잔디밭에 누워 있었다. lie-lay-lain 눕다
그 노인은 그의 자녀에 둘러싸여 앉아 있었다.
*주어(The old man)와 보어(surrounded)와의 관계가 수동관계이다.

③명 사 : 그들은 적으로 만나서 친구로 헤어졌다. part 분할하다; 갈라지다; 헤어지다
=They met as enemies and parted as friends.
그는 성인(聖人)으로 살다가 순교자로 죽었다.
saint 성인; cf. adult; martyr ⓜ순교자; ⓢ박해하다;

3 3형식 : S+V+O

❶ 목적어의 형태

①명사 The early bird catches the **worm.**
Supply creates its own **demand**.
②대명사 May I trouble **you** for a match?
③부정사 I want **to book** a table for five at 7:00 this evening.
④동명사 Would you mind **opening** the window for a minute?
⑤명사절 I think **that he is a youth of promise.**

▶동족목적어
The patient **laughed** a hearty **laugh**. =The patient laughed heartily.
The girl **smile**d an innocent **smile**. =The girl smiled innocently.
He **slept** a sound **sleep** last night. =He slept soundly last night.
The beggar **died** a miserable **death**. =The beggar died miserably.
He **lived** a happy **life.** =He lived happily.

❷ 타동사의 형태

①자전 She **laughed at** the shy boy.
She **takes after** her mother in many respects.
②자부전 We should **look up to** our parents.
I couldn't **put up with** his rude manners.
③타명전 She **took care of** the orphan.
I **took advantage of** the opportunity.
④타부 The school **called off** the picnic on account of the rain.
Don't **put off** till tomorrow what you can do today.

❸ 자동사로 착각하기 쉬운 타동사

May I **accompany** you on your trip?
A beautiful girl **approached** me at the bus-stop.
The new tie does not **become** your shirts.
Water **comprises** hydrogen and oxygen.
We **discussed** the political problems for three hours.

3 3형식 : S+V+O

❶ 목적어의 형태 : *목적어가 될 수 있는 것은 명사 대명사 부정사 동명사 명사절 등이다.

①명사 : 일찍 일어나는 새가 벌레를 잡는다. (속담) worm 벌레
공급은 그 스스로의 수요를 창출한다.
②대명사 : 성냥 좀 빌려도 되겠습니까? trouble 수고, 고생; match 성냥; 시합; 호적수
③부정사 : 나는 오늘 저녁 5인용 식탁을 예약하고 싶습니다. book=reserve 예약하다
④동명사 : 잠시 동안 창문을 열어도 되겠습니까? mind 싫어하다, 반대하다(object to)
⑤명사절 : 나는 그가 장래가 촉망되는 젊은이라고 생각한다. a youth 젊은 사람
promise 약속; 장래성; ⓐpromissory 약속의; promising 유망한;

▶**동족목적어**(cognate object) : *동사와 그 목적어의 어원이 같은 것을 말한다.
그 환자는 기운차게 웃었다. hearty 마음으로부터의 a ~ welcome; 기운찬;
그 소녀는 천진난만한 웃음을 지었다. innocent 무죄의; 순진한
그는 어제 밤 충분한 잠을 잤다. sound ⓗ건전한; 확실한; 충분한
그 거지는 비참한 죽음을 했다. miserable 비참한 ⓝmisery 불행, 비참
그는 행복한 생활을 했다. He dreamed a strange dream. 그는 이상한 꿈을 꾸었다.

❷ 타동사의 형태 *자=자동사, 전=전치사, 부=부사, 타=타동사, 명=명사,

①자+전 : 그녀는 그 수줍은 소년을 비웃었다. laugh at =make fun of; scorn; ridicule
그는 여러 점에서 그녀의 어머니를 닮았다. take after = resemble
②자부전 : 부모를 존경해야 한다. look up to =respect ≠look down on (=despise)
나는 그의 무례한 태도를 참을 수가 없었다.
put up with(참다, 견디다) =bear, endure, stand, tolerate
③타명전 : 그녀는 그 고아를 돌보았다. take care of(돌보다) =look after; care for
orphan 고아; orphanage 고아원
나는 그 기회를 이용했다. take advantage of(이용하다) =utilize
opportunity 기회; take the ~ 기회를 이용하다;
④타부 : 그 학교는 소풍을 비 때문에 취소했다. call off(취소하다)=cancel
on account of =because of =on the ground of 때문에
오늘 할 수 있는 것을 내일가지 미루지 말라. put off(미루다)=postpone

❸ 자동사로 착각하기 쉬운 타동사 : *우리말식으로 하면 자동사로 생각되는 동사

▶accompany(~와 동행하다); access(~에 접근하다); address(~에게 말을 걸다); answer(~에 대답을 하다); approach(~에 접근하다); attend(참석하다) await(기다리다); become(어울리다=suit; match); comprise(~로 구성되어있다); contact(~와 연락을 취하다); discuss(~에 관하여 토의하다); enter(~에 들어가다); excel(~보다 낫다); greet(~에 인사하다); inhabit(~에 살다); join(~에 가입하다); marry(~와 결혼하다); mention(~에 관하여 언급하다); obey(~에 복종하다); outlive(~보다 더 오래 살다); reach(~에 도착하다); suit(~에 어울리다); survive(살아남다);
당신의 여행 때 당신과 동행해도 되겠습니까? =go with
버스 정류소에서 예쁜 소녀가 나에게 다가 왔다. =go nearer to
그 새 넥타이는 너의 셔츠와 어울리지 않는다. =match=suit=go well with =look nice on
물은 수소와 산소로 이루어져 있다. =consist of =be composed of;
우리는 정치적인 문제에 관하여 세 시간 동안 토의했다. =talk over
You should obey the rules and regulations. 규칙과 규정을 지켜야 한다.
His wife outlived her husband by 5 years. outlive=live longer
그의 아내는 남편보다 5년 더 살았다.
He <u>entered into</u> negotiations with her. enter into (협상, 대화, 교신)시작하다
그는 그녀와 협상을 시작했다.
Will you join us for a game? join =take part in; to come together with;
우리와 같이 게임을 할래?

4 4형식 : S+V+IO+DO

❶ S+V+IO+DO : S+V+DO+**전치사**+IO

①to I **owe** John 10,000 dollars.
Will you **pass** me the salt?
I **wish** you a Merry Christmas!

②for She **bought** me a cellular phone.
Will you **do** me a favor?
She **made** me a handkerchief.

③of She **asked** me many questions.
May I **ask** you a favor?

④on He **played** me a scurvy trick.
Don't **serve** me a mean trick.

⑤against I **bear** him no malice.
Herodias **nursed** John a grudge.

▶ "S+V+DO+전치사+IO"가 되는 이유

①강조 He owes his **success** to his parents.
②대조 I bought a book **for my daughter**, a phone **for my son**.
③구문상 He told the news **to everybody in the village**.
④IO 사물 We must buy a new carpet **for this room**.
⑤DO생략 She gave (some money) largely **to the poor orphans**.

▶Give it to me. He told it to us.
Mother made it for us. What can I do for you?

❷ S+V+DO+DO :

The book **cost** me 10 dollars.
I **envy** you your fine garden.
He **grudges** me my **success**.
God will **forgive** us our sins.
I will **pardon** you your offence.
Computers **save** us much time and trouble.

4 4형식 : S+V+IO+DO

❶ S+V+IO+DO : S+V+DO+**전치사**+IO

*IO는 간접목적어로 대개 생명체이다. cf. He gave the door a hard kick.

*DO가 먼저 오고 IO가 뒤로 가는 경우는 그 IO 앞에 전치를 붙이는데 그 전치사는 문장의 동사에 따라 달라진다.

①**to를 붙이는 동사** : *bring give hand(건네주다) lend offer owe(빚지다) pass read sell send show serve tell sing teach throw write wish

나는 John에게 10,000 달러를 빚지고 있다.

나에게 소금 좀 전해 줄래? 즐거운 크리스마스가 되기를 바란다.

②**for를 붙이는 동사** : *buy build call choose cook do find get make order play

그는 나에게 휴대폰을 사주었다. 내 부탁 하나 들어 줄래?

그녀는 나에게 손수건을 만들어 주었다.

③**of를 붙이는 동사** : *ask

그녀는 나에게 많은 질문을 했다. 부탁을 하나 해도 될까요?

④**on을 붙이는 동사** : *play (어떤 행위를)하다(serve);

그는 나에게 야비한 짓을 했다. 나에게 비열한 짓을 하지 마라.

⑤**against**를 붙이는 경우 : *bear (악의를)품다(nurse; harbor);

나는 그에게 악의가 없다. Herodias는 John에게 원한을 품고 있었다.

▶"S+V+DO+전치사+IO"가 되는 이유

①강조를 나타내기 위하여 IO와 DO의 순서를 바꾸었다.

그의 성공은 부모 덕택이다. *Merry Christmas! The same **to you!**

②대조를 나타내기 위하여 daughter와 son을 대비, 대조시킴.

딸에게는 책을, 아들에게는 폰을 사 주었다.

③구문상 이유: 간접목적어가 너무 길기 때문에 IO가 뒤로 간다.

그는 마을에 있는 모든 사람들에게 그 소식을 전했다.

④IO가 사물인 경우에는 IO, DO 순서가 바꾸어진다.

그 방에 새로운 카펫을 들여 놓였다.

⑤DO가 생략된 경우는 IO, DO 순서가 바꾸어진다.

그녀는 약간의 돈을 주로 가난한 고아들에게 주었다.

▶두 개의 목적어가 모두 인칭대명사이고 동사가 bring buy fetch give hand pass send show teach tell 등은 특히 구어체에서 3형식으로 쓴다.

Give it to me. Show it to me. He told it to us.

cf. Mother made it for us. What can I do for you?

❷ S+V+DO+DO : *목적어 상호간에 서로 위치를 바꿀 수 없다.

*목적어가 두 개인 점에서는 4형식이나 그 목적어가 모두 대격(을/를)이고, 목적어 상호간에 서로 위치를 바꿀 수 없다. 두 개의 목적어 중에서 한 개의 목적어를 생략하면 3형식이 된다.

그 책은 나에게 10달러의 비용을 들게 했다. cost 비용이 들다;

나는 너의 멋진 정원을 부러워한다. envy 부러워하다;

그는 나의 성공을 부러워한다. grudge ~하기를 꺼려하다; 시기하다, 부러워하다

신은 우리의 죄를 용서하실 것이다. forgive 용서하다;

너의 잘못을 용서하겠다. pardon 용서하다;

컴퓨터는 우리들에게 많은 시간과 수고를 덜어주었다 save (수고, 노력)덜다;

*The park saves us the trouble of looking for parking lot(space).

5 5형식 : S+V+O+OC

❶ OC가 명사 및 그 상당어 : O=OC

1.명 사 We elected him **president**.
I have looked upon you as **an authority** on this subject.

2.대명사 I believe the guilty person to be **him.**
What do you call this flower in English?

3.동명사 I thought it **wasting** time to do such a thing.
You will find it dull **living** here all by yourself.

4.명사절 My mother made me **what I am.**
Leave the matter **as it is.**

❷ OC가 형용사 및 그 상당어 : O≠OC

1.형용사 I always drink my milk **tepid**.
Her beauty almost struck me **speechless.**

2.형용사구 I think the matter **of no importance**.
Water makes gunpowder **of no use.**

3. **부정사**

①to부정사 The officer commanded his men **to fire.**
The heavy rain caused the river **to overflow** the bank.

②원형부정사 An icy wind made me **tremble**.
I never heard him **speak** ill of others.

4. **분사**

①지각V I **saw** a wounded soldier **crossing** the bridge.
I **saw** a wounded soldier **carried** to the hospital.
I **felt** myself **lifted** into the air.

②사역V I could not **make** myself **understood** in English.
I **had** my shoes **shined** by the boy.
Could you please **have** a person **paged** for me?

③기타V

*I **found** him **dozing** over the work. I **found** the jewel **stolen.**

*She **kept** me **waiting** outside. I'll **keep** my fingers **crossed** for you.

*Don't **leave** the baby **crying**. We left no stones **unturned**.

5 5형식 : S+V+O+OC

❶ OC가 명사 및 그 상당어 : O=OC *목적보어는 목적격이나.

1.명사 : 우리는 그를 대통령으로 뽑았다. elect 선거하다, 뽑다; ⓝelection
나는 너를 이 주제에 관해서는 권위자로 생각해 왔다. an authority 권위자
2.대명사 : 나는 죄가 있는 사람은 그녀라고 믿는다. guilty 유죄의 ≠innocent; ⓝguilt
이 꽃을 영어로 무엇이라고 하느냐? *what은 목적보어다.
3.동명사 : 나는 그와 같은 것을 하는 것을 시간을 낭비하는 것이라고 생각했다.
너는 혼자서 사는 것이 따분하다는 것을 알게 될 것이다. *it은 가목적어
4.명사절 : 나의 어머니는 나를 현재의 나로 만들었다. *what+s+be동사 : 인물, 인격, 상태
그 문제를 그대로 두어라. *as it is 있는 그대로

❷ OC가 형용사 및 그 상당어 : O≠OC *OC는 O의 성질이나 상태를 나타낸다.

① 형용사 : 나는 우유를 항상 미지근하게 하여 마신다. tepid 미지근한; ⓝtepidity 미온;
그녀의 아름다움은 나로 하여금 말이 안 나오게 했다.
② 형용사구 : 나는 그 문제가 중요하지 않다고 생각한다. of no importance =unimportant
물은 화약을 쓸모없게 만든다. of no use =useless 쓸모없는

❸ 부정사

① to부정사 : 장교는 그의 부하에게 발표하라고 명령했다. officer 장교; 경관;
command 명령하다; 지배하다; 내려다보다; fire 발사하다; 해고하다;
그 폭우는 강으로 하여금 둑을 넘쳐흐르게 했다. cause 일으키다; ~하게 하다;
② 원형부정사 : 차가운 바람이 나로 하여금 떨게 했다. tremble 와들와들 떨다 ⓝtrembling
나는 그가 남을 나쁘게 말하는 것을 들은 적이 없다.

❹ 분사

*목적어와 분사와의 관계가 능동관계면 현재분사, 수동관계면 과거분사를 사용한다.
①지각V : 나는 한 부상당한 군인이 다리를 건너가고 있는 것을 보았다.
cf. I **saw** a wounded soldier **cross** the bridge.
나는 한 부상당한 군인이 병원으로 옮겨지고 있는 것을 보았다.
우리들은 학생들 중의 두 명의 경찰에 의해 이송되고 있는 것을 보았다.
▶목적보어가 **현재분사**이면 진행 중인 행위(an activity in progress)를, **부정사**이면 전행위(a whole activity from beginning to end)를 나타낸다.
②사역V : 나는 영어로 내 자신의 생각을 나타낼 수가 없었다.
나는 소년으로 하여금 내 구두를 닦게 하겠다.
I had the boy **shine** my shoes. =I had my shoes **shined** by the boy.
=I got the boy **to shine** my shoes. =I got my shoes **shined** by the boy.
사람 좀 불러 주시겠습니까? page (마이크 등으로)이름을 불러서 찾다
③기타V :
나는 그가 일하면서 졸고 있는 것을 알았다. 나는 그 보석이 도난당했다는 것을 알았다.
그녀는 나를 밖에서 계속 기다리게 했다. 나는 당신을 위해서 기도를 하겠습니다.
그 애를 계속 울도록 내버려 두지 마라. 나는 온갖 수단을 다해 보았다.
Can you **get** the car **going** again? I couldn't **get** my engine **started**.
I don't **like** you **behaving** like that. I don't **like** the radio **turned** off.
I don't **want** you **arriving** late. I **want** it **finished** by tomorrow.

▶OC에 과거분사를 사용할 수 없는 동사 : *catch meet send set start
▶목적어(O)와 목적보어(OC)간의 관계가 수동관계이면 다음 4가지로 된다.
①**O+pp** : 사역동사(make, have); 지각동사; find get keep leave
②**O+be pp** : let. You must on no account let strangers be let in.
③**O+to be pp** : 그 밖의 동사
④**O+pp 혹은 to be pp** : like order want; *He ordered it (to be) loaded into the taxi.

6 타동사와 전치사

❶ as

She regards me as a rival for her job.
I think of the golden bell as the herald of spring.

❷ for

①속성 They often take me for my brother.
She is often mistaken for her twin sister.
②이유 Thank you for your help.
The priest reproved people for not attending church services.

❸ from

①구별 She cannot know a swallow from a sparrow.
Can you tell flatterers from friends?
②단념 The heavy rain kept us from going for a walk.
What prevents you from coming earlier?

❹ into

He talked his father into lending him the car.
He persuaded her into [out of] going to the party.

❺ of

①분리 The thief robbed her of what little money she had.
This medicine will relieve you of your pain.
②통보 You should have informed me of your departure.
The way you talk reminds me of your dead mother.
③요구 He demanded an answer to the question of me.
He often requires too much money of me.

❻ on

①부과 They impose a heavy tax on a fat income.
The tax authorities levied a 10% VAT on consumer durables.
②관련 We congratulated his wife on his success
Don't waste your time on that nonsense.

❼ to

①explain류 She explained the urgent situation to me.
He confessed to me that he was in the wrong.
②ascribe류 He ascribed his success to good luck.
He attributed the disaster to his imprudence.

❽ with

They provide us with food, clothing and shelter.
He presented the old lady with a raincoat.
You had better entrust him with the work.

6 타동사와 전치사

❶ **as** : *acknowledge adopt describe recognize regard, think of, refer to,
그녀는 나를 그의 일자리에 대한 경쟁자로 여긴다. 나는 개나리를 봄의 전령사로 여긴다.
He always refers to his wife as 'my other half'.
그는 자기의 아내를 나의 다른 반쪽으로 여긴다.

❷ **for** :
①속성 : *take A for B : A를 B로 여기다; *mistake A for B : A를 B로 잘못 여기다.
그는 나를 나의 동생으로 여긴다. 그녀는 그녀의 쌍둥이 언니로 잘못 여겨진다.
②이유 : *scold rebuke reprove reproach; blame censure condemn criticize charge
도와주셔서 고맙습니다. 목사는 주일 예배에 참석하지 않은 사람들을 나무랐다.

❸ **from** :
①구별 : *tell know distinguish discern discriminate
그는 제비와 참새를 구별하지 못한다. 아침 자와 친구를 구별할 수 있니?
②단념 : *keep stop prevent hinder prohibit inhibit deter discourage dissuade restrain

❹ **into ≠out of** : *into는 하게 하는 것이고, out of는 하지 못하게 하는 것을 나타낸다.
그는 아버지를 설득시켜 자기에게 차를 빌려주게 했다.
그는 그녀를 설득시켜 파티에 가게 [가지 못하게] 했다.

❺ **of** :
①분리 : *break clear cure deprive divest denude ease empty heal rob rid relieve strip
그 도둑은 그녀에게서 그녀가 가지고 있는 얼마 안 되지만 모든 돈을 빼앗았다.
이 약은 너에게서 너의 고통을 경감시켜 줄 것이다.
The scenery deprived me of my speech. 그 경치는 나에게서 말을 빼앗았다.
He tried to break his child of bad habit to tell a lie.
②통보 : *accuse advise convince inform notify persuade remind satisfy tell warn
너는 나에게 너의 출발을 알려 주었어야 했는데.
네가 말하는 방식은 나에게 너의 돌아가신 어머님을 생각나게 한다.
③요구 : *beg demand inquire require request *이 때의 of는 from의 뜻이다
나에게서 그 문제에 대한 대답을 요구했다. 종종 나에게서 너무 많은 돈을 요구한다.

❻ **on** :
①부과 : *impose inflict levy confer avenge
당국은 고소득에 대하여 무거운 세금을 부과한다.
세무 당국은 내구 소비재에 대하여 10%의 부가가치세를 부과했다.
②관련 : *congratulate spend waste
우리는 그의 성공에 대하여 그의 아내에게 축하를 해주었다.
그런 보잘것없는 것에 시간을 낭비하지 마라.

❼ **to** : *수여동사로 착각하기 쉬운 동사.
①explain류 : *explain announce발표하다 introduce say propose suggest
*She introduced herself to me. He said it to me.
그는 나에게 긴급한 상황을 설명했다. 그녀는 나에게 그녀의 여동생을 소개해 주었다.
②ascribe류 : *ascribe attribute impute refer
그는 그의 성공을 행운의 탓으로 돌렸다. 그는 그 재난을 나의 부주의 탓으로 돌렸다.

❽ **with** : *제공동사+A with B : A에게 B를 제공하다. *제공동사+B+to A; cf. provide
*furnish endow equip help provide serve supply present trust
그들은 나에게 의식주를 제공한다. 그는 그 부인에게 우의를 제공했다.
너는 그에게 그 돈을 맡기는 게 낫겠다.
*help(음식)권하다; treat(음식)대접하다; 제공의 뜻이 있는 동사지만 with를 쓰지 않는다.
Please **help** yourself **to** the cake. He **treated** his friends **to** lunch.
*bestow [confer] A on B; impart A to B는 한 가지 형태만 가능하다.

7 동사의 활용

❶ 규칙적 활용

1. -ed를 붙인다.
   call called; calling; abandon flow; talk work; end want;
2. 어미가 -e로 끝나면 d만 붙인다.
   ①like liked; liking; declare hope prepare welcome
   ②die died; dying; lie tie vie
   ③dye dyed; dyeing; argue challenge hoe issue shoe singe
3. 어미가 '자음+y'로 끝나면 y를 i로 고친 후 -ed를 붙인다.
   try tried; trying; carry cry dry fry copy satisfy study;
4. 1음절 단어로 '단모음+단자음'으로 끝나면 끝의 자음자를 더 쓴 후에 -ed를 붙인다.
   beg begged; begging; drop knit plan quit stop
5. 2음절 단어로 2음절에 강세가 있고 '단모음+단자음'으로 끝나면 마지막 자음자를 더 쓴 뒤에 -ed를 붙인다.
   omit omitted; omitting; admit compel control occur confer prefer
6. 어미가 -c로 끝나면 k를 하나 더 쓰고 -ed를 붙인다.
   mimic mimicked; mimicking; frolic havoc panic picnic traffic

❷ 불규칙적 활용

1. A A A 형
   beat bid burst cast hurt let read set shed shut split spread thrust
2. A B B 형
   bend bent; bind bound; bleed bled; cling clung; creep crept;
   deal dealt; feed fed; flee fled; grind ground; lead led; mean meant;
   seek sought; shoot shot; slide slid; stick stuck; sting stung;
   strike truck; sweep swept; swing swung; weep wept;
3. A B C 형
   bite bit bitten; forsake forsook forsaken; freeze froze frozen;
   hide hid hidden; shake shook shaken; sink sank sunk;
   shrink shrank shrunk; slay slew slain; swear swore sworn;
   tear tore torn; tread trod trodden; weave wove woven;

7 동사의 활용

❶ 규칙적 활용

1. -ed, -ing를 붙인다.
call called; calling; abandon(단념하다) flow toil(열심히 일하다); develop(발전하다) talk work; end, want;
2. 어미가 -e로 끝나면 -d만 붙인다.
①like liked; liking; declare(선언하다) hope prepare(준비하다) welcome
②-ie로 끝나면 ie를 y로 고치고 ing를 붙이는 경우; lie tie(매다) vie(경쟁하다)
③-e로 끝나면 e를 떼지 않고 -ing를 붙이는 경우.
cf. ing를 붙일 때 e를 빼도 되고 빼지 않아도 되는 경우 : age tinge(물들이다)
3. 어미가 '자음+y'로 끝나면 y를 i로 고친 후 -ed를 붙인다.
try tried; trying; carry cry dry fry copy satisfy(충족시키다) study;
cf. 모음+y로 끝나면 그대로 ed, ing을 붙인다. delay play relay
4. 1음절 단어로 단모음+단자음으로 끝나면 끝의 자음자를 더 쓴 후에 -ed를 붙인다.
beg begged; begging; drop knit(뜨개질하다) plan quit(그만두다) stop
5. 2음절 단어로 2음절에 강세가 있으면 마지막 자음자를 더 쓴 뒤에 -ed를 붙인다.
admit(인정하다) emit(방출하다) permit(허락하다) remit(송금하다) submit(복종하다); attack(공격하다) compel(억지로 ~하다) impel(재촉하다) repel(격퇴하다); control patrol(순찰하다) occur(일어나다) recur(반복하다) confer(수여하다) defer(연기하다) infer(추론하다) inter(매장하다) prefer(~을 더 좋아하다)
cf. ①2음절 단어로 2음절에 강세가 있지만 이중 자음이면 -ed를 붙인다.
ascend(오르다) descend(내려가다) command(명령하다) demand(요구하다) attend(참석하다) contend(~와 다투다) intend(의도하다) pretend(~인체하다)
②2음절 단어라도 1음절에 강세가 있으면 규칙적 변화를 한다.
alter(변경하다) enter limit(제한하다) offer(제의하다) visit
6. 어미가 -c로 끝나면 k를 하나 더 쓰고 -ed를 붙인다.
mimic(모방하다) mimicked; mimicking; frolic(들떠서 떠들다) havoc(파괴하다) panic(공황을 일으키다) picnic(소풍가다) traffic(거래하다)

❷ 불규칙적 활용

1. **A A A 형** : *현재, 과거, 과거분사가 모두 같은 경우.
①beat 때리다; bid 명령하다; burst 파열하다; cast 던지다; hurt 다치다; let 세놓다; read; set 두다; shed 흘리다; shut; split 쪼개다; spread 퍼뜨리다; thrust 찌르다
②규칙동사로도 쓰이는 동사 : bid beat bet knit quit rid spit sweat wed wet
2. **A B B 형** : *과거, 과거분사가 모두 같은 경우.
①bend bent 구부리다; bind bound 묶다; bleed bled 피를 흘리다; cling clung 매달다; creep crept 기다; deal dealt 다루다; feed fed 먹이를 주다; flee fled 도망가다; grind ground 갈다; lead led 인도하다; mean meant 의미하다; seek sought 추구하다; shoot shot 쏘다; slide slid 미끄러지다; stick stuck 붙이다; sting stung 쏘다; strike struck 때리다; sweep swept 청소하다; swing swung 흔들다; weep wept 울다;
②규칙동사로도 쓰이는 동사 : burn dwell kneel lean leap smell speed spell spill spoil
3. **A B C 형** : *현재, 과거, 과거분사가 모두 다른 경우.
①bite bit bitten 물다; forsake forsook forsaken 버리다; freeze froze frozen 얼다; hide hid hidden 감추다; shake shook shaken 흔들다; sink sank sunk 가라앉다; shrink shrank shrunk 오그라들다; slay slew slain 살해하다; swear swore sworn 맹세하다; tear tore torn 찢다; tread trod trodden 밟다; weave wove woven 짜다;
②규칙동사로도 쓰이는 동사 : hew(도끼로 자르다) mow(풀을 베다) shear(가위로 자르다) shrive(참회하다) stride(활보하다) strew(모래를 흩뿌리다) swell(부풀다)

8 주의할 동사의 활용

①**arise** The accident arose from his carelessness.
arouse He was aroused from his nap by the doorbell.
The plight of the refugees arouses our compassion.
②**awake** She awoke from a deep sleep.
awaken I was awakened by the sound of church bell.
③**bear** He was born in Seoul in 1952.
bear This tree has borne fine apples.
④**bid** Someone bid 10 dollars for the book.
bid Do as you are bidden.
⑤**bind** The prison officer bound the prisoner with a rope.
bound His heart bounded with joy.
Korea is bounded on three sides by the sea.

⑥**fall** She slipped and fell down.
fell He felled the man at a blow.
⑦**find** The missing child has not been found yet.
found This school was founded 5 years ago.
⑧**flow** Blood was flowing from his wound.
fly A bee flew in through the open window.
⑨**grind** Grind the egg shells to powder.
found Morals and ethics are grounded on religion.
⑩**hang** Hang your coat on the hook.
hang The judge sentenced him to be hanged

⑪**lie** He lied about his age to get the job.
lie He has lain on the floor watching television for an hour.
lay We laid wreaths at the war memorial.
⑫**saw** This wood does not saw well.
sew Would you sew this button on my shirts
sow As you sow, so you shall reap.
⑬**shine** Make hay while the sun shines.
shine I had my shoes shined by the boy.
⑭**strike** Strike the iron while it is hot.
stroke She stroked the dog's downy hair.
⑮**wind** He was quite winded by a long climb.
She wound the wool round the chair.
The Han river winds its way to the Yellow Sea.
wound The bullet wounded him in the shoulder.

8 주의할 동사의 활용

①**arise-arose-arisen** : *일어나다; 발생하다; 그 사건은 그의 부주의에서 생겼다.
arouse-aroused-aroused : *깨우다; 자극하다; (동정심)불러일으키다
그는 초인종 소리에 낮잠에서 깨였다. 난민들의 곤경은 우리의 동정심을 불러일으킨다.
cf. I'll rouse you at 6 o'clock. 깨우다;
The new law is bound to rouse a lot of opposition. 불러일으키다;
②**awake-awoke-awoken** : *(잠에서)깨다; 깨우다; 각성시키다; (호기심)불러일으키다
그녀는 깊은 잠에서 깨어났다.
awaken-awakened-awakened : *(잠에서)깨우다; (호기심)불러일으키다
나는 교회 종소리에 잠이 깨었다. Her story **awaken**ed our interest.
③**bear bore born** : *태어나다; 그는 1952년 서울에서 태어났다.
bear bore borne : *(열매)맺다; 견디다; 이 나무는 좋은 열매를 맺었다.
▶bear가 '태어나다'의 의미로 사용되더라도 수동구문에서 by가 따르거나 완료형으로 사용되면 과거분사는 borne를 쓴다.
He was borne by an American woman.
She has borne him three children.
④**bid bid bid** : *값을 매기다; 누군가가 그 책값으로 10달러를 매겼다.
bid bade bidden : *명령하다; 명령받은 대로 해라.
⑤**bind bound bound** : *묶다; 교도관은 밧줄로 그 죄수를 묶었다.
bound bounded bounded : *(심장)뛰다; 경계를 이루다
그의 가슴은 기쁨으로 뛰었다. 한국은 삼면이 바다로 둘러싸여있다.

⑥**fall fell fallen** : *넘어지다; 그녀는 미끄러져 넘어졌다.
fell felled felled : *넘어뜨리다; 그는 한 방에 그 사람을 넘어뜨렸다.
⑦**find found found** : *발견하다; 행방불명된 그 어린애는 아직까지 발견되지 않았다.
found founded founded : *설립하다; 이 학교는 5년 전에 세워졌다.
⑧**flow flowed flowed** : *흐르다; 피가 그의 상처에서 흐르고 있었다.
fly flew flown : *날다; 벌 한 마리가 열려진 창문으로 날아 들어왔다.
⑨**grind ground ground** : *(맷돌)갈다; 계란 껍질을 갈아서 가루로 만들어라.
ground grounded grounded : *근거를 두고 있다; 도덕과 윤리는 종교에 근거를 둔다.
⑩**hang hung hung** : *(옷)걸다; 너의 코드를 옷걸이에 걸어라.
hang hanged hanged : *목을 매달다; 판사는 그를 교수형에 처했다.

⑪**lie lied lied** : *거짓말하다; 그는 일자리를 얻기 위하여 나이에 관하여 거짓말을 했다.
lie lay lain : *눕다, 놓여있다; 그는 TV를 보면서 한 시간 동안 바닥에 누웠다.
⑫**saw sawed sawn** : *톱질하다; 이 나무는 톱질이 잘 안 된다.
sew sewed sewn : *꿰매다; 내 셔츠에 단추 좀 달아 주시겠습니까?
sow sowed sown : *(씨)뿌리다; 뿌린 대로 거두리다. reap 수확하다
⑬**shine shone shone** : *빛나다; 햇볕이 내리 쬘 때 건초를 만들어라.
shine shined shined : *(광을)내다; 나는 그 소년으로 하여금 내 구두를 닦게 했다.
⑭**strike struck struck** : *때리다; 쇠가 뜨거울 때 때려라.
stroke stroked stroked : *쓰다듬다; 그녀는 강아지의 부드러운 털을 쓰다듬었다.
⑮**wind winded winded** : *[wind] 숨차게 하다; 그는 오랜 등산으로 숨이 찼다.
wind wound wound : *[waind] (줄)감다; (강)꼬불꼬불 흘러가다
그녀는 의자 주위를 털실로 감았다.
한강은 꼬불꼬불 황해로 흘러간다.
wound wounded wounded : *[wu:nd] 상처를 입히다. 탄환은 그의 어깨에 상처를 입혔다.

어법 문제 ①

❶ 빈 칸에 들어갈 알맞은 단어를 보기에서 골라 적당한 형태로 쓰시오.
[pay follow matter read do hold]
1. This play ( ) better than it acts.
2. It does not ( ) that the wise are always good.
3. It ( ) to buy goods of high quality.
4. These shoes will not ( ) for winter.
5. It doesn't ( ) who will be elected.

❷ 빈 칸에 들어갈 알맞은 단어로서 주어진 철자로 시작하는 동사를 쓰시오.
1. This license (h) good for two years.
2. He was so tired that he (f) asleep at his desk.
3. The dog (f) a prey to a tiger.
4. We have (r) short of oil on the highway.
5. The prediction will (c) true in the end.
6. The wound he received (p) fatal.
7. Food is liable to (g) bad in hot weather.
8. These kinds of flowers (s) fragrant.
9. Good medicine tastes (g) to the mouth.
10. The well has (r) dry on account of long drought.

❸ 우리말의 뜻이 되도록 주어진 철자로 시작하는 알맞은 동사를 넣으시오.

1 열매를 맺다 (b) fruit
2 좌석을 예약하다 (r) a seat
3 불을 피우다 (b) a fire
4 의사의 진찰을 받다 (c) a doctor
5 커튼을 치다 (d) a curtain
6 팔짱을 끼다 (f) one's arms
7 일기를 적다 (k) a diary
8 숨을 죽이다 (h) one's breath
9 자전거를 타다 (r) a bicycle
10 위험을 무릅쓰다 (r) a risk
11 눈물을 흘리다 (s) tears
12 성냥을 긋다 (s) a match
13 불이 붙다 (c) fire
14 시험을 치르다 (t) an exam
15 주의하다 (p) attention to
16 역할을 하다 (p) a role in
17 날이 새다 day (b)
18 음모를 꾸미다 (l) a conspiracy
19 맹서하다 (t) an oath
20 요술을 부리다 (d) magic tricks

❹ 빈 칸에 들어갈 알맞은 단어를 써 넣으시오.
1. Will you ( ) me a favor?
2. Please don't play tricks ( ) your friends.
3. I owe my success ( ) you.
4. Smoking will do harm ( ) you.
5. The storm ( ) considerable damage to the crops.

해답
❶ 1.reads 2.follow 3.pays 4.do 5.matter
❷ 1.holds 2.fell 3.fell 4.run 5.come 6.proved 7.go 8.smell 9.good 10.run
❸ 1.bear 2.reserve[book] 3.build[make] 4.consult[see] 5.draw 6.fold 7.keep 8.hold 9.ride 10.run 11.shed 12.strike[light] 13.catch 14.take[sit for] 15.pay 16.play 17.breaks 18.lay 19.take 20.do
❹ 1.do 2.on 3.to 4.to 5.did

어법 문제 ②

❶ 다음 ( ) 안의 단어를 문맥에 알맞은 형태로 고쳐 쓰시오.
1. I heard my name (call) several times behind my back.
2. You had better keep your door (lock).
3. I couldn't make him (understand) what I wanted.
4. I could not make myself (hear) on account of noise.
5. I had my shoes (shine) by the boy.
6. I saw a wounded soldier (carry) to the hospital.
7. I wanted the work (finish) by tomorrow morning.
8. I'll keep my fingers (cross) for you.

❷ 적당한 단어를 넣으시오.
1. I congratulate you ( ) your promotion.
2. The doctor cured the patient ( ) his chronical indigestion.
3. Too much care often deprives us ( ) our appetite.
4. I merely came to inform you ( ) the fact.
5. You may trust him ( ) your money.
6. She told me ( ) his intention to resign.
7. Will you help me ( ) my bag?
8. He always asks me ( ) money.

❸ 주어진 단어를 적당한 형태로 고치시오.
1. The bird (lay) its eggs in other birds' nests at that time.
2. I (defer) making decision to a later day in the end.
3. AIDS is (spread) mainly by sexual contact.
4. She (split) the log in two with an ax.
5. I have (sew) a patch on blue jeans.
6. The dog was (lie) fast asleep by the fire.
7. They that (sow) in tears shall reap in joy.
8. This company was (find) two years ago.

❹ 주어진 단어를 문맥에 맞게 알맞은 형태로 바꾸어라.
1. The judge sentenced the culprit to be (hang) to death.
2. He had his shoes (shine) by the boy.
3. He got the boy (shine) his shoes.
4. I want this button (sew) on my new suit.
5. He was (bear) by an Indian woman.
6. He (fell) his opponent with a single blow.
7. Birds of a prey, such as the hawks, do not (lie) many eggs.
8. She (sew) a button on my shirt yesterday.

해답

❶ 1.called 2.locked 3.understood 4.heard 5.shined 6.carried 7.finished 8.crossed 9.paged
❷ 1.on 2.of 3.of 4.of 5.with 6.of 7.with 8.for
❸ 1.laid 2.deferred 3.spread 4.split 5.sewn 6.lying 7.sow 8.founded
❹ 1.hanged 2.shined 3.to shine 4.sewn 5.borne 6.felled 7.lay 8.sewed

어법 문제 ③

◆ 밑줄 친 곳에 알맞은 것은?

1. A : Will one hundred dollars be enough?
   B : Another twenty ________ .
   ① will cover ② will do ③ will fix ④ will fine ⑤ will efficient

2. A : How is the ice-cream? B : It tastes ________ .
   ① sweet ② sweetly ③ very sweetness
   ④ of sweetness ⑤ very sweetly

3. She _______ of severe pains in her arms and legs.
   ① remarks ② notices ③ grumbles ④ complains ⑤ complaints

4. He __________ Korean with a strong accent.
   ① talks ② said ③ tells ④ speaks ⑤ speaks to

5. He suggested _______ that I introduce __________ .
   ① me - them my wife ② me - my wife to them
   ③ to me - them my wife ④ to me - my wife to them
   ⑤ to me them my wife

6. I smell something _________ .
   ① to burn ② burning ③ being burned ④ burn ⑤ be burn

7. I like my meat ________ .
   ① good cooked ② well cooked ③ well cooking
   ④ good cooking ⑤ fine cooking

8. I had my shoes ___________ by the boy.
   ① shine ② to shine ③ shone ④ shined ⑤ to be shined

9. What are you doing with the babies? I want to stop the babies _____ .
   ① to cry ② cried ③ from crying ④ crying ⑤ cry

해답

1. ②; will do 무방하다, 충분하다(be enough).
2. ①; 오감 동사는 to 없는 형용사를 보어로 취한다.
3. ④; ~을 불평하다 complain of (about) ; grumble (about, at, for, over)
4. ④; '언어를 사용하다' 일 때는 speak를 사용한다. 3형식으로 사용된다.
5. ④; suggest, introduce는 항상 3형식으로만 사용된다.
6. ②; smell은 목적격 보어로 현재분사만 사용된다. 부정사는 사용되지 않는다.
7. ②; well, badly는 수동태 구문에서 과거분사 앞에 온다.
8. ④; 목적어와 목적보어와의 관계가 수동관계다. shine(광을 내다) -shined-shined
9. ③; stop (keep, prevent) from A ~ing A가 ~하지 못하게 하다.

어법 문제 ④

◆ Choose the sentence which is grammatically right.

1. ① We were surprised to find that she spoke so fluent.
   ② This engine ran well after it had been repaired.
   ③ He rankly admitted me his error.
   ④ Why don't you explain her your scheme?
   ⑤ She looks to be beautiful in a dress of that color.

2. ① She looks too lovely and charmingly to speak to.
   ② I told to Mr. Kennedy where she lives.
   ③ Strangely as it may sound, it is quite true.
   ④ Raise your hand higher so that he amy find you easily.
   ⑤ Never have I hoped her to resign her post.

3. ① Consult your dictionary as often as impossible.
   ② It was with difficulty that he mastered English.
   ③ To take too much coffee is not well for health.
   ④ Many a woman is liable to be vain and jealousy.
   ⑤ She outlived her husband for five years.

4. ① He will marry with her tomorrow.
   ② God bestowed many talents to her.
   ③ I explained to him we could not stay any longer.
   ④ This medicine will cure your cold of you.
   ⑤ He is well spoken by his classmates.

5. ① He suggested me change a few things in this contract.
   ② Why didn't we stop at last gas station? the last
   ③ Please tell me what you did my wallet?
   ④ Don't make a fool yourself at the party.
   ⑤ What time did you lie down for your nap this afternoon?

해답

1. ②; ①fluent→fluently ③his errors to me ④her your scheme→your scheme to her ⑤to be를 없앤다. 오감 동사는 to be 없는 형용사를 보어로 취한다.
2. ④; ①charmingly→charming ②told to에서 to를 없앤다. ③Strangely→Strange; sound의 보어로 형용사가 필요하다. ⑤hoped 이하를 절로 고친다. hoped that she will resign her post.
3. ②; ①impossible→possible ③well→good ④jealousy→jealous ⑤for→by
4. ③; ①with를 없앤다. ②to→on ④cure you of your cold ⑤spoken of by
5. ⑤; ①suggest는 동명사를 목적어로 취한다. me change→my changing ②last→the last ③did→did with ④make a fool of

어법 문제 ⑤

◆ **Choose the one which is grammatically wrong.**

1. The more(①) we are making advancements in(②) science, the more(③) we seem fear(④) and deny the reality of death.

2. Those(①) kind blue eyes, which(②) I could understand so well(③), looked at me appealing(④).

3. I returned the room(①) but its(②) appearance was changed since the days had shortened(③) and the weather had grown(④) cold.

4. The situation in(①) Cambodia looked so seriously(②) that it seemed as if the Third World War might break out(③) at any time(④).

5. Generally(①), the summers in Pennsylvania have(②) hot and(③) the winters are extremely(④) cold.

6. A Norway rat weight(①) about one pound, and its body is between(②) eight and(③) eighteen inches long(④).

7. There is no(①) sense in getting anger(②) with the political rival just(③) because they(④) disagree with you.

해답

1. ④; fear→to fear *seem to 부정사.
2. ④; 문맥상 부사어구가 와야 한다.
3. ①; the room→to the room *return은 자동사이므로 직접 목적어를 취할 수 없다.
4. ②; seriously→serious 오감 동사의 보어가 되어야 하므로 형용사가 와야 한다.
5. ②; have→are *hot이라는 형용사가 있으므로 그 앞에 be 동사가 와야 한다.
6. ①; weight→weighs *rat의 동사가 없다.
7. ②; get+형용사(angry).

어법 문제 ⑥

❶ (A) (B) (C)의 밑줄 친 것에서 어법에 맞는 표현을 골라 짝지은 것은?
Mom was an extraordinary clean person. After feeding my brother and me breakfast, she would scrub, mob, mop, and (A)dust/ to dust everything. As we grew older, Mom made sure we did our part by keeping our rooms (B)neat/neatly. Outside, she would tend a small flower garden, which was the envy of the neighborhood. With Mon, everything she touched turned/turning to gold. She didn't believe in doing anything halfway. She often told us that we always had to do our best in whatever we did.

	(A)	(B)	(C)
①	dust	neat	turned
②	dust	neat	turning
③	dust	neatly	turned
④	to dust	neat	turned
⑤	to dust	neatly	turning

❷ 다음 글에서 밑줄 친 부분 중 어법상 틀린 것은?
There was ① a great deal of excitement in town the other day. A horse got out of a farm and ② came into town. It walked across the school grounds and through several busy streets, and it ③ lay sown in the middle of Main Street. All traffic stopped, and quite a few people ④ tried to lead it away, but no one could move it. However, when a farmer ⑤ was appeared, it got up and followed him.

❸ 다음 글에서 밑줄 친 부분 중, 어법상 틀린 것은?
It ① used to be fashionable for women ② to have small waists. They often wore tight clothes around their middles ③ to make them thinner. A woman with a tight a very thin waist ④ was said to be "wasp-waisted" because her body ⑤ was looked like the body of a wasp. The wasp is an insect with a very thin middle.

해답

❶ ①; (A)조동사 would 다음에 본동사가 나열되고 있고 등위접속사 and가 있으므로 동사원형인 dust가 와야 한다. (B)'keep+목적어+형용사' 구문; (C)주어 everything의 동사가 되어야 하므로 turned.
❷ ⑤; appeared는 조동사이므로 수동태가 될 수 없다.
❸ ⑤; look like에서의 look은 자동사이다. 수동형이 될 수가 없다. look은 자동사로 직접 목적어를 취할 수 없으므로 like나 of가 따른다.

영작 문제

❶ Translate the following into English.
1. 나는 생각한다. 그러므로 나는 존재한다.
2. 이 책은 날개 돋친 듯이 팔린다.
3. 피는 물보다 진하다.
4. 이 책은 비매품이다.
5. 그는 너무 피곤해서 신을 신은 채 잠에 빠졌다.
6. 해가 있을 때 풀을 말려라. (기회를 놓치지 마라.)
7. 그녀는 웃으면서 다가와 나에게 다정하게 인사를 했다.
8. 그녀는 남편보다 5년 더 살았다.
9. 그 곳에 도착하면 나에게 몇 자 적어 보내라.
10. 그 공원은 우리에게 주차할 곳을 찾는 수고를 덜어주었다.

❷ Translate the following into English.
11. 나는 내 뜻을 영어로 이해시킬 수가 없었다.
12. 나는 소음 때문에 내 말을 들리게 할 수가 없었다.
13. 어머니는 나를 오늘날의 나로 만들었다.
14. 너는 아첨 자와 친구를 구별할 수 있느냐?
15. 그 도둑은 그녀가 가지고 있는 얼마 안 되는 모든 돈을 빼앗았다.
16. 그 의사는 그 환자는 곧 죽을 것이라고 몰래 나에게 말했다.
17. 나는 그가 돌아올 때까지 여기서 그를 기다리겠다.
18. 내 친구는 일 년 내내 7시에 일어난다고 말했다.
19. 그 학교는 10년 전에 설립되었다.
20. 이 단추를 내 바지에 달아주시겠습니까?

해답

❶
1. I think; therefore I am. (am=exist)
2. This book sells like hot cakes.
3. Blood is thicker than water.
4. This book si not for sale.
5. He was so tired that he fell asleep with his shoes one.
6. Make hay while the sun shines.
7. She approached me with a smile and greeted me in a friendly way.
8. She outlived her husband by 5 years.
9. Drop me a line as soon as you get there.
10. The park saved us the trouble of looking for a parking lot.

❷
11. I could not make myself understood/clear in English.
12. I could not make myself heard on account of noise.
13. Mother made me what I am.
14. Can you tell flatterers from friends?
15. The thief robbed her of what little money she had.
16. The doctor told me in private that the invalid would die soon.
17. I will wait for him here until he comes back.
18. My friend said that he (get) up at seven all the year round.
19. The school was founded ten years ago.
20. Would you sew this button on my trousers?

15장 조동사

1 중심(中心: central) 조동사

1. Can/Could
2. May/Might
3. Must
4. Shall/Should
5. Will/Would

2 한계(限界: marginal) 조동사

1. Dare
2. Need
3. Ought
4. Used

3 일차(一次: primary) 조동사

1. Be
2. Do
3. Have

4 준(準) : quasi) 조동사

1. Had better
2. Would rather

5 조동사+have+pp

1. **cannot** have pp
2. **may** have pp
3. **must** have pp
4. **should** have pp
5. **need not** have pp
6. **ought to** have pp
7. **had better** have pp
8. **would rather** have pp

1 중심조동사① : Can-Could

❶ 능력(ability)

①현재 Don't put off till tomorrow what you **can** do today.
I **cannot** make head or tail of it.

②과거 I **could** not understand the sentence for the life of me.
I **could** not make myself understood in English

③미래 I **will be able to** speak German in another few months.
One day people **will be able to** run a kilometer in two minutes.

❷ 가능성 (possibility)

①현재 This kind of accident **can** happen every now and then.
Can you save me a few moments?

②과거 I **could** run faster in those days.
It **could** rain later on this evening.
▶The child **cannot have broken** the vase on purpose.
Where in the world **can** she **have gone**?

③미래You **will be able to** go back home in a few days.
We **will be able to** travel to Mars in the near future.

❸ 허가 (permission)

①구하는 경우 **Could** I use your phone? Of course you can.

②하는 경우 You **can** use my car such as it is.

❹ 관용적 용법

①I **cannot help crying** at the miserable sight.

②She is **as** happy **as can be.** (=He is **as** happy **as anything.**)

③You **cannot** eat a cake **and** have it.
One **cannot** love **and** be wise.

④You **cannot** be **too** careful of your health.
We **cannot** praise him **too** much.
=We **cannot** praise him **enough.**
=We **cannot** praise him **to excess.**
=**It is impossible** for us **to praise** him too much.
=**It is impossible** for us **to overpraise** him.

1 중심조동사① : Can-Could

❶ 능력

①현재 : 오늘 할 수 있는 것을 내일로 미루지 마라.　나는 그것이 뭐가 뭔지 모르겠다.
make neither head nor tail of =not make head or tail of 무엇인지 전혀 알 수 없다.
②과거 : 나는 아무리해도 그 문장을 이해할 수가 없었다.
*not ~ for the life of me: 아무리해도 ~할 수 없다.
나는 내 자신의 생각을 영어로 이해시킬 수가 없었다.
*make oneself understood [clear] 자기의 말[생각]을 남에게 이해시키다.
③미래 : *can은 미래형이 없으므로 will be able to를 사용한다.
몇 달 지나면 독어를 말할 수 있을 것이다.
언젠가는 2분에 1km를 달릴 수 있을 것이다.
*one day는 과거 또는 미래의 '어느 날'의 뜻.
*some day는 미래의 '언젠가 닥칠' 날의 뜻.

▶**진행시제 대용** : *see hear feel smell taste는 지각동사 또는 감각동사의 의미로는 진행형을 사용할 수 없으므로 can을 사용하여 진행의 뜻을 나타낸다.
I **can smell** something burning.　뭔가 타는 냄새가 난다.
I **can feel** something crawling up my leg.　뭔가가 내 다리위로 기는 것을 느낀다.

❷ 가능성

①현재 : 이런 종류의 사건은 때때로 일어난다.
*every) now and then =(every) now and again 때때로, 가끔.
나에게 잠깐만 시간을 좀 내어 주시겠습니까?
save 구하다; (안전하게)지키다; 저축하다; 저장하다; (수고)덜다; (시간)할애하다
②과거 : 나는 그 당시에는 더 빨리 달릴 수 있었다. 오늘 저녁 늦게 비가 올지도 모른다.
▶can [cannot] have pp : 과거의 추측;　cannot have pp : 과거의 강한 부정적 추측
그 어린이가 고의로 그 꽃병을 깨뜨렸을 리가 없다.
*on purpose 고의로(purposely; by design; designedly; by intention; intentionally)
도대체 그녀는 어디에 갔었을까?
*의문사+in the world/the hell/ the deuce/the devil/on earth : 도대체
③미래 : 너는 며칠 지나면 집으로 돌아갈 수 있을 것이다.
우리는 가까운 장래에 화성에 여행할 수 있을 것이다.
*in the near future =in no distant future 가까운 장래에, 머지않아;

❸ 허가

①허가를 구하는 경우 : 당신 전화 좀 사용해도 되겠습니까?　물론입니다.
②허가를 하는 경우 : 변변치 못하지만 내 차를 사용해도 좋습니다.
*such as it is =such as they are 대단한 것은 못되지만, 변변치 못하지만:

❹ 관용적 용법

①cannot help ~ing : *~하지 않을 수 없다.
비참한 광경을 보고 울지 않을 수 없었다. *help=avoid, evade 피하다
②as ~ as can be =as ~ as anything : *더할 나위 없이
그녀는 더할 나위 없이 행복하다.　*as can 사이에 happy가 생략되었다.
③cannot A and B : *A하고 동시에 B할 수 없다.
케이크를 먹고 동시에 가질 수는 없다. (꿩 먹고 알 먹고 할 수 없다.)
사람은 사랑을 하면서 동시에 현명해질 수는 없다.
④cannot ~ too : *아무리 ~해도 지나치지 않다. (오히려 부족하다)
건강에 관해서는 아무리 조심해도 지나치지 않다.
우리들은 그 사람을 아무리 칭찬해도 지나치지 않다.
부사 too는 동사를 직접 수식할 없으므로 much나 strongly 등을 사용한다.
*too much 대신에 enough(=sufficiently), to excess =in excess =excessively 등을 사용할 수 있다.

1 중심조동사② : May-Might

❶ 허가

①허가를 하는 경우

You **may** leave the room. =I allow [permit] you to leave the room.

②허가를 구하는 경우

May I ask a favor of you?

May I accompany you on your walk?

❷ 추측

①현재 Such conduct **may** give rise to misunderstanding.

②과거 He **may have missed** the 12 :15 train.

③미래 I **may be** late coming home this evening.

❸ 양보

Go where you **may**, there is no place like home.

However hard you **may** try, you will not get the better of him.

He **may** be rich, but he is not refined.

❹ 기원

May the New Year bring you all your heart desires.

I hope that fortune **may** smile on you.

I only pray that she may be in time.

❺ 목적

He is working hard so that he **may** pass the exam.

He climbed higher in order that he **might** get a better view.

He flatters so that he may win her favor.

❻ 관용적 용법

①He **may well** be proud of his son.

②You **may as well** do the work at once.

③You **may as well** not know a thing at all **as** know it imperfectly.

You **may as well** call a cat a small tiger **as** a tiger a big cat.

④You **might as well** reason with the wolf **as** try to persuade her.

You **might as well** throw money into the sea **as** lend it to him.

1 중심조동사② : May-Might

❶ 허가

①허가를 하는 경우 : 너는 방을 나가도 좋다.
② 허가를 구하는 경우 : 전화 좀 써도 될까요? 산책 때 동행해도 되겠습니까?

▶May I smoke here?
ⓐ허가 : Yes, you may. Yes, please(=certainly). Of course you can.
ⓑ불허가 : No, you may not. I am sorry, you can't.
ⓒ금지 : No, you must not.

❷ 추측

①현재의 추측 : 그런 행동은 오해를 불러일으킬 지도 모른다. *give rise to =cause
②과거의 추측 : 그는 12시 15분 열차를 놓쳤을 지도 모른다.
*may have pp : 현재완료형태이나 과거의 추측을 나타낸다.
③미래의 추측 : 나는 오늘 저녁 집에 늦게 올 지도 모른다.

❸ 양보

네가 어디로 가든지 가정만한 곳은 없다.
아무리 열심히 해도 너는 그를 이기지 못할 것이다. get the better of =defeat(이기다)
그는 부자일지는 모르나 세련되지는 못하다. refined 세련된, 품위 있는; 정제한;

❹ 기원

새해에는 네 마음속에 있는 모든 소망들이 이루어지기를 기원한다.
행운이 그대에게 미소 짓기를 바랍니다. *smile on; 호의를 보일 때 사용한다.
나는 오로지 그녀가 늦지 않기를 빌 따름이다
*종속절에서는 '주어+may+동사'의 정상 어순이 된다.

❺ 목적 : *that ~ may

그는 시험에 합격하기 위하여 열심히 공부하고 있다.
그는 보다 나은 전망을 위하여 더 높이 등산했다.
그녀의 호감을 사려고 그는 알랑거리고 있다. win one's favor ~의 마음에 들다

❻ 관용적 용법

①**may well** : *~하는 것도 당연하다 (=have good reason to)
그가 자기 아들을 자랑하는 것도 당연하다.
be proud of =take pride in =pride oneself on =boast =brag
=He is proud of his son, and with good reason.
=It is no wonder that he is proud of his son.
=It is needless to say that he is proud of his son.
②**may as well** : *~하는 편이 낫다(=had better; do well to)
너는 그 일을 즉시 하는 편이 낫겠다.
=It would be better for you to do the work at once.
=It would be wise of you to do the work at once.
=It seems reasonable for you to do the work at once.
③**may as well A as B** : *B할 바엔 차라리 A하겠다.; B 하듯이 A하다.
어떤 것을 불완전하게 알기 보다는 차라리 그것을 전혀 모르는 것이 낫다.
호랑이를 큰 고양이라고 말하듯이 고양이를 작은 호랑이라고 말 할 수 있다.
④**might as well A as B** : *대개 실현 불가능한 경우에 사용함
그녀를 설득 하려고 하기 보다는 차라리 늑대를 설득하는 것이 더 낫다.
reason with 설득하다(persuade)
그에게 돈을 빌려줄 바엔 차라리 그 돈을 바다에 던져버리는 것이 더 낫다.

1 중심조동사③ : Must

❶ 의무

①현재 ⓐYou **must** keep your promise by all means.
You **must** be here by 8 o'clock at the latest.
ⓑYou **mustn't** move any of the papers on the desk.
You **need not** work tomorrow if you don't want to.
=You **don't have to** work tomorrow if you don't want to.

②과거 She **had to** give up her throne in the cause of love.
I decided that I **must** stop smoking.

③미래 He **will have to** finish the work within two weeks.
You **will have to** answer for your crimes one day.

❷ 추측

①현재 You **must** be hungry after your long walk.

②과거 She **must have been** a beauty in her day.
She **must have** never **dreamed** of meeting the man in person.

③미래 Stagnant water **is bound to** corrupt.
She is legally bound to report the incident to the police.
Impatient drivers **are bound to** cause accidents sooner or later.

❸ 고집, 필연

The naughty boy **must** always have his own way.
Don't forget the fact that all men **must** die.

❹ 의무를 나타내는 다른 표현 : 의무의 강도 순.

①You **should** love your neighbor.
②You **ought to** vote if you don't agree with candidates.
③You **had better** hold your tongue for a moment.
④You **are to** deliver these flowers before 10.
⑤You **need to** go to the dentist this morning.
⑥You **have to** work for the company from 9 to 5.
You **have got to** go and see your boss.
⑦You **must** phone home at once. It's urgent.

1 중심조동사③ : Must

❶ 의무

①현재의 의무 :
ⓐ긍정 : 반드시 약속을 지켜야 한다. 늦어도 8시까지는 여기로 와야 한다.
ⓑ부정 : *부정문에서 금지는 must not; *불필요는 don't have to (=need not)을 사용.
책상위에 있는 어떤 서류들도 치워서는 안 된다.
원치 않으면 내일 일할 필요가 없다.

②과거의 의무 :
*주절에서는 must 대신에 had to를 사용한다.
*종속절에서는 had to 대신에 must를 사용해도 된다.
*부정문에서는 was not allowed to, was forbidden to로 나타낸다.
그녀는 사랑을 위하여 왕관을 포기해야 했다.
담배를 끊어야 한다고 결심했다.

③미래의 의무 :
그는 2주내에 그 일을 마쳐야 할 것이다.
당신은 언젠가는 당신의 죄에 대하여 책임을 져야 할 것이다. answer for 책임지다

❷ 추측

①현재의 추측 :
오랫동안 산책을 했으니 틀림없이 시장할 거야.

②과거의 추측 : ***must have pp**
그녀는 한창 때는 미인이었음에 틀림없다. *must have pp의 부정은 cannot have pp이다.
그녀는 그 사람을 직접 만나리라고는 꿈에도 생각하지 못했음에 틀림없다.
*종속절에서는 must를 그대로 사용한다.

③미래의 추측 : *be bound to를 사용한다.
고여 있는 물은 반드시 썩게 마련이다.
그녀는 법적으로 그 사건을 경찰에 신고해야 한다.
성급한 운전자는 조만간에 반드시 사고를 일으킬 것이다.

❸ 고집, 필연

그 버릇없는 소년은 항상 제멋대로 하려고 한다. have one's own way 제멋대로 하다
사람은 죽어야한다는 사실을 잊지 말아라.

❹ 의무를 나타내는 다른 표현 : *의무의 강도 순으로 나타냄 (약→강)

①**should** : 자기 자신의 주관적 견해(subjective opinion)를 나타낸다.
마음에 드는 후보자가 없더라도 투표를 해야 한다.

②**ought to** : 객관적 강제력(objective force)을 나타낸다.
후보자의 의견에 동의하지 않더라도 투표를 해야 한다.

③**had better** : 특정한 장래행위의 권고를 할 때 사용. 경고 긴급함을 암시함.
집에 가고 싶거든 서두르는 편이 낫겠다. (특정한 장래행위의 권고)

④**be to 부정사** : 공적인 약속이나 지시 사항을 나타낸다.
10시 전에 이 꽃들을 배달해야 한다.

⑤**need to** : 일반적인 필요성에 사용된다.
오늘 아침 치과에 가야한다.

⑥**have to** : 외부적 권위에 의한 의무에 사용한다.
나는 9시부터 5시까지 일해야 한다.
have got to : 너는 가서 상관을 만나야 한다.

⑦**must** : 화자(speaker)나 청자(hearer)에 좌우되는 의무.
즉시 집에 전화해라. 급하다.

1 중심조동사④ : Shall-Should

■ Shall

❶ **예언** All life on earth **shall** die some day.

❷ **권위** The Republic of Korea **shall** be a democratic republic.
The fine **shall** not exceed 4,000 won.

■ Should

❶ **의무** You **should** read newspapers to keep abreast of the times.
You **should have read** more careful.

❷ **추측** Since he was born in 1950, he **should be** over fifty now.
I **should have thought** that he would decline.

❸ **완곡한 표현** I **should** like to have a glass of water.
He is on the wrong side of fifty, I **should** think.

❹ **소극적 목적** I take in several papers **lest** I **should** be behind the times.
We hid behind the trees **lest** they **should** see us.

❺ **의외 놀람** Why **should** his wife be wanted by the police?
Who **should** come in but the very man we are talking about?

❻ **이성적 판단의 형용사**
It is necessary that man of this calling **should** remain single.
It is natural that he **should** get angry with me.

❼ **감정적 판단의 형용사**
It is a pity that you **should be obliged** to sell your house.
It is strange that he **should have broken** his promise.

❽ **명사절**
①명령 The king ordered that the prisoner **be** set free.
②주장 I insisted that he **go** there alone.
③소망 I am very anxious that the affair **be** settled down at once.
④제의 The proposal that he **join** us was reasonable.
⑤요구 I demanded that the action **be** postponed.
⑥충고 He advised that we **keep** the gate locked.
⑦동의 I move that the case **be** adjourned till tomorrow.
⑧결정 It was decided that the girl **be** sent to America.

1 중심조동사④ : Shall - Should

■ Shall

❶ **예언** : 이 지상의 생명체는 언젠가는 모두 죽으리라.
Ask and it **shall** be given you; seek and you **shall** find; knock and it **shall** be opened to you: 요구하라. 그러면 얻으리라. 구하라. 그러면 찾을 것이니라. 두드려라. 그러면 열릴 것이다.

❷ **권위** : *법령 규칙 등 권위 있는 문서에서는 shall을 쓴다.
대한민국은 민주공화국이다. 벌금은 4,000원을 넘지 않는다.

■ Should

❶ 의무 :

시대에 뒤처지지 않기 위해서는 신문을 읽어야한다.
keep abreast of times 시대에 뒤지지 않고 따라가다
좀 더 조심을 했어야 했는데. *should have pp는 유감을 나타낸다.

❷ 추측 :

그는 1950년에 태어났으니까 지금은 50이 넘었을 것이다.
나는 그가 거절하리라 생각했었다. decline 기울다; 정중히 사절하다; 경사, 쇠퇴, 하락

❸ 완곡한 표현 : 일종의 가정법으로 조건 절이 생략된 표현임

물 한잔 마시고 싶습니다. 그는 50이 넘었다고 생각이 됩니다.
on the wrong side of ~ (연령을) 초과한 ≠on the right side of

❹ 소극적 목적 : *lest~should, for fear that~should-생략되면 원형동사가 남음.

나는 시대에 뒤처지지 않기 위하여 여러 개의 신문을 구독한다. take in (신문)구독하다
그들이 우리를 볼 수 없도록 나무 뒤에 숨었다.

❺ 의외 놀람 : *의문사와 함께 사용됨

그의 아내가 왜 경찰한테 지명수배를 받을까? *wanted by the police 지명수배를 받다
누가 들어 왔나 했더니 우리들이 이야기하고 있는 바로 그 사람이었다.

❻ 이성적 판단의 형용사 : *번역하지 않는다. 생략하면 원형동사가 남는다.

*anxious(갈망하는) eager essential important imperative(아주 중요한) just(=fair) necessary natural normal proper rational(합리적인) reasonable right vital wrong
이런 직업을 가진 사람은 독신으로 사는 것이 필요하다.
그가 나에게 화를 내는 것은 당연하다.

❼ 감정적 판단의 형용사 : *'~하다니'로 번역

*amazing annoying(성가신) absurd odd pleased regrettable strange sorry shocked
너의 집을 어쩔 수 없이 팔아야 하다니 정말 유감이다.
그가 약속을 어겼다는 것은 이상하다. *종속절의 should have pp는 과거를 나타낸다.

❽ 명사절 :

*명령 주장(主張) 소망(所望) 제의(提議) 요구 충고 동의(動議) 결정(決定)을 나타내는 동사, 형용사, 명사 다음에 should를 사용하는데 이 should는 생략할 수 있다. 이때 남는 동사원형은 가정법 현재이므로 주절의 시제에 관계없이 항상 동사원형이다.
*미국에서는 should 대신에 가정법 현재를 쓴다.

①명령 : 그 죄수를 석방하라고 왕이 명령했다. (order, command)
②주장 : 그가 혼자 그 곳에 가야한다고 나는 주장했다. (insist, urge)
③소망 : 그 사건이 즉시 해결되기를 나는 간절히 바란다. (desire, wish(명사))
④제의 : 그가 우리와 합류하리라는 제안은 합리적이다. (suggest, propose)
⑤요구 : 그 조처는 연기되기를 나는 요구했다. (require, request, ask)
⑥충고 : 그는 우리가 문을 잠그도록 충고했다. (advise, recommend)
⑦동의 : 그 사건은 내일까지 연기되기를 동의합니다. (move, consent)
⑧결정 : 그 소녀를 미국으로 보내기로 결정했다. (decide, determine)

1 중심조동사⑤ : Will - Would

■ Will

❶ **1인칭** I **will** never taste a drop of spirits again.

❷ **2인칭**

①미래 You **will** miss the train unless you take a taxi.
Will you be at home tomorrow morning?

②추측 You **will** be Mr. Brown, I think.
You **will** have heard of the news.

③명령 You **will** wait here till I come back.
You **will** do it as I tell you.

④요청 **Will** you kindly tell me the way to the city hall?
Will you pass me the salt, please?

❸ **3인칭**

①습관 He **will** often come to see me of a Sunday.
He spends all the money he has as students **will.**

②경향 A drowning man **will** catch at a straw.
When one is reduced to poverty, the beggar **will** come out.

③고집 This man **will** not take the money.
He **will** have it that alcohol is a kind of food.

④능력 The back seat of the car **will** hold 4 persons.
This receptacle **will** hold 2 gallons of water.

❹ **본동사 용법**

①You cannot achieve success merely by **willing** it.

②She **willed** most of her money to the nursing home.

■ Would

❶습관 I **would** often go swimming in the river when I was a child.
Sometimes the boys **would** play jokes on the janitor.

❷고집 He was so obstinate that he **would** not listen to my advice.
Washington **would** accept no salary for seven years.

❸추측 I suppose that he **would** be about 40 when he died.
He **would** be 20 when he crossed the Pacific on a yacht.

❹소망 **Would** to God that I were young again.
Do to others as you **would** be done by.

1 중심조동사⑤ : Will - Would

■ Will

❶ 1인칭 나는 다시는 술을 한 방울도 마시지 않겠다.

❷ 2인칭

①미래 : 택시를 타지 않으면 열차를 놓칠 거야. 내일 아침 집에 있을 거야?
②추측 : 당신이 Brown씨라고 생각합니다. 그 소식을 들었겠지.
③명령 : *2인칭 긍정문에서 가벼운 명령
내가 돌아올 때까지 여기서 기다려라.
내가 너한테 말한 대로 그것을 해라.
④요청 : 시청으로 가는 길을 나에게 가리켜 주시겠습니까? kindly=please
나에게 소금 좀 집어 주시겠습니까?
Certainly I will. I am afraid I can't. 물론이죠. 유감스럽지만 할 수 없습니다.

❸ 3인칭

①습관 : 그는 일요일 같은 날에 나를 만나러 오곤 한다.
학생들이 흔히 그러하듯이 그는 돈을 전부 다 써버린다.
*습관적 행위는 현재시제로 나타내는 것이 원칙이며, 행위보다 행위자의 성질 경향을 강조할 때는 will을 쓴다.
Money will come and go.
*자연법칙으로 되풀이 되는 움직임에는 단순 현재를 사용한다.
The sun rises in the east and sets in the west.
②경향 : 물에 빠지는 사람은 지푸라기도 잡는 법이다.
사람이 가난하게 되면 거지 근성이 나오는 법이다.
*be reduced to =become; the beggar 거지 근성
③고집 : 이 사람은 그 돈을 받지 않으려 한다.
그는 알코올은 일종의 음식이라고 주장한다. *have it 이기다; 알다; 주장하다;
④능력 : 그 차의 뒷좌석은 4명을 수용할 수 있다.
이 용기는 물 2갤런을 저장할 수 있다.

❹ 본동사 용법

①바라다 : 성공을 단지 바라기만 해서는 그 성공을 얻을 수 없다.
②유언으로 남기다 : 그녀는 유언으로 자기의 대부분의 돈을 양로원에 주었다.

■ Would

❶습관

어린애 이었을 때 나는 강에 수영하러 가곤 했다.
이따금씩 소년들은 수위아저씨에게 장난을 치곤했다. play jokes on 장난치다

❷고집

그는 아주 고집이 세서 내 충고를 들으려 하지 않았다.
Washington 7년 동안 급료를 받지 않으려 했다.

❸추측

그가 죽었을 때는 약 40살 쯤 되었으리라 생각합니다.
그가 요트를 타고 태평양을 건넜을 때는 스무 살 쯤 되었을 것이다.

❹소망 *가정법 과거나 가정법 과거완료가 온다.

내가 다시 젊어지면 좋겠는데.
네가 받은 대로 다른 사람에게 행하라.
Would that it hadn't rained yesterday! 어제 비가 오지 않았으면 좋았을 텐데.

2 한계 조동사

❶ Dare

1. 조동사

①부정문 I met him, but I **dared not** tell him the truth.
②의문문 How **dare** you **say** such a thing to my face?
③관용구 It'll rain tomorrow, **I dare say**.

2. 본동사

①긍정문 I **dare** you to jump from this wall.
②부정문 He will never **dare** (to) enter my house.
③의문문 Did he **dare** (to) fight against the invaders?

❷ Need

1. 조동사

①긍정문 All that we **need** do was to hide until it was past.
②부정문 You **needn't** worry as regards the cost of the operation
③의문문 **Need** I do the washing-up? I'm in a hurry?
▶You **need not have been** in such a hurry.

2. 본동사

①긍정문 All you **need** to do is (to) fill in this form
②부정문 I didn't **need** to wait very long for the bus.
③의문문 Do you **need** to get a visa to go to Mexico?

❸ Ought to

1. 의무

①긍정문 You **ought to** keep company with such polite boys.
②부정문 Such things **ought** not **to** be allowed.
③의문문 What time **ought** I **to** arrive here?
▶You **ought not to have crossed** the road when the light was red.

2. 추측

①긍정문 He **ought to be** here soon; he left home at six.
She **ought to have arrived** at her office by now.
②의문문 **Ought**n't the water to have boiled by now?

❹ Used to

1. 조동사

①과거 행위 I **used to drop** in at the bookstore on my way home.
②과거 상태 There **used to be** a pine tree around the well.

2. 본동사

①부정문 You **didn't use** to smoke.
②의문문 **Did** you **use** to smoke?
③부가의문문 He **used to** live in Jinju, didn't he?

2 한계(限界) 조동사 (Marginal Auxiliary)

▶조동사와 본동사로도 사용되는 조동사. 본동사로 사용되는 경우는 to 부정사가 따른다.

❶ Dare : *과거형은 dared

1. **조동사** : 원형부정사와 함께 부정문·의문문에 쓰이며, 3인칭 단수 현재형은 dare이다. dares가 아니다. 부정형 daren't는 현재·과거·미래형으로도 쓰인다. (다만 과거형으로서는 daren't보다 didn't dare (to)가 최근에는 보통 쓰임).
현대 구어 영어에서는 부정문·의문문에서도 본동사로 취급되는 경향이 짙다.
①부정문 : 나는 그를 만났지만 감히 그에게 사실을 말하지 못했다.
②의문문 : 당신이 내 앞에서 감히 그런 말을 할 수 있느냐?
③관용구 : 아마 내일은 비가 올 것이다. (I dare say =I suppose; 아마)
2. **본동사** : *dare가 긍정문에서 본동사로 쓰이면 to부정사가 따르고, 부정문, 의문문에서 본동사로 쓰이면 뒤에 to부정사나 혹은 원형부정사가 온다.
①긍정문 : 나는 너에게 이 벽에서 뛰라고 감히 말한다.
②부정문 : 그는 감히 내 집에 들어오지 않을 것이다.
③의문문 : 그가 침략자들에 대항하여 감히 싸웠는가?

❷ Need :

1. **조동사** : *긍정문에서는 need 대신 must, have to를 쓰는 수가 많다
①긍정문 : 우리들이 할 일이라고는 위험이 지날 때까지 숨어 있는 일뿐이었다.
②부정문 : 수술비에 관해서는 걱정할 필요가 없다. as regards ~에 관해서(regarding)
③의문문 : 내가 설거지를 해야 합니까? 나는 급합니다.
▶need [need not] have pp : 유감을 나타낸다. 너는 그렇게 서두를 필요가 없었는데.
2. **본동사** : *본동사로 사용되는 경우는 to부정사가 따른다.
①긍정문 : 당신이 할 일은 이 양식을 작성하는 것입니다.
②부정문 : 나는 오랫동안 버스를 기다릴 필요가 없었다.
③의문문 : 멕시코에 가기 위해서는 비자가 필요합니까?

❸ Ought to : *항상 to부정사가 수반된다. *과거를 나타내려면 완료형 부정사를 함께 쓴다. 조동사 용법만 있다. 그러나 현재 영.미에서는 본동사로 사용하기도 한다.

You **ought** not to say it. 너는 그것을 말해서는 안 된다. You **ought** not say it
1. **의무**
①긍정문 : 너는 그런 예의바른 소년들과 사귀어야 한다.
②부정문 : 그런 것들은 허용되어서는 안 된다. *부정형(否定形)은 ought not 또는 oughtn't.
③의문문 : 여기에 몇 시에 여기에 와야 합니까? *의문문에서는 ought가 주어 앞에 온다.
▶ought [ought not] to have+pp : 유감을 나타낸다.
당신은 붉은 신호등에는 길을 건너지 말았어야 했는데.
2. **추측**
①긍정문 : 그는 곧 여기에 올 것이다. 6시에 떠났으니까. *현재의 추측
그녀는 지금쯤은 자기 사무실에 도착했을 것이다. *과거의 추측
②의문문 : 지금쯤은 물이 끓었어야 하는 것 아닙니까?

❹ Used to

1. **조동사** : *과거의 습관적 행위나 영속적 상태를 나타낸다. 현재는 하지 않고 존재하지 않음.
①과거의 습관적 행위 : 그는 집으로 가는 중에 서점에 들렀었다.
②과거의 영속적 상태 : 그 우물 주위에 소나무 한 그루가 있었다.
2. **본동사** : *부정문 의문문 부가의문문에는 조동사 did를 사용한다.
①부정문 : 너는 담배를 피우지 않았었지.
②의문문 : 너는 담배를 피웠었니? 대답은 Yes, I did. Yes, I used to. No, I didn't.
③부가의문문 : *used to의 부가의문문에는 didn't를 사용한다. 그는 진주에 살았었지?

3 1차 조동사

❶ Be 동사

①조동사

진행형 The vessel **was rolling** to and fro at the mercy of the waves.

수동태 He **was slain** by his enemy with the sword.

②본동사 A friend in need **is** a friend indeed.

Heaven's vengeance **is** slow but sure.

Lunch **is** on me today.

He **is** cut out for the job.

❷ Do 동사

①조동사

부정문 One swallow **does not** make summer.

의문문 **Do** you know how often the number 64 bus comes?

강조 You **do look** fine in this picture.

도치 Never **did** I **dream** of seeing you again.

대동사 He speaks English as well as I **do** Korean.

②본동사 What do you **do** for a living?

The hailstorm **did** great damage to the crops.

Can you **do** the shopping for me?

▶조동사 do를 사용하지 않는 경우

①Who opened the door?

②Which boy hit the dog?

③I never liked her. I hardly believed the truth.

④I asked him if he cleaned the room.

❸ Have 동사

①조동사 He **has just gone** for the day.

Lock the stable door after the horse **has bolted.**

②본동사 How often do you **have** a haircut a month?

Every flow **has** its ebb.

3 1차 조동사 (Primary auxiliary)

▶1차적으로(주로; primarily) 조동사로 사용되고, 2차적으로는 본동사로 사용되는 동사.

❶ Be 동사

① **조동사** : *진행형과 수동형에 사용된 be동사는 조동사다. 이때의 현재분사와 과거분사는 본동사가 된다.

진행형 : 그 배는 파도에 좌우되어 이리저리로 요동치고 있었다.
수동태 : 그는 적에 의해서 칼로써 살해되었다. slay-slew-slain

② **본동사** :

곤경에 처해 있을 때의 친구가 진정한 친구다.
천벌은 느리나 반드시 있느니라.
오늘 점심은 내가 사마. *on은 부담을 나타내는 전치사; cf. on the house
그는 그 직업에 꼭 맞다. *be cut out for : ~에 꼭 맞다.

❷ Do 동사

①**조동사** :

부정문 : 제비 한 마리 왔다고 해서 여름이 온 것은 아니다.(속담)
사물의 일면만 보고 전체를 단정하지 마라.
의문문 : 64번 버스가 얼마나 자주 오는지 아세요?
강조 : 너의 이 사진 잘 나왔네.
도치 : 내가 당신을 다시 보리라고는 꿈에도 생각하지 못했다.
대동사 : 내가 한국어를 말하는 만큼 그는 영어를 잘 말한다. do=speak

②**본동사** :

직업이 무엇입니까?
그 우박은 농작물에 엄청난 해를 끼쳤다. do damage/harm to 해를 끼치다
내 대신에 시장 좀 봐 줄래? *'do+한정사+~ing'에는 do 사용한다.

▶**조동사 do를 사용하지 않는 경우**

ⓐ의문사가 주어인 경우 : 누가 그 문을 열었니?
ⓑ의문사가 주어를 한정하는 경우 : 어는 소년이 그 개를 때렸니?
ⓒnot을 제외한 부정어(never seldom rarely barely hardly scarcely little few)가 있는 경우
ⓓ간접의문문 : 그가 방을 청소했는지를 나는 그에게 물었다.

❸ Have 동사

①**조동사** : *완료형에 사용된 have동사는 조동사다. 이때의 과거분사는 본동사가 된다.
그는 오늘 퇴근했습니다. go for the day 퇴근하다. cf. report for the work
소 잃고 외양간 고치기. lock ㊔자물쇠; ㊍~에 자물쇠를 채우다; 잠그다
stable ㊒안정된(firm); ㊔마구간; bolt ㊔볼트, 빗장; ㊍도망가다;

②**본동사** :

당신은 한 달에 몇 번 이발을 합니까?
달도 차면 기운다. flow 흐름; 밀물; ebb 썰물; 쇠퇴기
*the ebb and flow 조수의 간만; (사업·인생의) 흥망성쇠.

▶조동사가 하나 이상 있을 때는 제1조동사만 반복한다. 그러나 앞 문장의 조동사와 형태가 다른 경우는 제2조동사까지 사용해야 한다.

Peter hasn't been told, but I **have.** (been told)
I think Mary should be told. She **has been (told).**

4 준 조동사

❶ Had better

1. had better + 원형

①긍정문 You **had better** hurry up if you want to get home before dark.
You **had better** brush up your English every day.

②부정문 You **had better** not wake me up when you come in.
It's very hot. You'd **better** not go out without a hat.

③의문문 **Had** we **better** take an umbrella with us?
Hadn't we **better** lock the door? No, we had better not.

2. had better + 완료형

You **had better** have seen a doctor earlier.
You **had better** not have done so.

❷ Would rather

1. would rather + 동사원형

①긍정문 I **would rather** live in the country than in the city.
I **would rather** [sooner] starve to death than steal.

②부정문 I **would rather not** go there with you.
The man **would rather not** take the pay cut.

③의문문 **Would** you **rather** buy this book? Yes, I **would.** No, I **wouldn't.**
Would you **rather** live in this country?

▶I would rather read than talk. →I **preferred** reading to talking.

2. would rather + 완료형

I **would rather have stayed** at home than gone to the movies.
I **would rather have born** in Korea than in America.

3. would rather + 절

①I **would rather** you came here tomorrow than today.
Shall I open the window? I'**d rather** you didn't.
Do you mind if I smoke? I'**d rather** you didn't.

②I **would rather** you had told her the truth.
I **would rather** you hadn't told me about it.

4 준(準) 조동사(quasi auxiliary verb)

▶두 단어가 하나의 조동사 역할을 하므로 조동사에 준한다는 의미에서 준조동사라고 한다.

❶ Had better : *"~하는 편이 낫다". 현재 또는 미래의 뜻. *비교의 뜻은 없다.

*=may as well; do well to

1. had better + 동사 원형

①긍정문 : 어둡기 전에 집에 도착하려거든 서두르는 것이 낳겠다.
매일 영어를 복습하는 것이 좋다. brush up 복습하다, 다시하다; (물건)닦다;

②부정문 : *had better 다음에 not을 붙인다.
네가 들어올 때 나를 깨우지 않으면 좋겠다.
날씨가 매우 덥다. 모자 없이는 나가지 않는 것이 낫겠어.

③의문문 : *긍정의문문인 경우는 had를, 부정의무문인 경우는 hadn't를 문장 앞에 둔다.
우리가 우산을 가져가는 게 낫겠지?
문을 잠그지 않는 것이 나을까? 그래, 잠그지 않는 것이 낳겠다.

▶had better는 수동태가 가능하나, would rather는 수동태가 안 된다.
Breakfast had better be eaten before 10.

2. had better + 완료형 : 이루지 못한 행위에 대한 유감을 나타낸다.
당신은 좀 더 일찍이 의사의 진찰을 받아야 했었는데. (진찰을 안 받아서 유감이다)
당신은 그렇게 하지 않았어야 했는데. (그렇게 해서 유감이다.)

❷ Would rather : *"오히려 ~한 쪽이 좋을 듯하다"; "차라리 ~하겠다."

1. would rather + 동사원형 : *원형부정사가 따르고, 현재 또는 미래의 뜻으로 비교의 than 이 올 수 있다. rather 대신에 sooner도 가능하다. would as soon~as 구문도 가능.

① 긍정문 :
나는 차라리 도시보다는 시골에서 살겠다.
도적질하기 보다는 차라리 굶어 죽겠다. =I would as soon starve to death as steal.
I would as soon die as live in slavery. 노예로 사느니 차라리 죽는 것이 낫다

②부정문 : *would rather 다음에 not을 붙인다.
나는 차라리 너와 같이 가지 않겠다.
그는 오히려 임금 삭감은 받아들이지 않을 것이다.

③의문문 : *문장 첫머리에 would를 내보내면 된다. 대답도 would를 사용한다.
차라리 이 책을 사지 않을래? 예, 그러겠습니다. 아니오, 그렇게 하지 않겠습니다.
차라리 이 나라에서 사시겠습니까?

▶'would rather'는 과거형의 표현은 없으므로 다른 표현을 사용한다.
나는 이야기하기 보다는 독서하기를 더 좋아했다. prefer A to B

2. would rather + 완료형 : *과거행위에 대한 유감을 나타낸다.
영화 보러 가기 보다는 차라리 집에 있는 편이 더 나았었는데. (영화 보러 간 것을 후회함)
나는 차라리 미국에서 태어나기 보다는 차라리 한국에서 태어났으면 더 좋았을 것을.

3. would rather + 절 : *would rather의 주어와 절의 주어가 달라야 한다. *이 절에는 가정법 과거나 가정법 과거완료가 온다.

①가정법 과거 : *가정법 과거가 오는 경우는 현재 또는 미래의 사실을 말한다.
네가 오늘보다는 차라리 내일 이 곳에 오면 좋겠다.
창문을 열까요? 차라리 네가 열지 않았으면 좋겠다.
담배 피워도 되겠습니까? 피지 않으면 좋겠다.

②가정법 과거완료 :
네가 그녀에게 그 진실을 차라리 말하지 안했더라면 좋았을 텐데.
네가 그것에 관해서 나에게 말하지 안했더라면 좋았을 텐데.

5 조동사+Have+과거분사

❶ **cannot have pp** : *~했을 리가 없다. (과거의 강한 부정적 추측)

He cannot have told a lie to me.

=It is impossible that he told a lie to me.

❷ **may have pp** : *~했을 지도 모른다. (과거의 약한 추측)

He may have missed the last bus.

=It is likely that he missed the last bus.

❸ **must have pp** : *~했었음에 틀림없다. (과거의 강한 추측)

She must have been a beauty in her day.

=I am sure that she was a beauty in her day.

❹ **should have pp** : *~했어야 했는데. (과거의 실행하지 못한 것에 대한 유감)

You should have paid the debt.

We should have checked the time before we left.

Some people say she should never have been appointed.

I think we should have turned back there.

▶①I should have thought that he would decline my proposal.

②It's unbelievable that he should have been promoted and not you.

❺ **need not have pp** : *~할 필요가 없었는데. (과거 사실의 실행에 대한 유감)

You need not have gone there.

=You went there, but it was not necessary.

=You did not need to go there, but you did.

❻ **ought to have pp** : *~했어야 했는데. (과거의 실행하지 못한 것에 대한 유감)

You ought to have crossed the road when the light is green.

=It is wrong that you didn't cross the road when the light was green.

❼ **had better have pp** : *~한 편이 나았었는데 (하지 못한 것에 대한 유감)

You had better have seen the film at that time.

=I wish you had seen the film at that time.

❽ **would rather have pp** : *차라리~하고 싶었었는데. (하지 못한 것에 대한 유감)

We went there by sea but I would rather have gone by air.

=I wanted to go there by air, but I went there by sea.

5 조동사+Have+과거분사

▶❶~❸ 번까지는 과거의 추측을 나타내고, ❹~❽ 번까지는 유감을 나타낸다.

❶ cannot have pp : *~했을 리가 없다. (과거의 강한 부정적 추측)
그가 나에게 거짓말을 했을 리가 없다.
=It is impossible that he told a lie to me.
=It is impossible for him to have told a lie to me.

❷ may have pp : *~했을 지도 모른다. (과거의 약한 추측)
그는 마지막 버스를 놓쳤을지도 모른다.
=It is likely that he missed the last bus.
= He is likely to have missed the last bus.

❸ must have pp : *~했었음에 틀림없다. (과거의 강한 추측)
그녀는 한창 때는 미인이었음에 틀림없다.
=I am sure that she was a beauty in her day.
a beauty 미인; in one's day 한창 때

❹ should have pp : *~했어야 했는데. (과거의 실행하지 못한 것에 대한 유감)
너는 빚을 갚았어야 했는데. =I am sorry you didn't pay the debt.
우리는 떠나기 전에 시간을 확인했어야 했는데.
그녀는 임명되지 말았어야 했었다고 몇몇 사람들은 말한다.
우리들은 그 곳으로 돌아갔어야 했다고 나는 생각한다.

▶should have pp가 과거의 추측을 나타내는 경우가 있다.
①주절에 있는 경우
나는 그가 나의 제의를 거절할 것이라고 생각했었다.
②종속절에 있는 경우
네가 아닌 그가 승진되었다는 것은 믿을 수 없다.

❺ need not have pp : *~할 필요가 없었는데. (과거 사실의 실행에 대한 유감)
너는 그 곳에 갈 필요가 없었는데.

❻ ought to have pp : *~했어야 했는데. (과거의 실행하지 못한 것에 대한 유감)
너는 신호등이 푸른색일 때 길을 건넜어야 했는데.

❼ had better have pp : *~한 편이 나았었는데. (하지 못한 것에 대한 유감)
당신은 그 당시에 그 영화를 보았어야 했는데.
=I wish you had seen the film at that time.
=I am sorry he didn't see the film at that time.

❽ would rather have pp : *차라리~하고 싶었었는데. (하지 못한 것에 대한 유감)
우리는 해로로 그 곳에 갔다.
그러나 나는 차라리 비행기로 가는 편이 나았었는데.

어법 문제 ①

❶ 두 문장의 의미가 같도록 적당한 단어를 써시오.

1. He is as happy as can be. =He is as happy as ( ).
2. We cannot praise him too much. =We cannot praise him ( ).
3. It is impossible that she kicked my dog.
=She ( ) have kicked my dog.
4. The sooner the work is done, the better it will be.
=The work ( ) be done too soon.
5. We cannot praise him too much.
=It is impossible for us to ( ) him.
6. May I smoke here? =Do you ( ) my smoking here?
7. You may well be surprised at the news.
=You have ( ) reason to be surprised at the news.
=It is ( ) that you should be surprised at the news.
8. You may as well write him a letter.
=You ( ) ( ) write him a letter.
=It would be ( ) of you to write him a letter.
9. The road may be blocked. =It is ( ) that the road is blocked.
10. I wonder if she has taken a wrong bus.
=He ( ) ( ) taken a wrong bus.

❷ 두 문장의 뜻이 같도록 단어를 넣으라.

1. It is almost certain that he has forgotten the promise.
=He ( ) ( ) forgotten the promise.
2. He cannot have been ignorant of the fact.
=He ( ) have known the fact.
3. All you have to do is to do as I tell you.
=You have ( ) to do as I tell you.
4. It is certain that he read the book.
=He ( ) ( ) ( ) the book.
5. Her sickness must be a mere cold.
=I am ( ) her sickness is a mere cold.
6. I would rather die than live in disgrace.
=I would ( ) die than live in disgrace.
7. You would rather die than live in dishonor.
=You ( ) as well die than live in dishonor.
8. You had better start now.=It ( ) be better for you to start now.
9. I would rather you ( ) here tomorrow than today.
10. Shall I open the window? I'd rather you ( ) not.

해답

❶ 1.anything 2.enough 3.cannot 4.cannot 5.overpraise 6.mind 7.good; natural 8.had better; wise 9.possible 10.may; have

❷ 1.must have 2.must 3.only 4.must have read 5.sure 6.sooner 7.may 8.would 9.came 10.did

어법 문제 ②

❶ ( )에 적당한 하나의 단어를 넣으시오.
1. Who ( ) come in but the very man we are talking about?
2. He insisted that his girl friend ( ) invited.
3. It is a pity that he ( ) have died so young.
4. It is necessary that the naughty boy ( ) punished.
5. Let's make haste lest we ( ) miss the train.
6. I ( ) often go swimming in the river when I was a kid.
7. He who ( ) succeed must work hard.
8. Go where you ( ), you will find some nice friends to help you.
9. Something is wrong with the door; it ( ) open.
10. I wish I were young again. =( ) that I were young again.

❷ 괄호에 적당한 단어를 넣으시오.
1. How ( ) you say such a rude thing to my face?
2. I ( ) have gone to the station. He came home just now.
3. There ( ) to be a tall tree around the well.
4. She is 19 years old, I ( ) say.
5. You ( ) not to have driven the car with the brakes out of order.
6. He ( ) to drink beer, but now he drinks wine.
7. If he started at nine, he ( ) to be here by four.
8. He would not take my present. =She ( ) to take my present.
9. It was his habit to go for a walk in the park.
=He ( ) go for a walk in the park.
10. You don't have to work on Sundays. =You ( ) not work on Sundays.

❸ ( )에 적당한 단어를 넣으시오.
1. Never ( ) I dream of seeing you again.
2. Only after weeks of vain effort ( ) the right idea occur to me.
3. This hailstorm has ( ) great damage to the crops.
4. He speaks English as well as I ( ) Korean.
5. He ( ) cut out for the job.
6. Do you ( ) anything to declare?
7. One ( ) only to look at him to know exactly what he is.
8. Little ( ) I dream that I could not see her again.
9. Seldom (does) it rains here in the summer.
10. I ( ) ( ) die than live in disgrace.

해답

❶ 1.should 2.be 3.should 4.be 5.should 6.would 7.would 8.may 9.would 10.Would
❷ 1.dare 2.needn't 3.used 4.dare 5.should 6.used 7.ought 8.refused 9.would 10.need
❸ 1.did 2.did 3.done 4.do 5.is 6.have 7.has 8.did 9.does 10.would rather

어법 문제 ③

◆ 밑줄 친 곳에 알맞은 것은?

1. I have nothing to do today.
   _______ you like to go hunting this afternoon?
   ① Will ② Are ③ May ④ Can ⑤ would

2. I must___ to switch the light off before I went to bed last night.
   ① be forgetful of ② have forget ③ have forgotten
   ④ have lost ⑤ forget

3. I didn't go there. Oh, but you ________ .
   ① should ② must ③ could ④ should have ⑤ can have

4. It is important that he _____ his papers before Wednesday.
   ① will turn in ② must turn in ③ turns in
   ④ turn in ⑤ turned in

5. The contact requires that the work _______ finished in a week.
   ① is ② will be ③ be ④ be to ⑤ should

6. "You'd better get to the theater. You are an hour late already."
   "I wouldn't dare ______ in now."
   ① be going ② the going ③ go ④ that I go ⑤ to go

7. Our holidays were ruined by the weather, ______ have stayed at home.
   ① it may be as well to ② it was just as well we
   ③ we might as well ④ we might do as well as we

8. The sign on the lawn says that people ______ not walk on the grass.
   ① will ② might ③ have ④ may ⑤ could

9. He is as poor as ______ .
   ① man ② must ③ people ④ can ⑤ will

해답

1. ⑤; would like to =should like to =want to =wish to ~하고 싶다.
2. ③; must have p.p. 과거의 강한 추측 ~했었음에 틀림없다.
3. ④; should have p.p. 과거 의무의 불이행에 대한 유감.
4. ④; 이성적 판단의 형용사 +that s+(should)+원형 구문 should가 생략되면 동사원형.
5. ③;명령/주장/소망/제의/요구/충고/동의/결정/의 동사, 명사, 형용사+that (should)원형.
6. ⑤; dare가 본동사로 사용되었기 때문에 그 뒤에 to 부정사가 와야 한다.
7. ③; may as well 차라리 ~하는 편이 낫다. 과거시제 이므로 might as well.
8. ④; 불허가는 may not, 금지는 must not.
9. ④; as ~ as can be 더할 나위 없이 ~ 하다.

어법 문제 ④

◆ 밑줄 친 곳에 알맞은 것은?

1. The committee recommends that the matter ______ at the next meeting.
① would be discussed ② will be discussed ③ be discussed
④ may be discussed ⑤ could be discussed

2. Do you like your new job?
Yes, but my employer insists that I _______ in time.
① am ② was ③ be ④ have been ⑤ were

3. Mr. Chairman, I move that the money _____ used for library books.
① is ② be ③ has been ④ will be ⑤ would be

4. John wants to see you today. I'd rather he _____ tomorrow than today.
① come ② came ③ should come ④ has come ⑤ would come

5. Do you want to go with me? No, I _____ .
① would rather not ② hadn't better ③ had rather stay
④ would rather ⑤ didn't go

6. Would you mind if I smoked here?에 대한 알맞은 대답은?
① Yes, I will smoke. ② Yes, you may. ③ In any case
④ Certainly not ⑤ No, I would

7. 다음에서 의미가 다른 하나는?
① We cannot emphasize the value of health too strongly.
② We can't emphasize the value of health until we lose it.
③ It is impossible to overestimate the value of health.
④ It is difficult to exaggerate the value of health.
⑤ We cannot too careful of our health.

8. 빈칸에 should를 넣을 수 없는 문장은?
① It is natural that he _______ have got angry.
② You _______ have worked harder.
③ He ______ have his own way in everything.
④ One _____ obey one's parents.
⑤ Who _____ come in but my father?

해답

1. ③;
2. ③;
3. ②; *recommend, insist, move +that +s+(should) +동사원형.
4. ②; would rather +s +가정법 과거 혹은 가정법 과거 완료.
5. ①; would rather의 부정은 그 다음에 not을 붙인다.
6. ④; 허락의 답은 Certainly not, Of course not, No, not at all.
7. ②; 건강을 잃고 나서야 비로소 건강의 가치를 높이 평가한다.
8. ③; will(고집, 습성).

어법 문제 ⑤

◆ **Choose the one which is grammatically wrong.**

1. Since her blood pressure is much① higher than② it should③ be, his doctor insists that he will not④ smoke.

2. On her way① home she uses② to buy③ a slice of cake at the baker's④.

3. Contrary to① the opinion of the members, the president asked that remained② silent③ as to④ the result.

4. Don't① make② any more mistakes. It is urgent that you will③ get back by④ noon.

5. To become① a member of the civic association, one need only② attend three meetings and to pay③ his fees regularly④.

6. I loved the morning① and should go down② the dirt road with my tin pail toward③ the stream where there were goose berries④.

7. It is extremely① necessary that you will realize② that reading is not only③ a physical④ and mental process.

해답

1. ④; 주절에 insist(주장하다)가 있어서 that 절에 should 원형 will→should.
2. ②; 문맥상 과거의 습관을 의미하므로 uses를 used로 고친다.
3. ②; 주절에 asked(요구하다)가 있어서 that 절에 should 원형. remained→remain.
4. ③; 주절에 urgent(necessary) 형용사가 있어 that 절에 동사원형 will을 없앤다.
5. ②; 긍정문에서는 need가 조동사로 쓰일 수 없다. to 부정사가 따른다. need only to.
6. ②; 문맥상 과거의 습관적 동작을 나타내므로 should를 would로 고친다.
7. ②; necessary가 있어 that 절에 should 원형. will을 없앤다.

어법 문제 ⑥

❶ 글의 흐름으로 보아 밑줄 친 부분을 고칠 필요가 있는지를 결정하고 필요가 있다면 가장 잘 고쳐진 것을 고르시오.

My brother became ill yesterday. I paid little attention to him and did not send him to hospital, because his illness did not seem to be serious. Now his condition is not changing for the worse. I regret having paid little attention to him. In other words, I should be paid more attention to him.

① had better pay little attention ② should have paid more attention
③ had rather pay little attention ④ should like to pay little attention
⑤ 고칠 필요가 없음.

❷ 다음 밑줄 친 부분 중 어법상 자연스럽지 못한 것은

It is often believed that the function of school is ① to produce knowledgeable people. If schools ② only provide knowledge, however, they may destroy creativity, ③ producing ordinary people. We often ④ hear stories of ordinary people who, if education had focused on creativity, could have become great artists or scientists. Those victims of education ⑤ should receive training to develop creative talents while in school. It really is a pity that they did not.

❸ 다음 글에서 밑줄 친 부분 중 어법상 틀린 것은?

When I looked out from reading, I came face to face ① with a bear looking in the window. It stood on its back legs, starting fiercely at me. I was ② so scared that I grabbed the fire stick and ran up into the attic, ③ pulling the ladder up behind me. The bear ④ must be as frightened of me as I was of him because I heard him ⑤ dash off the porch.

❹ 각 밑줄 친 것 중에서 맞는 표현을 골라라.

What will happen if all rainforests are cut down or burned? First of all, my friends and I will lose our homes. Thousands of animals and plants (A) can / should only survive in the rainforests. Do you know that about50,000 species of animals and plants are disappearing every year? Before long, you may (B) may not / must not see me anymore. And my human friends ---native people who have lived in harmony with us---will (C) had better / have to move to the cities.

해답

❶ ②; regret 다음에 완료동명사가 왔고 little에 a가 붙어있지 않으므로 부정적인 뜻이다. 즉 주의를 하지 않은 것을 유감으로 여기고 있음으로 should have p.p.가 와서 행하지 못한 것에 대한 유감을 나타낸다.
❷ ③; may에 관련된 것은 destroy와 produce이다. 따라서 producing→produce
❸ ③; that절의 주어는 I이고 I의 동사는 grabbed이고 pulled이다. pulling→pulled
❹ (A)can; (B)may not; (C)have to

영작 문제

❶ Translate the following into English.
1. 오늘 할 수 있는 것을 내일로 미루지 마라.
2. 그 사람을 아무리 칭찬해도 지나치지 않다.
3. 부탁드릴 말이 있는데요.
4. 그녀를 설득하려 하기 보다는 차라리 늑대를 설득하는 편이 더 낳다.
5. 어떤 일이 있더라도 약속을 지켜라.
6. 벌금은 4,000원을 넘지 않는다.
7. 뿌린 대로 거두리라.
8. 열차를 놓치지 않도록 서두릅시다.
9. 시청으로 가는 길을 가르쳐 주시겠습니까?
10. 내가 어린애였을 때 나는 종종 강에 목욕을 가곤 했었다.

❷ Translate the following into English.
11. 네가 감히 어떻게 나에게 그렇게 말하니?
12. 네가 다른 할 일이 있으면 내일 올 필요가 없다.
13. 신호가 푸른 불이었을 때 길을 건넜어야 했었다.
14. 우물 주위에 소나무 한 그루가 있었다.
15. 불명예스럽게 살기 보다는 차라리 죽겠다.
16. 그 우박은 농작물에 상당한 피해를 끼쳤다.
17. 오늘 점심은 내가 사마.
18. 당신은 한 달에 얼마나 자주 목욕을 합니까?
19. 좀 더 일찍이 의사의 진찰을 받는 것이 더 낳았었는데.
20. 나는 네가 오늘보다 내일 오면 더 좋겠다.

해답

❶
1. The fine shall not exceed 4,000 won.
2. As you sow, so you shall reap.
3. Let's make haste lest we should miss the train.
4. Will you kindly tell me the way to the city hall?
5. I would often go swimming in the river when I was a child.
6. Don't put off till tomorrow what you can do today.
7. We cannot praise him too much.
8. May I ask a favor of you?
9. You might as well reason with the wolf as try to persuade her.
10. You must keep your promise by all means.

❷
11. How dare you speak to me like that?
12. You needn't come tomorrow if you have something else to do.
13. You ought to have crossed the road when the light was blue.
14. There used to be a pine tree around the well.
15. I would rather die than live in disgrace.
16. The hailstorm did considerable damage to the crops.
17. This lunch is on me.
18. How often do you take a bath a month?
19. You had better have seen a doctor a little earlier.
20. I would rather you came here tomorrow than today.

16장 부정사

부정사(不定詞; Infinitive; to+동사원형)란 **준동사**(準動詞; verbal; verbid)로서 **명사, 형용사, 부사** 역할을 한다. 준동사(準動詞)란 동사에 준(準)한다는 뜻으로, 부정사 자체(自體)의 ①보어(C), 목적어(O), 수식어(M)를 취하고 ②시제(tense)가 있고 ③태(voice)가 있고 ④동사의 주체로서 의미상의 주어(Sense Subject)가 있다. 그러나 동사처럼 활용(活用; conjugation)을 하지 않기 때문에 동사는 아니다.

1 기본 용법

❶ 명사적 용법 : SCOA 역할

❷ 형용사적 용법 1. 한정적 용법 : SOAM 관계
2. 서술적 용법 : SC, OC

❸ 부사적 용법 1. 형용사 수식
2. 부사 수식
3. 동사 수식
4. 문장 전체 수식 (독립 부정사)

2 준동사 용법

1. COM 수반
2. 시제 : 단순 부정사 / 완료 부정사
3. 태 : 능동형 부정사 / 수동형 부정사
4. 의미상의 주어 : 표시하는 경우/ 표시하지 않는 경우

3 특수 용법

1. 대(代) 부정사
2. 분리 부정사
3. 잠재 부정사
4. 현수 부정사
5. 정동사 용법

4 원형 부정사

1. 조동사
2. 지각 동사
3. 사역 동사
4. 명령문
5. 기원문
6. 관용적

1 기본 용법① : 명사적 용법

❶ 주어 역할(S)

To keep early hours is good for health.

To know is one thing and **to teach** is another.

To err is human, **to forgive** divine.

It takes more than pearls **to make** a necklace.

❷ 보어 역할(C)

The primary role of a newspaper is **to offer its readers news.**

To say so is **to give up the battle** before it is fought.

To mention the wolf's name is **to see** the same.

My plan is **to climb** Mt. Jiri this summer.

❸ 목적어 역할(O)

①타동사 I want **to major** in economics in college.

He promised me **to be** here at 5 o'clock.

I found it impossible **to carry out** the work at once.

②전치사 I have no choice but **to accept** his proposals.

I have no alternative but **to wait** for his answer.

I will do anything except **to resign** my post.

❹ 동격 역할(A)

My plan, **to tunnel under the hill** proved to be a failure.

He has only one aim, **to live** in peace with his family.

The National Assembly was against the bill to fasten the safety belt.

■ 의문사/whether + to 부정사

❶ 의문사 + to부정사 : why제외

How to begin is more difficult than **where to stop.**

Our problem is **how to get in touch with** him.

I don't know **how to make** both ends meet on a small salary.

❷ whether + to부정사

Whether to answer her letter or not does not matter to me.

The problem is **whether to sign** the contract or not.

I don't know **whether to answer** the phone or not.

1 기본 용법① : 명사 용법

❶ 주어(主語; Subject)
일찍 자고 일찍 일어나는 것은 건강에 좋다.
keep early [good] hours 일찍 자고 일찍 일어나다. *가주어 it을 사용할 수 있다.
아는 것과 가르치는 것은 별개의 문제다.
one thing ~ another ~과 ~은 별개의 문제다.
잘못을 저지르는 것은 인간의 일이요 용서를 하는 것은 신의 속성이다.
err 잘못하다; 실수하다; ⓝerror 잘못, 실수; errancy잘못된 상태; ⓐerroneous 잘못된;
구슬이 서 말이라도 꿰어야 보배다. *pearl 진주; a cultured ~ 양식진주; an artificial ~;

❷ 보어(補語; Complement) S=C
신문의 주요한 목적은 독자들에게 소식을 제공하는 것이다. primary 주요한, 제1의;
그렇게 말하는 것은 전투도 하기 전에 전투를 포기하는 것이다.
give up 단념하다(abandon); battle 전투; 투쟁; 승리; half the battle 절반의 성공;
호랑이도 제 말 하면 온다.
나의 계획은 이 번 여름에 지리산을 등반하는 것이다.

❸ 목적어(目的語; Object)
① 타동사의 목적어 :
나는 대학에서 경제학을 전공하고 싶다.(3형식); major ⓢ전공하다 ⓜ전공 ⓗ주요한;
나는 그에게 5시에 이곳에 오겠다고 약속했다.(4형식의 직접 목적어)
▶give promise teach는 직접목적어(DO)로 부정사를 취할 수 있다.
He gave me to understand that he was a swindler.
Teach your children to worship God.
나는 그 일을 즉시 수행하는 것이 불가능하다는 것을 알았다. (5형식)
*it은 가목적어이고 진목적어는 to carry out ~ 이하다.
carry out 실행하다(accomplish execute practice); at once 즉시(immediately)
② 전치사의 목적어 : *전치사 but=except=save(~을 제외하고)은 부정사를 목적어로 취한다.
나는 그의 제안들을 받아들이는 것 외에는 다른 선택이 없다.
accept 받아들이다; (제안)수락하다; (설명)용인하다; ⓜacceptance; acceptation
나는 그의 대답을 기다리는 것 외에는 대안이 없다. alternative 대안; 양자택일;

❹ 동격(同格; Apposition)
나의 계획 즉 저 언덕 아래로 터널을 파는 것이 실패임이 판명되었다. *주어와 동격
그는 자기 가족과 평화롭게 사는 단 한 가지 목적을 가지고 있다. *목적어와 동격
국회는 안전벨트를 착용하자는 그 법안에 반대했다. bill 계산서; 전단지; 어음; 법안;

■ 의문사/whether + to 부정사

❶ 의문사 + to부정사 : *why는 제외; 주어(S), 보어(C), 목적어(O) 역할을 한다.
S : 어떻게 시작하는 것이 어디에서 중단해야 하는 것보다 더 중요하다.
C : 우리들의 문제는 그와 어떻게 연락하느냐 하는 것이다.
O : 조그만 급료로 어떻게 수지균형을 맞춰야 할지 모르겠다.
make both ends meet : 수지를 맞추다; meet 충족시키다(satisfy; gratify);
*ask decide know wonder가 부정사를 목적어로 취하면 그 앞에 의문사나 whether를 사용한다.

❷ whether + to부정사
S : 그녀의 편지에 답장을 하느냐 않느냐는 나에게는 중요하지 않다.
matter ⓢ중요하다(be important; count; signify)
C : 문제는 그 계약서에 서명을 하느냐 않느냐 이다.
O : 나가 그 전화를 받아야 할지 말아야 할지 모르겠다.
answer [get; pick up] the phone 전화를 받다.

1 기본 용법② : 형용사적 용법

❶ 한정적 용법

①주어 관계 (S)

I have no friend **to help** me in this village.

He is not a man **to deceive** me.

②목적어 관계 (O)

I have no friend **to help** in this village.

I have no paper **to write on.** I have no pencil **to write with.**

③동격 관계 (A)

He made a firm resolution **to stop** smoking.

All the people were against the bill **to fasten** the safety belt.

④단순한 수식 관계 (M)

I have no time **to go** there with you.

I have no money **to buy** the book with.

❷ 서술적 용법

1. 주격 보어 : S≠C

①Be to부정사

ⓐ가능 Not a soul was **to be seen** on the street that night.

ⓑ운명 He was never **to return** to his native country.

ⓒ의무 You are **to observe** the traffic rules.

ⓓ예정 He **is to make** a speech on the radio at 7 this evening.

ⓔ의도 If you **are to** succeed, you must work hard.

②불완전 자동사의 보어

This apple **appears to be** rotten inside.

We **seem to have strayed** from the point.

I **chanced to overhear** them talking about your secret.

How did you **come to know** the fact?

2. 목적격 보어 : O≠OC

I believe him **to be** innocent.

The bad weather compelled us **to stay** at home all day long.

The commander ordered the deserter **to be shot**.

1 기본 용법② : 형용사적 용법

❶ 한정적(限定的) 용법 :

*외형상으로는 앞의 단어를 수식하는 한정적 관계이나, 앞의 단어와 뒤의 부정사와의 사실상의 관계는 주어(Subject), 목적어(Object), 동격(Apposition), 단순한 수식(Modify) 관계로 나눌 수 있다.

①주어 관계면 주격의 관계대명사를 사용하여 바꿀 수 있다.
S=I have no friend **who can help** me ~. *friend는 to help와 의미상의 주어 관계
=He is not a man who will deceive me.

②목적어 관계면 목적격의 관계대명사를 사용하여 바꿀 수 있다.
O=I have no friend whom I should help ~. *friend는 to help의 의미상의 목적어 관계
=I have no paper on which I can write
=I have no pencil with which I can write.

③동격 관계면 동격의 접속사 that을 사용하여 바꿀 수 있다.
A=He made a firm resolution **that he would** stop smoking.
=All the people were against the bill **that** they should fasten the safety belt.

④단순한 수식관계면 that을 사용하여 바꿀 수 있다.
M=I have no time **that I can go** there with you.
=I have no money that I can buy the book with.

❷ 서술적(敍述的) 용법 : *보어로 사용되므로 서술적 용법이다.
*주격보어와 목적보어로 쓰인다.

1. **주격 보어** : S≠C

①**be to부정사** :
ⓐ가능 : *=**could**; 그날 밤 거리에서 아무도 볼 수 없었다.
ⓑ운명 : *=**be destined/doomed to**; 그는 고국으로 돌아가지 못할 운명이었다.
ⓒ의무 : *=**should**; 교통법규를 준수해야 한다. observe준수하다; 관찰하다;
ⓓ예정 : *=**be due/scheduled to**; 그는 오늘 저녁 라디오로 연설할 예정이다.
make[give; deliver] a speech 연설하다. on[over] the radio 라디오로
ⓔ의도 : *=**intend**; 성공하려면 열심히 일해야 한다.

②**불완전 자동사의 보어** : *appear seem; chance happen; come get grow learn
*~처럼 보이다(appear, seem);
이 사과는 안쪽이 썩은 것 같다.
우리는 논점을 벗어났었던 것 같군요.
*우연히 ~하다(chance, happen);
나는 그들이 너의 비밀에 대해 이야기를 하고 있는 것을 우연히 엿들었다.
*~하게 되다(come, get, grow, learn);
너는 그 사실을 어떻게 알게 되었느냐?
He got to be popular with his family. 그는 가족의 인기를 끌게 되었다.

2. **목적격 보어** : O≠OC
나는 그가 무죄라고 믿는다. =I believe that he is innocent.
innocent 순진한; 무죄의(≠guilty) ⓝinnocence
악천후는 우리들을 하루 종일 집에 있게 했다. compel 억지로 ~ 시키다 ⓝcompulsion
사령관은 탈영병을 총살하라고 명령했다.
=The commander ordered that the deserter (should) **be** shot.
commander 지휘관; 사령관; deserter 탈영병 ⓥdesert (처자를)버리다; 탈영하다.

1 기본 용법③ : 부사적 용법①

❶ 형용사 수식

She is able **to speak** four languages with fluency.

The water in this well is good **to drink**.

I am now ready **to answer** your questions.

❷ 부사 수식

①**too** : The boy is **too** weak **to lift** the box.

The box is **too** heavy for me **to lift**.

The knife was **too** dull **to cut**.

▶He is **too apt to** break his promise.

▶I'm **only too** glad to come with you.

②**enough** : He is rich **enough** to buy the imported car.

③**so~as to** : He was so kind as to show me the way to the station.

❸ 동사 수식

①목적 He toils and moils **to support** his large family.

I just called **to say** I love you.

②원인 I rejoice **to hear** of your success.

I was greatly surprised **to find** her dead.

③판단 He must be a fool **to talk** like that.

He cannot be rich **to ask** you for some money.

④조건 You will be punished **to smoke** here again.

I would be happy **to go** with you.

It would have been wiser **to have left** it unsaid.

⑤결과 He **awoke to find** himself famous.

His son **grew** up **to be** a youth of promise.

They ran to the store **only to find** it closed.

He went abroad **never to return** to his native country.

He worked **so** hard **as to pass** the exam.

⑥양보 **To do** your best, you can't finish it within a day.

To do your best, you would not catch up with him.

1 기본 용법③ : 부사적 용법①

❶ 형용사(形容詞) 수식 : *형용사 뒤에 와서 막연한 개념을 한정한다.
*able anxious afraid apt due fit free good hard inclined ready sure willing
그녀는 4개 국어를 능숙하게 말할 수 있다.
이 우물에 있는 물은 마시기에 좋다. good to drink =potable; cf. portable
나는 지금 당신의 질문에 대답할 준비가 되어 있다.

❷ 부사(副詞) 수식 : *부정사가 부사 too, enough, so 등을 수식한다.
①**too** ~ to : *so ~ that ~ cannot 구문으로 바꿀 수 있다.
=The boy is so weak that he cannot lift the box.
=The box is so heavy that I cannot lift **it**.
*the box는 문장의 주어인 동시에, 부정사 to lift의 의미상의 목적어가 되므로 복문으로 고치게 되면 그 종속문에서 목적어를 밝혀 써야 한다.
=The knife was so dull that it could not cut.
▶too~to 사이에 apt, liable, prone, ready가 오면 긍정의 뜻으로 '걸핏하면 ~한다' 의미가 된다. 그는 걸핏하면 약속을 어긴다.
▶only too ~ to 부정사 : only too는 '매우'의 뜻.
당신과 함께 가게 되어서 매우 기쁘다.
②**enough** : *so ~ that ~ can; so ~ as to 구문으로 고칠 수 있다.
=He is so rich as to buy the imported car.
=He is so rich that he can buy the imported car.
③**so ~ as to** : *결과를 나타낸다.
=He was kind enough to show me the way to the station.
=He kindly showed me the way to the station.
=He was so kind **that** he showed me the way to the station.
=He had the kindness to show me the way to the station.

❸ 동사(動詞) 수식
①목적 :
He toils and moils to support his large family.
toil 힘써 일하다; moil 억척같이 일하다; toil and moil 힘껏 일하다; 열심히 일하다
=He toils and moils in order to [so as to] support his large family.
=He toils and moils with a view to [with the view of] supporting his large family.
=He toils and moils with the object [intention] of supporting his large family.
=He toils and moils for the purpose of supporting his large family.
=He toils and moils in the interest of supporting his large family.
=He toils and moils in order that he may support his large family.
=He toils and moils so that he may support his large family.
②원인 : *감정동사(delight grieve rejoice regret smile surprised weep)
*감정형용사(glad happy pleased sorry)
③판단의 근거 : 그렇게 말하는 것을 보니 바보임에 틀림없다.
너에게 돈을 요구하는 것을 보니 그는 부자일 리가 없다.
④조건 : =You will be punished **if** you smoke here again.
=I would be happy **if** I could you with you. *가정법 과거
=It would have been wiser if I had left it unsaid. *가정법 과거완료
⑤결과 : *awake, grow, only to, never, so ~ as to 등은 결과를 나타낸다.
⑥양보 : =Though you do your best, you can't it within a day.
=Though you did your best, you would not catch up with him.

1 기본 용법③ : 부사적 용법②-독립부정사

❶ to 부정사

①**To begin with,** I don't like its color.

②**To change the subject,** What do you think of her?

③**to conclude,** let three cheers be given.

④**To crown it all,** we missed the bus and had to walk home.

⑤**To do him justice**, he is not worth his salt.

⑥**To do your best,** you would not catch up with him soon.

⑦**To make matters worse**, he fell ill all at once

⑧**To make a long story short,** he is a youth of promise.

⑨**To put it another way,** crime is a complex phenomenon.

⑩**To return to one's subject,** let's discuss the matter throughly.

⑪**To say nothing of** French, he can't speak English.

⑫**To say the least of it**, her remark was tactless.

⑬**To sum up,** he is a lucky fellow.

⑭**To talk of music,** do you like classical music?

⑮**To tell the truth**, he is not much of a scholar.

❷ to be 형용사

①**To be brief,** the book is worth reading twice at least.

②**To be fair with her,** she is a woman of considerable culture.

③**To be frank with you,** I am against the bill.

④**To be sure,** such people do not commit these crimes often.

❸ 형용사 to 부정사

①**Lucky to say**, I could get out without any hurt.

②**Needless to say**, health is above wealth.

③**Strange to say**, the light went out of itself.

❹ 부사 to 부정사

①She is very frugal, **not to say** stingy.

②The moon is, **so to speak,** the greatest mirror.

1 기본 용법③ : 부사적 용법② - 독립부정사

*독립부정사란 부정사가 문장 전체를 수식하는 경우를 말한다.

❶ to 부정사

①To begin with : ***우선** 그것의 색깔이 마음에 들지 않는다.
우선 (to start with; for[as] a start; for starters; in the first place; first of all);
②To change the subject : ***화제를 바꿔서**, 너는 그녀를 어떻게 생각하느냐?
③to conclude : ***결론적으로 말하면**; 마지막으로 만세 삼창을 합시다.
④To crown it all : ***설상가상으로** 우리는 버스를 놓쳤고 집에 걸어가야 했다.
⑤To do him justice : ***~를 정당하게 평가하면**
그를 정당하게 평가하면 그는 자기 급료만큼의 일도 못하는 사람이다.
⑥To do your best : ***최선을 다하더라도** 너는 그를 곧 따라잡지 못할 것이다.
catch up with =overtake; 따라 잡다.
⑦To make matters worse : ***설상가상으로**(what is worse)
설상가상으로 그는 갑자기 병이 들었다. fall ill[sick] 병에 걸리다
⑧To make a long story short : ***간단히 말해서**; =to make short of a long story.
간단히 말해서 그는 장래가 촉망되는 젊은이다.
a promising youth 장래가 촉망되는 젊은이; promise 약속; 장래성;
⑨To put it another way : ***다르게 표현하면** 범죄는 복잡한 현상이다.
⑩To return to one's subject : ***본론으로 돌아가서** 그 문제에 관해서 철저하게 논의합시다.
⑪To say nothing of : ~은 말할 필요도 없고;
not to mention =without mentioning =not to speak of =let alone =much more =much less =still more =still less
그는 불어는 말할 것도 없고 영어도 말 못한다.
⑫To say the least of it : ***줄잡아 말해도**; 그녀의 언급은 요령이 없다.
⑬To sum up : ***요약하면**; in sum; in short; in brief; in a word; 그는 행운아다.
⑭To talk of ~ : ***~에 관한 이야기가 나왔으니 말이지만**; 너는 고전음악을 좋아하느냐?
⑮To tell the truth : ***사실을 말하면**(to tell the sooth); 그는 대단한 학자는 아니다.
not much of a A : 대단한 A는 아니다

❷ to be 형용사

①To be brief : ***간단히 말해서**(briefly speaking); 그 책은 적어도 두 번은 읽을 가치가 있다.
②To be fair with one : ***~를 공평하게 평가하면**; 그녀는 상당한 교양을 가진 여자다.
③To be frank with you : ***솔직히 말하면**; 나는 그 법안에 반대한다.
against ~에 반대하는 ≠for, in favor of; ~에 찬성하는
솔직히 말하면 : to be frank[honest; plain; candid] with you =frankly speaking
④To be sure : ***틀림없이**(surely);
사실 그런 사람들은 종종 이런 범죄들을 저지를 사람이 아니다.

❸ 형용사 to 부정사

①Lucky to say : ***다행스럽게도**(luckily) 나는 부상을 입지 않고 빠져 나올 수 있었다.
②Needless to say : ***말할 필요도 없이** 건강은 재산보다 낫다.
③Strange to say : ***이상한 이야기지만**(odd to say; oddly enough);
이상한 이야기지만 전등이 저절로 꺼졌다. of itself (=spontaneously) 저절로

❹ 부사 to 부정사

①not to say ~ : ***~라고 말할 정도는 아니다.**
그녀는 매우 검소하지만 '인색 하다'**라고 말할 정도는 아니다.**
frugality 검소; stingy 인색한 ⓝstinginess 인색
②so to speak : ***말하자면**; 달은 거대한 거울이다.
말하자면; so to speak; as it were; that is (to say); as one might say

2 준동사 용법

❶ COM

①The child grew up **to be** a good scholar.
②I'd like **to make** a reservation for flight to Seattle.
③He studied hard not **to fail** in the entrance exam.
He worked hard for his family **to live** in comfort.

❷ 시제

①단순형 ⓐI happened **to sit** beside her in the theater.
I suppose him **to be** guilty.
ⓑHe promised not **to be** late again.
I expect you **to succeed** in the business.
②완료형 ⓐHe seems **to have missed** the train.
He seems **to have been** industrious in his youth.
ⓑI intended **to have dropped** in on her yesterday.
He hoped **to have been** a poet.

❸ 태

①능동형 I am sorry **to trouble** you.
I want you **to go** on an errand.
②수동형 Women and weather are not **to be trusted**.
I want the rascal **to be punished**.

❹ 의미상의 주어

1. 표시

①**for+목적격** It is difficult **for me** to find your house.
It is difficult **for me to please** my father.
It is very dangerous **for you to bathe in** this river.
The box is too heavy **for me to lift**.
②**of+목적격** It is very kind **of you** to show me the way.
It is rude **of you** to speak like that in the face of him.
It is foolish **of him** to make such a mistake.

2. 불표시

①S와 동일 I am sorry **to have kept** you waiting so long.
②S가 일반인 **To work** hard is the best way to success.
③O와 동일 England expects every man **to do** his duty.
④간접 표시 It is my habit **to take a walk** in the morning.

2 준동사 용법

❶ COM 수반 : *부정사는 준동사이므로 그 자체의 보어(C), 목적어(O), 수식어(M)를 취한다.
①C : 그 소년은 자라서 훌륭한 학자가 되었다. *to be의 보어는 a good scholar이다.
②O : Seattle에 가는 비행 편을 예약하고 싶습니다. *to make의 목적어는 a reservation ~
③M : 준동사의 부정은 준동사 앞에 부정어(not, never)를 둔다.

❷ 시제(時制; tense) :
①단순형 :
ⓐ주절의 시제와 같은 시제를 나타낸다. *seem appear chance happen
=It happened that I **sat** beside her in the theater.
=I suppose that he is guilty.
ⓑ주절보다 한 시제 이후를 나타낸다. *expect hope intend promise want wish, be sure
=He promised that he **would** not be late again.
=I expect that you **will** succeed in the business.
②완료형 :
ⓐ주절의 시제보다 한 시제 이전을 나타낸다.
=It seems that he missed the train.
=It seems that he was industrious in his youth.
ⓑ미래 동사(expect hope intend want wish)의 과거형 다음에 완료형 부정사가 오면 이루지 못한 것에 대한 유감을 나타낸다.
=I intended to drop in on her yesterday. but I couldn't.
=He hoped to be a poet, he couldn't.
▶**진행형** He seems **to be smoking** a lot. *단순 진행형
He appears **to have been waiting** a long time. *완료 진행형.

❸ 태(態; voice) :
①능동형 : *to+동사원형; 폐를 끼쳐서 미안합니다. 나는 네가 심부름 가기를 원한다.
②수동형 : *to be+과거분사; 여자와 날씨는 믿을 수 없다. 그 깡패가 벌 받기를 원한다.

❹ 의미상의 주어(意味上의 主語; Sense Subject)
1. 표시(表示) : *문장의 주어와 부정사의 의미상의 주어가 일치 하지 않는 경우에 표시한다.
①for+목적격 : 부정사 자체의 목적어(타동사의 목적어, 전치사의 목적어)가 주어가 된다.
=**Your house** is difficult for me to find.
=My father is difficult **for me to please**.
=This river is very dangerous for you to bathe in.
=The box is so heavy that I cannot lift **it**. *the box는 문장의 주어인 동시에 부정사 to lift의 목적어이므로 복문으로 고칠 때는 그 목적어를 나타내야 한다.
②of+목적격 : *사람의 성격이나 지각(知覺)을 나타내는 경우, 의미상의 주어는 'of+목적격'이다.
=You are very kind to show me the way.
=You are very rude to speak like that in the face of him.
=He is foolish to make such a mistake.
*성격(character) : bad wicked wrong good brave cowardly careful careless childish considerate thoughtful thoughtless cruel generous good-natured impudent kind nice mean naughty saucy polite civil rude
*지각(sense) : clever smart crazy mad foolish silly stupid wise intelligent sensible
2. 불표시(不表示)
①주어와 동일 : 너무 오랫동안 기다리게 해서 미안합니다.
*I는 문장의 주어인 동시에 to have의 의미상의 주어이기도 하다.
②주어가 일반인 : 열심히 일하는 것이 성공에 이르는 최선의 길이다. *의미상의 주어는 일반인
③목적어와 동일 : 영국은 각자가 자기의 의무를 다하기를 기대하고 있습니다.
*every man은 문장의 목적어인 동시에 부정사 to do의 의미상의 주어이다.
④간접적으로 표시 : 아침에 산책하는 것이 나의 습관이다.
*to take의 의미상의 주어는 I이지만 my로 간접적으로 표시되어 있다.

3 특수 용법

❶ 대 부정사

1. 일반 동사 다음

I went there because I want **to** (go there).

She opened the window, though I had told her not **to**.

2. 조동사 및 유사 조동사 다음

Do you take a walk every morning? Not now but I **used to**.

Have you fed the dog? No, but I **am** just **going to**.

3. 생략이 가능한 경우

①명사 I'd like to come, but I have no time **(to)**.

He'll never leave home; he hasn't got the courage **(to)**.

②동사 Try to be back by 12 o'clock, won't you? I will **try** (to).

③형용사 They shouted to him to jump the ditch, but he was **afraid (to)**.

You can't force him to get a job if he is not **ready (to)**.

④종속절 Come when you want **(to)**.

❷ 분리 부정사

He failed **to entirely understand** Nietzsche.

He prepared **to silently accompany** her.

He told me **to carefully attend** to the problem.

❸ 잠재 부정사

I didn't want to take a bribe, but they made me **(take it)**.

He forgives my birth, but he will not **(forgive)** my religion.

She wants to go out to work but he won't let her **(go out)**.

❹ 현수 부정사

To **get** there, a detour was made.

To **come** to the river, the bridge was gone.

To **take** a good picture, a good camera must be used.

❺ 일반 동사

To **be** in England now that April is there.

To **think** that such a little boy should have done it!

To **treat** in such a manner the friend of his father's!

3 특수 용법

❶ 대(代; pro) 부정사 : *앞에 나온 동사 부분의 반복을 피하기 위하여 to 이하를 생략하는 경우다.

1. 일반 동사 : *hate hope intend mean ,would like to, plan try want
   나는 그 곳에 갔다. 왜냐하면 그 곳에 가기를 원했기 때문이다.
   그녀는 창문을 열었다. 하지만 나는 그녀에게 창문을 열지 말라고 했다.
   *to (open the window)
2. 조동사 및 유사 조동사. *have to, ought to, used to, be able to, be going to
   당신은 매일 아침 산책을 합니까? 지금은 하지 않습니다만 옛날에는 했었습니다.
   *used to (take a walk every morning)
   개에게 먹이를 주었느냐? 아닙니다, 지금 막 줄려고 합니다. *to (feed the dog)
3. to의 생략이 가능한 경우 : *time; courage 뒤; *try 뒤 *afraid, ready 뒤;
   ①명사 courage, time 다음 :
   나는 가고 싶지만 갈 시간이 없다. (to come)
   나는 고향을 떠나지 않을 것이며 또 떠날 용기도 없다. (to leave home)
   ②동사 try 다음 :
   12까지 돌아오려고 하지 않을래? 그러도록 해 보겠다. *to be back by 12 o'clock.
   ③형용사 afraid, ready 다음 :
   그들은 그에게 도랑을 뛰어 건너라고 소리쳤으나 그는 그렇게 하기가 두려웠다.
   *to jump the ditch
   너는 그가 직장을 갖도록 강요할 수 없다. 그가 기꺼이 얻으려고 하지 않으면. *to get a job
   ④종속절에서 : 오고 싶거든 오너라. *to come

❷ 분리(分離; split) 부정사 : *to와 동사원형 사이에 정도나 양태를 나타내는 부사인 completely fully really slowly please가 오는 경우로서 특히 구어에서 허용되는 추세이나 의미의 혼란이 없는 한 피하는 것이 좋다.

그는 니체를 완전히 이해하지는 못했다. fail to 동사 : ~하지 못하다
그는 조용히 그녀와 같이 갈 준비를 했다.
그는 나에게 그 문제를 조심스럽게 주의를 기울이라고 말했다.

❸ 잠재(潛在; latent) 부정사 : *앞에 나온 동사의 반복을 피하기 위해서 그 동사가 생략된 경우

나는 뇌물을 받고 싶지 않았다. 그러나 그들이 나로 하여금 억지로 뇌물을 받게 했다.
그는 나의 출생을 용서한다. 그러나 그는 나의 종교를 용서하지 않으려 한다.
그녀는 일하러 가고자 하나 그는 그녀가 일하러 나가는 것을 허락하지 않으려 는다.

❹ 현수(懸垂; hanging) 부정사 : *독립 부정사가 아니면서 부정사의 의미상의 주어와 주절의 주어와 일치하지 않는 경우를 말하며 문법상 올바른 영어로 간주하지는 않으나 현실적으로 사용한다.

그곳에 이르기 위해서는 우회로가 만들어졌다.
강에 이르니 다리가 없어졌다.
좋은 사진을 찍기 위해서는 좋은 카메라가 사용되어져야 한다.

❺ 일반(一般) 동사 : *기원문이나 감탄문에서 본동사로 사용된다.

이제 영국은 4월이니 그 곳에 가고 싶다. *now that =seeing that ~이므로
그러한 어린애가 그것을 했다는 것을 생각해 봐라.
자기 아버지의 친구를 그런 식으로 대우하다니!
*To be or not to be, that is the question.

4 원형 부정사

❶ 조동사 We **can't bathe** there on account of the sharks.
We **should make** use of this opportunity.

❷ 지각V The hunter **perceived** a bear **approach** him.
I **listened to** the rain **patter** on the roof.
I **felt** someone **pull** me by the hand.

❸ 사역V That beard **makes** you **look** much older than you are.
I **had** the boy **shine** my shoes.
He stepped aside to **let** me **pass**.

❹ 명령문 **Strike** while the iron is hot.
Let me know the time of your arrival.

❺ 기원문 God **bless** this ship and all who sail in her.
Devil **take** that fool of a man!

❻ 관용적

①I **cannot but accept** his proposal.
②I **could not choose but go** there at once.
③The baby **did nothing but** cry all day long.
④**Go fetch** some water. **Go jump** in the river.
⑤In the course of the conversation he **let fall** an obvious hint.
⑥Don't **let go** of the rope.
⑦It would be a pity to **let slip** such an opportunity.
⑧He **made believe** that he was rich.
⑨Many families manage to **make do** on very little income.
⑩**Why not have** a stroll along the river bank?

❼ 원형부정사 혹은 to부정사

①He **bade** me (to) come in.
②Could you **help** me (to) unload the car?
③All you have to **do** is (to) wait and see him patiently.
The only thing we can't **do** with plastics is (to) eat them.
④I intend to sit in the garden and **(to) write** letters.
Do you want to have lunch now or **(to) wait** till later?

4 원형 부정사

❶ 조동사 : *중심 조동사, 준조동사 다음.
상어 때문에 그 곳에서는 수영을 할 수 없다. on account of ~ 때문에(owing to)
이 번 기회를 이용해야 한다. make use of 이용하다(utilize; turn to account)
You **had better** help your mother do the dishes.
I **would rather** die than live in dishonor.

❷ 지각(知覺) 동사 : ***see, look at, notice observe perceive watch; hear, listen to; feel; smell**
사냥꾼은 곰 한마리가 자기에게로 다가오는 것을 보았다.
나는 비가 지붕 위에 후두두 떨어지는 것을 들었다.
나는 누군가가 나의 팔을 잡는 것을 느꼈다.

❸ 사역(使役) 동사 : ***make have let; help**
저 턱수염은 너를 실제보다 훨씬 더 나이 들어보이게 한다.
나는 그 소년으로 하여금 내 구두를 닦게 했다.
그녀는 내가 지나갈 수 있도록 비켜섰다.

❹ 명령문(命令文) :
쇠가 뜨거울 때 쳐라. 기회를 놓치지 마라. =Make hay while the sun shines.
네가 도착할 시간을 알려 달라.

❺ 기원문(祈願文) : *may가 생략
신이시여 이 배와 이 배에 타고 있는 모든 사람들에게 은총을 내리소서.
저 바보 같은 놈 데려가면 좋겠다. *that fool of a man =that foolish man

❻ 관용적(慣用的) :
①**cannot but 원형** : *~하지 않을 수 없다. 나는 그의 제안을 수용할 수밖에 없다.
②**cannot choose but 원형** : *~하지 않을 수 없다. 즉시 그곳에 갈 수밖에 없었다.
③**do nothing but 원형** : *~하기만 한다. 그 어린애는 하루 종일 울기만 했다.
④격식을 차리지 않는 미국 영어 : *'**go and 원형**'에서 and가 생략된다.
가서 물 좀 가져오너라. 가서 물속으로 뛰어 들어라.
⑤**let fall/drop** : *(무심코)입밖에 내다; 누설하다; 대화중에 그는 명백한 암시를 흘렸다.
⑥**let go** : *해방하다; 눈감아 주다; 놓아 주다, 놓다(of); 밧줄을 놓지 마라.
⑦**let slip** : *(기회)놓치다; (개)풀어 놓다; 그러한 기회를 놓치면 유감스러운 일이다.
⑧**make believe** : *~인체 하다(pretend); 그는 부자인체 했다.
⑨**make do** : *~로 변통하다; 많은 가구들이 얼마 안 되는 수입으로 그럭저럭 지낸다.
⑩**why not 원형** : *~하는 게 어때?; 강둑을 따라 산책하지 않을래?
=Why don't you+원형? =How about ~ing? =What about ~ing? =Let's 원형.

❼ 원형(原形)부정사 혹은 to부정사
①그는 나더러 안으로 들어오라고 명령했다.
②내가 차에서 짐을 내리도록 도와주시겠습니까?
③do의 의미를 분명히 하기 위한 것으로 All that ~, The only that ~구문으로 쓰인다.
네가 할 수 있는 것은 인내심을 가지고 그를 기다려보는 것이다.
플라스틱으로 할 수없는 유일한 것은 플라스틱을 먹는 것이다.
④접속사 and but or than 다음
정원에 앉아서 편지를 쓸 계획이다.
지금 점심을 먹을래 아니면 나중까지 기다릴래?
▶첫 번째 부정사 바로 다음에 두 번째 부정사가 오면 원형부정사를 사용해야 한다.
I must learn to **speak, read and write** English.

어법 문제 ①

❶ 두 문장의 뜻이 같도록 괄호에 알맞은 단어를 넣으시오.

1. I wonder what to do now. =I wonder what ( ) ( ) do now.
2. I am in the habit of taking a walk early in the morning.
 =I makes ( ) a rule to take a walk early in the morning.
3. I have no relative to help me. =I have no relative ( ) ( ) help me.
4. I have no relative to help. =I have no relative ( ) ( ) ( ) help.
5. I need a chair to sit on. =I need a chair ( ) ( ) to sit.
6. He made me a promise to go there.
 =He made me a promise ( ) ( ) ( ) go there.
7. We couldn't see any cloud in the sky.
 =Not a cloud was ( ) ( ) ( ) in the sky.
8. He was so tired that he couldn't walk any longer.
 =He was ( ) tired ( ) walk any longer.
9. He was so kind as to help me with the work.
 =He had ( ) ( ) to help me with the work.
10. I was greatly astonished to find him dead.
 =To ( ) ( ) ( ), I found him dead.
11. He seemed to have been rich. =It seemed that he ( ) ( ) rich.
12. It is very hard to please her. =( ) is very hard to please.
13. The box was too heavy for me to lift.
 =The box was ( ) heavy that ( ) ( ) not lift ( ).
14. I intended to answer your letter earlier, but I failed.
 =I intended ( ) ( ) ( ) your letter earlier.
15. It is dangerous to swim in this river.
 =This river is dangerous ( ) ( ) ( ).
16. All you have to do is push the button.
 =You have ( ) to push the button.

❷ ( )에 생략된 단어를 써 넣으시오

1. I'd like to come, but I have no time to ( ).
2. Come and stay as long as you like ( ) ( ) ( ) ( ).
3. She closed the door, though I told her not ( ) ( ) ( ) ( ).

❸ 어법상 잘못된 부분을 고치시오.

1. He does nothing but to watch TV at night.
2. He shouted to him to jump the brook, but he was afraid.
3. He observed the thief to open the lock of the door.

해답

❶ 1.I should 2.it 3.who; can[will] 4.whom I can 5.on which 6.that he would 7.to be seen 8. too, to 9. the kindness 10.my great astonishment 11.had been 12.She 13.that he could it 14.to have answered 15.to swim in 16.only
❷ 1.come 2.to come and stay 3.to close the door
❸ 1.to를 없앤다. 2.afraid(to); 3.to를 없앤다.

어법 문제 ②

◆ 밑줄 친 곳에 가장 알맞은 것은?

1. _________ nearly 30 years for the planet Saturn to complete one orbit.
   ① It takes ② To take it ③ Taking it ④ Takes it ⑤ It took

2. The cooling of the air causes clouds ________ .
   ① forming ② form ③ to form ④ formed ⑤ to be formed

3. Because of air pollution being greatly reduced, this city is still ______ .
   ① a good place which to live ② lived as a good place
   ③ a good place to live in ④ living in as a good place

4. I want an overcoat, but I have no money to buy _______ .
   ① it with ② one with ③ that ④ it ⑤ it on

5. This naughty boy ate the ice cream, though I told him _____ .
   ① not ② don't ③ not to ④ never ⑤ not to ate

6. Are you going to be busy this afternoon? No, all I have to do ______ a letter.
   ① is to writing ② is writing ③ write ④ is write ⑤ is to be written

7. The box was too heavy for the boy ________ .
   ① carry ② to carry ③ to be carried ④ carry it ⑤ to carry it

8. You need not answer these questions if you think better not _____ .
   ① round ② what ③ off ④ most ⑤ to

9. What do you have to? I have a pair of slacks to ____ the cleaner's.
   ① be send to ② send to ③ be sent to
   ④ sending to ⑤ to be sent

10. It is not my fault. I am not to _____ for it.
   ① blame ② fail ③ account ④ do with ⑤ responsible

해답

1. ①; It takes 시간 to 부정사 구문. it은 가주어, take는 require의 뜻.
2. ③; cause+목적어+to 부정사.
3. ③; the city는 주어인 동시에 전치사 in의 목적어.
4. ②; 같은 종류를 구입하기 때문에 one, to buy overcoat with money. with가 필요.
5. ③; 부정사의 부정은 그 앞에 not을 붙인다. not to eat the ice cream. to는 대부정사.
6. ④; all that ~do 다음에는 원형부정사가 올 수 있다.
7. ②; the box는 주어인 동시에 to carry의 목적어이다.
8. ⑤; think fit, good, proper, right)는 관용적으로 가목적어를 사용하지 않는다. to는 대부정사. to (answer these questions).
9. ②; If the subject iof the sentence is the person who has to do the action, the active infinitive is used.
10. ①; be to blame for 책임지다, 비난을 받다.

어법 문제 ③

1. 주어진 문장의 밑줄 친 부정사의 용법과 다른 것을 고르시오.
   He made a promise to give me his watch.
 ① In years to come none will die of cancer.
 ② My father has no time to spare.
 ③ I have no pen to write with.
 ④ Few people live to be a hundred years old.
 ⑤ The manager announced his intention to retire.

2. 다음 문장의 밑줄 친 부분이 필요 없는 것은?
 ① The girl had one to turn to for advice.
 ② Please see to that the door is closed.
 ③ At first they thought the man was dead but soon he came to.
 ④ He said nothing in reference to his sickness.
 ⑤ He awoke to find himself in a strange room.

3. 다음 중 두 글의 뜻이 서로 같지 않은 것은?
 ① I agreed to share the profits with you.
   =I agreed on sharing the profits with you.
 ② She allows your coming in. =She allows you to come.
 ③ It took me a week finishing the work. =I spent a week finishing the work.
 ④ Don't forget to tell him the story. =Remember telling him the story.
 ⑤ We had no trouble in solving the problem.
   =It was not difficult for us to solve the problem.

4. 다음 빈 칸에 들어갈 가장 자연스런 표현은?
I saw her white back as she took off her nightgown and then I took away because she did not wanted me to. She was beginning to be a little big with the child and she did not want ___________ .
 ① for me to see her ② that I saw her ③ that I saw his appearance
 ④ me to see her ⑤ me to have seen her

5. 다음 두 문장의 의미가 같도록 할 때 밑줄 친 곳에 알맞은 표현을 고르시오.
I regret that I did not work harder.
 ① not to work ② not to have worked ③ not working
 ④ not having worked ⑤ having not worked

해답

1. ⑤; 동격관계; ①단순 수식; ②목적어 관계; ③목적어 관계; ④부사적 용법(결과)
2. ②; that절을 취할 수 있는 전치사는 in, but(=except; save)이다. 그 외는 직접 that절을 취하지 못하므로 가목적어 it을 취한다. 또 to it은 생략할 수 있다.
3. ④; forget to 부정사는 미래의 일을, remember+동명사는 과거의 일을 나타낸다.
4. ④; want는 목적어를 취하는 타동사이나 절을 목적어로 취하지는 못한다. 'me+to 부정사'에서 me는 목적어인 동시에 부정사의 의미상의 주어이다. 단순형 부정사이나 미래의 시제를 나타낸다.
5. ④; 주절의 시제(현재)와 종속적의 시제(과거)가 다르므로 완료형 부정사를 사용해야 한다.

어법 문제 ④

◆ Choose the sentence which is grammatically right. (1~2)

1. ① I will be convenient next Sunday.
   ② I am pleasant at the news.
   ③ He is hard to please.
   ④ She is impossible to solve the problem.
   ⑤ Your both hands are dirty.

2. ① They disliked to play tennis at that months.
   ② She is impossible to persuade herself.
   ③ There was noting for it but give up the plan.
   ④ His family had never known him beg for a crust of bread.
   ⑤ He is reported to be killed in the war.

◆ choose the wrong sentence. (3 ~ 6)

3. ① She was seen to enter the hall.
   ② I will not let him buy such a thing.
   ③ I cannot but to laugh at it.
   ④ He kept me waiting for dinner.
   ⑤ Give me a pencil to write with.

4. ① English is difficult to learn.
   ② He has a sufficient income to live.
   ③ the room is hard to heat.
   ④ This problem is very easy to solve.
   ⑤ The poem is not easy to understand.

5. ① One day he went out into the sea, never to return.
   ② This is too good a chance to lose.
   ③ I cannot help accepting his offer.
   ④ He writes home to his parents once a month.
   ⑤ You need not get up so early unless you want.

6. It is hard for us to please that man.을 바꾸어 쓴 것 중에서 틀린 것은?
   ① We are hard to please that man.
   ② He is a hard man for us to please.
   ③ We find it hard to please that man.
   ④ We have a hard time pleasing that man.
   ⑤ That man is hard for us to please.

해답

1. ③; It is hard to please him. =He is hard to please.
   *difficult different hard convenient possible impossible은 사람이 주어가 될 수 없다
2. ④; ①to play→playing ③herself를 없앤다. ③give→to give ⑤to have been killed
3. ③; cannot but 원형 to를 없앤다.
4. ②; to live on, *on은 근거를 나타내는 전치사다.
5. ⑤; want 다음에 to가 필요하다. to (get up so early)는 대부정사
6. ①; It is for ~ to 부정사 구문에서 for 다음의 목적어가 문장의 주어이므로 나갈 수 없다.

어법 문제 ⑤

◆ **Choose the one which is grammatically wrong.**

1. People complain that the cost of establishing a business are① so much② that only③ the rich can afford running④ a company.

2. The number① of aeronautical engineers required meeting② air transportation③ needs is rapidly④ increasing.

3. The Statue of Liberty was originally① proposed② in 1865 to commemoration③ the alliance④ of France with the American colonies during the American Revolution.

4. We have lots of mail① to be delivered②, on the envelope③ of which the zip code is not indicated④.

5. Completely to understand① the situation requires② more thoughts than③ he has given thus far④.

6. I cannot help but admiring① a person who② does not continually③ cry about his④ problems.

7. No matter what① you may say②, you have no choice but comply③ with the rule④.

해답

1. ④; to run *afford는 부정사를 취한다.
2. ②; engineers who are required to meet,
3. ③; commemoration→commemorate.
4. ②; to be delivered →to deliver. *주어가 부정사의 행위를 해야 하므로 능동형.
5. ①; to completely understand 분리 부정사.
6. ①; cannot but 원형 *admiring→admire.
7. ③; have no choice but to 원형, comply 앞에 to를 붙인다.

어법 문제 ⑥

❶ 글의 흐름으로 보아 밑줄 친 부분을 고칠 필요가 있는지를 알아보고 필요가 있다면 가장 잘 고쳐진 것은?

The most effective way to lose weight is to stay on a diet. If you want to diet, you should consult a physician because it is difficult <u>for selecting a proper diet.</u>

① 고칠 필요가 없음 ② for him to select ③ to select for yourself
④ for his selecting ⑤ to have you selected

❷ 다음 글에서 밑줄 친 부분 중 어법상 틀린 것은?

As I walked home one freezing day, I stumbled on a wallet someone <u>① had lost</u> in the street. I <u>② picked it up</u> and looked inside to find some identification so I could call the owner. But the wallet contained only three dollars and a crumpled letter that seemed <u>③ to be</u> there for years. The envelope was worn and the only thing that I could read was the return address. I started to open the letter, <u>④ hoping</u> to find some clue. Then I saw the dateline and found that the letter <u>⑤ had been</u> written almost ten years before.

❸ 다음 글에서 밑줄 친 부분 중 어법상 틀린 것은?

Althea Gibson <u>① grew up</u> in New York City. She <u>② liked to play</u> all outdoor games, but she liked playing ball the best. Any kind of ball. Her father <u>③ encouraged her</u> in every game that she tried. At age 13, table tennis was her favorite game. One day a musician named Buddy Walked <u>④ was watching Althea to play</u> table tennis. He thought that she liked to play tennis. So he bought her tennis racket. He <u>⑤ helped her practice</u> hitting tennis balls against the wall of a handball court.

❹ (A), (B), (C)에서 어법에 맞는 표현을 골라라.

On most subway trains, the doors open automatically at each station. But when you are on the Metro, the subway in Paris, things are different. I watched a man on the Metro <u>(A) try / tried</u> to get off the train and fail. When the train came to his station, he got up and stood patiently in front of the door, waiting for it <u>(B) opened / to open</u>. It never opened. The train simply started up again and went on to the next station. In the Metro, you have to open the doors yourself by pushing a button, depressing a lever or <u>(C) slide / sliding</u> them.

해답

❶ ③; it는 가주어, 진주어가 와야 하므로 to select이어야 한다. for yourself : 당신 힘으로
❷ ④; started의 목적어는 to open과 to hope이다.
❸ ④; watch가 지각동사이므로 원형부정사가 와야 한다. to play→play
❹ (A)try(원형 부정사);
(B)to open; it은 to open의 의미상의 주어이다.
(B)sliding; by의 목적어는 pushing, depressing, sliding이다

영작 문제

❶ Translate the following into English.
1. 아는 것과 가르치는 것은 별개의 문제다.
2. 선과 악을 구별하는 것은 쉽지 않다.
3. 그는 새해에 금연하겠다는 굳은 결심을 했다.
4. 그 대통령은 오늘 저녁 8시에 방송에 출연할 예정이다.
5. 나는 그럭저럭 시간에 맞춰 그 곳에 도착했다.
6. 그는 가족을 부양하기 위하여 억척스럽게 일했다. (moil and toil)
7. 그런 순진한 소녀를 모욕하면 너를 혼내 주겠다.
8. 설상가상으로 우리는 버스를 놓쳐서 집에까지 걸어가야 했다.
9. 그녀는 한창 때는 미인이었던 것 같다.
10. 당신이 나에게 그 일을 도와주시니 정말 친절하십니다.

❷ Translate the following into English.
11. 우선 색상이 마음에 들지 않는다.
12. 설상가상으로 그의 사업은 부도가 났다.
13. 독일어는커녕 영어도 말할 수 없다.
14. 솔직히 말해서 너는 그 법안에 찬성하느냐 아니면 반대하느냐?
15. 그는 매우 검소하지만 인색하다고 말할 정도는 아니다.
16. 나는 그에게 외투도 입지 않고 나가지 말라고 했으나 그는 외출했다.
17. 나는 비가 지붕 위에 후두두 내리는 소리를 들었다.
18. 저 수염은 너로 하여금 실제의 너보다 훨씬 나이를 들어 보이게 한다.
19. 그 어린애는 하루 종일 울기만 했다.
20. 오는 정이 있어야 가는 정이 있다.

***해답**

❶
1. To know is one thing and to teach is another.
2. It is not easy to distinguish good from evil.
3. He made a firm resolution to stop smoking on the New Year.
4. The president is to go on the air at eight this evening.
5. I managed to get there in time.
6. He moiled and toiled to support his family.
7. I will teach you to insult such an innocent girl.
8. To make matters worse me missed the bus and had to walk home.
9. She seems to have been a beauty in her day.
10. It is very kind of you to help me with the work.

❷
11. To begin with, I don't like its color.
12. To make matter worse, his business went bankrupt.
13. To say nothing of German, he can't speak English.
14. To be frank with you, are you for the bill or against it?
15. He is very frugal, not to say stingy.
16. He went out without his coat on, though I told him not to.
17. I listened to the rain patter on the roof.
18. That beard makes you look much older than you are.
19. The baby did nothing but cry all day long.
20. Scratch my back and I will scratch yours.

17장 동명사

*동명사(動名詞; Gerund; **동사원형+ing**)란 **준동사**로서 **명사 역할**을 한다.
준동사(準動詞)란 동사에 준(準)한다는 뜻으로 동명사 자체(自體)의 ①보어(C), 목적어(O), 수식어(M)를 취하고 ②시제(tense)가 있고 ③태(voice)가 있고 ④동사의 주체로서 의미상의 주어(Sense Subject)가 있다. 그러나 동사처럼 활용(活用; conjugation)을 하지 않기 때문에 동사는 아니다.

1 명사적 용법

1 SCOA 역할
2 유사 동명사 역할

2 준동사 용법

1. COM
2. 시제
3. 태
4. 의미상의 주어

3 부정사와의 구별

1. 부정사를 목적어로 취하는 동사
2. 동명사를 목적어로 취하는 동사
3. 양쪽 모두 취하는 동사

4 현재분사와의 구별

1. waiting room 형태
2. go ~ing 형태
3. have difficulty (in) ~ing 형태
4. be busy (in) ~ing 형태

5 관용적 용법

❶ to + 동명사
❷ 긍정 표현
❸ 부정 표현

1 명사적 용법

❶ 명사 역할

1. 주어 역할(S)

Making much money is not the aim and end of life.

Saying is one thing and doing is another.

2. 보어 역할(C)

①Commerce is **buying and selling** goods and services.

Her only fault is **talking** too much.

②We call such an act **cheating**.

We call such a way of life **eating** bread of idleness.

3. 목적어 역할(O)

①Would you mind my **opening** the window?

She enjoys **sewing** and **knitting** with her friends.

②He went out without saying goodbye to me.

How much do you charge for **mending** shoes?

③I don't feel like **going** out in this sultry weather.

This book is worth **reading** twice at least.

4. 동격 역할(A)

He gave up his only hobby - **fishing.**

The skill of **speaking** a foreign language takes time to acquire.

❷ 유사 동명사 역할

①복수형과 소유격이 있고 복합명사로 쓰인다.

Sayings and doings are liable to disagree.

Some people read only for **reading's** sake.

Surf-riding is very interesting to the young people.

②한정사나 형용사의 수식을 받는다.

I did **some shopping** this morning.

Slow cooking makes tough meat tender.

③의미상의 주어와 의미상의 목적어를 표시하는 경우는 of나 for를 사용한다.

The sinking of the Titanic has never been forgotten.

The shooting of the skylarks are forbidden in this area.

1 명사 용법

▶동명사란 준동사로서 명사 역할 즉 주어(S), 보어(C), 목적어(O), 동격(A) 역할을 한다.

❶ 명사 역할 :

1. **주어(S) 역할 :**
   돈을 많이 버는 것이 인생의 목적은 아니다. aim and end 목적; and는 반복을 나타냄
   말하는 것과 행하는 것은 별개의 문제다. (A)one thing ~ (B)another
2. **보어 역할 :**
   ①주격보어(sc) : **s=c**
   상업은 재화와 용역을 사고파는 것이다.
   그녀의 유일한 결점은 말을 많이 하는 것이다. only ⓗ유일한(sole)
   ②목적격 보어(oc) : **o=oc**
   우리는 그런 행동을 사기라고 한다.
   그런 생활을 게으름의 빵을 먹는 것이라고 한다.
3. **목적어 역할** : *타동사의 목적어 *전치사의 목적어 *특정 형용사의 목적어
   ①타동사의 목적어 :
   제가 창문 좀 열어도 되겠습니까? =Would you mind if I opened the window?
   그녀는 친구들과 함께 바느질과 뜨개질을 하는 것을 좋아한다.
   ②전치사의 목적어 :
   나에게 작별인사도 없이 나갔다. 이 구두를 수선하는데 얼마입니까?
   ③형용사(like worth near past)의 목적어 : *worth를 제외한 다른 것은 전치사로 볼 수 있다
   나는 이렇게 더운 날에는 외출하고 싶지 않다.
   이 책은 적어도 두 번 읽을 가치는 있다.
4. **동격(apposition)** :
   그는 유일한 취미인 낚시를 포기했다.
   외국어를 말하는 기술은 획득하는데 시간을 요한다.

❷ 유사 동명사 역할 : *'의사동명사'라고도 한다.

*외형상으로는 동명사의 형태(-ing)를 취하고 있으나, **준동사의 성질은 없다.** 즉 동명사 자체의 보어(C), 목적어(O), 수식어(M)를 취할 수 없고; 시제가 없고; 태가 없고; 의미상의 주어가 없다. 다만 **명사 성질**만 있다. 따라서 **복수형, 소유격**이 있고, **복합명사**로도 사용되고, **한정사**나 **형용사**의 **수식**을 받는다. 준동사의 성질이 없기 때문에 직접 주어나 목적어를 취할 수 없다. **의미상의 주어나 목적어를 나타내는 경우는 of나 for를 사용해야 한다.**

①복수형과 소유격이 있고 복합명사로도 쓰인다.
말과 행위는 불일치하기 쉽다. be liable [prone] to : ~하기 쉽다.
어떤 사람들은 독서를 위한 독서를 한다. A for A's sake : A를 위한 A
파도타기는 젊은이들에게는 매우 재미있다.
*letter-writing, fruit-picking, hall-serving; wedding-hall, walking-stick;

②한정사나 형용사의 수식을 받는다.
나는 오늘 아침에 쇼핑을 좀 했다.
천천히 요리를 하는 것은 질긴 고기를 부드럽게 한다.

③의미상의 주어와 의미상의 목적어를 표시하는 경우는 of나 for를 사용한다.
타이탄 호의 침몰은 결코 잊혀 지지 않았다. *주어 관계
*No writings **of** Socrates have been found yet.
종달새를 사냥하는 것은 이곳에서는 금지되어 있다. *목적어 관계
*A ring of bells marked the end of the old year.

2 준동사 용법

❶ COM

You cannot arrest a man for **looking** suspicious.

You must be tender of **hurting** another's feeling.

Walking on tiptoe is very difficult.

My father complains of not **having** time to read.

❷ 시제

1.단순형 ①He is proud of his son **being** clever.

②I don't **remember** signing the contract.

③I am sure of his **arriving** in time for the train.

There is no possibility of his **winning** the election.

2.완료형 He repents of **having been** idle in his youth.

Excuse me for not **having answered** your letter sooner.

❸ 태

1.능동형 He is proud of **having** a beautiful daughter.

He admitted **having** stolen the jewel.

2.수동형 I don't like **being treated** as a child.

He is ashamed of **having been** scolded by his teacher.

▶The watch wants **repairing**.

The clock needs **winding** once a week.

❹ 의미상의 주어

1. 표시하는 경우

①소유격 **Her being** honest is very helpful to us.

I appreciate **your giving** me so much of your time.

②목적격 We must allow for **the train** being late.

There is no need of **both of them** making a journey.

③양쪽 Do you mind my/me **using** your phone?

2. 표시하지 않는 경우

①주어 **I** don't like **going** to such a place.

②일반인 **Taking** a walk in the morning is good for the health.

③목적어 Thank **you** for **coming** to my birthday party.

④간접표시 The pain in **my** throat made **speaking** difficult.

2 준동사 용법

❶ **COM 동반** : *동명사는 준동사이므로 자체의 보어나 목적어나 수식어(부사어/구)를 동반한다.
C : 의심스러워 보인다고 해서 사람을 체포할 수는 없다.
O : 다른 사람의 감정을 상하지 않도록 조심해야 한다.
M : 발끝으로 걷는 것은 어렵다. *부사구 on tiptoe 수반.
나의 아버지는 독서할 시간이 없다고 불평한다. *동명사의 부정은 부정어를 그 앞에 둔다.

❷ **시제** :
1. **단순형** : *외형상 술어동사와 같은 시제이나 실제는 다음 3가지로 나누어진다.
① 술어동사와 같은 시제 :
=He is proud that his son is clever.
*He was ignorant of the jewel **being** of no value.
② 술어동사보다 한 시제 이전 : *accuse blame remember forget recall regret repent
=I don't **remember** that I signed the contract.
He will never forget **meeting** her at the party.
③ 술어동사보다 한 시제 이후 :
ⓐ동사 : *be sure of, be convinced of, insist on, intend;
ⓑ명사 : *doubt hope likelihood possibility probability
=I am sure that he **will arrive** in time for the train.
*He **insisted** on doing business over lunch.
=There is no **possibility** that he **will win** the election.
*There is no hope his **coming** here soon.
2. **완료형** : *술어동사보다 한 시제 이전을 나타낸다.
=He repents that he **was** idle in his youth.
=Excuse me for it that I **did**n't answer your letter sooner.

❸ **태** :
1. 능동형 : 그는 예쁜 딸이 있다는 것을 자랑한다. 그는 그 보석을 훔쳤다고 고백했다.
2. 수동형 : 나는 어린애로 취급되는 것을 싫어한다. 선생님한테 꾸중 들은 것을 부끄러워한다.
▶want need require deserve, be worth 다음에 오는 능동형 동명사는 수동의 뜻이다.
This garden needs watering. =This garden needs to be watered.
*want, need는 수동태 부정사가 가능하다. want to be repaired

❹ **의미상의 주어** :
1. **표시하는 경우** :
①소유격 : *문두에 오는 경우와 다음 동사 appreciate avoid consider defer delay enjoy postpone risk suggest 등이 동명사를 취하면 의미상의 주어는 소유격으로 한다.
②목적격 : *의미상의 주어가 무생물이거나, 문장 구조상 소유격으로 하기 어려운 경우
우리는 열차가 늦어진다는 것을 고려해야 한다. 그들 둘 모두 여행할 필요는 없다.
③ 양쪽 : *소유격 혹은 목적격 둘 다 가능한 경우로 대부분의 동사가 해당된다.
=Do you mind if I use your phone?
I don't like you/your **going** there alone.
2. **표시하지 않는 경우** :
①문장의 주어가 동명사의 의미상의 주어인 경우.
*going의 의미상의 주어는 my/me가 되지만 앞에 I가 주어로 사용되고 있다.
②동명사의 의미상의 주어가 일반사람인 경우.
③문장의 목적어가 동시에 동명사의 의미상의 주어인 경우.
*동명사 coming에 대한 의미상의 주어는 you/your이지만 you가 목적어로 사용되고 별도로 표시를 하지 않는다.
④동명사의 의미상의 주어가 간접적으로 표시된 경우.
*speaking의 의미상 주어는 me/my이지만 문장 속에 표시되어 있으므로 표시하지 않는다.

3 부정사와의 구별

❶ 부정사를 취하는 동사

①I hope **to see** you again. =I hope I will see you again

②We agreed **to start** early. =We agreed that we should start early.

③I can't afford **to buy** that palace of a house.

❷ 동명사를 취하는 동사

①I **appreciate** your inviting me to breakfast.

②You must avoid **making** such a mistake repeatedly.

❸ 양쪽 모두 취하는 동사

1. 의미상 차이가 있는 경우

①forget remember regret :

Remember to post this mail.=Remember that you will post this mail.

I remember posting this mail.=I remember that I posted this mail.

I regret to say that he did not pass the examination.

You shall never regret doing a good action.

②like love prefer hate :

I like swimming, but I don't like to swim here.

I hate to see birds in cages. He hates parting with his money.

③stop try :

He stoped to smoke a cigarette. He stopped smoking.

He tried to move the piano. He tried moving the piano.

2. 의미상의 차이가 없는 경우

①attempt begin start commence cease continue intend omit propose :

He began to borrow money from her.

We must cease dumping waste in the sea.

②advise recommend allow permit forbid :

We don't allow people to smoke in this room.

We don't allow smoking in this room.

Father forbids us to make a noise while eating.

Father forbids making a noise while eating.

3 부정사와의 구별

❶ 부정사를 취하는 동사

①that절을 목적어로 취할 수 있는 동사 : *expect hope learn pretend promise
나는 당신을 다시 만나기를 바란다.
②that ~ should절을 목적어로 취할 수 있는 동사 : *agree ask decide demand determine
우리들은 일찍 출발하는데 동의했다.
③that절을 목적어로 취할 수 없는 동사 : *afford choose hesitate manage refuse tend
나는 저 대궐 같은 집을 살 여유가 없다.

❷ 동명사를 취하는 동사

①that절을 목적어로 취할 수 있는 동사 :
*admit anticipate appreciate deny doubt mean mention understand
그러한 실수를 되풀이 하지 않도록 해야 한다. 나를 아침 식사에 초대해 주셔서 감사합니다.
②that절을 목적어로 취할 수 없는 동사 :
*avoid consider defer delay dislike discontinue enjoy escape excuse evade finish forgive, give up, help, leave off, mind postpone practice prevent, put off, quit repent resent resist risk stop stand(= bear endure tolerate)

❸ 양쪽 모두 취하는 동사

1. 의미상 차이가 있는 경우 :

①**forget remember regret** : *부정사이면 미래 일을, 동명사이면 과거 일을 나타낸다.
이 우편물을 부치는 것을 잊지 마라. 이 우편물을 부친 것을 기억하고 있다.
그가 시험에 떨어졌다는 것을 알려주게 되어 유감입니다. (현재 혹은 미래)
좋은 일을 하고 후회하는 일이 없도록 하겠다. You shall ~ =I will let ~.
②**like love prefer hate** : *부정사→구체적, 일시적; 동명사→진행 중인 행위, 일반적 행위
나는 수영을 좋아한다. 그러나 여기서 수영하고 싶지는 않다.
나는 새장에 있는 새들을 보는 것을 싫어한다.
그는 자기 돈을 내 놓기를 싫어한다.
*I like to sleep late on Sundays. He doesn't like asking for help.
나는 일요일 같은 때에 늦게까지 잠자는 것을 좋아한다.
그는 도움을 요청하는 것을 좋아하지 않는다.
▶ⓐshould/would like 다음에는 부정사를 취한다.
Would you **like** to come to lunch? 점심 드시러 오시겠어요?
ⓑprefer는 than이 있으면 부정사를, to가 있으면 동명사를 취한다.
I **prefer** to read rather **than sit** idle. He **prefer**s watching rugby **to playing** it.
ⓒ**stop try**
그는 담배를 피우기 위하여 멈췄다. 그는 담배를 끊었다.
그는 피아노를 옮기려고 했다. 그는 피아노를 시험 삼아 옮겨보았다.

2. 의미상의 차이가 없는 경우 :

①**attempt begin start commence cease continue intend omit propose;**
그는 그녀로부터 돈을 빌리기 시작했다. =He began borrowing ~.
우리는 바다에 쓰레기 버리기를 중단해야 한다. =We must cease to dump ~.
▶ⓐ위 동사들이 진행형으로 사용되면 부정사를 취한다. I was beginning to get angry.
ⓑ위 동사 다음에 인식 동사(know realize understand)가 따르면 부정사를 취한다.
I began <u>to understand</u> what was happening.
②**advise recommend allow permit forbid;**
*목적어가 있으면 부정사를 취하고, 목적어가 없으면 동명사를 취한다.
우리들은 사람들이 이 방에서 담배 피우는 것을 허락하지 않는다.
그는 식사할 때 소리를 내는 것을 금하신다.

4 현재분사와의 구별

❶ waiting room 형태

①동명사 : 목적, 용도를 나타내며 전치사 for를 사용해서 고쳐 쓸 수 있다

a boxing glove; boiling point; a dining table; a fishing rod
a sleeping car; a sleeping pill; a swimming suit; a wedding ring

②현재분사 : 동작이나 상태를 나타내며 관계대명사를 사용해서 고쳐 쓸 수 있다.

a burning house; a neighboring village; the rising sun
a sleeping child; a smoking chimney; a walking dictionary

❷ go ~ing 형태

①조건 : ⓐ놀이 ⓑ신체적 활동 ⓒ옥외활동 ⓓ불규칙적

②단어 boating camping climbing cycling dancing driving fishing
hunting hiking jogging sailing skating shopping swimming

③예문 It is madness to **go climbing** in such bad weather.
People use maggots as bait when they **go fishing.**
She **goes shopping** with her mother on Sundays.
It was foolhardy of him to **go swimming** alone.

❸ have difficulty (in) ~ing 형태

①형태 have difficulty [trouble, a hard time, a job] in ~ing
=have difficulty [trouble, a hard time, a job] with + 명사

②동사 have employ lose pass spend waste

③예문 He **had difficulty (in) finding** her house.
He **lost** no time **(in) doing** the work.
He **passed** his late life **(in) reading** novels.
She **spent** much money **(in) buying** her clothes.

❹ be busy (in) ~ing 형태

①형태 be busy in~ing = be busy with+명사

②단어 busy, employed engaged happy late occupied

③예문 He **is busy in washing** the dishes in the kitchen.
The old lady **is engaged (in) making** clothes for her grandson.
He must not **be late (in) getting** home.
He **is occupied (in) translating** a French novel.

4 현재분사와의 구별

❶ waiting room 형태
①동명사 : *목적 용도를 나타내며, for를 사용해서 고쳐 쓸 수 있다
복싱글러브(a glove for boxing); 비등점; 식탁(a table for dining); 낚싯대; 침대차; 수면제(a pill for sleeping); 수영복; 결혼반지;
②현재분사 : *동작이나 상태를 나타내며 관계대명사를 사용해서 쓸 수 있다.
a house which is burning; a village which neighbors; the sun which is rising
a child who is sleeping; a chimney which is smoking; a dictionary who is walking

❷ go ~ing 형태 : *~하러 가다
*go 다음의 -ing는 발생학적으로는 동명사이나 현재분사로 볼 수도 있다.
①조건 : ⓐ놀이(play)이고, ⓑ신체적 활동(physical activity)이고, ⓒ옥외활동(outdoor activity)이고, ⓓ불규칙적(irregular)이어야 한다.
②해당 단어 : *boating camping climbing cycling dancing driving fishing hunting hiking jogging sailing skating shopping swimming
③예문 : 이렇게 좋지 않은 날씨에 낚시를 가는 것은 미친 짓이다.
사람들은 낚시하러 갈 때 미기로 구더기를 사용한다.
그녀는 일요일 같은 때에 어머니와 같이 쇼핑하러 간다.
그가 혼자서 수영하러 간 것은 무모했다. foolhardy 무모한(rash)
*Are you going to go hiking with us on Sunday?

❸ have difficulty in ~ing 형태 : *~하는데 어려움을 겪다. *in이 있으면 동명사로 취급하고, in이 없으면 현재분사로 본다.
①형태 : have difficulty [trouble, a hard time, a job] in ~ing
=have difficulty [trouble, a hard time, a job] with + 명사
②동사 : *have employ lose pass spend waste
have ~을 경험하다, 겪다; employ (시간, 정력)소비하다, 쓰다(spend)
lose (시간·노력) 낭비하다(waste); pass (시간·세월) 보내다(spend)
spend (노력·시간) 들이다, 소비하다; waste 헛되이 하다, 낭비하다.
③예문 : 그는 그녀의 집을 찾는데 어려움을 겪었다.
그는 그 일을 하는데 시간을 낭비하지 않았다.
그는 소설을 읽으면서 그의 만년을 보냈다.
그녀는 옷을 사는데 많은 썼다.

❹ be busy in ~ing 형태 : *~하는데 바쁘다
*in이 있으면 동명사, in이 없으면 분사로 취급한다.
①형태 : be busy in ~ing = be busy with + 명사
②형용사 : *busy employed engaged happy late occupied tired weary
employ (수동태 또는 재귀용법) ~에 종사하다, ~에 헌신하다.
engage (수동태) 종사하다(in), 바쁘다.
be happy in 다행히도 ~을 갖다. He is happy in having congenial work.
be late in ~하는데 늦다; occupy (수동태/재귀용법) 종사시키다(in; with)
③예문 : 그는 부엌에서 설거지를 하느라 바쁘다.
그는 집에 도착하는데 늦어서는 안 된다.
그 노부인은 손녀에게 옷을 만드는데 종사하고 있다.
그는 프랑스 소설을 번역하는데 종사하고 있다.

5 관용적 용법① : 전치사+동명사

❶ **Besides holding** an important office, he writes novels.
The play was badly acted, besides being far too long.

❷ He earns his living **by teaching** English at school.
By working hard he gained rapid promotion.

❸ We must be careful **in choosing** our friends.
Can I be of service to you in organizing the trip?

❹ **In spite of being** tired, he went on his work.
He went to work in spite of feeling sick.

❺ **Instead of going** to college, he got a job.
I bought a new bicycle instead of going away on vacation.

❻ **On seeing** me, the criminal took to his heels.
On arriving at the station he found the train had already started.

❼ to + 동명사

①동사 He **devoted himself to** study**ing** physics.
We are **looking forward to** visit**ing** your country.
I don't **object to** join**ing** the club.
When it comes to mak**ing** things, I am all thumbs.
What do you say to dropp**ing** in for a cup of coffee?

②명사 He went to the country **with a view to** improv**ing** his health.
I have **a view to** better**ing** my living conditions.
Have you any **objection to** wear**ing** this suit?
He writes **in addition to** be**ing** a fine thinker.
Mathematics is **the key to** understand**ing** the world.

③형용사 I **am not equal to** do**ing** such a hard work.
I **am** not very much **opposed to** go**ing** to the beach.
He **was used to** sitt**ing** up far into the night.
You will **get accustomed to** mak**ing** a speech in public.
We **were reduced to** sell**ing** the car to pay the debt.

5 관용적 용법① : 전치사+동명사

❶ **besides ~ing** : *~외에도(in addition to);
그는 중요한 직책을 가지고 있을 뿐만 아니라 소설도 쓴다.
그 연극은 너무 길다는 것 외에도 연기가 형편없었다.

❷ **by ~ing** : *~함으로써; by는 수단을 나타내는 전치사;
학교에서 영어를 가르쳐서 생계를 이어간다. earn/get/make one's living 생계를 세우다
열심히 일하여 그는 빠른 승진을 했다. rapid 바른; *promotion 승진

❸ **in ~ing =when** : *~할 때;
친구를 고를 때는 조심해야 한다. 여행을 계획하는 데 제가 도움이 될까요?

❹ **in spite of ~ing** : *~에도 불구하고 (for all; with all; despite; notwithstanding)
피곤함에도 불구하고 그의 일을 계속했다.
몸이 찌뿌듯했으나 그는 계속해서 일을 했다.

❺ **instead of ~ing** : *~대신에(in place of; in lieu of)
그는 대학에 가는 대신에 직장을 얻었다. 휴가로 놀러가는 대신에 새 자전거를 샀다.

❻ **on ~ing** : ***~하자마자, *~ 때**
그 범인은 나를 보자마자 부리나케 달아났다.
take to one's heels 부리나케 달아나다(show one's heels =show a clean pair of heels)
*본 것이 먼저이나 On, as soon as, the moment/minute, instantly, immediately는 관용적으로 동일한 시제를 사용한다.
=**As soon as** he saw me, the criminal took to his heels.
=**The moment (minute=instant)** he saw me, the criminal took to his heels.
=**Immediately (Instantly)** he saw me, the criminal took to his heels.
*아래 구문은 본 것이 먼저이므로 과거완료시제를 쓴다.
=**Hardly** had he seen me **when(=before)** the criminal took to his heels.
=**Scarcely** had he seen me **when (=before)** the criminal took to his heels.
=**No sooner** had he seen me **than** the criminal took to his heels.
역에 도착했을 때 그는 그 열차가 이미 출발했다는 것을 알았다.
=**When** he arrived at the station, he found the train had already started.

❼ **to + 동명사** : *to 다음에 명사를 넣어서 문장이 가능하면 to 다음에 동명사를 사용.
①*devote oneself to : *~에 열중하다(apply oneself to; be bent on)
*look forward to : *학수고대하다(anticipate; expect). object to ~에 반대하다.
*when it comes to : *~에 관한 것이라면; be all thumbs 손재주가 없다.
*what do you say to : *~하는 게 어때? =How/What about? Why don't you?; Let's ~.
drop in =drop by =stop in =stop by =make a casual visit : 잠시 들러다.
②*with a view to : *~할 목적으로(with the view of; for the purpose of)
view 경치; 시야; 견해, 의견; 목적, 의도; better ⓢ개선하다(improve); ~ment 개선
*have objection to : *~에 반대하다
*in addition to : *~외에도(besides)
*the key to : *~에 이르는 요소, 관문; 해답; 비결
③*be equal to : *~할 수 있다. ~을 감당하다. (be capable of; be able to; can)
*be opposed to : *~에 반대하다(object to; have no objection to)
*be used to : *~에 익숙해있다 (be accustomed to); get은 동작을 나타낸다.
cf. Grapes **are used to make** wine. '사용되다'는 의미로 사용되면 부정사
*be reduced to : *부득이 ~하게 되다(be forced to; become)

5 관용적 용법② : 긍정 구문

❶ be worth ~ing

This book is worth reading over and over again.
=This book is worthy of reading over and over again.
=This book is worthy to be read over and over again.
=This book is worth while to read over and over again.

❷ come near ~ing

He came near being run over by a car.
=He nearly/narrowly/barely escaped from being run over by a car.

❸ feel like ~ing

I feel like going to the movies tonight with you.
=I feel inclined/disposed to go to the movies tonight with you.
=I have a mind/wish to go to the movies tonight with you.

❹ for the ~ing

You can have it for the asking. =You can have it if only you ask.
Prosperity was his for the grasping. =Prosperity was his if only he grasps.

❺ make a point of ~ing

I make a point of taking a walk after breakfast every morning.
=I make it a rule to take a walk after breakfast every morning.
=I am in the habit of taking a walk after breakfast every morning.

❻ on the point of ~ing

I was on the point of leaving the office when the phone rang.
=I was on the brink/edge/verge of leaving the office when the bell rang.
=I was about to leave the office when the telephone rang.

❼ of one's own ~ing

This is the picture of his own painting.
=This is the picture which he himself painted.
=This is the picture which was painted by himself.

5 관용적 용법② : 긍정 구문

❶ be worth ~ing : *~할 가치가 있다

*worth는 형용사이면서 목적어를 취할 수 있는 경우다. 목적어로 명사 대명사를 취할 수 있고, 부정사가 아닌 동명사를 취한다. 이런 형용사는 near like past 등이다.

The man is past praying for.

*능동형 동명사를 취하나 수동의 의미다. 따라서 수동형 부정사로 바꿔 쓸 수 있다.

*while은 명사로서 '시간과 노력'을 의미한다.

=It is worth while to read this book over and over again.

*It은 가주어이고 진주어는 to read this book ~ 이다.

이 책은 되풀이해서 읽을 가치가 있다.

over and over (again) 되풀이하여(repeatedly; again and again; time and again)

❷ come near (to) ~ing : *~할 뻔하다 *보통 to는 생략된다.

그는 차에 치일 뻔했다. nearly/barely narrow거의; 겨우, 간신히;

He came **near** committing a absurd mistake.

그는 정말 어처구니없는 실수를 저지를 뻔했다.

❸ feel like ~ing : *~하고 싶다

오늘 밤 너와 같이 영화 보러 가고 싶다.

=feel inclined/disposed to+동사원형

=have a mind/wish to+동사원형

dispose 배치하다; ~할 마음이 내키게 하다; 처분하다(of) ⓝdisposition 경향; 배열; 처분

=I should/would like to go to the movies tonight.

❹ for the ~ing : *~하기만 하면(if only)

요구하기만 하면 너는 그것을 가질 수 있다.

잡기만 하면 번영은 그의 것이었다. prosperity 번영; ≠adversity; grasp잡다;

❺ make a point of ~ing : *반드시 ~하다; 주장[강조; 중요시] 하다

*it은 가목적어; 진목적어는 to take a walk ~ 이다.

=I make it a point to take a walk after breakfast every morning.

=I make a practice of taking a walk after breakfast every morning.

=I have a practice of taking a walk after breakfast every morning.

=I have a habit of taking a walk after breakfast every morning.

=It is a habit with me to take a walk after breakfast every morning.

❻ on the point of ~ing : *막 ~하려고 할 때

=on the brink/edge/verge of ~ing

=be about to + to 부정사

전화가 울렸을 때 나는 막 사무실을 떠나려는 참이었다.

즉 내가 사무실을 떠나려고 할 때 전화가 울렸다.

❼ of one's own ~ing : *자신이 직접 ~한

이것은 그가 직접 그린 그림이다.

=This **is** the picture **of his own** painting.

=This **is** the picture which he **himself** painted.

*대명사의 소유격 (my your his her its 등)에 own을 붙여서 소유의 관념을 강조한다.

그래서 himself를 사용했다. 이 재귀대명사 himself는 강조용법으로 사용되었다.

=This **is** the picture which was painted by himself.

*외형상으로는 단순 동명사 즉 술어동사의 시제와 같은 시제이나, 관용적으로 술어동사의 시제보다 한 시제 이전을 나타낸다. 그래서 was를 사용했다.

*분사 앞의 '관계대명사+be동사'는 생략 가능

This is the picture painted by himself.

5 관용적 용법③ : 부정 구문

❶ cannot help ~ing

I cannot help laughing at the funny sight.
=I cannot avoid[evade, escape] laughing at the funny sight.
=I cannot keep [abstain, refrain] from laughing at the funny sight.
=I cannot but laugh at the funny sight.
=I cannot choose [help] but laugh at the funny sight.
=I have no choice [alternative] but to laugh at the funny sight.
=There is nothing for it but to laugh at the funny sight.

❷ never ~ without ~ing

It never rains without pouring. =It never rains but it pours.
=When it rains, it always pours. =Whenever it rains, it pours.
=Every time it rains, it pours. =Each time it rains, it pours.

❸ It is no use ~ing

It is no use trying to reason with her.
=It is of no use to try to reason with her.
=There is no use in trying to reason with her.
=What is the use/point of trying to reason with her?

❹ It goes without saying that

It goes without saying that health is above wealth.
=It is of no need to say that health is above wealth.
=It is a matter of course that health is above wealth.
=We take it for granted that health is above wealth.

❺ There is no ~ing

There is no telling what will become of him?
=It is impossible to tell what will become of him?
=We cannot tell what will become of him?
=No one can tell what will become of him?

5 관용적 용법③ : 부정 구문

❶ **cannot help ~ing** : *~하지 않을 수 없다
나는 그 우스운 광경을 보고 웃지 않을 수 없었다.
*help가 can을 동반하여 '삼가다' '피하다'의 의미로 사용되면 동명사를 목적어로 취한다.
*help 대신에 avoid, evade, escape 등의 동사를 사용할 수 있다.
*help 대신에 keep/abstain/refrain from ~ing 등을 사용할 수 있다.
keep from ~ing : ~을 삼가다; abstain 삼가다; refrain 삼가다, 참다;
*cannot but + 동사원형 : but은 전치사로 -을 제외하고(except) 뜻이다.
*cannot choose but + 동사원형 : but은 전치사로 -을 제외하고(except) 뜻.
*cannot help but + 동사원형 : but은 전치사로 -을 제외하고(except) 뜻. help=avoid
*have no choice[alternative] but to+동사원형 : but은 except의 뜻.
choice 선택; 달리 취할 방도; alternative 대안, 다른 방도, 양자택일
*have no other way but to + 동사원형 : but은 except의 뜻.

*There is nothing for it but to + 동사원형 : *it은 부정(不定)의 it. but은 except의 뜻.
=I have nothing to do but to laugh at the funny sight. but은 except의 뜻.
=I can do otherwise than laugh at the funny sight.
*than이 else other otherwise another different differently 다음에서는 except의 뜻.
=Nothing remains but to laugh at the funny sight.

❷ **never ~ without ~ing** : *~하지 않고는 ~하지 않는다. ~하면 반드시 ~한다.
비가 오면 반드시 퍼 붓는다. pour (물)붓다, 따르다; (비)퍼붓다
*'not/never ~ but + s + v' 구문에서 but은 종속접속사로 that ~ not의 뜻이다. 즉 그 자체에 부정의 뜻이 포함되어 있다.
*when ~always =whenever =every time =each time
*every time; each time은 접속사 역할을 하고 있다.

❸ **It is no use ~ing** : *~해도 소용없다
그녀를 설득하려고 해도 소용이 없다.
=It is no use trying to reason with her.
*reason with =persuade *it은 가주어, trying ~은 동명사;
=It is of no use
=It is useless to reason with her. use 사용; 소용
=When you reason with her, it is no use.
=What is the use/point of trying to reason with her. *point 목적, 취지, 의미;

❹ **It goes without saying that** : *~말할 필요도 없다
건강이 재산보다 낫다는 것은 말할 필요도 없다.
*A is above B : A가 B보다 낫다.
of no need =needless; a matter of course : 당연한 일;
*take it for granted that : that 이하 ~하는 것을 당연히 여기다.
*it은 가목적어; that ~가 진목적어;

❺ **There is no ~ing** : *~할 수 없다.
그가 어찌 될 지를 말할 수 없다.
*become of : 의문사 what을 주어로 하여' ~이(어떻게) 되다'
*It is impossible to tell ~ : it은 가주어; to tell 이하가 진주어.

어법 문제 ①

❶ (　)에 주어진 단어를 적당한 형태로 바꾸어라.
1. The (strengthen) of economic diplomacy is our major concern,
2. Not (do) one's work properly may be worse than not doing it at all.
3. He was rewarded for (save) the child.
4. It's (beat) a drum in cow's ear.
5. I don't feel like (go) out in this humid weather.
6. Don't forget (ring) him up sometime this afternoon.
7. I remember (post) the letter yesterday.
8. Would you mind (lend) me your dictionary?
9. He advised (take) a taxi to go to the station.

❷ 다음 문장을 단문으로 고치시오.
1. I forgot having said so about the matter.
2. I am convinced of his visiting us again.
3. I am glad to hear of your having succeeded so well.
4. Is there any possibility of the war coming to an end soon?
5. Do you mind my opening the window?
6. I am ashamed that I did not help my friend in need.
7. She was ignorant that the jewel was of great value
8. He insisted that the house should be sold at once.
9. He complained that the room was too cold.

❸ 알맞은 형태로 고치고(1~5), 동명사인지 분사인지를 구별하라(6~10)
1. She is busy (write) a letter to her sweetheart now.
2. She spent half an hour (do) her hair.
3. I had difficulty (find) his office.
4. He lost no time (do) the work.
5. She spent much money (buy) her clothes.
6. ① a swimming girl　② a swimming pool
7. ① a traveling bag　② a traveling library
8. ① a sewing machine　② a sewing woman
9. ① a smoking room　② a smoking chimney
10. ① a sleeping car　② a sleeping baby

해답

❶ 1.Strengthening 2.doing 3.saving 4.beating 5.going 6.to ring 7.posting 8.lending 9.taking 10.being

❷ 1.I forgot that I had said ~. 2.I am convinced that he will visit ~. 3.I am glad to hear that you have succeeded ~. 4.Is there any possibility that the war will come to ~. 5.Do you mind if I open the window? 6.I am ashamed of not having helped ~ . 7.She was ignorant of the jewel being of great ~ . 8.He insisted on the house being sold at once. 9.He complained about the room being ~ .

❸ 1.writing 2.doing 3.finding 4.doing 5.buying 6.분사/동명사; 7.동명사/분사; 8.동명사/분사; 9.동명사/분사; 10.동명사/분사;

어법 문제 ②

❶ 다음 두 문장의 뜻이 같아지도록 ( )에 적당한 단어를 써라.

1. As soon as she read the letter, she burst into tears.
=( ) ( ) the letter, she burst into tears.
2. It is needless to day that honesty is the best policy.
=It goes ( ) ( ) that honesty is the best policy.
3. Whenever he comes to see me, he brings good news.
=He never comes to see me ( ) ( ) good news.
4. Though it rained heavily, the guest insisted on leaving.
=( ) ( ) ( ) ( ) heavily, the guest insisted on leaving.
5. On seeing the policeman, the pilferer ran away.
=Hardly ( ) he ( ) the policeman, ( ) the pilferer ran away.
=No sooner ( ) he ( ) the policeman, ( ) the pilferer ran away.

❷ 문장의 뜻이 같도록 괄호 안에 적당한 단어를 넣으시오.

1. This book is worth reading twice at least.
=This book is worth ( ) to read twice at least.
2. He came near being run over by a truck.
=He ( ) escaped from being run over by a truck.
3. This is a picture of my own drawing.
=This is a picture ( ) ( ) myself.
4. I make a point of taking a nap after lunch.
=I make it a ( ) to take a nap after lunch.
5. How about taking a walk after lunch?
=What do you ( ) ( ) taking a walk?

❸ 다음 두 문장의 뜻이 같도록 ( )에 적당한 단어를 써 넣으시오.

1. It never rains without pouring. =( ) it rains, it pours.
2. It is no use crying over the spilt milk.
=What is the ( ) of crying over the spilt milk.
3. There is no telling what will happen in the future.
=It is ( ) to tell what will happen in the future.
4. I could not take part in the game because of illness.
=Illness ( ) me ( ) taking part in the game.
5. I cannot help laughing at the funny sight.
=I cannot ( ) from laughing at the funny sight.
=I have no choice ( ) to laugh at the funny sight.
=There is nothing for ( ) but to laugh at the funny sight.

해답

❶ 1.On reading 2.without saying 3.without bringing 4.In spite of being 5.had; seen; when; had; seen; than;
❷ 1.while 2.narrowly 3.drawn by 4.rule 5.say to
❸ 1.Whenever 2.purpose 3.impossible 4.prevented; from 5.abstain[refrain]; but; it;

어법 문제 ③

◆ 밑줄 친 곳에 알맞은 것은?

1. Instead of ________ into a nearby river lake, sewage is sent to a giant tank where the water is purified.
   ① dumping ② dump ③ being dumped ④ being dumping

2. My typewriter doesn't work very well now. It probably needs _______ .
   ① to clean ② clean ③ cleaning ④ cleaned ⑤ being cleaned

3. When you invest money, you usually anticipate _________ .
   ① losing it away ② earning more ③ giving it away
   ④ spending it away ⑤ donating it to a worthy cause

4. You will be punished if you ________ paying your taxes.
   ① obey ② invade ③ evade ④ demand ⑤ command

5. What kind of pen do you want to have? I prefer ____ to that blue one.
   ① having this red pen ② to have this red pen
   ③ had this red pen ④ this red pen having

6. The bus was so crowded that he had a hard time _____ .
   ① getting off ② to get off ③ to get out ④ getting out

7. Miriam didn't go to the movies last night because she was so busy ___ for her trip to Guam.
   ① preparing ② that prepared ③ by preparing ④ to prepare

8. Do you have any objection ________ them in a drink?
   ① to join ② to joining ③ to join with ④ to joining to

9. I am sure that Mary will come. =I am sure _______ .
   ① Mary's coming ② of Mary coming
   ③ for Mary to come ④ of Mary to come

10. I am not _______ shopping with my mother.
   ① used to going ② use to go ③ to be used to going ④ used to go

해답

1. ③; 주어(sewage)와 동명사와의 관계는 수동관계이다.
2. ③; 능동형 동명사를 취한다.
3. ②; anticipate는 동명사를 목적어로 취한다.
4. ③; 보기에서 동명사를 취하는 동사.
5. ①; prefer는 부정사, 동명사 모두 취하나 to가 있으면 동명사를 취한다.
6. ①; have a hard time (in) ~ing 구문.
7. ①; be busy (in) ~ing 구문.
8. ②; have objection to ~ing 구문.
9. ②; of의 목적어이다. Mary는 의미상 주어다.
10. ①; be used to ~ing 구문.

어법 문제 ④

◆ Choose the one sentence which is grammatically right.

1 ① She is kind and a pleasant woman.
② The dirty pan needn't cleaning.
③ There has been several calls for you.
④ I had my watch repair.
⑤ Noisy traffic makes large cities uncomfortable to live in.

2 ① We are looking forward to see you.
② I am quite used to climbing mountain.
③ I used to swimming in the summer.
④ I had rather do it for myself.
⑤ You have better do it yourself.

3 ① It goes without saying that a friend in need is a friend indeed.
② My grandmother seems to glad to talk in English to anyone.
③ She usually studies English with a tape recorder besides her.
④ My father was gardened with a pipe in his mouth.
⑤ The ship sat sail with a blue flag fluttering in his mouth.

4 ① He came near being run over by a car.
② I am ashamed of my being late for the party.
③ Unless you two stop to fight, I will call in the police.
④ I am looking forward to see you again.
⑤ I remember calling on him tomorrow.

5 ① He never can resist to make a joke.
② What do you say to drop in for a cup of coffee?
③ When it come to make things, I am all thumbs.
④ He went to the country with a view to improve his health.
⑤ I am equal to doing such a hard work.

6 밑줄 친 부분의 용법이 서로 다른 하나는?
① a dining room ② a sleeping room ③ a walking stick
④ a sleeping baby ⑤ a washing machine

해답

1. ⑤; ①a kind and pleasant ②cleaning→to be cleaned ③has→have ④repaired
2. ②; ①see→seeing ③swimming→swim ④had→would ⑤have→had
3. ①; ②to be glad ③besides→beside ④gardened→gardening ⑤sat sail→set sail
4. ①; ②my를 없앤다. ③to fight→fighting ④to see→seeing ⑤calling→to call
5. ⑤; ①to make→making ②drop→dropping ③make→making ④improve→improving
6. ④; (현재분사), 나머지는 동명사. ①room for dining ②room for sleeping ③stick for walking ⑤machine for washing

어법 문제 ⑤

◆ **Choose the one which is grammatically wrong.**

1. We expected that they would have(①) more trouble get(②) there on time(③) than we(④).

2. By facing(①) a problem before(②) it becomes insurmountable(③), we can take a giant step toward resolve(④) it.

3. The conditions most favorable(①) to the form(②) of dew are(③) relatively high humidity and a calm, clear(④) atmosphere.

4. Tom calling(①) Mary made her(②) angry, so(③) she hung up(④) on him.

5. Long(①) before the dawn(②) of recorded(③) history humans celebrated to harvest(④) their crops.

6. I appreciate you(①) helping me to do(②) dishes, but I wish you would lay(③) them down on the table more carefully(④).

7. Not until(①) some 200 years ago(②) did the world population began(③) increasing at a rapid rate(④).

8. One(①) spring day when he ought to(②) have been(③) in school, he ran away and went swim(④) instead.

해답

1. ②; get→getting; have trouble ~ing.
2. ④; resolve→resolving; toward가 전치사.
3. ②; form→forming;
4. ①; Tom→Tom's; 동명사의 의미상의 주어가 문두면 소유격.
5. ④; celebrate는 동명사를 목적으로 취한다. to harvest→harvesting.
6. ①; appreciate suggest가 동명사를 취할 때 그 의미상의 주어는 소유격으로 한다.
7. ③; begin/start는 부정사/동명사 둘 다 취할 수 있지만 주어가 사물이면 부정사를 취함.
8. ④; go ~ing 구문; swim→swimming.

어법 문제 ⑥

❶ 다음 글의 밑줄 친 부분 중 어법상 자연스럽지 못한 것은?

At the zoo, Smith the lion was very sick. The animal doctor came and tried giving him red meat ① full of medicine. Poor Simba did not even raise his head. Finally, Simba ② stopped to breathe. The doctor said, ③ with tears in his eyes. "I regret to tell you that Simba is dead." The little children ④ were very shocked to hear it. "I feel like I've lost an old friend. I can remember ⑤ reporting Simba's birth," said a reporter.

❷ 다음 글의 밑줄 친 부분 중 어법상 자연스럽지 못한 것은?

In ancient Greece, women ① were not allowed to take part in the Olympic Games or ② even to watch them as spectators. However, they held their own games, which were called "Heraea". These games also ③ took place every four years until the time of the Roman conquest of Greece. ④ Women wee first invited to participate in the modern Olympics in 1912. Since then, women's events have become popular. People ⑤ look forward to watch women's gymnastics and volleyball events in particular because women have shown great sports ability in these events.

❸ 다음 글에서 밑줄 친 부분 중 어법상 틀린 것은?

When my mother ① I couldn't find her diamond ring last summer, she really worried. With our help, she ② turned the whole house inside out. Even the neighbors took up the search. finally after Mother sat down calmly to retrace her steps, the pieces of her mystery ③ began to fit together. At last, she remembered ④ to take her ring off when she was outside opening a can of paint. ⑤ Not wanting it to get damaged, she had set her ring on a nearby window sill.

해답

❶ ②; 내용상 '호흡을 멈추다'이므로 동명사가 와야 한다.
❷ ⑤; look forward to ~ing '학수고대하다'(anticipate).
❸ ④; 내용상 과거의 일을 기억해냈기 때문에 remember 다음에 동명사가 와야 한다.

영작 문제

❶ 다음 우리말을 영어로 옮기시오.
1. 상업이란 재화와 용역을 사고파는 것이다.
2. 선무당이 사람 잡는다. (적은 지식은 위험한 것이다.)
3. 답장이 늦어서 죄송합니다.
4. 그를 만난 기억이 안 난다.
5. 너의 양복 다림질 해야겠다.
6. 아침 식사에 초대해 주셔서 고맙습니다.
7. 이 편지 잊지 말고 부쳐라.
8. 이곳을 찾는데 어려움을 겪었다.
9. 그녀는 머리를 손질하는데 1시간이나 소비했다.
10. 간식을 해서 식욕을 잃지 마세요.

❷ 다음 우리말을 영어로 옮기시오.
11. 나는 당신나라를 방문하기를 학수고대하고 있습니다.
12. 커피 한 잔 하러 들르지 않을래?
13. 나는 네가 혼자서 그 곳에 가는 것을 반대한다.
14. 물건 만드는 일이라면 나는 소질이 전혀 없다.
15. 이것은 내가 직접 쓴 시다.
16. 너와 같이 산책 나가고 싶다.
17. 이 책은 적어도 두 번은 읽을 가치가 있다.
18. 나는 그 비참한 광경을 보고 눈물을 흘리지 않을 수가 없었다.
19. 엎지른 우유를 한탄해 본들 아무 소용이 없다.
20. 네가 어떻게 될지는 아무도 말할 수 없다.

***해답**

❶
1. Commerce is buying and selling goods and services.
2. A little learning is a dangerous thing.
3. Excuse me for not having answered your letter sooner.
4. I can't recall meeting him.
5. Your suit requires pressing.
6. I appreciate your inviting me to breakfast.
7. Remember to post this letter.
8. I had difficulty finding(locating; spotting) this place.
9. She spent half an hour doing her hair.
10. Don't spoil your appetite by eating between meals.

❷
11. I am looking forward to visiting your country.
12. What do you day to dropping in for a cup of coffee?
13. I am opposed to going there alone.
14. When it comes to making things, I am all thumbs.
15. This is a poem of my own writing.
16. I feel like going for a walk with you.
17. This book is worth reading twice at least.
18. I could not shed tears at the miserable sight.
19. It is no use crying over spilt milk.
20. There is no telling what will become of you.

18장 분사

*__분사(分詞; Participle; 원형+ing, 원형+ed)__란 준동사로서 형용사 역할을 한다. 준동사(準動詞)란 동사에 준(準)한다는 뜻으로 분사 자체(自體)의 ①보어(C), 목적어(O), 수식어(M)를 취하고 ②시제(tense)가 있고 ③태(voice)가 있고 ④동사의 주체로서 의미상의 주어(Sense Subject)가 있다. 그러나 동사처럼 활용(活用)을 하지 않기 때문에 동사는 아니다. *__분사구문__은 부사 역할을 한다.

1 분사의 종류

1. 현재 분사 : ①자동사의 현재분사 ①타동사의 현재분사
2. 과거 분사 : ①자동사의 과거분사 ②타동사의 과거분사
3. 유사 분사 : ①1형식 ②2형식 ③3형식

2 형용사의 용법

1. 한정적 용법
2. 서술적 용법

3 준동사 용법

1. COM
2. 시제
3. 태
4. 의미상의 주어

4 특수 용법

1. 정동사 용법
2. 명사 용법
3. 부사 용법
4. 접속사 용법
5. 전치사 용법

5 분사 구문 : 접속사+S+V의 형태를 현재분사의 형태로 나타낸 것

❶ 일반 분사 구문 S′=S

1. 기능
2. 시제 ①단순 분사구문 ②완료 분사구문
3. 태 ①능동형 분사구문 ②수동형 분사구문
4. 강조 ①현재분사 강조 ②과거분사 강조
5. 부정
6. 접속사 +분사구문

❷ 독립 분사 구문 S′≠S

1. 일반 독립분사구문
2. 부대상황 독립분사구문
3. 무인칭 독립분사구문

1 종류

❶ 현재 분사

1. 자동사의 현재분사 : 진행을 나타낸다.

Look at the **barking** dog.   The **sleeping** baby is cute.

2. 타동사의 현재분사 : 사역과 능동을 나타낸다.

①It is an **interesting** book.   Teaching is a **rewarding** job.

②The game is **exciting.**   The news was **depressing**.

❷ 과거 분사

1. 자동사의 과거분사 : 완료를 나타낸다.

He is a musician just **returned** from Paris.

This is a **faded** flower.

2. 타동사의 과거분사 : 수동을 나타낸다.

She looked after a **wounded** soldier.

It is no use crying over **spilt** milk.

❸ 유사 분사

1. 1형식

①He is a **hard-working** youth.

This is **fast-growing** tree.

②There comes a **horse-drawn** cart.

Man-made satellites revolve round the Earth.

③He is a **well-trained** soldier.

This is a **newly-painted** house.

2. 2형식

This is a **sweet-smelling** rose.

I met a **handsome-looking** youth.

3. 3형식

①She is a **brown-haired** girl.

This is a **long-necked** animal.

②There are many **English-speaking** people.

A great many **labor-saving** devices are invented and patented.

1 종류

❶ 현재 분사

1. **자동사의 현재분사** : ***진행**을 나타낸다.
   Look at the **barking** dog. =Look at the dog which is barking.
   The **sleeping** baby is cute. =The baby who is sleeping is cute.
 ▶진행 외에도 습성이나 특성을 나타내기도 한다.
   A **rolling** stone gathers no moss. 구르는 돌에는 이끼가 끼지 않는다.
   A **drowning** man will catch at the straw. 물에 빠지는 사람은 지푸라기도 잡는 법이다.
2. **타동사의 현재분사** : ***사역**과 **능동**을 나타낸다.
   전위수식으로 쓰이거나 보어(C)로 쓰이면 그 대상을 생략한다.
 ①It is an **interesting** book. =It is a book which interests **readers**.
   Teaching is a **rewarding** job. =Teaching is a job which rewards **teachers.**
   You rescued me from an **embarrassing** situation.
 ②The game is **exciting.** =It is a game which excites **spectators**.
   The news was **depressing**. =The news was depressing **hearers.**

❷ 과거 분사

1. **자동사의 과거분사** : ***완료**를 나타낸다.
   He is a musician just **returned** from Paris. =who **has** just **returned** ~
   This is a faded flower. =This is a flower which **has faded**.
2. **타동사의 과거분사** : ***수동**을 나타낸다.
   She looked after a **wounded** soldier =She ~ a soldier who **was wounded**.
   It is no use crying over **spilt** milk. =It is ~ milk which **is spilt**

❸ 유사 분사 : *유사분사란 분사의 형태(-ing; -ed)를 취하고 있으나, 준동사의 성질은 없다. 즉 com을 취하지 못하고, 시제가 없고, 태가 없고, 의미상의 주어가 없고, 형용사 성질만 있다.

1. **1형식**
 ①부사가 포함된 능동태 1형식 : ***부사+현재분사** *fast-growing; wide-spreading; dry-cleaning
   He is a **hard-working** youth. =He is a youth who **works hard.**
   This is **fast-growing** tree. =This is a tree which **grows fast.**
 ②by가 있는 수동태 1형식 : ***명사+과거분사** *sun-burned; poverty-stricken; hand-made
   There comes a **horse-drawn** cart. =There comes a cart which **is drawn by a horse.**
   Man-made satellites revolve round the Earth.
  =Satellites which **are made by man** resolve round the Earth.
 ③by가 없는 수동태 1형식 : ***부사+과거분사** *well-matched; well-known; well-dressed
   He is a **well-trained** soldier. =He is a soldier who **is trained well.**
   This is a **newly-painted** house. =This is a house which **is painted newly.**
2. **2형식** : 순수한 형용사 보어 : ***형용사+현재분사** *bitter-tasting; nasty-smelling
   This is a **sweet-smelling** rose. =This is a rose which **smells sweet.**
   I met a **handsome-looking** youth. =I met a youth who **looks handsome.**
3. **3형식**
 ①have 동사가 있는 3형식 : ***형용사+명사ed** *good-natured; kind-hearted; red-colored
   She is a **brown-haired** girl. =She is a girl who **has brown hair.**
   This is a **long-necked** animal. =This is an animal which **has a long neck.**
 ②have 동사가 없는 3형식 : ***명사+현재분사** *horse-loving; peace-loving;
   There are many **English-speaking** people.
  =There are many people who speak English.
   A great many **labor-saving** devices are invented and patented.
  =A great many devices which **save labor** are invented and patented.

2 형용사 용법

❶ 한정적 용법

1.전위수식 : 분사가 단독으로 사용되면 전위수식이다.

①현재분사 I was awakened by a **barking** dog.
There are no **living** creatures in this area.

②과거분사 A **burnt** child dreads fire.
A **wounded** soldier was sent to the hospital.

2.후위수식

①com The mountain is full of leaves **turning** *red and yellow.*
A woman **holding** *a baby in her arms* is waiting for the bus.
Only a few people **invited** *to the party* turned up.

②대명사 Compare this sentence with *that* **following**.
Among *those* **invited**, only a few came to the party.

③고유명사 This is *Mary* **speaking**. This is *Kim* **returning** your call.

④관용적 A trouble **shared** is a trouble **halved**.
He will be in the country **for the time being.**

❷ 서술적 용법

1.주격 보어

①He stood **leaning** against the wall.
My shoe lace keeps **coming** undone.

②He came home **satisfied** with the result.
My mother looked **shocked** at the sight.

2.목적격 보어

①I heard him **laughing** in the next room.
I heard my nick name **called** behind my back.

②I can't have you **doing** that.
I had my pocket **picked** in a crowded bus.

③Please get the clock **going** again.
How do I get the clock **repaired**?

④I caught the boys **stealing** apples from my orchard.
The explosion sent things **flying** in all directions.
My clumsy mistake set all the girls **giggling**.
The smoke started her **coughing.**

2 형용사 용법

▶분사란 준동사로서 형용사 역할을 한다. 형용사의 용법은 명사나 대명사를 수식하는 **한정적 용법**과 보어로 쓰이는 **서술적 용법**이다.

❶ 한정적 용법

1. 전위수식 : *분사가 단독으로 사용되면 전위수식이 원칙이다.

①=I was awakened a dog who was barking.
=There are no creatures who live in this area.

②=A child who is burnt dreads fire.
=A soldier who was wounded was sent to the hospital.

2. 후위수식 : *아래의 경우, 분사는 후위 수식한다.

①**com 수반** : *분사 자체의 보어(C), 목적어(O), 수식어(M)를 취하여 길어질 때
=The mountain is full of leaves which **turn** red and yellow.
=A woman who **holds** a baby in her arms is waiting for the bus.
=Only a few people who are **invited** to the party turned up.

②**대명사 수식** :
=Compare this sentence with that sentence which **follows**.
=Among those who were **invited**, only a few came to the party.
***Anyone breaking** the law will be severely punished.
***Anyone interested** in joining the club should contact us at the address below.

③**고유명사 수식** : Mary입니다. 전화 하셨다 하기에 전화하는 Kim입니다.

④**관용적** : 함께 고민하면 슬픔은 덜하다. =Company in distress makes sorrow less.
그는 당분간 시골에 머무를 것이다.

▶전위수식과 후위수식에 따라 의미상에 차이가 나는 경우

*It was a very **involved** explanation. *=complicated; 복잡한
There is quite a lot of work **involved.** *=connected with; 관련된
*This is a rarely **cooked** steak. *별나게 요리된;
This is steak rarely **cooked**. *좀처럼 요리가 되지 않는;

❷ 서술적 용법

1. 주격 보어 :

①현재분사 : *주어와 보어가 능동관계인 경우
그는 벽에 기대 서 있었다. 내 구두끈이 자꾸 풀린다.

②과거분사 : *주어와 보어가 수동관계인 경우
그는 그 결과에 만족해서 집으로 돌아왔다. 내 어머니는 그 광경에 충격을 받은 것 같았다.

❷ 목적격 보어 : *목적어(O)와 목적보어(OC)가, 능동관계면 현재분사를, 수동관계면 과거분사를 사용한다.

①나는 그가 옆방에서 웃고 있는 소리를 들었다. 나는 뒤에서 내 별명이 불리는 소리를 들었다.

②나는 네가 그것을 하도록 허락할 수 없다. =I can't allow you to do it.
그는 만원 버스에서 지갑을 소매치기 당했다.

▶have 동사가 can't나 won't와 함께 사용되고, 의미가 allow 혹은 permit인 경우, 목적보어로 현재분사를 사용할 수 있다. 또 결과나 경험을 나타내는 경우에도 목적보어로 현재분사를 사용할 수 있다. He soon had them all laughing.

③그 시계가 다시 가도록 해 주세요. 그 시계를 어떻게 수리를 합니까?
I don't want women **meddling** in my affairs.
I don't want you **prying** into my private life.
I want this work **finished** without delay.

④목적보어에 현재분사만 오는 경우
*catch : (~하고 있는 것을) 붙들다. 소년들이 과수원에서 사과를 훔치는 것을 잡았다.
*send : ~상태로 몰아넣다. 그 폭발은 물건들을 온 사방으로 흩어지게 했다.
*set : ~하게 하다, 상태로 하다. 나의 어색한 실수는 소녀들을 킬킬거리게 했다.
*start : 시작하게 하다. 그 연기는 그녀로 하여금 기침을 하게 했다.

3 준동사 용법

❶ COM

①C Look at the house **painted** white.
The street is full of gingko trees **turning** yellow.

②O There are many people **enjoying** the sunshine in the park.
A woman **holding** a baby is waiting for the bus.

③M The lady **standing** by the window is my teacher. (M 수반)
Latin is a language not **used** now in this world.

❷ 시제

1. 단순형

①현재분사 It is difficult to study animals **living** in the water.
The house now **being built** probably will be rented.

②과거분사 A cat **named** Betty is coming here with her kitten.
The letter **written** in English was not easy to read.
The tree **knocked** down was chopped up for firewood.

2. 완료형 Any person **having witnessed** the attack is under suspicion.
Any person **having achieved** success becomes bored with life.

❸ 태

1. 능동태 He returned home **dragging** the boy by the throat.
I heard the child **crying** in the room.

2. 수동태 He came home **satisfied** with the present.
We saw two of the students **carried** by the police.

❹ 의미상의 주어

1. 표시하는 경우 : 독립 분사구문

The last bus **having** gone, we had to walk home.
The moon **having risen**, we put out the candle light.

2. 표시하지 않는 경우 :

①S와 동일 He stood there **gazing** at the moon.
②일반사람 **Generally speaking**, he is a man of moment.
③O와 동일 She kept me **waiting** for a long time out of the door.
④간접 표시 **Lying** in my bed, everything seemed so different.

3 준동사 용법

▶분사란 준동사로 형용사 역할을 한다. 활용을 하지 않기 때문에 동사는 아니지만, 다음 4가지는 동사의 성질을 가지고 있다.

❶ **COM** : *분사 자체의 보어(C), 목적어(O), 수식어(M; 부사어/구)를 취한다.

①분사 자체의 보어를 취한다. 하얗게 칠해진 집을 보아라.
그 거리는 노랗게 변한 은행나무들로 가득 차 있다.

②분사 자체의 목적어를 취한다.
공원에는 햇볕을 즐기는 사람들이 많다. 어린 애를 안고 있는 한 여자가 버스를 기다린다.

③분사 자체의 수식어구를 취한다. *준동사의 부정(not; 부사)은 분사 앞에 부정어를 둔다.
창문 옆에 서 있는 부인은 나의 선생님이다. 라틴어는 지금 사용되지 않는 언어다.

❷ **시제** : *술어동사의 시제와 시간적 전후관계를 나타낸다.

1. 단순형 분사

①현재 분사 :

ⓐ술어 동사와 같은 시제를 나타내는 경우
물에 사는 동물을 연구하는 것은 어렵다.
=It is difficult to study animals which live in the water.

ⓑ술어 동사의 시제와는 관계없이 문장이 쓰여 진 때를 나타내는 경우
지금 지어지고 있는 그 집은 아마 세놓을 것이다.
=The house which is now being built will be rented.

②과거 분사 :

ⓐ술어 동사와 같은 시제를 나타내는 경우
Betty라고 불리어지고 있는 그 고양이는 자기 새끼와 함께 이리로 오고 있다.

ⓑ술어 동사의 시제보다 그 이전을 나타내는 경우(대부분의 경우)
영어로 쓰여 진 그 편지는 읽기가 쉽지 않았다.
쓰러진 그 나무들은 땔감으로 베어졌다.

2. 완료형 분사 : *술어동사의시제보다 한 시제 이전을 나타낸다.
일찍이 성공을 이룩한 사람은 누구나 인생에 싫증이 날지도 모른다.
그 공격을 목격했든 사람은 누구나 의심을 받고 있다.

❸ **태**

①능동형 분사 : 그는 그 소년의 멱살을 잡아끌면서 집으로 돌아갔다.
나는 그 어린애가 방에서 울고 있는 소리를 들었다.

②수동형 분사 : 그는 그 선물에 만족해서 집에 왔다.
우리들은 학생들 중의 2명이 경찰에 의해 끌려가는 것을 보았다.

❹ **의미상의 주어**

1. 표시하는 경우 : *독립 분사구문
마지막 버스가 가버렸기 때문에 우리들은 걸어서 집에 가야했다.
달이 떠올랐기 때문에 우리들은 촛불을 껐다.

2. 표시하지 않는 경우

①S와 동일 : 그는 달을 보면서 그 곳에 서 있었다.
*gazing의 의미상의 주어는 his/him이나 주어 he가 있으므로 표시하지 않는다.

②일반사람 : 일반적으로 말해 그는 중요한 인물이다. a man of moment =a momentous man
*speaking의 의미상의 주어 일반사람 they/people이어서 별도 표시하지 않는다.

③O와 동일 : 그는 나로 하여금 오래 동안 문밖에서 기다리게 했다.
*waiting의 의미상의 주어는 my/me이지만 me가 문장의 목적어이므로 나타내지 않는다.

④간접적 표시 : 침대에 누워 있으니 모든 것이 달라 보였다.
*lying의 의미상의 주어는 my/me이지만 my가 문장 속에 있으므로 별도 표시하지 않는다.

4 특수 용법

❶ 정동사 용법

①진행형 He **is standing** in front of row on the right.
The baby **is cutting** its teeth.

②수동형 Lock the stable door after the horse **is stolen.**
Don't count your chickens before they **are hatched.**

③완료형 My leg **has gone** to sleep.
How long **have** you **been** in Korea?

❷ 명사 용법

1.단수명사 ①**The deceased** was 60 years old.
②He has a fear for **the unexpected.**
The unknown is always mysterious and attractive.

2.복수명사 **The living, the wounded and the dying** flew together.
The unemployed are losing hope.

3.단/복수명사 **The accused** was acquitted of a charge of murder.
The accused were three men in their early twenties.

❸ 부사 용법

It is **boiling** (burning, scorching, steaming) hot today.
It was **biting**(cutting, freezing, piercing) cold.

❹ 접속사 용법

Assuming that it rains tomorrow, what shall we do?
Granting that he was drunk, that was no excuse for his conduct.
Any meat will do **provided** it is tender.
Seeing that it is 9 o'clock, we will wait no longer.
Supposing something should go wrong, what would you do then?

❺ 전치사 용법

She refused to answer questions **concerning** his private life.
She looks young **considering** his age.
Excepting the mayor, all of them were present.
Failing payment, we shall attach your property.

4 특수 용법

❶ 정동사 용법

*진행형, 완료형, 수동형에 사용된 분사는 일반 동사다. 이때의 be, have 동사는 조동사다.

①진행형 : 그는 오른 쪽 앞줄에 서 있다.
그 어린애는 이가 나기 시작한다.

②수동형 : 말이 도난당한 후에 마구간에 자물쇠를 채워라. *소 잃고 외양간 고치기
부화되기 전에 병아리를 세지 마라.(떡 줄 놈은 생각도 않는데 김칫국부터 마신다.)

③완료형 : 발에 쥐가 났다.　　한국에 온 지가 얼마나 되느냐?

❷ 명사용법 : *the +분사

1. **단수명사** :
①단수가산명사 : *beloved deceased;　고인은 60살이었다.
②단수불가산명사 : 그는 예상지 못한 것에 대한 두려움을 가지고 있다.
미지의 것은 항상 신비스럽고 매력적이다.
2. **복수명사** : *aged dying handicapped living unemployed
산 사람들, 부상당한 사람들, 죽어가고 있는 사람들이 함께 비행기를 탔다.
피고용자들이 희망을 잃어가고 있다.
3. **단수/복수명사** : *accused betrothed(=intended)
피고는 살인혐의에서 벗어났다.　피고들은 20대 초에 있는 3명이었다.
She was here with her betrothed. 그녀는 자기의 약혼자와 같이 여기에 왔다.
The betrothed stand before the priest. 그 약혼자들은 목사 앞에 서 있다.

❸ 부사 용법 : *대개 현재분사가 형용사 앞에서 정도를 나타내는 부사로 사용된다.

오늘은 끓이는 듯이(타는 듯이, 데이는 듯이, 태우는 듯이, 찌는 듯이) 덥다.
어제는 무는 듯이(자르는 듯이, 얼리는 듯이, 찌르는 듯이) 추웠다.
*It is exceeding (shocking, surprising) bad.

❹ 접속사 용법 : *분사 형태로 접속사 역할을 한다.

*assuming(~라고 한다면); granting/ranted(~이라고 하더라도); providing /provided(만약 ~이면); seeing(~이므로; since); supposing (만약 ~이라면)

내일 비가 오면 뭘 할래?
그가 취했다는 것을 인정하더라도 그것은 자기 행동에 대한 변명이 못됐다.
부드럽기만 하면 어느 고기라도 무방하다.
9시이니 더 이상 기다리지 말자.　뭔가가 잘못 되면 그 때 너는 어떻게 할래?
*Granted that he actually did it, we now seek to explain his conduct.

❺ 전치사 용법 : *현재분사 형태로 전치사 역할을 한다.

*concerning(~에 관하여); considering(~을 고려하면); excepting(~을 제외하고); failing(~이 없을 때는); regarding(~에 관하여); respecting(~에 관하여); past(~을 지나서)

그는 자기의 사생활에 관한 질문에 답하기를 거절했다. 그는 나이에 비해 젊어 보인다.
시장을 제외하고 모든 사람들이 참석했다.　지불 못하면 재산을 압류하겠다.
There was always some question **regarding** education.
교육에 관한 어떤 문제는 항상 있었다.
I went **past** the house by mistake.　나는 실수로 그 집을 지나갔다.

5 분사구문① : 일반 분사구문

❶ 기능

①시간 **Hearing** the news, he turned pale at once.
Walking along the street, I met an old friend of mine.

②이유 **Having** no money with me, I couldn't buy the book.
Not **having been** read for a long time, the book became dusty.

③조건 **Turning** to the left, you will find the post office.
Hearing her speak English, you would take her for an American.

④양보 **Admitting** what you say, I still don't believe it.
Wounded, the brave soldier continued to fight.

⑤동시동작 **Smiling** brightly, she extended her hand.

⑥연속동작 **Opening** the drawer, he took out a paper.

❷ 시제

①단순형 **Living** in the country, I rarely have visitors.
Being tired, he went to bed early.

②완료형 **Having been** idle in his youth, he is poor up to now.
Having received no answer, I wrote to her again.

❸ 태

①능동형 **Living** in the country, I was very healthy.
Having read the book, I returned it to him.

②수동형 **Written** in haste, the book has many mistakes.
Compared with his sister, he can't hold a candle to her.

❹ 강조

①현재분사 Standing **as it does** on the hill, the villa commands a fine view.
Living **as I did** in a remote village, I rarely had visitors.

②과거분사 Written **as it is** in easy English, the book is fit for the beginner.
Hidden **as it was** among the trees, the tomb was difficult to find.

❺ 접속사+분사구문

Some books, **if read** carelessly, will do you more harm than good.
Though living next door, I seldom saw her.

5 분사구문① : 일반 분사구문

▶**분사구문**이란 분사의 **부사적 용법**으로, '**접속사+S+V**'의 관계를 반드시 **현재분사**의 형태로 나타낸 것이며, 현재분사의 형태가 아니면 being이나 having been이 생략된 것이다.

❶ 기능

①시간 : *문맥에 따라 when, while, as, before, as soon as, no sooner than 사용 가능.
=When he heard the news, he turned pale.
=While I **was** walking along the bank, I met an old friend of mine.
▶현재분사 앞에서 being은 반드시 생략한다.

②이유 : *as, because 등을 사용할 수 있다.
=As I had no money with me, I couldn't buy the book.
=As the book I had not been read for a long time, it became dusty.

③조건 : *if를 사용하여 문장을 사용할 수 있다.
=If you **turn** to ~. *때/조건을 나타내는 부사절에서 현재가 미래를 나타낸다.
=If you heard him speak English, ~. *would take는 가정법 과거의 주절이다.

④양보 : *though, although, even if, even though, whether ~ or 등을 사용할 수 있다.
=Though I admit what you say, I still don't believe it.
=Though he **was** wounded, the soldier continued to fight.
*Born in better times, he would have been a great scholar.
=If he **had been** born better times, he would have been a great scholar.
▶과거분사 앞에서 being, having been은 생략 가능하다.

⑤동시동작(while, as) : =**While** she **was** smiling brightly, she extended her hand.

⑥연속동작(and) : =He opened the drawer **and (he)** took out a paper.

❷ 시제

①단순분사형 : *분사구문의 시제와 주절의 시제가 동일한 경우.
=As I live in the country, I rarely ~.
=As he was tired, he went to bed early.

②완료분사형 : *분사구문의 시제가 주절의 시제보다 한 시제 이전인 경우.
=As he has been idle in his youth ~,
=As I had not received no answer, I ~.

❸ 태

①능동형 분사 : =As I lived in the country, I ~ .
=After I had read the book, I ~.

②수동형 분사 : =As it was written, the book ~ .
=When he is compared ~, he ~.

❹ 강조

①현재분사 강조 : *as+주어+do동사; 언덕 위에 위치해 있기 때문에 그 빌라는 전망이 좋다.

②과거분사 강조 : *as+주어+be동사; 그 책은 쉬운 영어로 씌어져서 초보자에게 적당하다.

❺ 접속사+분사구문 : *분사구문 자체에 접속사가 포함되어 있기 때문에 원칙상 접속사가 필요 없으나 의미상의 혼란을 방지하기 위해 즉 의미를 분명히 하기위하여 사용한다.

=If they are read carelessly, ~ .
=Though he lived next door, I seldom ~ .

▶**부정** : *분사 앞에 부정어를 붙인다.
Not having seen him for a long time, I didn't him recognize him at once.
Never having been there, I had much difficulty in finding the house.

▶형용사, 명사 앞에서 being은 생략 가능하다.
Angry at my words, he made no reply. =As he **was** angry at my words, he ~ .
A kind man, he is loved by all students. =As he **is** a kind man, he ~ .

5 분사구문② : 독립 분사구문

❶ 일반 독립분사구문

①시간 **The sun** having set, **we** reached the summit of the mountain.
②이유 **It** being fine, **there** was no staying indoors.
③조건 **Weather** permitting, **we** will go on a picnic tomorrow.
④양보 **There** being sunshine, **the weather** was rather cold.
⑤상황 **She** went on knitting, **tears** trickling upon her hand.

❷ 부대상황 독립분사구문

①현재분사 He was reading a book, **with his wife knitting** beside him.
With night coming on, we went back home in a hurry.
②과거분사 He was standing beside her **with his arms folded**.
With the road blocked, we could not reach the destination.
③형용사 Don't speak **with your mouth full.**
He went out **with the door open.**
④부사(구) He fell asleep **with the radio on** last night.
He stood there **with a hat in his hand.**

❸ 무인칭 독립분사구문

①**Allowing for** the traffic jam, it will take 1 hour to go to the station.
Assuming that it rains tomorrow, what should we do?
②**Briefly speaking**, democracy is something very decent.
Broadly speaking, dogs are more faithful to man than cats.
③**Considering** the opposition, the campaign was a success.
④**Frankly speaking,** he is not much o a scholar.
⑤**Generally speaking**, the climate here is mild.
⑥**Judging from** the look of the sky, it threatens to rain.
⑦**Historically speaking**, the island belonged to Korea.
⑧**Properly speaking**, she is less bright than her husband.
⑨**Roughly speaking**, five hundred people were killed.
⑩**Strictly speaking,** he is not worth his salt.
⑪**Taking** all things **into consideration**, the plan leaves much to be desired.
⑫**Talking of** movies, I don't like sad movies.

5 분사구문② : 독립 분사구문

▶독립분사구문이란 분사구문의 주어(S′)와 주절의 주어(S)가 다른 분사구문이다. S′≠S

❶ 일반 독립분사구문

①시간 **The sun** having set, **we** reached the summit of the mountain.
=After the sun had set, we reached the summit of the mountain.
②이유 **It** being fine, there was no staying indoors.
=As it was fine, there was no staying indoors.
*there is no ~ing ~할 수 없다. *비인칭 it은 생략하지 않는다.
③조건 **Weather** permitting, **we** will go on a picnic tomorrow.
=If **the** weather permits, we will go on a picnic tomorrow.
*weather가 분사구문의 주어가 될 때는 관용적으로 the를 생략한다.
④양보 **There** being sunshine, **the weather** was cold.
*유도부사 there는 분사구문의 주어가 될 수 있다.
=Though there was sunshine, the weather was rather cold.
⑤상황 **She** went on knitting, **tears** trickling upon her hand.
=She went on knitting, while tears were trickling upon her hand.

❷ 부대상황 독립분사구문 : *with + 목적어 + 분사/형용사/부사어구

①현재분사 : O와 OC와의 관계가 능동관계인 경우
그는 책을 읽고 있었고 그의 아내는 그 옆에서 뜨개질을 하고 있었다.
밤이 다가 오자 우리들은 급히 집으로 돌아갔다. in a hurry =in haste =hastily 급히
②과거분사 : O와 OC와의 관계가 수동관계인 경우
그는 팔짱을 낀 채 그녀 옆에 서 있었다.
도로가 막혀 있었기 때문에 우리들은 목적지에 도착할 수 없었다.
③형용사 : O와 OC와의 관계가 형용사적 관계인 경우
입에 가득 넣은 채 말하지 마라. 그는 문을 열어 놓은 채로 나갔다.
④부사(구) : O와 OC와의 관계가 부사적 관계인 경우
그는 어제 밤 라디오를 켜 놓은 채 잠들었다. *on은 작동, 동작을 나타내는 부사
그는 손에 모자를 쥔 채 그 곳에 서 있었다.

❸ 무인칭 독립분사구문 *분사구문의 주어와 주절의 주어 다름에도 분사구문의 주어를 표시하지 않는 것은 분사구문의 주어가 일반사람이기 때문이다.

①**Allowing for** : *~을 고려하면 (take ~ into consideration/account)
Assuming that : *~라고 한다면;
②**Briefly speaking** : *간단히 말해서 (to be brief; to put it briefly)
Broadly speaking : *대충 말하면, 대체로;
③**Considering** : *~을 고려해서(for); a success 성공적인 것
④**Frankly speaking** : *솔직히 말하면(to be frank/candid/plain with you)
⑤**Generally speaking** : *일반적으로 말하면 *부사(here)가 형용사적으로 사용되면 후위 수식
⑥**Judging from** : *~로 판단하면; threaten to 부정사; 당장이라도 ~ 할 것 같다
⑦**Historically speaking** : *역사적으로 말하면
⑧**Properly speaking** : *정확히 말하면; 본래; speaking properly = to speak properly
⑨**Roughly speaking** : *대강 말하면; 대체로;
⑩**Strictly speaking** : *엄격히 말하면; worth his salt 급료만큼의 일을 하는; 유능한
⑪**Taking ~ into consideration** : *~을 고려하면;
leaves much to be desired 유감스러운 점이 많다.
⑫**talking [Speaking] of** : *~으로 말하자면, ~의 이야기가 났으니 말인데;

어법 문제 ①

❶ ( )안의 단어를 문맥에 알맞은 형태로 고쳐 쓰시오.
1. The policeman returned the (lose) jewels to their owner.
2. The (interest) movie made my kids turn the TV.
3. It was an (excite) game, and the spectators grew (excite).
4. He went home (satisfy) with my explanation.
5. I had one of my teeth (pull) out at the dentist's.
6. My mother looked (shock) at the sight.
7. Those (interest) in the sport were all invited to the (excite) event.
8. I want this watch (repair) immediately.
9. They kept me (inform) of the situation.
10. English is a language (speak) all over the world.

❷ ( )안의 단어를 문맥에 알맞은 형태로 고쳐 쓰시오.
11. When I entered the room, I felt myself (lift) up.
12. We often hear it (say) that time is money.
13. I must get this work (do) by evening.
14. The work (do), I went shopping for dinner.
15. (Judge) from his appearance, he must be ill.
16. (Consider) all things, he is a fairly good husband.
17. He sat there with his arms (fold).
18. It (be) Sunday, there was no school.
19. The sun (set), we stayed there for the night.
20. There (be) no bus service, we had to walk all the way.

❸ ( ) 안의 단어 중에서 적당한 것을 고르시오.
1. The dying (were, was) lying pell-mell in the battlefield.
2. The wounded (are, is) groaning for medicine.
3. It was (piercing, pierced) cold yesterday.
4. She looks young (consider, considering, considered) his age.
5. (See, Seeing) that you are adult, you had better settle down.

❹ 다음 밑줄 친 문장을 분사구문으로 고쳐라.
1. <u>While I was walking along the bank</u>, I met an old friend of mine.
2. <u>As I had never been there</u>, I had difficulty in finding the house.
3. <u>As it is written in plain English,</u> this book is easy to read.
4. <u>As he was tired with work,</u> he soon fell asleep.
5. <u>If you turn to the left,</u> you will come to the public library.

해답

❶ 1.lost 2.interesting 3.exciting; excited; 4.satisfied 5.pulled 6.shocked 7.interested; exciting 8.repaired 9.informed 10.spoken
❷ 11.lifted 12.said 13.done 14.done 15.Judged 16.Considered 17.folded 18.being 19.having set 20.being
❸ 1.were 2.are 3.piercing 4.considering 5.Seeing
❹ 1.Walking along the bank, 2.Never having been there 3.Written in plain English, 4.Tired with work, 5.Turning to the left,

어법 문제 ②

◆ 밑줄 친 곳에 알맞은 것은?

1. During the Middle Ages, ______ notices kept groups of nobles informed of important events.
   ① hand-written ② hand writing ③ hands wrote them
   ④ hand-wrote ⑤ they were written by hand

2. The jet stream is a narrow current of _______ .
   ① Air is fast-flowing ② air is flowing fast
   ③ fast-flowing air ④ air flows fast

3. I want the work _______ by tomorrow.
   ① doing ② done ③ to do ④ do ⑤ none

4. The grape is the ______, juicy fruit of a woody vine.
   ① smooth-skinned ② skinned is smooth
   ③ skin, which is smooth ④ smooth skin

5. Shall we eat here? No, I don't like to eat at this restaurant, for the waiter gave me _______ .
   ① a rare cooking steak ② a steak rarely cooked
   ③ a steak rarely cooking ④ a rarely cooked steak

6. To my surprise, she was fast asleep, with her hat and boots ____ .
   ① on ② putting on ③ to put on ④ putting on ⑤ put

7. Gazelles are _______ animals.
   ① eating plants ② to eat plants ③ plants they eat ④ plant-eating

8. ____ by the decision, the lawyer left the courtroom quickly.
   ① Being angry ② For angering ③ To anger ④ Angered

9. ________ under a microscope, a fresh snowflake has a delicate six-pointed shape.
   ① Seen ② Sees ③ Seeing ④ To see ⑤ To have seen

10. ______ from the airplane, he went to play golf.
   ① Looked ② Seen ③ Looking at ④ Seeing ⑤ To look

해답

1. ①; 의사분사(written by hand).
2. ②; 유사 분사 (flow fast).
3. ②; 목적어와 목적보어간의 관계가 수동 관계.
4. ①; 유사 분사 (have smooth skin).
5. ②; a steak 와 cook의 관계는 수동관계, 또 분사가 부사를 동반했기 때문에 후위 수식.
6. ①; 착용을 나타내는 부사 on, (독립 분사구문).
7. ④; 유사 분사 (animal which eats plant =plant-eating animal).
8. ④; *분사구문에서 being이 생략되었다.
9. ①; *분사구문에서 being이 생략되었다.
10. ①; *분사구문에서 being이 생략되었다.

어법 문제 ③

◆ 밑줄 친 곳에 알맞은 것은?

1. In the church she was praying, ____ tears streaming down her face.
   ① as ② with ③ when ④ and ⑤ to

2. The most common form of candle is a hard cylinder of paraffin with a wick ________ through its center.
   ① running ② and run ③ raising ④ raised ⑤ to raise

3. Why do you stare at me with your eyebrow ______ ?
   ① rising ② rose ③ raising ④ raised ⑤ risen

4. He was standing with his arms ________ .
   ① with his arms folded ② his arms folded ③ with folding his arms
   ④ his arms to fold ⑤ with his arms folding

5. ________, we went out for stroll.
   ① The work doing ② Being a fine day ③ Being nothing to do
   ④ The rain being stopped ⑤ Dinner being over

6. The hostess, _______ at the end of the table, was all smiles.
   ① seated ② seating ③ has seated ④ having seated ⑤

7. I feel it a rare occasion, occurring _____ only once in many years.
   ① as it was ② as I am ③ as it does ④ as I do ⑤ as it is

8. Hidden _____ by bushes, his grave is not easy to find.
   ① as it is ② as it does ③ as he is ④ as he did. ⑤ as it has

9. He felt himself ________ from behind.
   ① push ② pushing ③ to push ④ pushed ⑤ to be pushed

10. Choose the correct one of the underlined part.
    ① I met a happy-looked man. ② She is a brown-hairing girl.
    ③ He is an absent-minding man. ④ I saw a good-natured man.
    ⑤ He is a blue-eyeing man.

해답

1. ②; with+O+현재분사.
2. ①; with+O+현재분사.
3. ④; with+O+과거분사.
4. ①; with+O+과거분사.
5. ⑤; 독립 분사구문.
6. ①; being seated.
7. ③; 분사구문의 강조.
8. ①; 분사구문의 강조 : 현재분사+as+S+do동사, 과거분사 as+S+be동사.
9. ④; 목적어와 목적보어와의 관계가 수동관계이다. 지각 동사인 경우는 과거분사가 온다.
10. ④; ①happy-looking ②brown-haired ③absent-minded ⑤blue-eyed

어법 문제 ④

◆ 괄호에 알맞은 말을 고르시오.

1. A cell (　　　) a single is unipolar.
   ① has　② having　③ that　④ to have

2. Almost all the gas (　　　) in the United States is natural gas.
   ① is burned　② burned　③ burns　④ that burning

3. I smell something (　　　).
   ① to burn　② burning　③ burn　④ being burned

4. Did you enjoyed the movie?　No, it was (　　　).
   ① very boring　② much bored　③ very exciting　④ much boring

5. At last we found the exhausted animal lying there (　　　).
   ① sick　② be sick　③ to be sick　④ to be sicking

6. The number of (　　　) was smaller than we had expected.
   ① people who attend　② attended people
   ③ people attended　④ attendance of people

7. The (　　　) of the world extend around the equator in tropical and semitropical regions.
   ① areas that grow cotton　② growth of cotton areas
   ③ cotton-growth areas　④ areas that cotton is grow

8. Guave fruit is round or (　　　) and about the size of a hen's egg.
   ① shape of a pear　② shaped-pear
   ③ pear-shaped　④ pear in shape

9. True hibernation takes place only among (　　　) animals.
   ① whose blood is warm　② blood warm
   ③ warm-blooded　④ They have warm blood

해답

1. ②; 주어(A cell)와 동사(is)가 있으므로 a single은 A cell을 수식해야 한다.
2. ②; 주어(gas)와 동사(is)가 있으므로 in the United States는 주어를 수식해야 한다.
3. ②; smell은 목적보어로서 현재분사가 와야 한다.
4. ①; 주어가 사물(it)이므로 보어는 현재분사가 와야 한다. 현재분사는 very가 수식한다.
5. ①; lying은 목적보어다. lying은 자동사로서 분사다. 분사는 그 자체의 보어를 취할 수 있다.
6. ③; 분사는 동사적 성질이 강한 경우는 단독이라도 후위수식을 한다.
7. ③; 동사가 extend이므로 주어는 복수가 되어야 한다. ①은 that 다음에 we가 와야 한다.
8. ③; 구문상 보어가 되어야 하므로 형용사 즉 유사분사다. a fruit which has pear shape.
9. ③; an animal을 수식하는 형용사가 와야 한다. a warm-blooded animal =an animal who has warm blood.

어법 문제 ⑤

◆ Choose the one which is grammatically wrong.

1. We expected that they would have(①) more trouble get(②) there on time(③) than we(④).

2. By facing(①) a problem before(②) it becomes insurmountable(③), we can take a giant step toward resolve(④) it.

3. The conditions most favorable(①) to the form(②) of dew are(③) relatively high humidity and a calm, clear(④) atmosphere.

4. Tom calling(①) Mary made her(②) angry, so(③) she hung up(④) on him.

5. Long(①) before the dawn(②) of recorded(③) history humans celebrated to harvest(④) their crops.

6. I appreciate you(①) helping me to do(②) dishes, but I wish you would lay(③) them down on the table more carefully(④).

7. Not until(①) some 200 years ago(②) did the world population began(③) increasing at a rapid rate(④).

8. One(①) spring day when he ought to(②) have been(③) in school, he ran away and went swim(④) instead.

해답

1. ②; get→getting; have trouble ~ing.
2. ④; resolve→resolving; toward가 전치사.
3. ②; form→forming;
4. ①; Tom→Tom's; 동명사의 의미상의 주어가 문두면 소유격.
5. ④; celebrate는 동명사를 목적으로 취한다. to harvest→harvesting.
6. ①; appreciate suggest가 동명사를 취할 때 그 의미상의 주어는 소격으로 한다.
7. ③; begin/start는 부정사/동명사 둘 다 취할 수 있지만 주어가 사물이면 부정사를 취함.
8. ④; go ~ing 구문; swim→swimming.

어법 문제 ⑥

❶ 밑줄 친 (A)(B)(C) 중에서 어법에 맞는 표현을 짝지은 것을 골라라.
(A) Situating/Situated at an elevation of 1,350m, the city of Katumandu, which looks out on the sparkling Himalaya, enjoys a warm climate year-round that makes (B) living/to live here pleasant. Katumandu sits almost in the middle of a basin, forming a square about 5km north-south and 5km east-west. It was the site of the ancient kingdom of Nepal. It is now the capital of Nepal and, as such, the center of (C) its/it's government, economy, and culture.

	(A)	(B)	(C)		(A)	(B)	(C)
①	Situated	living	its	②	Situated	to live	its
③	Situated	living	it's	④	Situating	to live	it's
⑤	Situating	living	it's				

❷ (A) ~ (E)에서 어법이 틀린 것은?
(A) On Valentine's Day, Tom asked me to have dinner with him. He insisted that my two daughters, aged 9 and 11, (B) be at home when he picked me up. (C) When arrived, he asked us to sit on the couch. From his pocket, he took three small boxes. One contained a diamond engagement ring. Each of the other two contained (D) a heart-shaped ring with a tiny diamond in the center. He proposed to all of us (E) have been married now for three an a half years.
① (A) ② (B) ③ (C) ④ (C) ⑤ (E)

❸ 다음 글에서 밑줄 친 부분 중 어법상 틀린 것은?
In the future doctors will diagnose illnesses ① differently, or we may not need doctors at all. We may be able to decide for ② ourselves what the problem is. We might look up symptoms on the Internet and ③ older a testing kit to check our blood for diseases we have. We may not even ④ have to do this. We may actually have microchips in our bodies ⑤ examined our blood pressure, temperature, and heartbeat on a daily basis.

❹ 밑줄 친 부분 중 어색한 부분을 찾아라.
There are few things as ① frustrating as rushing out of the door, ② racing to the bus stop, getting on the bus, and then ③ to remember that you left the oven on, or ④ that you forgot the very thing which you were going out to deliver. In addition, we often walk around ⑤ searching for the glasses we have placed on top of our heads.

해답
❶ ①; (A)the city가 주어이므로 (Being) Situated; (B)구문상 목적보어이므로 동명사 living이어야 한다. 부정사는 5형식에서 목적어가 될 수 없다. (C)소유격이 와야 하므로 its.
❷ ③; 접속사 다음에 'S+be동사'가 오면 생략 가능하다.
❸ ⑤; 'have+목적어(microchips in our body)+과거분사' 구문; O와 OC의 관계는 수동관계.
❹ ③; 병렬구문으로 racing ~, getting ~, to remember를 remembering으로 고쳐야 한다.

영작 문제

❶ 아래 문장을 영어로 번역하시오.
1. 물에 빠지는 사람은 지푸라기도 잡는 법이다.
2. 그녀는 근시이기 때문에 항상 안경을 끼고 있다.
3. 물의 비등점은 화씨 212도이다.
4. 우리는 그 일을 하기 위하여 안 해 본 짓이 없다.
5. 그는 자기 반에서 두각을 나타내 왔다.
6. 영어는 전 세계에서 사용되어지는 언어이다.
7. 당신을 너무 오래 기다리게 해 와서 미안합니다.
8. 나는 한 부상당한 군인이 다리를 건너고 있는 것을 보았다.
9. 부상자들 중 많은 사람들이 병원으로 가는 도중에 죽었다.
10. 나의 가족은 나까지 포함해서 7명이다.

❷ 아래 문장을 영어로 옮기시오.
11. 뭉치면 살고 분열하면 죽는다.
12. 그 소식을 듣자 그는 즉시 창백해졌다.
13. 그녀가 영어를 말하는 것을 들으면 그녀를 미국인으로 여길 것이다.
14. 버스 편이 없었기 때문에 우리는 집으로 걸어가야 했다.
15. 그의 나이를 고려해 볼 때 그는 매우 젊어 보인다.
16. 해가 졌기 때문에 우리는 급히 집으로 돌아가야 했다.
17. 입에 가득 넣은 채 말하지 마라.
18. 그는 신을 신은 채 잠들었다.
19. 솔직히 말하면 그는 대단한 학자는 아니다.
20. 영화에 관하여 말하자면 나는 슬픈 영화는 좋아하지 않는다.

*****해답*****

❶
1. A drowning man will catch(clutch) at a straw.
2. She always wears glasses because she is near-sighted.
3. The boiling point of water is 212℉.
4. We left no stones unturned to do the work.
5. He has made himself felt in his class.
6. English is a language spoken all over the world.
7. I am sorry to have kept you waiting for a long time.
8. I saw a wounded soldier crossing the bridge.
9. Many of the wounded died on their way to hospital.
10. My family are seven including myself.

❷
11. United we stand, divided we fall.
12. Hearing the news, he turned pale at once.
13. Hearing her speaking English, you would take her for an american.
14. There being no bus service, we had to walk home.
15. Considering his age, he looks very young.
16. The sun having set, we had to go home in a hurry.
17. Don't speak with your mouth full.
18. He fell asleep with his boots on.
19. Frankly speaking, he is not much of a scholar.
20. Talking of movies, I don't like sad movies.

19장 시 제

1 기본 시제

1. 현재 시제
2. 과거 시제
3. 미래 시제

2 완료 시제

1. 현재 완료
2. 과거 완료
3. 미래 완료

3 진행 시제

❶진행시제 :

1. 현재 진행
2. 과거 진행
3. 미래 진행

❷완료진행 :

1. 현재 완료 진행
2. 과거 완료 진행
3. 미래 완료 진행

4 시제의 일치

1. 원칙
2. 예외

1 기본시제① : 현재

❶ 현재시제

①동작 Here **comes** a bus! cf. A bus is coming here.

상태 The chapel on the hill **commands** a fine view.

②반복 The train **departs** every hour on the hour.

습관 What time do you **report** for work?

③진리 Water **consists of** hydrogen and oxygen.

④속담 Too many cooks **spoil** the broth.

격언 The end **justifies** the means.

⑤출생지 Where do you **come** from? I **come from** Jinju City.

가문 His wife **comes** of a noble family.

❷ 과거시제 대용

①역사 I **come** to bury Caesar not to praise him.

②인용 Shelly **says** "If winter comes, can spring be far behind?"

❸ 미래시제 대용

1. **정해진 미래** (fixed future) :

Tomorrow **is** Sunday. When **is** high tide?

Christmas **falls** on Sunday this year.

2. **계획된 미래** (planned future) :

He **starts** for Seoul tomorrow morning.

The concert **begins** at 7:30 and **ends** at 9:30 tomorrow.

3. **시간, 조건의 부사절** :

①시간 I will drop you a line as soon as I **get** there.

I will wait here until he **comes** back.

②조건 The game will be called off if it **rains** tomorrow.

Give my best regards to Mary if you **see** her.

▶미래의 때를 나타낼지라도 명사절이거나 형용사 절이면 will을 사용한다.

I don't know when he **will** come back.

I don't know the time when he **will** come back.

❹ 현재완료 대용 : 과거에 전달된 것을 현재 언급하는 경우다.

I **hear** you broke an arm or something.

The 10 o'clock news **says** that it will be fine tomorrow.

I **am told** that you were dangerously ill.

1 기본시제① : 현재

❶ 현재시제

①현재의 동작이나 상태를 나타낸다.
버스 온다! (타자!); cf. 버스가 오고 있다. *현재 오고 있는 상황을 나타낸다.
언덕 위에 있는 예배당은 전망이 좋다. *command a fine view 전망이 좋다
②반복적 습관적 동작을 나타낸다. *현재의 직업을 말할 때도 현재시제를 사용한다.
열차는 매시 정각에 출발한다. *every hour on the hour 매시 정각에
당신은 몇 시에 출근하느냐? report for work 출근하다; leave for the day 퇴근하다
What do you do for a living?
③진리.
물은 수소와 산소로 이루어져 있다. consist of =be composed of =comprise
④속담이나 격언을 나타낸다.
너무 많은 요리사는 국을 망친다. (사공이 많으면 배가 산으로 간다.)
목적은 수단을 정당화한다. end 끝; 목적(aim); mean 의미하다; 비열한; 중간의; 평균
⑤출생지나 가문을 나타낸다.
당신은 어디 출신이냐? 나는 진주시 출신이다.
그의 아내는 귀족 가문 출신이다.

❷ 과거시제 대용

① 역사적 현재 :
좀 더 생동감 있는 표현을 위해서 사용된다.
나는 시저를 칭찬하기 위해서가 아니라 그를 장례를 치르기 위하여 왔다.
② 인용 :
옛 사람의 말을 인용하거나 저서 중의 말을 인용할 때
Shelly가 말하기를 "겨울이 오면 봄은 머지않으리라."

❸ 미래시제 대용

1. **정해진 미래** (fixed future) : *바꿀 수 없다.
내일은 일요일이다. 만조는 언제냐?
올 해 크리스마스는 일요일과 겹친다. fall on ~와 겹치다
2. **계획된 미래** (planned future) : *미래를 나타내는 부사어/구를 동반함
그는 내일 아침 서울로 떠난다.
그 연주회는 내일 7시 30분에 시작해서 9시 30분에 끝난다.
3. **시간, 조건의 부사절** : *시간과 조건을 나타내는 부사절에서는 현재 시제는 미래 시제, 현재완료 시제는 미래완료 시제를 나타낸다.
①시간 : 내가 그 곳에 도착하면 곧 몇 자 적어 보내겠다. as soon as ~ : 부사절
그가 돌아올 때까지 여기서 기다리겠다.
②조건 : 내일 비가 오면 그 게임은 취소될 것이다.
네가 Mary를 보면 그녀에게 내 안부를 전해라.
*give one's regards to ~ 에게 안부를 전하다
▶미래의 때를 나타낼지라도 명사 절이거나 형용사 절이면 will/shall을 사용한다.
그가 언제 돌아올지를 모른다. *when 이하는 타동사 know의 목적어로 명사절이다.
나는 그가 돌아올 시간을 모른다.

❹ 현재완료 대용 : *외형상 현재 시제이나 실제로는 현재완료 시제를 나타낸다.

*과거에 전달된 것을 현재 언급하는 경우로 say, hear, be told, learn find know think write understand 등의 동사에 한정된다.
네가 팔인가 뭔가를 부러뜨렸다는 것을 들었다. *A or something : A인가 뭔가;
10시 뉴스에서 내일 날씨가 갤 것이라고 했다. *say=has said
네가 중병에 걸렸다고 들었다. *am told =have told

1 기본시제② : 과거

❶ 과거 시제

①동작 The train **arrived** at 5 o'clock to the minute.
They **fell** in love with each other at first sight.

②상태 The farewell party **was** a great success.
In those days these islands **belonged** to Korea.

③과거의 습관이나 반복적 동작을 나타낸다.

ⓐWhen I was a child, I **used to** go swimming in the river.
There **used to** be a pine tree around the well.

ⓑHe **would** often come to my house of a Sunday morning.
He **would** often sit for hours doing nothing.

ⓒI **rang** the bell six times.
He **lived** in Seoul for 3 years.

④역사적 사실

The French Revolution **broke out** in 1789.
My teacher said that Columbus **discovered** America in 1492.

⑤속담이나 격언

Rome **was** not built in a day.
The course of true love never **did** run smooth.

❷ 현재시제 대용 : 가정법 과거

If I **had** money now, I could buy the book.
It's time you **went** to bed now.
I wish I **were** a bird.
Would you mind my opening the window?

❸ 현재완료 대용

Did you ever **hear** of such a peculiar custom and manners?
I never **tasted** fish like this.

❹ 과거완료 대용

I thought of her very much after I **went** to bed.
The train **started** before I got to the station.
As soon as I **saw** his face, all my fears vanished.

1 기본시제② : 과거

❶ 과거 시제

①동작 : 그 열차는 5시 정각에 출발했다.
to the minute 정각에(on time; sharp; punctually; on the dot)
그들은 첫눈에 서로서로에게 반했다. at first sight/blush/glance/view 첫눈에
②상태 : 그 환송파티는 대단히 성공적인 것이었다.
그 당시에는 이 섬들은 한국에 속했다.
③과거의 습관이나 반복적 동작을 나타낸다.
ⓐused는 과거의 습관적 행위(action)나 상태(situation)에 관해서 쓴다.
내가 어린애였을 때 나는 강에 수영하러 가곤 했었다.
우물 주위에 소나무 한 그루가 있었다.
ⓑwould는 반복된 행위(repeated actions)에 관해서만 쓴다.
그는 종종 일요일 아침 같은 때에 내 집에 오곤 했었다.
그는 종종 아무것도 하지 않으면서 몇 시간 동안 앉아 있곤 했다.
ⓒ과거 일의 발생 횟수(how often)나 기간(how long)을 나타낼 때는 단순히 과거시제를 사용한다. used to나 would를 사용하지는 않는다.
나는 여섯 번 벨을 울렸다.
나는 3년 동안 서울에서 살았다.
④역사적 사실을 나타낸다.
프랑스 혁명은 1789년에 발생했다. break out 발발하다(burst out; occur suddenly)
Columbus가 1492년에 America를 발견했다고 선생님께서 말씀하셨다.
⑤속담이나 격언 :
Rome는 하루아침에 이루어지지 않았다. *위대한 것은 쉽게 이루어지지 않는다.
진실한 사랑의 여정은 결코 순탄하지 않다. *격언

❷ 현재시제 대용 : *가정법 과거

만일 내가 지금 돈을 가지고 있으면 나는 그 책을 살 수 있을 있겠는데.
=As I don't have money now, I can't buy the book.
이제 잠자러 갈 시간이다. *It is time 다음에는 가정법 과거가 온다.
=It is time for you to go to the bed. =It is time you should go to bed now.
내가 새라면 좋겠는데. =I am sorry I am not a bird.
내가 창문 좀 열어도 되겠습니까? =Would you mind if I opened the window?
▶hope think wish wonder 등은 과거시제를 사용함으로써 더 정중한 표현이 된다.
I thought you might like some flowers.
Did you wish to see me now?
I wondered if you were free this evening.

❸ 현재완료 대용 : *ever never once before always 등이 과거시제와 함께 쓰이면 현재완료를 나타낸다.

그런 독특한 관습과 풍습에 관하여 들은 적이 있느냐? =Have you ever heard ~
나는 이런 생선을 결코 맛 본적이 없다. =I have never tasted fish like this.

❹ 과거완료 대용 : *after before till when than, as soon as 등의 접속사는 시간의 전후 관계를 나타내 주기 때문에 시제상의 구별을 하지 않아도 된다.

나는 잠자러 간 후에 그녀에 관하여 많이 생각했다. *went =had gone
열차는 내가 역에 도착하기 전에 열차는 떠났다. *started =had started
내가 그의 얼굴을 보자마자 곧 나의 모든 두려움은 사라졌다. *saw =had seen

1 기본시제③ : 미래

❶ 단순 미래 : 인간의 힘으로 좌우할 수 없는 외적상황, 자연현상에 좌우되는 미래

1.평서문 ①I **shall** be in the second grade next March.
②You **will** miss the train unless you take a taxi.
③He **will** come of age next year.

2.의문문 ①**Shall** I get to the station in time?
②**Shall you** wait here till he comes?
③**Will he** be cured of his illness next year?

❷ 의지 미래

1.평서문 ①I **will** see you to the bus stop.
②You **shall** read a page by turns. =I **will let** you read ~
You **shall** want for nothing as long as I live.
③He **shall** live in comfort as long as I live. =I **will let** him live
If you fail, **my soldier shall** kill the boy before your eyes.

2.의문문 ①**Shall** I open the window? =Do **you want** me to open ~?
Shall I carry the box upstairs?
②**Will you** pass me the salt?
③**Shall he** wait here till you come back? =Do **you want** him to~?
Shall the waiter serve coffee?

❸ 미래 대용어구

1. **be going to**
①Be careful! The ice **is going to** crack.
②She **is going to** have a baby.
③What **are** you **going to** do this evening?
④You **are not going to** sleep here.
2. I **was about to** go to bed when there was a knock at the door.
3. I was **on the point of going** out with my wife.
4. He **is due to** graduate in June.
5. He **is to make** a speech on the radio this evening.
6. Do you think it **is likely to** rain?

1 기본시제③ : 미래

❶ 단순 미래 : *외적상황, 자연현상에 좌우되는 미래; shall은 will로 대체되는 경향이다.

1. **평서문** :
①다가오는 3월이면 2학년이 된다.
②택시를 타지 않으면 열차를 놓칠 것이다.
③그는 내년이면 성년이 된다. come of age 성년이 되다.
2. **의문문** :
①제 시간에 역에 도착하게 될까요?
②그가 올 때까지 여기서 기다릴까?
③내년에는 그가 병이 나아질까?

❷ 의지 미래 : *결심 위협 명령 약속 선택 금지 요청 등 인간의 의지를 나타낸다.

1. **평서문** : 말하는 사람(speaker)의 의지를 나타낸다. ***I will let ~**
①내가 당신을 버스정류장까지 바래주겠다. see 바래다주다; 배웅하다(to)
②나는 너희들로 하여금 차례로 한 페이지씩 읽히겠다. *by turns 번갈아; 차례로
=I will let you want for nothing as long as I live.
③나가 살아 있는 한 그로 하여금 편안하게 살도록 하겠다.
=If you fail, I will let my soldiers kill the boy before your eyes.
▶**특히 2인칭, 3인칭에 주의를 해야 한다.** 주어는 2인칭, 3인칭이나, 주어의 의지가 아니라 말하는 사람인 I의 의지를 나타낸다.
2. **의문문** : *상대방(hearer)의 의지를 나타낸다.
①문을 열까요?
그 상자를 위층으로 옮길까요? =Do you want me to carry the box upstairs?
②소금 좀 건네주시겠습니까?
③당신이 돌아올 때까지 그로 하여금 여기서 기다리게 할까요?
웨이터로 하여금 커피를 대접하게 할까요? =Do you want the waiter to serve coffee?
▶**특히 1인칭, 3인칭에 주의를 해야 한다.**
주어는 1인칭, 3인칭이나 2인칭인 상대방의 의지(의사)를 물어 본다.
▶주어의 의지를 나타낼 때는 인칭에 관계없이 will을 쓴다. 이 때 will에 강세가 있다.
You **will** always have your own way. *have one's own way 마음대로 하다
He **will** have it that alcohol is a food. *have it (~라고) 말하다, 주장하다

	단순미래		**의지미래**		*특히 의지미래를 주의할 것
	평서문	의문문	**평서문**	**의문문**	
1인칭	S	S	W	**S**	**You shall** =I will let you ~ **He shall** =I will let him ~ **Shall I** ~? =Do you want me to ~? **Shall he** ~? =Do you want him to ~?
2인칭	W	S	**S**	W	
3인칭	W	W	**S**	**S**	

❸ 미래 대용어구

1. **be going to** :
①가까운 미래 : 조심해라! 얼음이 깨지려고 한다.
②예상 : 그녀는 곧 애를 낳을 것이다.
③주어의 의지 : 오늘 저녁에 뭐 할 건데?
④화자의 의지 (부정문) : 여기서 자지 마라.
2. **be about to** : *매우 가까운 미래(immediate future)를 나타내며 주로 문어체에 쓰인다.
3. **on the point of** : *훨씬 더 가까운 (even greater immediate) 미래를 나타낸다.
4. **be due to** : *주로 시간표나 일정계획서와 관련된다. 그는 6월에 졸업할 예정이다.
5. **be to 부정사** : *이 예정된 미래는 인간이 통제할 수 있는 경우다.
6. **be likely to** : *개연성에 중점을 둔다. 비가 오리라 생각하느냐?

2 완료 시제

❶ 현재 완료

①완료 I **have just finished** my homework.

I **have been to** the station to see her off.

②결과 He **has gone to** the station to see his friends off.

She **has bought** a new car. **cf.** She **bought** a new car.

③경험 I **have never heard** him speak ill of others.

How often **have you visited** the museum?

④계속 He **has been** ill for the last two weeks.

Ten years **have passed** since he died.

▶ ⓐbe+과거분사 Winter **is gone** and spring **is come.**

ⓑ미래완료 대용 I will lend you the book when I **have read** it.

Let's go out **if we have finished it.**

❷ 과거 완료

①완료 I **had just finished** the work when he came.

He **had not walked** a mile before he felt hungry.

②결과 My father **had gone to** America when I came home.

I lost the book which he **had bought** in Japan.

③경험 I **had never seen** a tiger before I was ten years old.

I **had often seen** her till then.

④계속 He **had stayed** in his father's company till his father died.

He **had been** ill for a week when I called on her.

▶ ⓐ대과거 The train **had started** when he **arrived** at the station.

He posted a letter which he had written.

ⓑ유감 I **had intended** to drop by you on the way home.

=I intended **to have dropped** by you on the way home.

=I intended to drop by you on the way home, but I couldn't.

❸ 미래 완료

①완료 I **shall have finished** this work by tomorrow.

②결과 He **will have left** here by the time you are here.

③경험 I **shall have read** this book three times if I read it again.

④계속 The war **will have lasted** for three years by May next year.

2 완료 시제

❶ 현재 완료

①완료 : *just, already, yet, lately, finally 등의 부사와 함께 주로 사용된다.
나는 방금 숙제를 마쳤다. 나는 그녀를 전송하기 위하여 역에 갔다 왔다.

②결과 : *운명동사(come go become arrive leave)와 처분동사(buy sell give lose)가 완료시제로 쓰이면 결과를 나타낸다.
그는 그의 친구를 전송하기 위하여 역에 갔다.
그녀는 새 차를 샀다.(현재 가지고 있다).
cf. 그녀는 새 차를 샀다. (구입한 시실만 말하며, 현재 가지고 있는지의 여부는 모른다)

③경험 : *ever, never, before, often, once, four times 등의 부사와 사용된다.
나는 그가 다른 사람을 욕하는 것을 들은 적이 없다.
얼마나 자주 박물관을 방문했느냐?

④계속 : *since, for+기간, from 등이 따른다.
그는 지난 2주 동안 아팠다. 그가 죽은 지 10년이 지냈다.
=He died 10 years ago. =He has been dead for 10 years.

▶**현재완료시제는 명백한 과거를 나타내는 부사와 함께 사용할 수 없다.**
He **bought** a book yesterday. He has bought a book yesterday. (x)
When did you finish your homework? He **came** home **just now**.

▶ⓐbe+과거분사 : *완료의 결과로 생긴 상태에 중점을 둔다. 왕래발착 동사에 많다.
겨울이 지나고 봄이 와 있다. All hope is gone.
ⓑ미래완료 대용 : *때와 조건을 나타내는 부사절에서는 현재시제가 미래 시제를, 현재완료 시제가 미래 완료 시제를 대신한다.
내가 책을 다 읽으면 너에게 그 책을 빌려주겠다.

❷ 과거 완료

①완료 : 그가 왔을 때 나는 그 일을 막 마쳤었다.
일 마일도 못가서 나는 배가 고프기 시작했다.

②결과 : 내가 집에 갔을 때 나의 아버님은 미국으로 떠나셨다.
그가 일본에서 산 책을 내가 잃어 버렸다.

③경험 : 나는 10살이 되기 전에 호랑이를 본 적이 없었다. 그 때까지는 나는 그를 보았다.

④계속 : 그는 그의 아버지가 돌아가셨을 때까지 그는 아버지의 회사에서 근무했다.
내가 그를 방문했을 때 그는 일주일 동안 아팠었다.

▶ⓐ대과거 : *arrived 보다 started가 먼저이므로 had started가 되었다.
그가 역에 도착했을 때는 열차는 이미 출발했다.
ⓑ유감 : *과거의 실현되지 못한 사실에 대한 유감. (4장 부정사 참조)
집으로 가는 도중에 그를 방문할 예정이었었는데.
※소망동사(desire expect hope intend mean promise suppose)등이 해당된다.
※소망동사의 과거형+완료부정사 =소망동사의 과거완료+단순 부정사 : 소망을 했으나 그것이 이루어지지 못한 것에 대한 유감을 나타낸다.

❸ 미래 완료

①완료 : 나는 내일까지 이 일을 마치게 될 것이다.
②결과 : 네가 이곳에 올 때까지 그는 이곳을 떠날 것이다.
③경험 : 내가 이 책을 다시 읽으면 그것을 3번 읽게 될 것이다.
④계속 : 내년 5월이면 그 전쟁은 3년 동안 계속되는 셈이다.

3 진행 시제

❶ 진행 시제

1.현재진행 Someone **is knocking** at the door. Can you answer it?
He **is reading** a newspaper pipe in mouth.

2.과거진행 The train **was running** at full speed.
The boat **was rolling** to and fro at the mercy of the waves.

3.미래진행 It **will be snowing** when you get to Seoul.
This time tomorrow I **will be sitting** in the train to Paris.

▶ **진행형의 형태를 취하고 있으나 진행의 뜻이 없는 경우:**

①행위의 반복 I am **always** forgetting his name.
②가까운 미래 We **are leaving** for Seoul **tonight**.
③미래의 예정 I **shall be seeing** him again before long.
④감정적 표현 How **are** you **feeling** this morning?
⑤근접 미래 I am afraid I **must be going** now.

▶ **진행형으로 할 수 없는 동사가 진행형으로 사용되는 경우:**

①다른 뜻으로 사용 I **was having** a bath with the door open.
②일시적인 상태 I **am feeling** a little cold today.
③뜻을 강조 I have **been loving** you so long.

❷ 완료진행 시제

1.현재완료진행
I **have been living** in this house for ten years.
The sun **has been giving** off light and heat for millions of years.

2.과거완료진행
I **had been waiting** for two hours when he showed up.
He **had been studying** music in Italy till last July.

3.미래완료진행
He **will have been working** for four hours by noon.
He will have been teaching at this school for ten years by May.

3 진행 시제

❶ 진행 시제

1. 누군가가 문에 노크를 하고 있다. 나가 볼래?
   그는 입에 파이프를 물고 신문을 읽고 있다.
2. 열차는 전 속력으로 달리고 있었다.
   그 보트는 파도에 좌우되어 이리저리 흔들리고 있었다.
3. 서울에 도착하면 눈이 오고 있을 것이다.
   내일 이맘때면 파리 행 열차에 앉아 있을 것이다.

▶진행형의 형태를 취하고 있으나 진행의 뜻이 없는 경우 :

①**동일행위의 반복** : *always, all the time, constantly, continually, for ever, for good, incessantly, permanently, perpetually, repeatedly와 결합하면 습관적 행위나 반복을 나타낸다.
나는 그의 이름을 자꾸 잊어버린다.

②**가까운 미래** : *왕래발착을 나타내는 동사가 미래를 나타내는 부사어와 함께 진행형으로 사용되면 가까운 미래를 나타낸다.
우리는 오늘 밤 서울로 떠난다.

③**미래의 예정** : *미래진행의 형태로 사용되나 진행의 뜻은 없고 예정을 나타낸다.
나는 곧 다시 그를 만나게 될 것이다.

④**감정적 표현** : *불평, 비난, 유쾌, 불쾌 등의 감정을 나타낸다.
오늘 아침 기분이 어때?

⑤**근접미래** : *must, ought to, may, had better + 진행형은 근접미래를 나타낸다. 즉 현재의 순간을 나타낸다.
유감스럽게도 저는 지금 가봐야겠습니다.

▶진행형으로 할 수 없는 동사 : *상태 동사

①인식 : expect(기대하다) realize(깨닫다) remember(기억하고 있다)
②감정 : astonish(깜짝 놀라다) mind(꺼려하다) prefer(좋아하다) satisfy(만족시키다)
③소유 : have possess(소유하다) own(소유하다) belong(~에 속하다)
④지각/감각 : look see notice observe hear sound feel taste smell
⑤상태 : appear be consist depend exist include lie resemble remain

▶진행형으로 할 수 없는 동사가 진행형으로 사용되는 경우:

①다른 뜻으로 쓰이는 경우 : 나는 문을 열어 놓은 채 목욕을 하고 있었다.
He **was seeing** the sights of the city. The judge **was hearing** the case.
He **was tasting** the apple jam. He **was smelling** the fish if it was fresh or not.
②일시적인 상태를 강조 : 나는 오늘 조금 춥다.
③뜻을 강조할 때 : 나는 오랫동안 너를 사랑해왔다.

❷ 완료진행 시제

1. **현재완료진행** : *과거의 일정 시점부터 현재까지의 동작의 계속, 동일 행위의 반복, 습관적 행위의 감정적 색채 등을 나타낸다. 당분간 앞으로도 살아 갈 것이다.
   나는 10년 동안 이 집에서 죽 살고 있다.
   태양은 수백만 년 동안 빛과 열을 방출해오고 있다. give off (빛, 냄새)내다, 방출하다
2. **과거완료진행** : *과거의 일정시점까지 동작의 계속이나 반복을 나타낸다.
   그가 나타냈을 때 나는 두 시간 동안 기다리고 있었다.
   지난 7월까지 이태리에서 음악을 공부해왔다.
3. **미래완료진행** : *미래의 일정 시점까지 동작의 계속을 나타낸다.
   그는 정오까지는 4시간 동안 일하고 있는 셈이 된다.
   그는 5월이 되면 10년 동안 이 학교에서 근무해오고 있다.

4 시제의 일치

❶ 원칙 : 주절의 시제가 바뀌면 종속절의 시제도 바뀐다.

①I think that he **is** ill. =I **thought** that he **was** ill.

I think that he **was** ill. =I **thought** that he **had been** ill.

②He said to me, "I **loved** you." =He **told** me that he **had loved** me.

③He hopes it **will be** fine today.=He **hoped** it **would be** fine that day.

❷ 예외

①진리, 속담, 격언, 일반적 사실

*He said,"The earth **moves** round the sun."

=He said that the earth **moves** round the sun.

*He said, "Too many cooks **spoil** the broth."

=He said that too many cooks **spoil** the broth.

*He said, "Honesty **is** the best policy."

=He said that honesty **is** the best policy.

*He said "Health **is** above wealth."

=He said that health **is** above wealth.

②현재의 습관, 반복적 행위

*He said, "I **take** a walk every day."

=He said that he **takes** a walk every day.

*He said to me, "What time does the train usually **start**?"

=He asked me what time the train usually **starts**?

③전달한 시점에도 피전달문의 행위가 계속되고 있는 경우

He said to me, "The road **is** still under construction."

=He told me that the road **is** still under construction.

④역사적 사실

He said, "Columbus **discovered** America in 1492."

=He said that Columbus **discovered** America in 1492.

⑤가정법

He said to me, "If you **passed** your test, I **would buy** you a car."

=He told me that if I **passed** my test he **would buy** me a car.

⑥비교 구문

She **played** the piano better than you **do** it now.

Mary **is** as beautiful as she **was**.

4 시제의 일치

❶ 원칙 : *주절의 시제가 현재이면 종속절의 시제는 제한이 없다. 그러나 **주절이 과거시제면 종속절의 시제는 바뀐다.** 현재→과거, 과거→과거완료로 바뀐다.

①주절의 동사가 현재에서 → 과거로 바꿔지는 경우;
*주절의 think가 thought로 바뀌어짐으로 종속절의 시제가 is에서 was가 바뀌었다.
*think가 thought로 바뀌어짐으로 was가 had been으로 바뀌어졌다.
②종속절의 시제가 과거이므로 과거완료로 바뀌었다.
③현재형 조동사 → 과거형 조동사;
*must, ought to, should, had better, would rather는 종속절에서도 바뀌지 않는다.
I **felt** that he **must** be honest.
I **said** that we **should** widen the road.
He **said** that I **had better** drink the water.

❷ 예외 : *주절의 시제가 과거지만 종속절은 시제 일치의 원칙이 적용되지 않는 경우다.

①**진리, 속담, 격언, 일반적 사실** : *현재 시제 사용.
'지구는 태양 주위를 돈다.'라고 그는 말했다.
'너무 많은 요리사는 국을 망친다.'라고 그는 말했다. (사공이 많으면 배가 산으로 간다.)
'정직은 최선의 방책이다.'라고 그는 말했다.
'건강은 재산보다 낫다.'라고 그는 말했다.

②**현재의 습관, 반복적 행위** : *항상 현재 시제다.
"나는 매일 산책을 한다."라고 그는 말했다.
"그 열차는 대개 몇 시에 출발하느냐?"라고 그가 나에게 말했다.

③**전달한 시점에도 피전달문의 행위가 계속되고 있는 경우** :
"그 길은 아직도 건설 중이다."라고 그는 나에게 말했다.
He said to me this morning, "The problem **is** still unsettled."
=He told me this morning that the problem **is** still unsettled.

④**역사적 사실** : *항상 과거시제다.
"Columbus는 1492년에 America를 발견했다."라고 말했다.
He said, "The Korean War broke out in 1950."
=He said that the Korean war broke out in 1950.

⑤**가정법** : *시제는 불변이다.
"만일 네가 그 시험에 합격하면 나는 너에게 차를 사주겠다."라고 그는 나에게 말했다.
He said to me, "It is time you **went** to bed." 네가 잠자러 가야할 때다.
=He told me that it was time I **went** to bed.

⑥**비교 구문의 종속절에는 문맥에 맞게 사용한다.**
네가 지금 피아노를 연주하는 것보다 그녀는 과거에 피아노를 더욱 잘 연주를 했다.
Mary는 지난 날(was)만큼 지금(is) 아름답다. 즉 옛날 못지않게 지금 아름답다.
She **spoke** English as well as you **do**.
It **was** colder then than it **is** today.

어법 문제 ①

❶ 주어진 단어를 적당한 형태로 바꾸어라.
1. Let's start as soon as day (break).
2. It will not be long before autumn (come)
3. Please wait here till I (finish) my work.
4. I don't know if he (come) tomorrow.
5. I can't tell when he (come) to my house.
6. Mother is not at home now; she (go) out for shopping.
7. She (finishes) her work two hours ago.
8. The burglar (break) into the window last night.
9. I (lend) him the book which I (buy) the day before.
10. I hardly (walk) a mile before it began to rain.

❷ 주어진 단어를 적당한 형태로 바꾸어라.
1. The road was muddy, because it (rain) heavily the night before.
2. He (go) far before it got dark.
3. The car is working again now. Tom (fix) it.
4. By the time he (come), I (finish) my work.
5. I (read) this book five times if I read it again.
6. What you (do) all this time? Oh, nothing particular.
7. I came to this city last year. I (stay) here since.
8. I (wait) two hours when he appeared.
9. This time tomorrow they (sit) in the cinema.
10. He didn't even know when World War II (break) out.
11. He was so tired that he (lie) down on the sofa.
12. My friend said that he (get) up at 7 all the year round.
13. Tom learned that rain (fall) from the clouds.
14. It is said that Newton (discover) the law of gravitation.
15. Our teacher said that honesty (be) the best policy.

❸ 같은 의미가 되도록 괄호를 채우시오.
1. You shall go to your country in due course
=I will ( ) you go to your country in due course.
2. He shall stay here as long as he wants to.
=I will let ( ) stay here as long as he wants to.
3. Shall I open the window? =Do you ( ) me to open the window?
4. Shall he wait for you till you come back?
=Do ( ) want him to wait for you till you come back?

해답

❶ 1.breaks 2.comes 3.finish 4.will come 5.will come 6.went 7.finished 8.broke 9.lent; brought 10.had rained
❷ 1.had gone 2.has fixed 3.comes 4.will have finished 5.shall have read 6.have been doing 7.have been staying 8.had been waiting 9.will be sitting 10.broke 11.lay 12.gets 13.falls 14.discovered 15.is
❸ 1.let 2.him 3.want 4.you

어법 문제 ②

◆ 밑줄 친 곳에 알맞은 것은?

1. As a general rule, dogs ________ unless offended.
① do not bite ② will not be biting. ③ are not biting
④ have not bitten ⑤ will not bite

2. I will tell him so ______________ .
① before he would come home ② if he will come back
③ when he would come back ④ after he will come home
⑤ when he comes back tomorrow

3. Are you going to the movies tonight? Yes, by then I ____ my work.
① finished ② will finish ③ finish
④ will have finished ⑤ am finishing

4. How long will you stay at the seaside? I will be there _____ .
① until one hour ② for one o'clock ③ since one o'clock
④ by one hour ⑤ until one o'clock

5. I had not walked a mile before I _______ tired.
① get ② got ③ have got ④ had got ⑤ had gotten

6. Have you ever been anywhere even for a trip? I _____ to the Cheju Island.
① went ② have gone ③ have never been
④ have been ⑤ have visited

7. I will pay for the apples on the day when you ______ them.
① will deliver ② would deliver ③ delivered
④ deliver ⑤ shall deliver

8. Lead ____ as a material for sculpture since the time of the earl Greeks.
① has been used ② being used ③ has used
④ used ⑤ has being used

해답

1. ①; '~하면, ~할 때는' 등의 인과관계를 나타내는 경우, if 절속에는 직설법 동사를 사용하며, 귀결 절에는 will, shall을 쓰지 않는다.
2. ⑤; 때와 조건을 나타내는 부사절에서는 현재 시제가 미래 시제를 대신한다.
3. ④; by then으로 미루어 보아 미래 완료 시제가 가장 적합하다.
4. ⑤; stay로 보아 어느 특정 시점까지 계속을 나타낸다.
5. ②; 피곤해진 것보다 걸은 것이 먼저이므로 과거완료시제. 피곤해진 것은 과거시제.
6. ③; ever로 미루어 대답도 현재 완료시제가 와야 한다.
7. ①; when 이하의 절은 관계부사로서 형용사 절이다.
8. ①; since로 미루어 주절은 현재완료 시제가 온다.

어법 문제 ③

◆ Choose the one word or phrase that is grammatically correct.

1. Last night ( ) you several times.
① I had called ② I have had called ③ I kept calling ④ I called

2. They'll be as tall as you soon if they ( ).
① would help growing like that ② keep to grow like it.
③ keep growing like that ④ will keep growing like that

3. I will try to finish this work ( ).
① after you will come ② before you come
③ up to the time you are able to ④ until you come

4. When the fire broke out, ( ).
① the house became emptying ② the house had empties
③ the house had emptied ④ the house was made empty

5. She ( ) of severe pains in her arms and legs.
① remarks ② notices ③ grumbles ④ complains

6. David may ( ), but we must go at once.
① stay lately ② stay a little
③ have stayed very late ④ stay late

7. As the cold weather colder, the rain ( ) sleet.
① came to ② went to ③ passed to ④ turned to

8. You had better not go out. It looks ( ).
① likely ② like rain ③ like to rain ④ look a rain

9. The capacity for flight ( ) insects from the other invertebrates.
① to distinguish ② distinguishes
③ which distinguishes ④ distinguishing

해답

1. ④; 명백히 과거시제(last night)를 나타낸다. several times(여러 번)와 keep ~ing는 (계속 ~하다) 같이 사용할 수 없다.
2. ③; 문맥상 if는 조건을 나타내는 접속사이므로 현재시제가 미래시제를 대신한다.
3. ②; up to, until은 계속을 의미하는 동사와 사용, 완료를 나타내는 finish와 쓸 수 없다.
4. ④; when이하가 과거이므로 과거시제가 와야 한다. They made the house empty.
5. ④; 전치사 of가 있으므로 자동사이어야 하고 of와 결합되는 동사는 complains이다.
6. ④; lately(최근에; of late; recently); late에는 늦게까지(=till late)의 뜻이 있다.
7. ④; 문맥상 되다; 'turn to+명사'에서 turn은 become의 뜻. to는 결과를 나타내는 전치사
8. ②; look은 자동사로 직접적으로 목적어를 취할 수 없으므로 like나 of를 취한다.
9. ②; 문장 구조상 동사가 와야 한다. distinguish A from B : A와 B를 구별하다.

어법 문제 ④

◆ Choose the sentence which is grammatically right (1~3)

1. ① In November next Frank will be dead for ten years.
   ② Jack was ill for a week when he was sent to hospital.
   ③ We will meet you when you will have finished it.
   ④ All of these articles are belonging to we brothers.
   ⑤ Up to that time he had been working without rest.

2. ① You have gone to the station to see a friend off, haven't you?
   ② He asked me if you will come next month.
   ③ You will know him when you will see him.
   ④ I have seen the Alps, but he hasn't.
   ⑤ Please wait here till I shall complete the task.

3. ① He was listening to the radio since you went out with the twin.
   ② As she didn't come back in time, we believed that she got lost in the wood.
   ③ Our school is sanding on a hill and commanding a fine view.
   ④ She has not walked a mile when she heard a shot.
   ⑤ I will drop a line as soon as you I get there.

◆ Choose the incorrect sentence (4~5)

4. ① It is time I were home.
   ② I don't know if it will rain, but if it will rain, I will stay at home.
   ③ When you attend school, attend to your studies.
   ④ I must go see what is the matter.
   ⑤ It will be a nine days' wonder.

5. ① Morals and ethics are grounded on religion.
   ② This institute was founded 10 years ago.
   ③ He was born by an Indian woman.
   ④ A bee flew in through the open window.
   ⑤ She wound the wool around the back of the chair.

해답

1. ⑤; ①will be dead→will have been dead ②was→has been ill
   ③will을 없앤다. when 이하가 부사절이다. ④are belonging→belong
2. ④; ①gone→been ②will→would ③will을 없앤다.(부사절) ⑤shall을 없앤다.
3. ⑤; ①was listening→has been listening ②got lost→had got lost
   ③is standing→stands, commanding→command ④has not→had not
4. ②; 앞의 if절은 명사절, 뒤의 if절은 부사절이다. but if it rains로 고친다.
5. ③; bear가 '태어나다'의 의미라도 수동형이나 완료형인 경우는 borne이다.

어법 문제 ⑤

◆ Choose the one which is grammatically wrong.

1. You must fill out(①) the application form in full(②) and be(③) interviewed before you will consider(④) the job.

2. The adult mosquito usually lives for about(①) thirty days, although(②) the life span varied(③) widely with temperature, humidity, and other(④) factors of the environment.

3. Every(①) year seals migrate(②) to the Gulf of St. Lawlence in Canada, congregate on the ice pack, and there are giving(③) birth to their(④) pubs.

4. In many parts(①) of the United States, houses(②) are considerably more energy efficient than they are(③) a decade ago(④).

5. I wondered if(①) my speech sounded as(②) awkward to(③) you as yours do(④) to me.

6. In just(①) the last(②) few years, football is become(③) more popular than baseball in that country(④).

7. Benjamin Franklin experimented(①) with a kite in a thunderstorm in order to get(②) that(③) lightning is electricity(④).

해답

1. ④; will을 없앤다.
2. ③; 일반적인 사실은 현재시제로 나타낸다. varied→vary.
3. ③; 습관적 반복적 행위는 현재 시제 are giving→give.
4. ③; are→were.
5. ④; do→did(대동사).
6. ③; is become→has become.
7. ②; get은 that절을 목적어로 취하지 못한다. get을 prove 혹은 understand로 고친다.

어법 문제 ⑥

◆아래 글에서 밑줄 친 부분 중 어법상 틀린 것은?

❶ Former U.S. President Jimmy Carter, ① who promotes Habitat for Humanity, has toured various countries ② since 1994. In the summer of 2001, he ③ has visited Asan, Korea, to participate in house-building project. It was part of Habit for Humanity International's campaign ④ to build houses for homeless people. He worked along with volunteers for the program, which is ⑤ named after him - the Jimmy Carter Work project 2001.

❷ Mr. Kim and a flight attendant spent about fifteen minutes ① filling everything out together. Mr. Kim finally ② handed in the forms. After half an hour wait, the supervisor called him over and said, "Unclaimed luggage usually ③ comes in on the conveyor belt on your right, but since it ④ breaks today, all luggage is coming in downstairs at gate 5. You can go down now; your bags are there." Mr. Kim thanked the supervisor, went downstairs, and finally ⑤ got his luggage. *unclaimed luggage 찾아가지 않은 짐

❸ Jogging is a popular sport. Since the 1960s, millions of Americans ① are taking it up. I ② started jogging because of my weight problems. I like being outdoors too. It ③ helps to relieve stress. Jogging doesn't ④ take much equipment. ⑤ All I need is loose clothing and good running shoes.

❹ 각 괄호 안에서 어법에 맞는 표현을 골라 짝지은 것으로 가장 적절한 것은?
In some cases, a criminal uses a gun when (A) committed/ committing a crime. Every gun (B) leave/ leaves distinctive marks on a bullet when the gun is fired. The police may find a bullet at the scene or recover a bullet from a victim's body. Experts can examine the makings on the bullet and prove that it was fired from a specific gun. This clue is strong evidence that the owner of the gun may be guilty. Consequently, the police will suspect that this person (C) will commit/ committing the crime.

	(A)	(B)	(C)
①	committed	leave	will commit
②	committed	leaves	committing
③	committing	leaves	will commit
④	committing	leave	committing
⑤	committing	leave	will commit

해답
❶ ③; 2001년 여름이므로 과거시제를 사용해야 한다. has visited→visited.
❷ ④; 내용상 오늘 고장이 났기 때문에 breaks는 broke로 되어야 한다.
❸ ①; 일반적인 사실을 나타내고 있기 때문에 현재형을 사용해야 한다. are taking→take.
❹ ③; (A)분사구문에는 '접속사+주어+동사'의 뜻이 포함되어 있어 접속사가 필요 없으나 분사구문의 의미를 분명히 하기 위하여 접속사를 사용한다. 따라서 committing; (B)주어가 단수이므로 leaves; (C) that 절에서의 주어는 this man이고 동사가 와야 하므로 will commit.

영작 문제

❶ Translate the following into English.
1. 그 비행기는 7시부터 매시 정각에 서울로 출발한다.
2. 지구는 24시간 마다 축을 기준으로 돈다.
3. 그들은 첫 눈에 서로서로에게 사랑에 빠졌다.
4. 그는 10년 만에 집으로 돌아왔다.
5. 나는 너를 버스정류소까지 배웅해 주겠다.
6. 윤년은 4년마다 한 번씩 온다.
7. 물은 수소와 산소로 이루어져 있다.
8. Susan보면 내 안부 좀 전해 주게.
9. 너의 꿈이 실현될 날이 반드시 올 거야.
10. 우물 주위에 소나무 한 그루가 있었다.

❷ Translate the following into English.
11. 나는 그녀를 전송하기 위하여 역에 갔다 왔다.
12. 일 마일도 가기 전에 나는 피곤함을 느꼈다.
13. 그는 국에 충분한 소금이 있는지를 알아보기 위하여 국을 맛보았다.
14. 그는 끊임없이 나에 약간의 돈을 요구했다.
15. 그가 나타났을 때 나는 두 시간 동안 기다리고 있었다.
16. 너희들로 하여금 차례로 2페이지씩 읽히겠다.
17. 창문을 열까요?
18. 그가 죽은 지 10년이 흘렀다.
19. 어제 시내에 가는 중에 너의 사무실에 들를 계획이었는데.
20. 내일 이맘때면 서울행 열차를 타고 있을 것이다.

해답

❶
1. The plane departs for Seoul every hour on the hour from 7:00.
2. The earth rotates on its axis once every 24 hours
3. They fell in love with each other at first sight.
4. He returned home after ten years' absence.
5. I will see you to the bus stop.
6. A leap year comes every four years.
7. Water consists of hydrogen and oxygen.
8. Please give my best regards to Susan if you see him.
9. The time when your dream will come true will surely come.
10. There used to be a pine tree around the well.

❷
11. I have been to the station to see her off.
12. I had not gone a mile before I felt tired.
13. He is tasting the soup to see if there is enough salt in it.
14. He is continually asking me for some money.
15. I had been waiting for two hours when he showed up.
16. You shall read two pages by turns.
17. Shall I open the window?
18. Ten years have passed [elapsed] since he died.
19. I intended to have dropped in at your office on my way downtown.
20. This time tomorrow I will be sitting in the train to Seoul.

20장 수동태

1 수동태로의 전환

1. 평서문
2. 의문문
3. 명령문

2 수동태로 전환할 때 주의 할 사항

1. 부정 주어
2. 시제
3. by 이외의 전치사
4. 특수한 형태의 수동태
5. 수동태로의 전환이 불가능한 경우

3 수동태의 종류

1. 상태 수동태
2. 동작 수동태
3. 경험 수동태
4. 능동형 수동태

4 수동태 구문

1. 동사 기준 ① 피해
② 종사
③ 사망
④ 위치
⑤ 출생
⑥ 감정
⑦ 관계
⑧ 심리

2. 주어 기준 ① 불분명
② 자명
③ 일반 사람
④ 동작에 중점
⑤ 연결상
⑥ 불표시

1 태의 전환① : 평서문

❶ 3형식 : S+V+O →1형식

1. **목적어가 명사, 대명사, 명사절인 경우**

①명사 He delivered **the speech.** →The speech was delivered by him.

②대명사 Everybody admires **him.** →He is admired by everybody.

③명사절 ⓐThey believe **that he is honest.**

ⓑMary ordered **that John should start the work.**

2. **타동사구 형태인 경우**

①The boy **laughed at** Jack. =Jack was laughed at by the boy.

②He **looked up to** the doctor. =The doctor was looked up to by him.

He **spoke well of** his son. =His son was well spoken of by him.

③The boss **put off** the departure. =The departure was put off by the boss.

④The nurse **took good care of** the patients.

→The patients were taken good care of by the nurse.

→Good care was taken of the patients by the nurse.

❷ 4형식 : S+V+IO+DO →3형식 혹은 1형식

①She gave **me the book.** =I was given the book by her.

=The book was given **(to)** me by her.

She gave **my son the book.** =My son was given the book by her.

=The book was given **to** my son by her.

②He bought me a camera. =I was bought a camera by him.

=A camera was bought **for** me by him.

❸ 5형식 : S+V+O+OC →2형식

①We elected him **chairman.** →He was elected chairman by us.

I believe the guilt person **to be him.**

=The guilty person is believed to be he by me.

②The sad movie drove him **mad.**→He was driven mad by sad movie.

People **saw** a bird **sing** in a tree.→A bird was seen **to** sing in a tree.

He **made** her **go** there alone.→She was made **to** go there by him.

I saw him **crossing** the river.→He was seen crossing the river by me.

1 태의 전환① : 평서문

▶태란 동사와 목적어와의 관계를 말한다. 따라서 수동태가 되기 위한 최소한의 조건은 목적어가 있어야 한다. 그러므로 3형식 이상이어야만 수동태로의 전환이 가능하다.

❶ 3형식 : S+V+O → 1형식; *능동형 3형식은 수동형으로 고치면 1형식이 된다.

1. 목적어가 명사, 대명사, 명사절인 경우

①목적어가 명사인 경우 : *명사가 주어가 된다.

링컨이 그 연설을 했다. make (give; deliver) a speech 연설하다

②목적어가 대명사인 경우 : *주어가 되는 경우 주격의 대명사로 고친다.

▶특수한 형태 : Milk cows provide us with milk and beef.

=We are provided with milk and beef by milch cows.

③목적어가 절인 경우 :

ⓐ*believe consider know say suppose think 해당.

They believe that he is honest. 아래와 같이 두 가지로 가능하다.

*=That he is honest is believed by them. (x) *딱딱하고 어색한 것으로 여김.

=It is believed that he is honest.(0) *that절을 it로 받고 that절은 그대로 둠.

=He is believed to be honest. (0) *종속절의 주어를 문장의 주어로 한다.

*=They believe him to be honest. *단문으로 고친다. (5형식)

=He is believed to be honest. *5형식에서 수동태로 바꾼다. (2형식)

ⓑ단문으로 고친 후에 그 단문을 수동태로 고친다. *위 동사 외의 3형식.

that 절에 should가 들어간 것은 동사 order 때문이다. *조동사 should; 가정법 참조.

=Mary ordered John to start the work.

=John was ordered to start the work by Mary.

2. 타동사구 형태인 경우

①자동사+전치사 : *한 단어처럼 취급한다. 그 소년은 Jack을 비웃었다.

②자동사+불변화 부사 : *한 단어로 취급. 불변화 부사(away back down off up)

그는 그 의사를 존경했다. look up to 존경하다(respect)

자동사+정도부사 : *정도부사(well badly highly)는 과거분사 앞에 둔다.

그는 자기 아들을 칭찬했다. speak well of =praise

③타동사+불변화 부사 : *한 동사처럼 생각하여 일반 원칙대로 고치면 된다.

그 상사는 출발을 연기했다. put off 연기하다(postpone)

④타동사+명사+전치사 : *명사에 수식어(한정사, 형용사)가 붙어 있으면 그 명사를 수동문의 주어로 할 수 있다. (every good no much little).

간호사는 환자들을 잘 돌봤다.

❷ 4형식 : S+V+IO+DO → 3형식 혹은 1형식

①S+V+DO+to+IO인 경우는 IO, DO 모두 수동태의 주어가 될 수 있다.

*보류목적어가 인칭대명사이면 to 생략 가능함.

*보류목적어가 명사이면 반드시 그 앞에 to를 두어야 한다.

②S+V+DO+for+IO에서 IO는 주어가 될 수 없다.

*직접 목적어만 수동태의 주어가 될 수 있다.

*단 buy bring은 IO가 수동태의 주어가 될 수 있다.

*보류목적어 앞에는 for를 붙여야 한다.

❸ 5형식 : S+V+O+OC → 2형식

①목적보어가 명사나 대명사인 경우 : *목적격 보어인 대명사는 주격보어 바뀐다.

②목적보어가 형용사, 분사, 부정사인 경우 : *지각동사나 사역동사 다음의 원형부정사는 to 부정사로 된다.

1 태의 전환② : 의문문-명령문-특수형

❶ 의문문

1. 의문사가 있는 의문문

①주어 **Who** broke the window? →By whom was the window broken?

②보어 **Whom** did he invite? →Who was invited by him?

③목적어 **What** do you call this flower? →What is this flower called?

④부사 **How** did he get the jewel? →How was the jewel got by him?

2. 의문사가 없는 의문문

Did you plant this tree? →Was this tree planted by you?

Did you compose this music? →Was this music composed by you?

❷ 명령문

1. 직접명령 :

①긍정 Read the book aloud. →**Let** the book be read aloud.

②부정 Don't open the door. →**Let** the door **not** be opened.

→**Don't let** the door be opened.

2.간접명령 :

①긍정 Let him do the work. →**Let** the work be done by him.

②부정 Don't let him do the work. →**Let** the work **not** be done by him.

→**Don't let** the work be done by him.

❸ 특수한 형태

①진주어가 부정사인 경우는 'by+동명사'로 바꾼다.

It hurts the eye **to look at the sun.**

→The eye is hurt **by looking at the sun.**

②부정사와 부정사 자체의 목적어 간의 전환

It is high time **to change the subject.**

→It is high time **for the subject to be changed.**

③목적어와 목적보어간의 전환

I couldn't make **them understand me in English.**

→I couldn't **make myself understood** in English.

④관계사가 포함된 문장의 전환

We must endure **what we can't cure.**

→We must endure **what can't be cured by us.**

→**What can't be cured** must be endured.

⑤중문(重文)의 명령문의 전환

Sign this paper **and** mail it at once.

→**Let** this paper **be signed and mailed** at once.

1 태의 전환② : 의문문-명령문-특수형

❶ 의문문

1. 의문사가 있는 의문문 : *의문사가 주어나 목적어로 쓰이는 경우에만 바뀐다.

①의문사가 주어인 경우 : **Who** broke the window?

→The window was broken by whom. →By whom was the window broken?

②의문사가 목적어인 경우 : *목적어를 그대로 주어로 하면 된다.

Whom did he invite? →Who was invited by him?

③의문사가 목적보어인 경우 : *의문사가 목적보어이므로 의문사에는 변화가 없다.

④의문사가 부사인 경우 : *의문사가 부사이므로 의문사에는 변화가 없다.

2. 의문사가 없는 의문문 : *기본 규칙대로 하되 의문문이므로 be동사만 문장 첫머리로 내보내면 된다.

❷ 명령문

1. 직접 명령 :

①긍정 명령인 경우 : Let + O + be pp로 고친다.

②부정 명령인 경우 : ⓐ**Let** + O + **not** + be pp로 고친다.
ⓑ**Don't + let** + O + be pp로 고친다.

2. 간접 명령 : *let + O + 원형부정사+O′에서 원형부정사 자체의 목적어를 O′를 let 다음에 두고 O(목적어)를 by+O로 고친다.

①긍정 명령인 경우 : Let + O′ + be pp + by+O로 고친다.

②부정 명령인 경우 : ⓐ**Let** + O′ + **not** + be pp + by+O로 고친다.
ⓑ**Don't + let** + O′ + be pp + by+O로 고친다.

❸ 특수한 형태의 수동태

①진주어가 부정사인 경우는 'by+동명사'로 바꾼다.

It hurts the eye to look at the sun.→The eye is hurt by looking at the sun.

태양을 바라보는 것은 눈을 해친다.

②부정사와 부정사 자체의 목적어 간의 전환 : *부정사 자체의 목적어가 주어가 되고 그 앞에 for를 쓴다.

③목적어와 목적보어간의 전환 :

*I couldn't make **them understand me in English**.

→I couldn't **make myself understood** in English.

*understand의 의미상의 목적어인 me가 주어로 되면 I로 되어야 하는데, 이 I는 문장의 동사인 make의 목적어가 되어야 하므로 me가 되어야 한다. 또 me는 주어 I와 동일하므 로 myself로 되어야 한다. 그 다음에 'be+pp'가 되어야 하는데 사역동사로 쓰인 make는 그 목적어(O)와 목적보어(OC) 간에 관계가 수동이면 그냥 pp로 된다.

*나는 영어로 내 자신의 생각을 나타낼 수가 없었다.

④관계사가 포함된 문장의 전환 :

We must endure **what we can't cure**.

*what we can't cure에서 what은 cure의 목적어이므로 주어가 된다.

→We must endure **what can't be cured by us**.

*we는 주어로 사용되고 by us는 수동주어로 동일하므로 통일시켜야 한다.

→**What can't be cured** must be endured (by us).

치료할 수 없는 것은 참아야 한다.

⑤중문(重文)의 명령문의 전환 :

*this paper와 it는 동일하므로 명사인 the paper를 주어로 하고 be pp로 한다.

이 서류에 서명하고 그것을 즉시 메일로 보내라.

1 태의 전환③: 주의 사항

❶ 부정 주어

Nobody can solve the problem.

→The problem can**not** be solved by **anybody**.

❷ 시제

①미래 He will do the work. →The work **will** be done by him.

I will pay the money. →The money **shall** be paid by me

②진행형 He is writing a letter. →A letter is **being** written. by him.

③완료형 He has written a letter.→ A letter has **been** written by him.

❸ by 이외의 전치사

①**at** I was surprised at the result.

②**in** I was caught in a shower.

③**of** He was tired of the work.

④**to** He is known to everybody.

⑤**with** I was satisfied with the plan.

❹ 수동태의 전환이 불가능한 경우

1. 동사에 의한 제한

This tie does not **become** your shirts.

Every Jack **has** his Gill.

This room can **hold** 80 people.

My son **resembles** his mother in many respects.

2. 목적어에 의한 제한

①We can walk **it** or bus **it**. *형식목적어

②She killed **herself** at last. *재귀목적어

③We could hardly see **each other**. *상호목적어

④I want **to sing a song.** *부정사

⑤I finished **reading the book** *동명사

⑥He cut **his** finger. *목적어 앞의 소유격이 주어와 동일

⑦I never **set foot on** foreign soil. *목적어가 동사와 밀접하게 관련된 경우

1 태의 전환③ : 주의 사항

❶ 부정 주어

①'by + 부정주어'는 될 수 없다. *'not ~ by +주어'로 고친다.
②nobody : not ~ by anybody *not ~ever = never
아무도 그 문제를 푼 사람은 없다.

❷ 시제

①미래 : will(shall) + **be** + pp로 바꾼다.
※ 단순미래, 의지미래는 인칭에 따라 알맞게 변화시킨다.
②진행 : am are is was were + **being** + pp로 바꾼다.
③완료 : have(has, had, will have) + **been** + pp로 바꾼다.
대통령은 그 보고서에 아직 서명을 하지 않았다.

❸ by 이외의 전치사 :

①**at** : *be surprised(alarmed, amazed, astonished, astounded, frightened, startled, terrified) at ~에 놀라다.
나는 그 결과에 놀랐다. I was astonished at the news. 나는 그 소식에 놀랐다.
②**in** : *be caught in a shower : 소나기를 만나다. 그는 소나기를 만났다.
*be interested in : ~에 흥미를 갖다. 그는 음악에 관심이 있다.
*be engaged in : ~에 종사하다. 그는 농사에 종사하고 있다.
*be wrecked in : ~에 난파당하다. 그 배는 폭풍우에 난파당했다.
▶be involved in : ~에 관련이 있다.
be absorbed (engrossed, immersed, indulged, lost) in: ~에 몰두하다.
▶be married to ~와 결혼하다. be devoted to : ~에 헌신하다.
③**of** : *be tired of ~에 싫증이 나다. *be tired with: ~에 지치다.
*be convinced of ~을 확신하다.
Nobody is convinced of his honesty. 아무도 그의 정직을 확신하지 못한다.
④**to** : *be known to ~에게 알려져 있다.
He is married to an angel of a woman. 그는 천사와 같은 아내와 결혼했다.
*be accustomed to ~에 익숙해져 있다. 어려운 일에 익숙해져 있다.
※ A man **is known by** the company he keeps. *~에 의해 판명되다.
The secret **is known to** everybody. *~에 알려지다.
Jinhae **is known for** its beautiful scenery. *~로 유명하다.
He **is known as** a great poet. *~로 알려져 있다.
⑤**with** : *be satisfied with ~에 만족하다. 나는 그 계획에 만족했다.
*be acquainted with ~을 잘 알다.
He is acquainted with the principal. 그는 교장선생님을 잘 알고 있다.

❹ 수동태의 전환이 불가능한 경우

1. **동사에 의한 제한** : *become equal escape have hold lack resemble suit
이 넥타이는 너의 셔츠와 어울리지 않는다.
그는 상식이 부족하다.
나의 아들은 많은 면에서 그의 엄마와 닮았다.

2. **목적어에 의한 제한**
①형식목적어는 수동태의 주어가 될 수 없다.
②재귀목적어는 수동태의 주어가 될 수 없다.
③상호목적어는 수동태의 주어가 될 수 없다.
④부정사는 수동태의 주어가 될 수 없다.
⑤동명사는 수동태의 주어가 될 수 없다.
⑥목적어 앞의 소유격이 주어와 동일하면 그 문장은 수동태가 될 수 없다.
⑦목적어가 동사와 밀접하게 관련된 경우에는 그 목적어를 문장의 주어로 할 수 없다.

2 수동태의 종류

❶ 상태 수동태

The house **is painted** green.

You may **rest assured** that I will do my best.

The front door **remained shut** for a long time.

❷ 동작 수동태

The house **is painted** every year.

You will soon **grow accustomed** to rural life.

He **got arrested** for speeding on his way home.

❸ 경험 수동태

He **had** his purse **picked** in a crowded bus.

He **had** his hat **blown** off by the wind.

The house **had** its windows **broken** by explosion.

❹ 능동형 수동태

①현재형

Silk **dyes** well with acid dyes.

The book **sells** like hot cakes.

She always **photographs** well.

②진행형

The house **is building** on a hill commanding a fine view.

The book **is now printing**.

Where **is** the new film **showing**?

③부정사

You are **to blame** for the accident.

If anyone's to blame, it's me.

There is no house **to let** around.

④동명사

This clock needs **winding** once a week.

The young seedling requires **looking** after carefully.

This book is worth **reading** twice at least.

2 수동태의 종류

❶ 상태 수동태 : *be동사 대신에 lie remain rest 등을 쓰면 상태의 강조를 나타낸다.
그 집은 초록색으로 칠해져 있다.
내가 최선을 다 하리라는 것을 확신해도 좋다.
*be[feel, rest] assured of[that] : ~을 믿어 의심치 않다, ~을 확신하다.
앞문은 오랫동안 닫혀져 있었다.

❷ 동작 수동태 : *be동사 대신에 become get grow를 쓰면 동작의 강조를 나타낸다.
*be + pp가 동작을 나타낼 경우는 시간표시 부사어구가 따른다.
그 집은 해마다 칠을 한다.
그는 곧 시골 생활에 익숙해질 것이다.
그는 집으로 오는 도중에 속도위반으로 체포되었다.

❸ 경험 수동태 : *have+목적어+pp가 불리한 경험을 나타낸다. 이때 과거분사에 강세를 둔다.
그는 만원 버스에서 지갑을 소매치기 당했다.
그는 바람에 자기 모자를 날려버렸다.
그 집은 폭발로 창문이 부셔졌다.

❹ 능동형 수동태 : *형태는 능동형이나 내용은 수동의 뜻이다

①현재형 : *일반적 경향이나 내재적 특성을 나타내며, 반드시 부사어를 동반한다.
명주는 산성 염료에 염색이 잘 된다. dye 염색하다; 염료, 물감; 색깔;
이 책은 날개 돋친 듯이 팔린다. sell [go] like hot cake 날개 돋친 듯이 팔리다.
그녀는 항상 사진발이 잘 받는다. =She is always photogenic.

②진행형 : *소수의 동사에 한정되어 있다.
그 집은 전망이 좋은 언덕 위에 지어지고 있다. *command a fine view 전망이 좋다.
그 책은 지금 인쇄되어지고 있다.
새 영화는 어디에서 상영되고 있는가?

③부정사 : *be to blame, to let 등에 한정된다.
네가 그 사건에 대하여 비난을 받아야 한다. (책임을 져야한다.) =to be blamed
*be to blame 비난받다; 책임지다.
누군가 책임을 져야 한다면 그건 나예요.
근처에는 셋집은 없다. =to be let

④동명사 : *need want require deserve, be worth등은 능동형이나 수동의 뜻
*need는 수동형 부정사로 고칠 수 있다.
The garden needs watering =The garden needs to be watered.
이 시계는 일주일에 한 번 태업을 감아야 한다. =needs to be winded
wind 태엽을 감다; (강)꼬불꼬불 흐르다.
그 어린 묘목은 조심스럽게 돌볼 필요가 있다.
이 책은 적어도 두 번은 읽을 가치가 있다.

3 수동태 구문

❶ 주어 기준

①분명 He **is wanted** on a charge of theft.
The president **was elected** for a 4 year term.

②불분명 You **are wanted** on the phone.
Many a true word **is spoken** in jest.

③일반인 The rule **is** not **observed** these days.
Butter **is sold** by the pound.

④동작 The poor blind boy **was run over** by a tram car.
This evil practice must **be done away with** root and branch.

⑤연결상 He delivered a speech and **was asked** many questions.
He made a moving speech and **was applauded** by the audience.

⑥불표시 Something **has been said** that ought not to have been spoken.
Enough **has been said** of the subject, which will be taken up again.

❷ 동사 기준

①피해 The 10:20 train **was derailed** on account of the heavy flood.
The ship **was wrecked** and most of the crew **were drowned**.

②관계 So far as grammar **is concerned**, your writing leaves nothing to be desired.
So far as I am concerned, I have no objection to your plan.

③심리 He **was scared of** failing the math exam.
You **are mistaken** if you think you are right.

④감정 I **was much offended** at his remarks.
I **am** most **honored** to be invited.

⑤종사 He **is engaged** in writing a novel.
They **are engaged in** some fishy business, I'll be bound.

⑥위치 My school **is located** within a stone's throw of my house.
The chapel **is situated** on a hill.

⑦출생 He **was born** with a silver spoon in his mouth.
He who **is born** a fool is never cured.

⑧사망 He **was murdered** on the street with an pistol by a robber.
The ice gave way and they **were** all **drowned** to death.

3 수동태 구문

❶ 주어 기준

①주어가 분명한 경우 :

그는 절도혐의로 지명수배를 받고 있다. *by the police가 생략되었다.

charge 짐; 충전; 책임; 위탁, 관리; 비난; 요금; 돌격; theft 절도, 도둑질;

want 원하다; (아무를)찾다, 수사하다; 필요로 하다(need); ~이 부족하다;

그 대통령은 4년 임기로 선출되었다. *by the people이 생략되었다.

②주어가 불분명한 경우 :

너한테 전화 왔다. 많은 진실한 말이 농담으로 말해진다.

③주어가 일반인인 경우 :

그 규칙은 요즘 지켜지지 않는다. 버터는 파운드 단위로 팔린다.

④주어보다 동작에 중점을 두는 경우 :

그 불쌍한 눈 먼 소년은 전차에 치였다.

이 나쁜 관습은 철저하게 없어져야 한다.

do away with 폐지하다(abolish) root and branch 완전히; 철저하게(thoroughly);

⑤문장 연결 상 필요한 경우 :

그는 연설을 하고 많은 질문을 받았다. make/deliver/give a speech 연설을 하다.

그는 감동적인 연설을 하고 청중들에게 박수갈채를 받았다. *moving 감동적인

applaud 박수갈채하다; 찬양하다 ⓝapplause 박수갈채; 칭찬; win applause 갈채를 받다.

⑥주어를 표시하지 않는 경우 :

말하지 말았어야 할 어떤 것이 말해졌다.

그 주제에 관해서는 충분히 언급되어졌다. 하지만 그 주제는 다시 다루어질 것이다.

❷ 동사 기준

①행위자 보다 피해에 중점을 두는 경우 :

10시 20분 열차는 심한 홍수 때문에 탈선되었다. on account of : ~ 때문에(owing to)

그 배는 난파되었고 대부분의 승무원들은 익사했다. wreck 난파(시키다); 파멸(시키다);

②관계 혹은 관련을 나타내는 경우 :

문법에 관한 한 네 글은 나무랄 데가 없다. so[as] far as A is concerned A에 관한한

나에 관한한 나는 너의 계획에 반대를 한지 않는다. leave nothing to be desired

③심리적 상태를 나타내는 경우 :

그는 수학시험에 낙제를 할까 봐 두려웠다.

네가 옳다고 생각하면 네가 잘못이다.

④감정을 나타내는 경우 :

나는 그의 말에 기분이 많이 상했다.

초대받아서 매우 영광입니다.

⑤종사를 나타내는 경우 :

그는 소설을 쓰는데 종사하고 있다.

그들은 구린내 나는 일에 종사하고 있다고 단언한다.

⑥위치를 나타내는 경우 :

학교는 집에서 돌을 던지면 닿을 수 있는 거리에 있다.

예배당은 언덕 위에 위치해 있다.

⑦출생을 나타내는 경우 :

그는 부유하게 태어났다. with a silver spoon in his mouth 입에 은수저를 물고

바보로 태어난 사람은 치료가 안 된다. (바보에는 약도 없다.)

⑧사망을 나타내는 경우 :

그는 강도에 의해서 권총으로 거리에서 살해당했다.

얼음이 꺼지고 그들은 모두 익사했다.

어법 문제 ①

❶ 다음 문장을 수동태로 바꿔라.

1. It hurts her mind to treat in such a mean way.
2. The students speak well of their vice principal.
3. The nurse took good care of the wounded invalid. (2가지로)
4. They say that the man is innocent. (2가지로)
5. I gave her a fountain pen. (2가지로)
6. I bought her a brand new computer.
7. I saw a wounded soldier cross the bridge.
8. What do you call this flower in English?
9. Whom did you invite to the party?
10. Did you invite your girl friend?
11. Don't open your book for the time being. (2가지로)
12. It is about time to change the subject.
13. Nobody can solve the problem with ease.
14. He did not pay any attention to my advice.
15. I could not make them understand me in English.

❷ 다음 문장에서 잘못된 부분을 고쳐라.

1. So far as I am concern, I have no objection to your suggestion.
2. The small chapel situated at the foot of the hill.
3. He made a speech and asked many questions by the audience.
4. She was stolen her bag in a crowded bus last night.
5. You mistake if you think that he is wrong.
6. These young seedlings require to look after carefully.
7. As he is so selfish, he deserves scold.
8. That castle of a house is belonged to us.
9. He has never been heard speak ill of others by me.
10. My brother was robbed his watch on his way to school.

해답

❶ **1.** Her mind is hurting by treating in such a mean way. **2.** Their vice principal is well spoken of by the students. **3.** The wounded invalid was taken good care of y the nurse. Good care was taken of the wounded invalid by the nurse. **4.** It is said that the man is innocent.; The man is said to be innocent. **5.** She was given a fountain pen by me. A fountain pen was given to her by me. **6.** A brand new computer was bought for her by me. **7.** A wounded soldier was seen to cross the bridge by me. **8.** What is this flower called in English? **9.** Who was invited to the party? **10.** Was your girl friend invited? **11.** Don't let your book be opened for the time being. **12.** It is about time for the subject to be changed. **13.** The problem cannot be solved with ease by anybody. **14.** My advice was not paid any attention to by him. **15.** I could not make myself understood in English.

❷ **1.** concern→concerned **2.** situated→is situated **3.** asked→was asked **4.** She had her bag stolen in a crowded bus. **5.** mistake→are mistaken **6.** to look→looking **7.** scold→scolding **8.** is belonged→belongs **9.** speak→to speak **10.** robed→robbed of

어법 문제 ②

◆ 밑줄 친 곳에 알맞은 것은?

1. Don't let your failure depress you.=Don't let _____ by your failure
   ① you depressed ② yourself be depressed
   ③ you be depressed ④ yourself to be depressed

2. He is __________ by everybody.
   ① well spoken ② spoken well ③ spoken of well ④ well spoken of

3. He is a dangerous driver. Yes, and his reckless driving led to ________ a ticket.
   ① him to give ② his being given ③ him to be given ④ his giving

4. She lets me do the work by myself. =I _____ do the work by myself.
   ① am let ② was let to ③ let ④ am allowed to ⑤ am letting

5. As long as he ____, the outcome was quite satisfactory.
   ① concerned ② was concerned ③ concerns ④ was concerning

6. ____ millions of galaxies exist in the vast space outside the Milky Way.
   ① It is estimated that ② An estimate that
   ③ That is estimated ④ That the estimate

7. 능동태를 수동태로 바꾼 것 중 틀린 것은?
   ① I will give you twenty hours to consider my proposal.
   =You shall be given twenty hours to consider my proposal.
   ② You must send for a doctor at once.
   =A doctor must be sent at once.
   ③ I have sold the house. =The house has been sold by me.
   ④ Who showed you the way? =By whom were you shown the way?

8. 표현이 가장 어색한 것은?
   ① The two boys who drowned yesterday were my friends.
   ② The milk will not keep long in this heat.
   ③ Bill asked Kathy to marry him.
   ④ King Sejong had scholars invent the Korean alphabet.

해답

1. ②; 목적어와 목적보어간의 수동태. 주어와 목적어가 동일해지므로 yourself가 된다.
2. ④; speak well of가 수동태가 되면 정도 부사인 well은 앞으로 나온다.
3. ②; lead to 동명사를 취한다. 주어와 목적어간의 관계가 수동관계, his는 의미상 주어.
4. ④; let는 be allowed to가 된다.
5. ②; ~에 관한 한(as long as he was concerned).
6. ①;
7. ②; for가 빠져 있다.
8. ①; drowned→were drowned.

어법 문제 ③

1. 다음 중 문법적으로 옳은 문장을 고르시오.
① I was made to enter the room by myself.
② I had my teacher corrected this English composition.
③ I have no pen to write.
④ I was stolen my purpose.
⑤ The man who I thought was my friend deceived me.

2. 다음 문장을 수동태로 고칠 때 옳은 것은?
Do it at once.
① You are done by it at once. ② It is done at once.
③ Be done it at once. ④ Let it be done at once.
⑤ It is done by you at once.

3. 문장 전환이 잘못된 것을 고르시오.
① I saw him enter the room. →He was seen enter the room by me.
② It seems that he has worked hard. →He seems to have worked hard.
③ He is sure to succeed. →I'm sure that he will succeed.
④ His carelessness resulted in the accident.
→The accident resulted from his carelessness.
⑤ I insisted on his going to the party. →I insisted that he go to the party.

4. 문법적으로 옳은 문장을 고르시오.
① He is well known by everybody. ② I was written a letter by her.
③ She was laughed at by the boys. ④ By whom the window was broken?
⑤ Let the book not to be read.

5. 다음 문장 중 태의 전환이 옳게 된 문장을 고르시오.
① Who has broken this dish? →By whom has been this dish broken?
② They took me to my native town. →I was taken to my native town.
③ Who is playing the piano? →By whom is the piano played?
④ Someone broke this window.→This window is broken by someone.
⑤ Don't open the door. →Let the door be not opened.

6. 다음 ( )에 알맞은 것은?
She lets me do the work by myself. =I ( ) do the work by myself.
① am let ② was let to ③ let ④ am allowed ⑤ am letting

해답
1. ①; ②corrected-correct; ③write-write with; ④I had my purse stolen. ⑤whom-who
2. ④; 명령문의 수동태; Let+목적어+be pp.
3. ①; 지각동사가 있는 5형식 문장에서 수동태가 되면 원형부정사가 to부정사로 된다.
4. ③; ①by-to; ②write는 수동태로 되면 사람을 주어로 할 수 없다. ④was the window ⑤to생략
5. ②; ①has this dish broken; ③play-being played; ④is-was; ⑤be not-not be;
6. ④; let은 수동태로 되면 be allowed to로 된다.

어법 문제 ④

◆ Choose the sentence which is grammatically right.

1. ① I was blown off my hat by the wind.
   ② He was laughed at all his friends and went abroad.
   ③ What is the language speaking in South America?
   ④ A long letter will be written and sent sooner or later.

2. ① He was written a long letter by her.
   ② I will have a new suit made. The party is just two weeks away.
   ③ He was taken no notice by them, but his sister was made much of.
   ④ You are mistaken in a spy by the police.

3. ① He was stolen his purse.
   ② His proposal was paid no attention by his superiors and we students.
   ③ He is well known by the people for his noble acts.
   ④ Do you know by whom this story was written?

4. ① The stone was too heavy for him to move it.
   ② She explained us the story.
   ③ Call on me when you are convenient to do so.
   ④ He was robbed of his watch on his way home.

5. ① The large building is belonged to her.
   ② Beer like this is not to be had elsewhere.
   ③ The committee is consisted of seven persons.
   ④ He is lacked in energy.

6. 문장 전환이 옳지 않은 것을 골라라.
   ① It hurts the eye to look at the sun.
   =The eye is hurt by looking at the sun
   ② He spoke well of his son. =His son was well spoken of by him.
   ③ They believe that he is frank. =He is believe to be frank.
   ④ I believe the author of the book to be him.
   =The author of the book is believed to be him by me.

해답

1. ④; ①I had my hat blown off by ~ ②by all his ~ ③speaking→spoken
2. ②; ①A long letter was written him ③taken no notice of by ④in→for
3. ④; ①He had his purse stolen. ②attention to by ③by→to
4. ④; ①it을 없앤다. the stone은 문장의 주어인 동시에 move의 목적어다. ②to us
   ③convenient는 사람을 주어로 할 수 없다. it is convenient for you to do so.
5. ②; ①is belonged→belongs ③is consisted→consists ④lacked→lacking
6. ④; 5형식이 수동태가 되면 2형식이다. 목적보어는 주격보어로 된다. him→he

어법 문제 ⑤

◆ Choose the one which is grammatically wrong.

1. It was(①) Dr. Lee who suggested to him(②) that the boy punish(③) for theft(④).

2. So far as I concern(①), the steps you suggest(②) leave nothing(③) to be desired(④).

3. Her husband was so completely(①) addict(②) to alcohol that he lost his job and had(③) trouble finding another(④) one.

4. Jet propulsion can take place(①) in a vacuum as long as oxygen is provision(②) to burn(③) the engine's fuel(④).

5. The wood(①) of the redwood is light(②) red, but(③) when it has exposed(④) to the weather it darkens.

6. As(①) a glacier melts(②), rocks, boulders, trees, and tons of dirt(③) deposit(④).

7. Thunders can be listened(①) from a maximum(②) distance of about ten miles except(③) under unusual(④) atmospheric conditions.

8. In all organisms,(①) from human beings(②) to bacteria and viruses, the genes, or units of heredity(③), are composed from(④) nucleic acid.

9. By(①) the year 2010, the earth will inhabit(②) twice(③) as many people as it(④) is.

해답

1. ③; 수동 관계 punish→be punished.
2. ①; So far as I am concerned.
3. ③; addict→addicted.
4. ②; provision→provided.
5. ④; has exposed→is exposed.
6. ④; deposit→are deposited.
7. ①; listened→listened to.
8. ④; be composed from→be composed of.
9. ②; 타동사it이다. 주어가 the earth이므로 수동태이어야 한다. will be inhabited.

어법 문제 ⑥

❶ 글의 흐름으로 보아 밑줄 친 부분을 고칠 필요가 있는지를 결정하고 필요가 있다면 가장 잘 고쳐진 것은?

Everyone told me that when I turned fifteen some great internal change would occur. I truly expected it to occur, but nothing happened. When I asked my grandmother, however, I replied, "Yes, I do feel a great change has taken place."

① 고칠 필요가 없음 ② I asked to ③ I was asked
④ asked by ⑤ being asked

❷ 다음 글의 밑줄 친 부분 중 어법상 적절하지 않은 문장은?

① Starting up a store requires as much as $200,000. Raising that kind of money is difficult ② for someone without a business record because ③ the flow of venture capital has dried up. In 1996, ④ the amount of venture capital fell 53% from the previous year, to $202 million. This year ⑤ the numbers expect to show a steeper decline.

❸ 글의 흐름으로 보아 밑줄 친 부분 중 어법상 자연스럽지 못한 것은?

The earth's tropical rain forests ① are being destroyed every year. Rain forests ② protect any plants and animals. They are also very important to the world's climate. The decreasing size of rain forests ③ will affect the climate on the earth, making it dangerous for life. ④ Saving our rain forests is an international problem. The nations of the world ⑤ has to work together to find a solution before it is too late.

❹ 다음 글에서 밑줄 친 부분 중 어법상 어색한 부분을 고르시오.

The U.S. plane ① collided with a Chinese jet, ② forcing the American crew into an emergency landing on Hainan island in the South China Sea. The crew ③ questioned and detained. The plane and ④ its sensitive equipment ⑤ are in China's hands.

❺ 다음 글에서 밑줄 친 부분 중 어법상 틀린 것은?

Although scientists do not know for certain ① why we dream, some believe that our dreams are associated with thoughts and feelings that we experience ② while we are awake. For example, dreams about shouting people ③ are thinking to be about giving or ④ receiving an important message. Dreams in which you ⑤ are flying often represent freedom or escape.

해답

❶ ④; 내용상 '내가 할머니로부터 질문을 받았을 때'이므로 was asked by로 되어야 한다.
❷ ⑤; 주어가 the numbers 이므로 동사는 수동형이 되어야 한다. expected→are expected
❸ ⑤; 주어가 the nations이므로 has는 have로 되어야 한다.
❹ ③; 승무원들은 심문받고 억류되었다. 수동의 뜻이어야 하므로 were가 들어가야 한다.
❺ ③; 내용상 수동의 뜻이므로 thinking은 thought로 되어야 한다.

영작 문제

❶ Put the following into English.

1. 그 의사는 마을 사람들에게 존경을 받았다.
2. 나는 내 자신의 뜻을 영어로 남에게 이해시킬 수가 없었다.
3. 대기오염이 산성비의 원인이라고 지적되고 있다.
4. 그는 천사와 같은 아내와 결혼했다.
5. 사람은 그가 사귀는 친구에 의해 판명된다.
6. 그 사실은 누구에게나 다 알려져 있다.
7. 진해는 벚꽃으로 유명하다.
8. 그는 그 결과에 만족해서 돌아왔다.
9. 우리 집은 해마다 하얀 색으로 칠해진다.
10. 너는 도시 생활에 곧 익숙해질 것이다.

❷ Put the following into English.

11. 나는 버스 안에서 소매치기를 당했다.
12. 그 집은 폭발로 창문이 부셔졌다.
13. 그는 살인혐의로 경찰의 지명수배를 받고 있다.
14. 우리나라에서는 대통령은 5년 임기로 선출된다.
15. 그 열차는 심한 눈 때문에 탈선했다.
16. 우리 집은 학교에서 돌을 던지면 돌을 던지면 닿을 거리에 있다.
17. 그는 인디언 여자에게서 태어났다.
18. 나에 관한 한 나는 그 법안에 반대하지 않는다.
19. 그는 강에서 익사했다.
20. 그는 내 말에 상처를 많이 받았다.

해답

❶

1. The doctor was respected by the village people.
2. I could not make myself understood in English.
3. Air pollution has been fingered as the cause of acid rain.
4. He is married to an angel of a woman.
5. A man is known by the company he keeps.
6. The fact is known to everybody.
7. Jinhae is known for its cherry blossoms.
8. He returned home satisfied with the result.
9. Our house is painted white every year.
10. You will soon get accustomed to the urban life.

❷

11. I had my purse picked in a bus.
12. The house had its windows broken by explosion.
13. He is wanted by the police on a charge of murder.
14. The president in our country is elected for a 5 year term.
15. The train was derailed on account of the heavy snow.
16. Our house is situated within a stone's throw from the school.
17. He was borne by an Indian woman.
18. So far as I am concerned, I have no objection to the bill.
19. He was drowned to death in the river.
20. He was much offended at my remarks.

21장 가정법

1 명령법
1. 직접 명령
2. 간접 명령
3. 조건 명령
4. 특수 명령
5. 양보 명령

2 가정법의 종류
1. 가정법 현재
2. 가정법 미래
3. 가정법 과거
4. 가정법 과거완료
5. 혼합 가정법
6. 이중 가정법

3 if 대용어구
1. 분사 형태
2. 복합어 형태

4 if절 대용어구
1. 부사(구)
2. 부정사
3. 관계 대명사
4. 접속사
5. 전치사
6. 명사
7. 분사

1 명령법

❶직접 명령

①**Make** hay while the sun shines.

②**Don't count** your chicken before they are hatched.

❷간접 명령

①**Let me** tell you one thing.

②**Let him** do the work at once.

Let not the sun **go** down upon your wrath.

③**Let's discuss** the matter over a cup of coffee, shall we?

❸조건 명령

①**Make haste and** you will be in the first train to London.

Spare the rod **and** spoil the child.

②Make haste, **or** you will be late.

Take a taxi, otherwise you will miss the train to Seoul.

❹특수 명령

①**Come** winter, we'll have to wear much clothing.

②**Say** your plan fails, then what do you do?

Come for dinner at, **say**, eight o'clock.

Is it possible to book the ferry, **say**, on Saturday or on Sunday?

④**Suppose** we wait for him.

Suppose you had one million dollars, how would you spend it?

❺양보 명령

①**Say what** you will, no one believes you.

Let me **say what** I will, he doesn't mind me.

②**Study as** hard **as** you will, you can't master English.

Let the wind **blow as** hard **as** it will, we must set sail today.

③**Be it ever so humble**, there is no place like home.

Act he ever so cheerfully, he couldn't conceal his sorrow.

④**Be** they **rich or poor**, all men are equal before the law.

Be he **friend or foe**, the law regards him as a criminal.

1 명령법

❶ 직접 명령 : *상대방(2인칭)에 대한 명령으로 명령을 받는 상대방을 표시하지 않는다.
①해 있을 때 풀을 말려라; 호기를 놓치지 마라.(속담); *=Strike while the iron is hot.
②떡 줄 놈은 생각도 않는데 김칫국부터 마시지 마라. hatch 부화하다; (음모)꾸미다.

❷ 간접 명령 : *1인칭과 3인칭에 대한 명령을 말한다.
①1인칭 : 너에게 한 가지만 말하겠다.
②3인칭 : 그로 하여금 그 일을 즉시 하도록 하라.
해가 지도록 분을 품지마라.
③제안 명령 : 커피나 한 잔 들면서 그 문제를 논의하자. *over는 종사를 나타내는 전치사

❸ 조건 명령
①명령형 + and : *~ 해라. 그러면 ~; 만일 ~ 하면;
=If you make haste, you will be in the first train to London.
=If you spare the rod, you will spoil the child. 매를 아끼면 애를 마친다.
②명령형 + or [or else, otherwise] : * ~ 하라. 그러하지 않으면 ~;
=If you don't haste, you will be late.
=If you don't take a taxi, you will miss the train to Seoul.

❹ 특수 명령
①**come** : *'come + 주어'의 어순으로 'When 주어 + come(s)'의 뜻이 된다.
겨울이 오면 옷을 많이 입어야 할 것이다.
=When winter comes, we'll have to wear much clothing.
②**Say** : *assume=suppose의 의미를 나타내는 경우
만일 너의 계획이 실패하면 그 때는 어떻게 할래?
*roughly의 의미인 경우; 8시쯤 저녁 먹으러 오너라.
*for example의 의미인 경우 book ⓥ=reserve
예를 들어 토요일이나 일요일에 나룻배를 예약하는 것이 가능합니까?
③**Suppose** : *제안을 나타내는 경우 : 그를 기다리자. =Let's wait for him.
*접속사 if 대용 : 만일 당신이 백만 달러가 있으면 그것을 어떻게 쓸래.

❺ 양보 명령 : *형태는 명령형이나 양보를 나타내는 것으로, '가정법 현재'의 일종이다.
①원형 + 의문사절 :
직접명령 : =Whatever [No matter what]you may say, no one believes you.
간접명령 : 내가 무슨 말을 하더라도 그는 내 말에 상관하지 않는다.
=Say what I will
=Whatever [No matter how] I may say; he doesn't mind me.
②원형 + as절 :
직접명령 : =However hard you may study, you can't master English.
간접명령 : =However hard the wind may blow, we must set sail today.
③원형 + 주어 + ever so + 형용사 [부사] :
=However humble it may be [Let it be ever so humble], there is no place ~.
=However cheerfully he might act, he couldn't conceal his sorrow.
④원형 + 주어 + A or B :
=Whether he is rich or poor, all men are equal before the law.
=Whether he is **a** friend or **a** foe, the law ~. *대조를 나타내는 경우 관사 생략.

2 가정법 종류① : 현재-미래

❶ 가정법 현재

1. 부사절

①조건 If it **be** fine tomorrow, we will go out for a walk.

②시간 Tonight before the cock **crow,** thou shall deny me thrice.

③목적 She ran with all her might lest she **be** late.

④양보 If his master **be** a beggar, a dog will guard his sleep.

⑤관용 Come this time tomorrow, if (**it be**) necessary.

2. 명사절

①명령 The commander ordered that the deserter **be** shot to death.

②주장 The doctor insisted that she **give up** smoking at once.

③소망 My ardent wish is that he **be** discharged.

④제의 I suggested that the meeting **be** postponed.

⑤요구 I requested that he **use** his influence on my behalf.

⑥충고 I advised that the work **be** done at once.

⑦동의 I moved that he **be** expelled.

⑧결정 He determined that nobody **dissuade** him from doing the work.

3. 독립문

①기원 God **bless** this ship and all who sail in her!

②저주 Plague **take** him! Grammar be hanged!

❷ 가정법 미래

①If 주어 should 형태

I it **should** rain tomorrow, I would not come.

If you **should** see him, give my best wishes to him.

②If 주어 would 형태

If you **would** get pearls, you should dive deep into the sea.

If you would succeed, you should study hard.

③If 주어 were to 형태

If the sun **were to** rise in the west, I would not change my mind.

If the sun **were to** collide with the moon, what would become of the earth?

2 가정법의 종류① : 현재-미래

❶ 가정법 현재 : *현재 또는 미래에 대한 의심이나 불확실성을 나타낸다.

1. **부사절** : *부사절에서는 조건 외에도 시간 목적 양보 등을 나타내기도 한다.
   *동사원형이 원칙이나 현대영어는 직설법 현재를 주로 사용 한다.

①시간 : 오늘 밤 닭이 울기 전에 너는 나를 세 번 부인하리라.
②조건 : 내일 날씨가 좋으면 우리 산책 나가자. will은 가벼운 명령을 나타낸다.
③목적 : 늦지 않으려고 그녀는 온 힘을 다하여 달렸다.
with all one's might: 전력을 다하여; might 힘; lest ~(should) be: ~하지 않도록;
④양보 : 비록 그의 주인이 거지일지라도 개는 그 주인이 잠자는 동안 그 주인을 지킨다.
⑤관용적 형태 : 필요하면 내일 이맘때 오라. *필요하면; If need be. if (it be) necessary
I must finish this work by 2 o'clock. **If need be**, I will work all night.
Be that as it may, we cannot receive him.
*Be that as it may =that is as may be; 어쨌든, 그것은 어떻든(anyway).

2. **명사절** : *명령 주장 소망 제의 요구 충고 동의 결정 등을 나타내는 동사, 형용사, 명사가 that절에서는 가정법 현재를 사용한다. should를 생략하면 원형을 사용한다. 이 원형은 가정법 현재이다.

①명령 : 그 탈영자를 사살하라고 사령관은 명령했다. *order command instruction
②주장 : 그 여자는 즉시 담배를 끊어야 한다고 의사는 주장했다. *insist urge
③소망 : 나의 강한 소망은 그를 해임하는 것이다. *desire desirable anxious wish intend
④제의 : 그 모임을 연기하자고 제의했다. *suggest propose prefer
⑤요구 : 내 대신에 그가 영향력을 행사토록 요구했다. *demand request require ask beg
on one's behalf ~를 대신하여
⑥충고 : 그 일을 즉시 해야 한다고 나는 충고했다. *advise recommend
⑦동의 : 사절을 즉시 보내야 한다는데 그는 동의했다. *move consent
⑧결정 : 어느 누구도 그를 설득해서 그 일을 하지 못하게 할 수 없다고 결론지었다.
*decide determine; dissuade A from ~ing: A로 하여금 ~하지 못하게 하다.

▶해당 형용사 : *anxious concerned determined eager essential good important imperative just(fair) keen necessary natural normal proper rational reasonable right vital wrong

3. **독립문**

①기원 : 신이시여, 이 배와 이 배를 타고 항해하는 모든 사람에게 은총을 주시옵소서.
*God be with you till we meet again.
②저주 : 제기랄! 문법 때려 치워버려라!
*Woe betide him if he is late again! 그가 다시 늦으면 그에게 화가 있으라.

❷ 가정법 미래 : *현재 또는 미래에 대한 강한 의심이나 불확실을 나타낸다.

①**If 주어 should 형태** : *가정법 과거의 가장 일반적인 형태이다.
내일 비가 오면 나는 안 오겠다.
네가 그를 보면 그에게 나의 안부를 전해라.
②**If 주어 would 형태** : *주어의 의지를 나타내는 경우
진주를 얻으려면 바다 속으로 깊이 잠수해야 한다.
성공하고 싶거든 열심히 공부해야 한다.
③**If 주어 were to 형태** : *순수한 가정 즉 전혀 있을 수 없는 미래의 가정과 강한 의혹을 나타낸다. 귀결절에는 조동사의 과거형이 온다. 외형상으로는 가정법 과거형을 사용한다.
비록 태양이 서쪽에서 떠오르더라도 나는 마음을 바꾸지 않았다.
만일 태양이 달과 충돌하면 지구는 어떻게 될까?

2 가정법의 종류② : 가정법과거 - 가정법 과거완료

❶ 가정법 과거

1. 부사절

①If I **were** a magpie, I **could send** a good news to you.
=As I am not a magpie, I can't send a good news to you.

②If I **were** in your shoes, I **would walk** out on him.
=As I am not in your shoes, I won't walk out on him.

2. 형용사절

①It is high time we **went** to bed.

②It is just time he **was** earning his living.

③It is right time I **should** be going.

3. 독립문

Could you help me with my homework?
Would you mind my opening the window?
I **would** like to have a cup of coffee.
You **had better** go home and rest.
I **would rather** die than live in dishonor.
He is, **as it were,** a grown-up baby.

❷ 가정법 과거완료

1. 부사절

①If I **had taken** your advice, I **would not have failed** in it.
If he **had had** enough time, he **would have done** better.

②If he **could have helped** me, he **would have done** so.
If he **would have consented**, all **would have been** all right.

2. 독립문

Oh, **had he only been** here!
Oh, **might** I **have known** it in time!
I **could have come** yesterday (if I had wanted to come).
A pin **might have been heard** to drop (if it had dropped).
They might have offered to help me (if they had been so minded).

2 가정법의 종류② : 가정법 과거-가정법 과거완료

❶ 가정법 과거

1. 부사절 : If + S + 과거동사, S + could/might/should/would + 동사원형

①현재 사실에 반대되는 일을 가정
만일 내가 까치라면 당신에게 좋은 소식을 보낼 수 있을 텐데.
②현재에 있을 것 같지 않는 일을 가정
만일 내가 당신의 입장에 있다면 나는 그를 버리겠다.
in one's shoes 아무의 입장이 되어; walk out on ~을 버리다(desert);
▶If I were not poor, I could buy the book.
But for [Without] my poverty, I could buy the book.
=If it were not for my poverty, I could buy the book.
=Were it not for my poverty, I could buy the book. *if가 생략되면 도치가 된다.
=As I am not rich, I cannot buy the book.

2. 형용사절

①*It is time 다음에 과거동사가 와서 시간의 경과를 나타낸다.
*high, about, just, right, quite 등은 강조를 위한 것으로 생략이 가능하다.
*It is high time for us to go to bed. 부정사 구문은 시간의 미경과를 의미한다.
It is high time we **went** to bed.
=It is high time for you to go to bed.
=It is high time that you should go to bed.
②it is time 다음에 오는 동사가 be동사이고 주어가 단수이면 was다.
It is just time he **was** earning his living.
③it is time 다음에 should를 사용하면 의무, 당연을 나타낸다.
It is right time I **should** be going.

3. 독립문

*if절이 생략되고 주절만 남아있는 경우로, 완곡하고 공손한 표현을 나타낸다.
내 숙제를 도와주시겠습니까?
창문을 열어도 되겠습니까? Would you mind if I opened the window?
집에 가서 쉬는 게 낳겠다. had better =may as well =do well to
나는 불명예스럽게 살기 보다는 차라리 죽겠다. =would as ~ soon as
그는 말하자면 다 자린 어린애이다. as it were =so to speak =that is to say

❷ 가정법 과거완료

1. 부사절 :

①If + S + had + PP, S + could/might/should/would + have+pp.
만일 내가 당신의 충고를 받아들였었더라면 나는 그 사업에 실패하지 않았을 텐데.
=As I didn't take your advice, I failed in it.
만일 내가 충분한 시간이 있었더라면 나는 더 잘했을 것이다.
=As he couldn't help me, he didn't have done so.
②If + S + could/might/would + have+pp, S + could/might/should/would + have+pp
만일 그가 나를 도와줄 수 있었더라면 그는 그렇게 했을 것이다.
=As he couldn't help me, he didn't do so.
만일 그가 동의를 하려고 했었더라면 모든 사람들은 괜찮았을 것이다.

2. 독립문 : *If가 생략됨으로써 문장이 도치되었다.
그가 이곳에 있기만 하였더라면! (해결 되었을 터인데)
그가 그것을 일찍 알고 있었더라면 (좋았었을 터인데)

2 가정법의 종류③ : 이중가정법 - 혼합가정법

❶ 이중(二重) 가정법

①**As if**

He talks as if he knew the matter.

He talked as if he had known the matter.

②**If only**

If only I had much money, I could buy some clothes.

If only she had come earlier, things would have changed.

③**I wish**

I wish I were a magpie.

I wish I had worked harder in my youth.

④**Would rather**

I would rather you came here tomorrow than today.

I would rather you had told her truth.

⑤**Would that**

Would that I were young again!

Would that it hadn't rained yesterday.

❷ 혼합 가정법

①If + S + 가정법 과거완료, S + 가정법 과거

If I **had followed** your advice then, I **should be** happier now.

If it **had not rained** last night, the road **would not be** so muddy today.

②If + 가정법 과거, S + 가정법 과거완료

If he **were** in this town, I **should have met** him before this.

If Mary **were** here, I **should have recognized** her before that.

③직설법 현재 + 가정법 과거

But that I **am** poor, I **could go** abroad.

④직설법 과거 + 가정법 과거완료

But that I **was** busy, I **would have attended** the meeting.

2 가정법의 종류③ : 이중가정법 - 혼합가정법

❶ 이중(二重) 가정법 : *내용에 따라 조건절의 시제와 주절의 시제가 차이가 나는 가정법을 말한다. 즉 조건절에 가정법 과거 혹은 가정법 과거완료가 온다.

①as if : *=as though; 마치 ~인 것처럼.
그는 그 문제를 알고 있는 것처럼 말한다. =In fact he does not know matter.
그는 그 문제를 알고 있은 것처럼 =In fact he did not know the matter.
▶확신의 정도가 강할 때는 as if 다음에 직설법 현재를 사용할 수 있다.
He acts as if he is in love with her.

②if only : *~하기만 하면;
돈이 많이 있기만 하면 그는 옷을 몇 점 살 수 있을 텐데.
=As he doesn't have much money, he can't buy some clothes.
그녀가 좀 더 일찍 오기만 했더라면 상황은 바뀌었을 것이다.
=As she didn't come earlier, things did not change.
▶ⓐif only절 만으로 감탄문을 만들 수 있다. If only he had come earlier!
ⓑ가능성이 있는 경우는 직설법을 사용할 수 있다. If only she arrives in time.

③I wish : *직설법으로 바꿀 때 I am sorry ~로 고친다.
내가 까치라면 좋겠는데. =I am sorry I am not a magpie.
내가 젊었을 때 좀 더 열심히 일했었더라면 (지금) 좋겠는데.
▶ⓐ미래에 실현되기 어려운 소원인 경우는 I wish 다음에 should/would를 사용해야 한다.
I wish it would not rain tomorrow.
ⓑ화자(話者) 자신에 대한 소망은 I wish를 쓸 수 없다. I hope 등을 사용한다.
I hope I shall succeed

④would rather : =would sooner; *차라리 ~하면 좋겠다.
*주절의 주어와 종속절의 주어가 달라야 한다.
*가정법 과거시제가 오면 현재 혹은 미래에 대한 사실을 의미한다.
*가정법 과거완료가 오면 과거 사실을 나타낸다.
나는 네가 오늘 보다는 차라리 내일 와 줬으면 좋겠다.
나는 네가 그녀에게 그 사실을 말하지 않았더라면 (지금) 좋겠는데.

⑤would that : *=would to God; =Oh that; =I wish.
내가 다시 젊어지면 좋겠는데. 어제 비가 오지 않았더라면 (지금) 좋겠는데.

❷ 혼합 가정법 : *내용에 따라 조건절의 시제와 주절의 시제가 차이가 나는 경우.

①If + S + 가정법 과거완료, S + 가정법 과거 : *조건절은 가정법 과거완료, 주절은 가정법 과거.
만일 내가 그 때 당신의 충고를 받아들였더라면 나는 지금 더 행복해져 있을 텐데.
=As I did not follow your advice then, I am not happier now.
어제 밤에 비가 오지 않았더라면 길은 지금 그렇게 진흙투성이가 되어 있지 않을 텐데.
=As it rained last night, the road is so muddy today.

②If + 가정법 과거, S + 가정법 과거완료 : *조건절은 가정법 과거, 주절은 가정법 과거완료.
만일 그가 이 도시에 있다면 나는 지금보다 이전에 그를 만났을 것인데.
=As he is not in this town, I didn't meet him before this.
만일 Mary가 여기에 있다면 나는 그 이전에 그녀를 알아봤을 것이다.
=As Mary is not here, I didn't recognize her before that.

③직설법 현재 + 가정법 과거 :
*but that =except that =save that =if ~ not 다음에는 직설법 시제가 온다.
만일 내가 가난하지 않으면 외국에 갈 수 있을 텐데.

④직설법 과거 + 가정법 과거완료 :
만일 내가 바쁘지 않았다면 나는 그 모임에 참석할 수 있었는데.

3 If 대용 어구

❶ 분사 형태

①Assuming (that) =If :

Assuming (that) it rains tomorrow, what shall we do?

②Granting (that) =Granted (that) =even if =even though :

Granting he was drunk, that is no excuse for his behavior.

Granted that it is true, it does not concern me.

③Providing (that) =Provided (that) =If; Only if; as long as :

Providing there is no opposition, we shall hold the meeting.

Provided he is a man of strong will, I will engage him.

④Supposing (that) =Suppose that =If :

Supposing something should go wrong, what would you do?

Suppose you are late what excuse will you make?

❷ 복합어 형태

①in case :

ⓐTake an umbrella in case it should rain.

ⓑIn case I am late, don't wait to start dinner.

②in the event (that) =in the event [case] of + 명사 :

Who will succeed him in the event he resigns?

In case of a tie, the game will be decided by the toss of a coin.

③on condition =providing =as long as :

I will accept the post on condition that you assist me.

I will give you a day off on condition that you work on Sunday.

④as long as =so long as =on condition that =if :

You shall want for nothing as long as I live.

You may use the room as you like, so long as you clean it up afterward.

⑤so that =provided :

He is indifferent to the means, so that he accomplishes his purposes.

⑥Unless :

ⓐUnless you have done the work to my satisfaction, I shan't pay for it.

ⓑI won't write unless he writes first.

⑦but that =except that =save that =only that :

I would buy the car but that I am poor.

3 If 대용 어구

*조건이나 가정을 나타내는 경우는 if를 사용한다. 이 if 대신에 사용되는 어구를 말한다.

❶ 분사 형태

①**Assuming (that) : *=If;** ~라고 한다면; 만일 내일 비가 오면 우리들은 무엇을 할까요?
Assuming it is true, what should we do now?
그것이 사실이면 우리들은 지금 무엇을 해야 합니까?

②**Granting (that) : *=Granted (that) =even if =even though;** ~이라고 하더라도
그가 술에 취했다고 인정하더라도 그것은 그의 행동에 대한 변명은 안 된다.
그것이 사실이라고 하더라도 그것은 나에게 중요하지 않다.

③**Providing (that) : *=Provided (that) =If; Only if; as long as;** 만일~이라면
만일 반대가 없으면 우리들은 그 모임을 열 것이다.
만일 그가 만일 강력한 의지를 가진 사람이면 나는 그를 고용하겠다.
*I will come provided that it is fine tomorrow.

④**Supposing (that) : *=Suppose that =If;** 만일~이라면
만일 뭔가 잘못 된다면 우리는 무엇을 하게 될까?
만일 네가 늦으면 너는 무슨 핑계를 댈래?

❷ 복합어 형태

①**in case :**
ⓐ~에 대비하여; 비가 올 경우에 대비하여 우산을 가져가라.
*You should insure your house in case there is a fire.
ⓑif : ~한다면; 만일 내가 늦으면 기다리지 말고 저녁을 먹어라.
*In case the house burns down, we'll get the insurance money.

②**in the event (that) : *=in the event of + 명사;** ~한 경우에
만일 그가 사임하면 누가 그를 계승할까?
무승부가 될 경우는 그 게임은 동전을 던져서 결정되어질 것이다.

③**on condition : *=providing =as long as;** ~이라는 조건으로, 만약 ~이라면
네가 나를 도와주는 조건으로 그 직을 수락하겠다.
네가 일요일에 일하는 조건으로 너에게 하루의 휴가를 주겠다.

④**as long as : *=so long as =on condition that =if**
내가 살아 있는 한 너로 하여금 부족함이 없게 하겠다.
네가 나중에 방을 깨끗이 하기만 하면 네가 좋아하는 대로 그 방을 사용해도 좋다.

⑤**so that : *=provided;** ~한다면
그는 그의 목적을 달성하기만 그 수단에 대하여는 무관심하다.
You may go where you like so that you are back by dinner time.
cf. so that =그래서
They were short of fresh water, so that they drank as little as possible.
His father died suddenly, so that he was obliged to leave school.

⑥**Unless :**
ⓐ**if ~ not :** 네가 그 일을 내가 만족할 정도까지 일하지 않으면 그 대가를 지불 않겠다.
Let's have dinner out; unless you're too tired.
ⓑ**except that *=in the case that** 그가 먼저 편지를 쓰지 않는 한 편지를 쓰지 않겠다.
Don't leave the building unless instructed to do so.

⑦**but that *=except that =save that =only that;** *that절 속의 시제는 직설법 시제다.
내가 가난하지 않으면 내가 그 차를 사겠다.
She would have fallen but that he caught her. *that절의 시제는 직설법 과거다
He is a good student only that he is a little lazy.
It will do except that it is too long.
I am well save that I have a cold.

4 If절 대용 어구

❶ 부사(구)

You **could have lived** there in comfort.

I **would not do** such a thing in your place.

He **would have been** a failure in that field.

❷ 부정사

I **should be** happy to be of service to you.

To hear him speak English, you **would take** him for an American.

He **would have been** foolish to have done it.

❸ 관계사

A man who had common sense **would not do** such a thing.

Anybody who should do so **would be** punished.

A man who had done such things **would have been** laughed at.

❹ 접속사

I am engaged now, or I **would accept** your invitation.

He is ill; or else he **could attend** the meeting.

I started at once; otherwise I **would have missed** the train.

❺ 전치사

With two more levers we **could have removed** it.

Without your timely advice, he **would have failed.**

But for the sun, nothing **could live** on the earth.

❻ 명사(구)

A true friend **would not have betrayed** you.

An honest man **would not deceive** you.

This medicine **might have cured** your cough.

A man of sense **would not do** such a thing.

❼ 분사

The same thing, happening in wartime, **would amount** to disaster.

Turning to the right, you **would find** the post office.

Left to himself, he **would have been ruined**.

4 If절 대용 어구

▶주절은 가정법의 귀결절인데, 조건절이 나타나지 않는 경우로서, 문장 어느 부분에 조건절의 내용이 포함돼 있다.

❶ **부사(구) : *부사/부사구**에 조건절이 포함된 경우.
만일 그가 그 분야에 종사를 했었더라면 그는 실패자가 되었을 것이다.
=He would have been a failure if he had been engaged in that field.
만일 내가 당신에 입장이라면 그러한 짓을 하지 않겠다.
=I would not do such a thing if I were in your place.
만일 네가 그 곳에서 살았더라면 안락하게 살 수 있었을 것이다.
=If you had lived there, you could have lived in comfort.

❷ **부정사 : *부정사**에 조건절이 포함된 경우.
내가 당신에게 도움이 되면 기쁘겠는데.=I should be happy if I were of service to you.
그가 영어를 말하는 들으면 그를 미국인으로 여길 것이다.
=If you heard him speak English, you would take him for ~.
만일 그가 그것을 했었더라면 어리석었을 것이다. =If you had done it, you would ~.

❸ **관계사 : *관계사**에 조건절이 포함된 경우.
만일 그가 양식 있는 사람이면 그런 짓을 하지 않을 것이다.
=If a man had common sense, he would not do such a thing.
만일 아무라도 그렇게 하면 처벌을 받을 것이다. =If anybody should do so, he ~.
만일 그런 일을 했었다면 그는 비웃음을 받았을 것이다.
=If a man had done such things, he would have been laughed at.

❹ **접속사 : *접속사**에 조건절이 포함된 경우.
나는 지금 약속이 있다. 그렇지 않으면 너의 초대를 받아들일 수 있을 텐데.
=If I were not engaged now, I would accept your invitation.
만일 그가 아프지 않으면 그는 그 모임에 참석할 수 있을 텐데.
=If he were not ill, he could attend the meeting.
만일 그가 즉시 출발하지 않았었더라면 그는 그 열차를 놓쳤을 것이다.
=If I had not started at once, I would have missed the train.

❺ **전치사 : *전치사**에 조건절이 포함된 경우.
지렛대가 두 개만 더 있었더라면 우리들은 그것을 제거할 수 있었는데.
=If we had had two more levers. we could have removed it.
당신의 시의적절한 충고가 없었더라면 그는 실패했을 것이다.
=If there had not been your timely advice, he would have failed.
=But for your timely advice, he ~. =But that you advised him in time, he ~.
만일 태양이 없으면 지구에는 아무것도 살 수 없다.
=If it were not for the sun, nothing could live on the earth.

❻ **명사(구) : *명사/명사구**에 조건절이 포함된 경우.
만일 그가 진정한 친구였었더라면 그는 너른 배반하지 않았을 것이다.
=If he had been a true friend, he would not have betrayed you.
만일 그가 정직한 사람이면 그는 너를 속이지 않을 것이다.
=If he were an honest man, he would not deceive you.
만일 이 약을 복용했었다면 너의 감기가 치료될 것이다.
=If you had taken this medicine, he might have cured your cough.
만일 그가 양식이 있는 사람이면 그는 그러한 일을 하지 않을 것이다.
=If he were a man of sense, he would not do such a thing.

❼ **분사 : *분사**에 조건절이 포함된 경우.
똑같은 것이라도 만일 그것이 전시에 일어나면 그것은 재난이 될 것이다.
=The same thing, if it should happen in wartime, would amount to disaster.
오른 쪽으로 돌면 우체국을 발견하게 될 것이다. =If you turned to the right, you ~.

5 관용적 표현

❶ if any :
①Correct errors, if any.
②There are few, if any, mistakes in your composition.

❷ if anything :
①His condition is, if anything, worse than yesterday.
②True greatness has little, if anything, to do with rank.

❸ if at all :
①If you trust him all, leave all to him.
②He seldom goes out, if at all.

❹ if a day :
①He must be over fifty if a day.
②We have walked 20 miles, if a yard.

❺ if ever :
He seldom, if ever, goes to the movies.
He hardly, if ever, loses his temper.

❻ if necessary :
Come tomorrow, if necessary. I will go if necessary.

❼ if not :
①Where should I get stationery, if not here.
②A good book, if not the best, is worth reading.

❽ if only :
①If only you could have seen it!
②We must respect him if only for his honesty.

❾ if possible :
Come today, if possible. Will you come here? Yes, if possible.

❿ if so : *if (this be) so.
①Inflation may be rising, if so, prices will go up.
②Dollar may fall, if it should be so, interest rates will rise.

⓫ what if :
①What if we should fail? ②What does it matter if we fail?

⓬ if I may ask :
If I may ask, What's your opinion? How old are you if I may ask?

⓭ if you like :
①You will come if you like. ②He is a poet if you like.

⓮ if you please :
①Come this way, if you please.
②I must be going, if you please.
③My ring was in her bag, if you please.

5 관용적 표현

❶ **if any** : "if there is (are) any"의 형태가 생략된 것이다.
①if의 뜻 : 틀린 것이 있으면 고쳐라.
②even if의 뜻 : 그의 작문에는 설령 있다하더라도 잘못이 거의 없다.

❷ **if anything** : *주로 비교급과 함께 쓰인다.
①어느 쪽인가 하면 : 그의 상태는 어느 쪽인가 하면 어제보도 악화돼있다.
②어쨌든 : 진정한 위대함은 어쨌든 지위와는 관계가 없다.

❸ **if at all** :
①이왕 (적어도, 일단) ~한다면 : 이왕 그를 믿으면 모든 것을 그에게 맡겨라.
②~한다고 할지라도 (=if ever) : 그는 거의 외출을 하지 않는다.

❹ **if a day** : *'적어도', '확실히'
*if an inch, if an ounce, if a pound, if a yard 등의 형태로도 쓰인다.
①그는 적어도 50살이 넘었음에 틀림없다.
*if (he be) a day (old). *if a day는 나이에 쓰인다.
②우리들은 적어도 80마일은 걸었다. *if a yard는 길이, 거리에 쓰인다.

❺ **if ever** : *even if의 뜻. 주어와 동사가 생략된 형태다.
그는 좀처럼 영화 보러 가지 않는다.
*He seldom, if (he) ever (goes), goes to the movies.
그는 거의 화를 내지 않는다. lose one's temper. 화를 내다.

❻ **if necessary *=if need be =if the need arises;** 필요하면
필요하면 내일 오너라. 필요하면 내가 가겠다.

❼ **if not** :
①만일 ~이 아니면 : 이곳이 아니면 어디서 문구류를 구해야 하는가?
②~이 아니라도 : 좋은 책은, 비록 제일 좋은 것이 아니라도 읽을 가치는 있다.

❽ **if only** :
①~하기만 하면 : 네가 그것을 보기만 했더라도. (실제로는 보지 않았음)
②그저~만으로도 : 단지 그 사람의 정직만으로도 우리는 그를 존경해야 한다.

❾ **if possible** : *=if it is possible
가능하면 오늘 오너라.
이곳에 올래? 예, 가능하면.

❿ **if so** : *if (this be) so.
①인플레이션이 될지도 모른다. 그러면 물가가 오를 것이다.
②언급된 상황이 일어날 것 같지 않으면 should를 사용한다.
달러 가치가 떨어질 것이다. 그렇게 되면 이자율은 올라 갈 것이다.

⓫ **what if** :
①~하면 어찌 될까? What **(would be the result)** if we should fail?
②설령 ~한들 어떤가? What **(does it matter)** if we fail?

⓬ **if I may ask** : *실례지만 *이렇게 물으면 실례가 될 지도 모르겠습니다만
질문해도 괜찮다면 당신의 의견은 무엇입니까?
실례지만 몇 살입니까?
How much did you pay for the car if I may ask. 실례지만 그 차 얼마 주셨습니까?

⓭ **if you like** :
①그렇게 하고 싶다면 : 오고 싶으면 오세요.
②그렇게 말하면 ~라고 할 수 있다 : 시인이라고 말할 수도 있다.

⓮ **if you please** :
①부디 : 부디 이리로 오세요.
②실례를 무릅쓰고 : 실례지만 지금 가봐야겠습니다.
③놀랍게도 : 놀랍게도 내 반지가 그녀의 가방 속에 있었다.

어법 문제 ①

❶ 다음 두 문장의 의미가 비슷하도록 빈 칸을 완성하시오.

1. Stop eating sweets, or you won't get any dinner.
   =( ) ( ) ( ) stop eating sweets, you won't get any dinner.
2. A step farther, and you will fall over the cliff.
   =If you ( ) a step farther, you will fall over the cliff.
3. Seize the chance, otherwise you will regret it.
   =( ) you seize the chance, you will regret it.
4. However hard you may try, you won't be able to do it.
   =( ) ( ) you will, you won't be able to do it.
5. It's time for me to be leaving. =It's time I ( ) leaving.
6. If it had not rained, we would have gone hiking.
   =( ) ( ) the rain, we would hae have gone hiking.
7. I did not know you were ill, so I did not call on you.
   =( ) I known you were ill, I would have called on you.
8. You may borrow the book so long as you keep it clean.
   =You may borrow the book ( ) ( ) you keep it clean.

❷ 괄호 안의 동사를 적절한 형태로 바꿔라.

1. We were anxious there (is) no misunderstanding.
2. It is essential that the committee ( ) an agreement.
3. It is high time we (go) to bed.
4. I'd rather you (come) here tomorrow than today
5. (Leave) to himself on the street, he might have died.
6. (Do) I possess the book, I would lend it to you.
7. I wish I (work) harder in my youth.
8. If I (go) to the party last night, I (feel) tired now.
9. If he (take) the doctor's advice, he might still be alive today.
10. If I had followed his advice then, I (should) (be) happier now.

❸ 밑줄 친 부분을 절로 바꿔라.

1. <u>A true friend</u> would not have betrayed his friend.
2. I would not do such a thing <u>in your place</u>.
3. <u>Turning to the right</u>, you will find that palace of building.
4. <u>Work harder, and</u> you will succeed in any takings.
5. <u>Without oxygen</u>, all animals would have disappeared.

해답

❶ 1.If you don't 2.take 3.Unless 4.Try as 5.were 6.But for 7.Had 8.if only
❷ 1.be 2.be 3.went 4.came 5.Left 6.did 7.had worked 8.had gone; 9.had taken; 10.should; be
❸ 1.If he had been a true friend 2.If I were in your place 3.If you turn to the right 4. If you work harder 5. If if had not been for oxygen, all animals ~

어법 문제 ②

◆ 밑줄 친 곳에 알맞은 것은?

1. Let a man be _______ so poor, do not despise him.
① as ② much ③ very ④ ever ⑤ never

2. It is about time that we ________ the dripping faucet.
① repair ② repaired ③ will repair ④ will have repaired

3. ________ he were to fail in this exam?
① What if ② What will do you do
③ What will happen if ④ How can you manage it if

4. I'd rather you _______ anything about it for the time being.
① do ② don't ③ didn't do ④ didn't ⑤ do not

5. I wish you would ______ along with me. I don't want to go there alone.
① went ② go ③ come ④ move ⑤ have gone

6. __________ earlier you would have seen her.
① If you came ② You had come ③ Had you come
④ Should you come ⑤ If you were coming

7. But that I ______ poor, I could buy the house.
① had been ② were not ③ had not been ④ were ⑤ am

8. If I _______ your advice then, I should be happier now.
① followed ② did not follow ③ have followed ④ had followed

9. Without oxygen all animals ________ long ago.
① would have disappeared ② would disappear
③ would have been disappeared ④ would be disappeared

10. _______ your help, I would not have succeeded.
① But that ② But for ③ But if ④ Thanks to ⑤ Save

해답

1. ④; V+S+ever so+형용사/부사.
2. ②; It is high(abut, just, right) time+가정법 과거.
3. ①; What (would be the result) if he were to fail in the exam.
4. ③; would rather +that 절+S+가정법 과거 혹은 가정법 과거완료.
5. ③; I wish 다음에 가정법 과거나 과거완료가 온다. I don't want로 보아 가정법 과거.
6. ③; would have seen으로 보아 가정법 과거완료가 와야 한다. if가 생략 되면 도치됨.
7. ⑤; but that 다음에는 직설법 시제가 따른다. could buy로 미루어 직설법 현재가 온다.
8. ④; 혼합 가정법
9. ①; without가 조건절 대용. disappear는 자동사로 수동태가 안 된다.
10. ②; would have succeeded로 보아 가정법 주절. help가 명사로 앞에 전치사는 가능.

어법 문제 ③

◆ 밑줄 친 곳에 알맞은 것은?

1. __________ that he were here to help us!
   ① Could ② May ③ Should ④ Would ⑤ Will

2. Mr. Chairman, I move that the money ______ used for library books.
   ① is ② be ③ has been ④ will be ⑤ was

3. Why didn't you help him? I would have, _____ I didn't have the money.
   ① still ② but ③ otherwise ④ or ⑤ else

4. I hear that he is sick again. He ignored his doctor's advice that he _______ a vacation.
   ① takes ② took ③ would take ④ take ⑤ will take

5. If U.S.A had built more homes for poor people in 1950, the housing problem now in some parts of this country _____ so serious.
   ① will not have been ② would not have been ③ would be
   ④ would not be ⑤ had not been

6. If Rodney had known what would happen, _____ never have done this.
   ① that he can ② he would ③ when he did
   ④ he had ⑤ had he

7. If I lost my key, I ________ able to lock the door.
   ① will be ② would be ③ will not be
   ④ would not be ⑤ would have been

8. 주어진 문장과 뜻이 가장 가까운 문장을 골라라/
   If I were you, I'd be delighted with such luck.
   ① Luckily, I was there with you.
   ② You must have been delighted with such luck.
   ③ I think you have had good luck.
   ④ As I am not in your place, such luck doesn't delight me at all.
   ⑤ Because I was not you, I was not delighted with such luck.

해답

1. ④; would that+가정법 과거나 과거 완료.
2. ②; 동의(move)를 나타내는 경우: 동사원형.
3. ②; would have (helped)로 보아 가정법 과거완료. 주절은 직설법이므로 but that, that은 생략 가능. but that (~않으면)은 그 자체에 부정의 뜻을 가지고 있다.
4. ④; 충고를 나타낼 때: 종속절에 동사 원형.
5. ④; 혼합 가정법.
6. ②; 가정법 과거완료.
7. ④; 가정법 과거.
8. ④;

어법 문제 ④

1. 다음 문장 중에서 문법적으로 잘못된 것은?
 ① These flowers look beautiful.
 ② The news sounds strange to us all.
 ③ Nothing is more precious than time.
 ④ Were it not for water, nothing could live.
 ⑤ If he had been wealthy, he would be much happier.

◆ 다음에서 문법적으로 잘못이 없는 문장은? (2~5)

2. ① Without water, nothing could live.
 ② You have no money, haven't you?
 ③ Work hard, or you will succeed.
 ④ He told me about the accident as if he saw it.
 ⑤ Listen carefully again, don't you?

3. ① I wish I have studied English a little harder.
 ② He is, as it was, like a beggar.
 ③ Had I been you, I would not do so.
 ④ Would that he were here with me!
 ⑤ If he would ask me, I would stay.

4. 표현이 어색한 것을 고르시오
 ① It was imperative that he take the next plane.
 ② It is necessary that the room be well lighted.
 ③ It is important that he take every means possible.
 ④ We urge that this privilege be extended to others.
 ⑤ They expected that the plan be given instant approval.

5. Select one sentence which is grammatically correct
 ① A woman as she is, she is very brave.
 ② Be it ever so humble, there is no place like home.
 ③ If she will come here, I will tell her the truth.
 ④ It is necessary his returning the book immediately.
 ⑤ I recommended that he finished the composition by noon.

해답

1. ⑤; 가정법 과거 완료;
2. ①; ②haven't you-don't you; ③or-and; ④saw-had seen; ⑤don't you-shall we?
3. ④; ①have-had; ②was-were; ③would not have done so; ⑤would-should
4. ⑤; expect는 that 절에 가정법 동사를 취하지 않는다. be→would be.
5. ②; ①A를 생략 ③will come→comes ④his returning→he return ⑤finished→finish

어법 문제 ⑤

◆ Choose the one which is grammatically wrong.

1. What(①) will(②) happen if(③) the sun were to be extinguished(④).

2. Mr. Ross insists that his secretary is(①) responsible for(②) writing all reports(③) as well as(④) for making appointments.

3. Was(①) I a millionaire, I should(②) be able to have(③) a large house of my own(④).

4. I wish I knew(①) you were arriving(②) today. I would have met(③) you at(④) the station.

5. If(①) the television had been invented a thousand(②) years ago, will(③) nations be significantly more homogeneous than they(④) are now?

6. They are the ones(①) who assert(②) that a better bridge could(③) have been built have(④) we had their assistance.

7. Did he knew(①) who he is(②), she would consider inviting(③) him to(④) this party.

8. The game would be over(①) an hour ago(②), if one of the team members had not fallen(③) and broken(④) his leg.

해답

1. ②; 가정법 미래의 주절.
2. ①; insists가 있어 종속절에 (should)+동사원형.
3. ①; If I were a millionaire에서 If가 생략되어 도치되었다. Was→Were.
4. ②; I wish에 걸리는 절은 I knew까지다. were arriving→are arriving (미래 의미).
5. ③; 혼합 가정법 will→would
6. ④; could have been으로 보.아 조건절은 if we had had their ~, if가 생략되어 도치.
7. ①; would consider로 보아 가정법. 조건 절은 if가 생략되어 도치됨. knew→know.
8. ①; 조건절이 가정법 과거완료. ago로 보아 would be over→would have been over.

어법 문제 ⑥

❶ 빈 칸 (A)와 (B)에 가장 적절한 것끼리 짝지어진 것은?
Many people went outside August 27 this year to observe the close encounter between Earth and Mars. On August 27, __(A)__ to Earth than ever in human history, the one-way travel time of light was just 3 minutes and 6 seconds. Thus, if you had turned a light toward Mars that day, __(B)__ Mars in 186 seconds. Mars was so bright that even the lights of the city didn't get in the way. If you missed this astronomical show, you're really out of luck. Mars will not be this close again until the year 2287.

(A)	(B)
① Mars was closer	it had reached
② Mars was closer	it would have reached
③ when Mars was closer	it reached
④ when Mars was closer	it would have reached
⑤ when Mars was closer	it had reached

❷ 다음 글의 흐름으로 보아 밑줄 친 부분 중 어법상 어색한 것은?
In 1893, U.S. President Cleveland ① was informed that he had cancer. Surgery was done on Cleveland on his own yacht. Most of his upper left jaw ② was removed. The president insisted that the operation ③ had been kept secret. He was afraid that worries about his health might make worse the difficult economic problems the country ④ was facing at the time. Cleveland was fitted with an artificial jaw made of hard rubber, and no one ⑤ seemed to notice the difference. The secret was not revealed until 1917.

❸ 다음 글에서 밑줄 친 부분 중 어법상 틀린 것은?
Mother's potion was delicious any time, but it seemed ① to have special powers on sick people. I remember ② to walk down dusty country lanes ③ to deliver a quarter of the custard to ailing neighbors. It ④ was always received as if I ⑤ had just dropped a sack of gold on the doorstep.

❹ 밑줄 친 부분 중 어법상 어색한 것은?
You have already learned ① a great deal of vocabulary and grammar. If you feel you cannot speak English at all, that's probably not true. Just use your words and grammar as well as you can. Don't be afraid of ② making mistakes. All non-native speakers ③ make mistakes. Next, you are learning English in school. Imagine ④ how hard it will be if you had no textbook and no teacher! Study! ⑤ what your teacher gives you, and try to use English with your teacher whenever possible.

해답

❶ ④; 주어가 the one-way travel time이므로 A부분은 종속절이 되어야 한다. (B)의 종속절의 시제는 가정법 과거완료이므로 주절의 시제는 would have pp가 되어야 한다.
❷ ③; 주절에 insisted가 있으므로 종속절에 (should) be kept로 되어야 한다.
❸ ②; 내용상 과거의 일이므로 to walk는 walking으로 되어야 한다.
❹ ④; 종속절의 시제가 가정법 과거(had)이므로 주절은 will이 would로 되어야 한다.

영작 문제

❶ Put the following into English.
1. 말 좀 삼가시오.
2. 호기를 놓치지 마라
3. 은혜를 원수로 갚지 마라.
4. 본말을 전도하지 마라.
5. 긁어 부스럼 만들지 마라.
6. 과거는 잊어버려라.
7. 호랑이도 제 말 하면 나타난다.
8. 오는 정이 있어야 가는 정이 있다.
9. 아무리 보잘 것이 없더라도 집만 한 곳은 없다.
10. 부유하건 가난하건 모든 인간은 법 앞에 평등하다.

❷ Put the following into English.
11. 오늘 날씨가 좋으면 산책가자.
12. 소풍을 내일로 미루기를 동의합니다.
13. 만일 태양이 달과 충돌하면 지구는 어떻게 될까?
14. 9시 버스가 이곳에 올 때가 되었다.
15. 만일 내가 돈이 많으면 그 돈을 고아원에 기부하겠는데.
16. 그는 마치 그 비밀을 알고 있는 것처럼 말한다.
17. 만일 내가 그 분야에 종사를 했더라면 나는 성공자가 되었을 것이다.
18. 만일 당신이 그가 영어를 말하는 것을 들으면 미국인으로 여길 것이다.
19. 만일 네가 진정한 나의 친구이면 나를 배반하지 않을 것이다.
20. 분별력 있는 사람이라면 그런 어리석은 짓을 하지 않을 것이다.

해답

❶
1. Be more temperate in your language, please.
2. Strike while the iron is hot.; Make hay while the sun shines.
3. Don't bite the hand that feeds you.
4. Don't put the cart before the horse.
5. Let sleeping dogs lie.
6. Let bygones be bygones.
7. Talk [Speak] of the devil, and he will [is sure to] appear
8. Scratch my back and I will scratch yours.
9. Be it ever so rich, there is no place like home.
10. Be they rich or poor, all men are equal before the law.

❷
11. If it be [is] fine, we will go out for a walk.
12. I moved the meeting be postponed till tomorrow.
13. If the sun were to collide with the moon, what would become of the earth?
14. It is about time that the 9:00 bus came here.
15. If I had a lot of money, I would donate it to the orphanage.
16. He talks as if he knew the fact.
17. If I had been engaged in that field, I would have been a success.
18. To hear him speak English, you would take him for an American.
19. If you were my true friend, you would not betray me.
20. A man of sense would not do such a silly thing.

22장 화법

1 화법 전환의 기본 원칙

1. 전달동사가 바뀐다.
2. 적당한 연결어를 사용한다.
3. 인칭대명사가 바뀐다.
4. 시제가 바뀐다.
5. 부사어구 등이 바뀐다.

2 문의 종류에 따른 화법의 전환

1. **평서문** ①단문
   ②중문
   ③복문
2. **의문문** ①의문사가 있는 의문문
   ②의문사가 없는 의문문
3. **명령문** ①단문
   ②중문
   ③복문
4. **기원문** ①피전달문에 God이 있는 경우
   ②피전달문에 God이 없는 경우
5. **감탄문** ①How나 What으로 시작되는 감탄문
   ②기타 감탄사로 시작되는 감탄문
6. **생략문**
7. **혼합문**

1 화법전환의 기본원칙

He said to me, " I saw you here yesterday"
❶ ❷ ❸ ❹ ❺ ❻
He **told** me **that** **he had seen** **me** **there** **the day before.**

❶ 전달 동사가 바뀐다. (아래표 참조)

❷ 적당한 연결어를 사용한다. (아래표 참조)

	평서	의문문	명령문	기원문	감탄문
전달동사 say (to)	say tell	ask demand inquire	tell advise ask order suggest	pray, express one's wish	cry out, remark exclaim
연결어	that	의문사+s+v if(whether)+s+v	to+동사 원형	that	·how/what ·that-very
유의사항	s+v	간접의문문 어순	(not)to동사원형	may(might)	감탄어로 바꾼다

❸ ❺ 피전달문의 주어가 1인칭, 2인칭 대명사는 바꾼다.

①피전달문의 1인칭 대명사는 주절의 주어에 일치 시킨다.

He said to me, "**I** am very busy."→He told me that **he** was very busy.

②피전달문의 2인칭 대명사는 주절의 목적어에 일치 시킨다.

He said to me, "**You** are very busy."→He told me that **I** was very busy.

③피전달문의 3인칭 대명사는 바뀌지 않는다.

He said to me, "**She** is very busy"→He told me that **she** was very busy.

❹ '시제의 일치' 원칙이 적용된다.

He said to me, "I **go** there with her."→He told me that he **went** ~.

He said to me, "I **loved** you." →He told me that he **had loved** me.

❻ 부사어구가 바뀐다.

last week	the previous week
last night	the previous night; the night before
the day before yesterday	two days before
yesterday	the previous day; the day before
now	then, immediately; right away; at once
today; tonight; this week	that day; that night; that week
tomorrow	the next [following] day; the day after
the day after tomorrow	in two days' time
next week	the following week; the next week
here; ago	there; before

1 화법전환의 기본원칙

❶ 전달 동사가 바뀐다. (아래 표 참조)

*평서문인 경우는 say→say; say to→tell로 바꾼다.
*의문문인 경우는 say→ask, demand, inquire로 바꾼다.
*명령문인 경우는 say→tell, advise, ask, order, suggest 등으로 바꾼다.
*기원문인 경우는 say→pray, express one's wish 등으로 바꾼다.
*감탄문인 경우는 cry out, remark, exclaim 등으로 바꾼다.

❷ 적당한 연결어를 사용한다. (아래 표 참조)

	평서문	의문문	명령문	기원문	감탄문
전달동사 say (to)	say tell	ask demand inquire	tell advise ask order suggest	pray, express one's wish	cry out, remark, exclaim
연결어	**that**	**·의문사+S+V ·if(whether)+S+V**	**to+동사 원형**	**that**	**·how/what ·that-very**
유의사항	S+V	간접의문문 어순	(not) to 동사원형	may(might)	감탄어구로 바꾼다

*평서문의 연결어는 접속사 that을 사용한다.
*의문문의 연결어는
①의문사가 있는 경우는 의문사가 연결어가 된다. 어순은 의문사+S+V이다.
②의문사가 없는 경우는 if나 whether가 연결어가 된다. 어순은 if +S+V이다.
이 때 의문문을 만들기 위한 조동사 do(does, did)는 없어진다.
*명령문의 연결어는 to다. 즉 to+동사원형 형태로 사용된다.
*기원문의 연결어는 that을 사용하고, 조동사 may를 사용한다.
*감탄문의 연결어는 how나 what을 그대로 사용하거나, how/what을 very로 고쳐 평서문으로 만들고 연결어는 that을 사용한다.

❸❺ 피전달문의 1인칭, 2인칭 대명사는 바꾼다.
①*피전달문 속의 I는 전달동사의 주어와 동일하기 때문이다.
②*주절의 to의 목적어를 보고 you라고 했기 때문에 to의 목적어에 일치시킨다.
③*3인칭은 영향을 미치지 않는다.

❹ '시제의 일치' 원칙이 적용된다.
전달문의 동사의 시제가 과거이면, 피전달문의 시제는 과거나 과거완료로 바뀐다.

❻ 부사어구가 바뀐다. *날짜가 경과되고(주절의 시제가 과거), 장소가 바뀌는 경우
last week : the previous week 그 전 주에;
last night : the previous night 그 전 날 밤; the night before;
the day before yesterday : two days before;
yesterday : the previous day 그 전 날; the day before;
now : then; immediately; right away; at once;
today; tonight; this week : that day; that night; that week;
tomorrow : the next day; the following day; the day after;
the day after tomorrow : in two days' time;
next week : the next week; the following week;
here : there;
ago : before;

2 문장의 전환① : 평서문-의문문

❶ 평서문

①단문 Mary **said,** "We will start early tomorrow morning."
=Mary **said** that we would start early the next morning.

②중문 He said to us, "The weather is stormy **and** the way is long."
=He told us that the weather was stormy **and that** the way was long.

③복문 He said, "I demand **that** she be severely punished."
=He said that he demanded **that** she be severely punished.

❷ 의문문

1. 의문사가 있는 의문문

①의문부사 He said to me, **"Where do you live now**?"
=He asked me **where I lived then**?

②의문사주어 He said to me, "**What has become of her**?"
=He asked me **what had become of her**?.

③긴 주어 He said to me, "**Which is the shortest cut to the station**?"
=He asked me **which was the shortest cut to the station**.

④선택의문문 He said to me, "**Which do you like, this or that**?"
=He asked me **which of the two I liked better**?

⑤say to oneself I **said to myself,** "Where can I find her?"
=I **wondered** where I could find her?

2. 의문사가 없는 의문문

①if/whether He said to me, "Do you know that guy?"
=He asked me **if/whether I knew that guy**.

②선택의문문 He said to me, "Are you a student **or** a teacher?"
=He asked me **whether** I was a student or a teacher.

③if절 포함 He said to me, "If you get the job, will you move to Seoul?"
=He asked me **whether** if I got the job I would move to seoul?

④의문문의 형태를 취하고 있으나 의문의 뜻이 아닌 경우

*부탁 He said to me, "Will you post this letter for me"

*명령 He said to me, "Could you show me your passport, please"

*권유 He said to me, "Will you have a drink?"

*제의 He said, "Shall we meet at the theater?"

2 문장의 전환① : 평서문-의문문

❶ 평서문 : *전달동사 say→say; say to→tell로 바꾼다. 연결어는 that을 사용.

①**단문** : "우리들은 내일 아침 일찍이 출발할 것이라"라고 Mary가 말했다.

He said to me, "You had better get over on the left side of the road"
=He told me that I had better get over on the left side of the road.
=He advised me to go over on the left side of the road. (충고의 뜻)

▶논리적인 조정이 필요한 경우

ⓐ일반적인 경우 :
He said to me, "My brother will come here tomorrow."
→He told me that his brother would go there the next day.

ⓑ장소가 바뀌지 않는 경우 :
→He told me **here** that her brother would come **here** the next day.

ⓒ장소도 바뀌지 않고, 날짜도 바뀌지 않는 경우; 단 시간은 경과되었음. :
This morning he said to me here, "My brother will come here tomorrow."
→This morning he told me here that his brother would come here tomorrow

ⓓYesterday he said to me here, "My brother will come here tomorrow."
Yesterday she told me here that her brother would come here today.

②**중문** : *and와 but 다음에만 that을 사용한다.
"날씨는 험악하고 길은 멀다"라고 그는 우리에게 말했다.

③**복문** : *종속접속사는 변하지 않는다.
"그녀는 엄하게 벌을 받아야 한다는 것을 내가 요구한다."라고 그는 말했다.

❷ 의문문 : *전달동사는 ask inquire demand wonder 등으로 바꾼다.

1. **의문사가 있는 의문문** :

①의문사가 부사인 경우 : *'의문사+S+V' 어순으로 바꾼다.
너는 지금 어디에서 살고 있니?"라고 그는 나에게 물었다.

②의문사가 주어인 경우 : *'의문사+V' 어순으로 바꾼다.
그녀는 어찌 되었을까?"라고 그는 나에게 물었다.

③주어가 긴 경우 : *'의문사+V+S' 어순으로 바꾼다.
역으로 가는 지름길은 어느 것이냐"라고 그는 나에게 물었다.

④선택의문문인 경우 : *which of the two로 바꾼다.
이것과 저것 중에서 어느 쪽을 더 좋아하냐"라고 그는 나에게 말했다.

⑤say to oneself는 *wonder로 바꾼다.
내가 어디서 그녀를 찾을 수 있을까"라고 내 자신에게 반문했다.

2. **의문사가 없는 의문문** : *'if 혹은 whether + S + V' 어순을 취한다.

①if나 whether를 사용할 수 있는 경우 :
너는 저 사람을 아느냐"라고 그는 나에게 물었다.

②선택의문문인 경우 : *whether를 사용한다.
당신은 학생입니까 아니면 선생님입니까?"라고 그는 나에게 물었다.

③if절이 포함되어 있는 경우 : *whether를 사용한다.
만일 네가 직장을 구하면 서울로 이사를 갈 것이냐"라고 그는 나에게 물었다.

④*부탁 : He asked me to post the letter for me.
=He asked me whether I would post the letter for him.
*명령 : He asked me if I could show me your passport, please?
=He asked me for my passport.
*권유 : He offered me a drink. =He asked me whether I would have a drink.
*제의 : He suggested that they should meet at ~. =He suggested meeting at ~.

2 문장의 전환② : 명령문

❶ 단문

1. 직접 명령

①일반 Mother said to me, "Take an umbrella with you."
명령 =Mother **told** me **to** take an umbrella with me.

②충고 The doctor **said to** me,"Take this medicine 30 minutes after meal"
The doctor **advised** me **to** take that medicine 30 minutes after meal.

③요청 She said, "Driver, please drop me off at the next bus stop"
=She **asked** the driver **to** drop her off at the next bus stop.

④순수 The officer **said to** his men, "Stay where you are."
명령 =The officer **ordered** his men to stay where they were.

⑤경고 He **said**, "Don't go near the pond, children"
=He **warned** the children **not to** go near the pond.

2. 간접 명령

①He **said to** me, "**Let's** go to the movies tomorrow."
=He **suggested to** me that we should go to the movies the next day.

②*The teacher said, "**Let** the boy clean the room."
=The teacher said that **the boy was to clean** the room.
*He said, "**Let** him go to the school."
=He **suggested that** they **should** go to the school.

❷ 중문

①He said to me, "**Hurry up and** you will be in time for class."
=He told me **to hurry up and** I should be in time for class.

②He said to me, "**Work hard or** you will fail in the exam."
=He told me **to work hard or** I should fail in the exam.

❸ 복문

*He said to me, "If it rains, shut all the windows."
=He told me **to shut** all the windows **if it rains**.
=He told me that **if it rained I was to shut** all the windows.
*He said to me, "When you go out, lock the door."
=He told me **to lock** the door **when I went out**.
=He told me that **when I went out I was to lock** the door.

2 문장의 전환② : 명령문

❶ 단문

1. 직접 명령 : *연결어는 to를 사용한다.

①일반 명령 :
"우산 가지고 가라"고 어머니는 나에게 말했다.

②충고 : *전달동사는 advise로 바꾼다.
"이 약을 식후 30분에 복용하라" 라고 의사는 나에게 말했다.

③요청 : *전달 동사는 ask(beg)로 바꾼다.
"기사 아저씨, 다음 버스 정류소에 나를 내려 주세요."라고 그녀는 말했다.
*호격에서는 관사를 생략한다. driver → a driver

④순수 명령 : *전달 동사는 order(command)를 사용한다.

⑤경고 : *전달 동사는 warn을 사용한다.
"애들아, 연못 가까이 가지 마라"라도 그는 말했다.

2. 간접 명령 :

①let's의 형태 : *전달동사는 suggest/propose로 바꾼다.
"내일 영화 보러 갑시다."라고 그는 나에게 말했다.
*제의를 나타내는 동사가 오면 that절에 (should) 원형동사가 와야 한다.
*tomorrow는 the next day로 바꾼다.

②let 형태 :
*명령의 의미인 경우는 be to 부정사 구문을 사용한다.
"그 소년으로 하여금 방을 청소하게 하라."라고 선생님이 말했다.
*제안의 의미인 경우는 전달동사를 suggest로 바꾼다.
"그 사람을 학교에 가도록 하자"라고 그는 말했다.

❷ 중문

①명령형 + and :
*명령형 형태를 그대로 사용하는 경우 : to 부정사 구문을 사용한다.
*주어진 명령문을 조건문으로 고친 후 바꾸는 경우가 있다.
*주어진 문장을 조건문으로 고치면 다음과 같다.
If you hurry up, you will be in time for class."
=He told me that **if I hurried up** I should be in time for class.
"서둘러라. 그러면 너는 수업시간에 맞출 수 있을 것이다."

②명령형 + or :
*명령형 형태를 그대로 사용하는 경우: to 부정사 구문을 사용한다.
*주어진 명령문을 조건문으로 고친 후 바꾸는 경우가 있다.
*주어진 문장을 조건문으로 고치면 다음과 같다.
If you don't work hard, you will fail in the exam.
=He told me that if I didn't work hard I should fail in the exam.

❸ 복문

*피전달문의 어순을 그대로 사용하는 경우는 'be to 부정사' 구문을 사용한다.
*if 구문으로 고쳐서 만드는 경우는 be to 부정사 구문으로 바꾼다.
"비가 오면 모든 창문을 닫아라."라고 그는 나에게 말했다.
"네가 외출할 때는 문을 잠그라."라고 그는 나에게 말했다.

2 문장의 전환③ : 기원문-감탄문-생략문-혼합문

❶ 기원문

①피전달문에 God이 있는 경우

He said, "**God** save our ship!"→He **prayed** that God **might** save our ship.

②피전달문에 God이 없는 경우

He said, "May you live long."→He expressed his wish that I might live long.

❷ 감탄문

1. How나 What으로 시작하는 경우

He said, "How foolish I was to believe his word!"

=He exclaimed **how** foolish he had been to believe his word.

=He exclaimed **that** he had been **very** foolish to believe his word.

2. 기타 감탄사로 시작하는 경우

①즐거움 He said, "Hurrah! we have no school today."

=He exclaimed **with delight** that they had no school that day.

②슬픔 He said, "Alas! All is over with me."

=He exclaimed **with a sigh** that all was over with him.

③놀람 He said, "Good graciousness! It's very difficult."

=He exclaimed **with surprise** that it was very difficult.

④저주 He said, **"Confound it!** it's going to rain again."

=He exclaimed **with a curse** that it was going to rain again.

❸ 생략문

①He said to me, "**Thank you!**" →He thanked me.

②He said to me, "**Congratulations!**" →He congratulated me.

③He said to me, "**Good luck!**" →He wished me a good luck.

④He said to me, "**Merry Christmas!**"→He wished me a Merry Christmas.

⑤He said to me, "**Yes.**" →He answered me in the affirmative.

⑥He said to me, "**No.**" →He answered me in the negative.

❹ 혼합문

①He said to me, "It is very cold now. Are you going out?"

=He **told** me **that** it was very cold then **and asked if** I was going out.

②He said, "Someone is coming. Get behind the screen of trees."

=He said **that** someone was coming and told me **to get** behind the screen.

2 문장의 전환③ : 기원문-감탄문-생략문-혼합문

❶ 기원문

1. **피전달문에 God이 있는 경우** : *피 전달동사는 pray, that절에는 may를 사용한다.
   He said, "**God** save our ship"
 →He **prayed** that God **might** save our ship.
2. **피전달문에 God이 없는 경우** : *피 전달동사는 express one's wish, that절에 may 사용
   He said, "May you live long."
 →He expressed his wish that I might live long.

❷ 감탄문

1. **how나 what으로 시작하는 경우** :
   He said, "How foolish I was to believe his word!"
  =I was very foolish to believe
  =He exclaimed **how** foolish he had been to believe his word.
  =He exclaimed **that** he had been **very** foolish to believe his word.
2. **기타 감탄사로 시작하는 경우** :
 ①즐거운 경우 : *감탄사 대신에 with delight, with joy, with pleasure를 사용한다.
   He said, "Hurrah! we have no school today."
  =He exclaimed **with delight** that they had no school that day.
 ②슬프거나 후회스러운 경우 : *감탄사 대신에 with regret, with a sigh 사용.
   He said, "Alas! All is over with me."
  =He exclaimed **with a sigh** that all was over with him.
 ③놀람 : *감탄사 대신에 with surprise를 사용한다.
   He said, "Good graciousness! It's very difficult."
  =He exclaimed **with surprise** that it was very difficult.
 ④저주 : *감탄사 대신에 with a curse를 사용한다.
  He said, "**Confound it!** it's going to rain again."
  =He exclaimed **with a curse** that it was going to rain again.

❸ 생략문

①"**Thank you!**" →He <u>thanked</u> me.
②"**Congratulations!**" →He <u>congratulated</u> me.
③"**Good luck!**" →He <u>wished</u> me <u>a</u> good luck.
④"**Merry Christmas!**" →He <u>wished</u> me <u>a</u> Merry Christmas.
⑤"**Yes.**" →He <u>answered</u> me <u>in the affirmative</u>.
⑥"**No.**" →He <u>answered</u> me <u>in the negative</u>.

❹ 혼합문 *기본 원칙대로 고친다.

①<u>평서문</u>과 <u>의문사가 없는 의문문</u>으로 되어 있다. 평서문은 said to를 told로 바꾸고, 접속사 that을 사용한다. 두 문장으로 되어 있으므로 접속사 and를 사용한다. 의문문은 said to 대신에 asked를 바꾸고 접속사를 if나 whether를 사용한다.
 *그는 나에게 말하기를 '날씨가 춥다. 외출할래?'
②<u>평서문</u>과 <u>명령문</u>으로 되어 있다. 평서문은 said를 그대로 사용하고, 접속사 that을 사용한다. 명령문은 to 부정사 구문으로 한다. 두 문장으로 되어 있으므로 접속사 and를 사용한다.
 *누군가가 오고 있다. 나무 그늘에 숨어라.

어법 문제 ①

❶ 다음 문장의 화법을 바꾸어라.
1. He said to me, "You are very busy now."
2. He said to me, "She is very busy now."
3. She said, "I came here three days ago"
4. He said, "I shall be here again tomorrow."
5. The doctor said to me, "You had better give up smoking."
6. He said, "I demand that she be severely punished."
7. He said, "I am tired, but I must work."
8. He said to me, "Do you know that guy?"
9. He said to me, "Would you pass me the salt?"
10. He said to me, "Will you have a drink?"
11. He said, "Shall we meet at the theater?"
12. I said to myself, "Shall I be happy?"
13. He said to me, "Are you a student or a teacher?"
14. He said to me, "Where do you live?"
15. He said to me, "Which do you like better, this or that?"

❷ 다음 문장의 화법을 바꾸어라.
1. The doctor said to me,"Take this medicine 30 minutes after meal"
2. She said, "Driver, please drop me off at the next bus stop"
3. The officer said to his men, "Stay where you are."
4. He said to me, "Let's go on a picnic tomorrow."
5. He said to me, "Hurry up and you will be in time for class."
6. He said, "God save our ship and her crew."
7. He said, "May you live long."
8. He said, "How foolish I was to believe her word!"
9. He said, "What a beautiful rainbow it is!"
10. He said, "Hurrah! we have no school today."

해답

❶ **1.** He told me that I was very busy then. **2.** He told me that she was very busy then. **3.** She said that she had come there three days before. **4.** He said that he would there again the day after. **5.** The doctor advised me to give up smoking. **6.** He said that he demanded that she be severely punished. **7.** He said that I was tired, but that he must work. **8.** He asked me if I knew that guy. **9.** He asked me to pass him the salt. **10.** He asked me if I would have a drink. **11.** He suggested that they should meet at the theater. **12.** I wondered if I should be happy. **13.** He asked me whether I was a student or a teacher. **14.** He asked me where I lived. **15.** He asked me which of the two I liked better.

❷ **1.** The doctor told me to take that medicine thirty minutes after meal. **2.** She asked the driver to drop me off at the next bus stop. **3.** The officer commanded his men to stay where they were. **4.** He suggested to me that we go on a picnic the next day. **5.** He told me to hurry up and I should be in time for class. **6.** He prayed that God might our ship and her crew. **7.** He expressed his wish that I might live long. **8.** He exclaimed with a sigh how foolish he had been to believe ~ . **9.** He exclaimed with delight what a beautiful rainbow it was. **10.** He said with delight that we had no school that day.

어법 문제 ②

1. 화법 전환이 잘못된 것을 고르시오.
   ① She said, "What a pretty doll it is!"
   =She exclaimed what a pretty doll it was.
   ② She said to me, "What are you doing?"
   =She asked me what I was doing.
   ③ He said to me, "Let's play tennis."
   =he suggested to me that we should play tennis.
   ④ He said, "Yes." =He said in the affirmative.
   ⑤ He said to his men, "Don't move."
   =He commanded his men to move not.

2. 화법이 올바르게 바꾸어진 것을 골라라.
   She said to him, "You must do as I tell him."
   ① She told him that you must do as she told you.
   ② She told him that you had to do as she told you.
   ③ She told him that he must do as she told him.
   ④ She told him that he must do as I told him.

3 다음 중 맞는 것을 고르시오.
   ① During he was ill, he was on a diet.
   ② Not only you but your friend are in danger.
   ③ Every boy and girl are to be praised in the social service.
   ④ Either he or I is responsible for the result.
   ⑤ When a lone, I spend most of my time reading.

4 다음 중 틀린 것을 골라라. (4 ~ 5)
   ① Ten years is a long time to spend in vagabond.
   ② Ten years have passed since he died.
   ③ The ten dollars you gave me are enough to buy the book.
   ④ Ten tons is the lading capacity of this car.
   ⑤ He is the only one of my friends that help me with my homework.

5 ① Every boy and girl is aware that English is more useful than French.
   ② He said that twice two is four.
   ③ Neither of them are opposed to your plan.
   ④ Mathematics and economics are important branches of learning.
   ⑤ There are lots of money raised.

해답

1. ⑤; not to 부정사 구문으로 고친다.
2. ③; 종속절에서의 must의 시제는 그대로 둔다.
3. ⑤; ①during→when, ②are→is ③are→is ④is→am.
4. ⑤; the only one이 선행사이므로 help를 helps로 바꾼다.
5. ③; are→is; neither는 단수로 취급한다.

어법 문제 ③

◆ 밑줄 친 곳에 알맞은 것은

1. He said, "Alas! I have failed." =He said ___________ .
   ① that he had failed sadly ② with a sigh that he had failed
   ③ that sadly he had failed ④ alas and that he had failed

2. He said, "God bless you!" =He ________ that God ______ bless me.
   ① wanted, might ② prayed, might ③ wished, could
   ④ expected, should ⑤ hoped, should

3. He said to me, "Study hard, or you will fail." =He told me ______ .
   ① to study hard or you will fail
   ② to study, or that I would fail.
   ③ that I should fail unless I studied had.
   ④ that I studied hard or I should fail.
   ⑤ that I should fail if I studied hard.

4. He said to me, "Is Mary in a white dress?"
   =He _______ me if Mary had a white dress _____ .
   ① asked, on ② inquired, on ③ asked, in ④ inquired, in

5. 주어진 문장의 전환이 옳게 된 것은? (5 ~ 6)
   He said to me, "It is very cold this morning. Are you going?
   ① He told me that it was cold this morning and told me he is going.
   ② He told me that it was cold that morning and asked me if I am going.
   ③ He told me that it is cold this morning and asked me if I was going.
   ④He asked me that it was cold that morning and told me if I was going.
   ⑤ He told me that if it was cold that morning and asked me if I was going.

6. He said to me, "What do you think she is?"
   ① He asked me what did I think she is.
   ② He asked me what I thought she was.
   ③ He said to me what did you think she was.
   ④ He said to me what you thought she was.
   ⑤ He asked me what did you think she was.

해답

1. ②; 감탄문 전환; 감탄사가 슬프거나 후회스러운 경우: with a sigh(regret)를 쓴다.
2. ②; 기원문의 전환; 피전달문에 God이 있는 경우는 전달동사를 pray로 바꾼다.
3. ③; 명령문의 전환; to 부정사로 고친다. or가 있으면 그대로 두거나 if not으로 고친다.
4. ①; 의문문의 전환; 전달동사는 ask로 고친다. 착용을 나타내는 부사는 on이다.
5. ⑤; 혼합문의 전환; 앞 문장은 평서문, 뒤 문장은 의문문. this→that.
6. ②; 의문사가 있는 의문문의 전환; 전달동사는 ask나 inquire, 어순은 의문사+s+v.

어법 문제 ④

◆ 두 문장의 뜻이 같아지도록 (   )에 알맞은 것은?

1. He said, "Alas! I am ruined." =He said with a sigh (   ).
   ① that I was ruined   ② that he is ruined
   ③ that he was ruined   ④ that I am ruined

2. He said to me, "Study hard, or you'll fail." =He told (   ).
   ① to study hard or you will fail.
   ② to study hard, or that I would fail.
   ③ that I should fail unless I studied hard or I should fail.
   ④ that I studied hard or I should fail.
   ⑤ that I should fail if I studied hard.

3. She said to me, "You look pale. Are you ill?"
   =She told me that I looked pale (   ) (   ) (   )
   ① and said that   ② and she told
   ③ and said that   ④ and asked if

4. 다음 문장을 간접화법으로 바꿀 때 가장 옳은 것은?
   He said to us, "Did you see him last night?"
   ① He said us if we should have seen him last night.
   ② He asked us to see him the night before.
   ③ He asked us if we had seen him the night before.
   ④ He asked us if we saw him last night.

5. 다음 문장을 직접화법으로 옳게 바꾼 것은?
   One of his friends asked where he would like them to bury him.
   ① One of his friends said, "Where would you like us to bury you?"
   ② One of his friends said, "Where would you like them to buried?"
   ③ One of his friends said, "Where would you like them to bury him?"
   ④ One of his friends said, "Where shall you like us to bury you?"
   ⑤ One of his friends said, "Where would you like us to bury him?"

6. 다음 문장을 직접화법으로 옳게 바꾼 것은?
   He asked them to sell off all their property and join him in the city.
   ① He asked me what did I think she is.
   ② He asked me what I thought she was.
   ③ He said to me what did you think she was.
   ④ He said to me what you thought she was.
   ⑤ He asked me what did you think she was.

해답
1.③; 2.③; 3.④; 4.③; 5.①; 6.⑤;

어법 문제 ⑤

◆ Choose the one which is grammatically wrong.

1. The major works of Romanesque sculpture(①) was created(②) near the end(③) of the eleventh century(④).

2. He shouted that late(①) that afternoon(②) a long line of flags and colored umbrellas were(③) seen moving toward(④) the gate of the palace.

3. Everyone will tell you the American standard of living is(①) still higher(②) than most(③) of the other countries(④) of the world.

4. How swift(①) is the flight of time! A year and a half(②) have passed(③) since we last met(④).

5. Understanding the cultural habits of another(①) nation, especially(②) one containing so many diversified sub-cultures as the United States(③), are(④) a complex, bewildering task.

6. I am sure that your system seems(①) as odd(②) to us(③) as ours do(④) to you.

7. Garlic is a herb grown for his(①) pungently flavored(②) bulb, which(③) is used to season(④) foods.

해답

1. ②; 주어가 works이므로 동사 was는 were로 바꾸어야 한다.
2. ③; 주어가 a long ling line 이므로 were를 was로 바꾼다.
3. ③; the standard of living을 받는 that이 필요. than that of most.
4. ③; a year and a half는 (1년 반)단수 취급한다. have→has.
5. ④; 이 문장의 주어는 Understanding이다. 따라서 동사인 are를 is로 바꾸어야 한다.
6. ④; ours는 our system을 의미하므로 대동사 do는 does로 바꾸어야 한다.
7. ①; garlic(마늘)은 중성이다. his를 its로 바꾸어야 한다.

어법 문제 ⑥

❶ 다음 글에서 밑줄 친 부분 중 어법상 어색한 것은?
I ① was born in 1960. My parents named me Cynthia Lee, after my mother. They had named me John after my father, but I turned out ② to be a girl. I'm not sure what "Cynthia" means, but I think it ③ comes from the Greek and has some connection to the moon. When I was growing up, I found it hard ④ pronounce my name --- especially the th. Whenever I tried to say Cynthia, it ⑤ came out of more like SIN-TEE. So as a little girl I called myself Sinty.

❷ 다음 글에서 밑줄 친 부분 중 어법상 틀린 것은?
The general was determined ① not to allow the enemy's forces a return voyage, but ② to send them to the bottom of the sea. ③ Stood high on his flagship, he engaged his entire fleet in a battle with several hundred enemy ships. Just as the battle was about ④ to be won, the general ⑤ was wounded by a stray enemy bullet. He ordered his aids, "Do not announce my death until the battle is over! Do not weep! Go and beat the drum. finish the enemy to the last one!"

❸ 다음 글에서 밑줄 친 부분 중 어법 상 틀린 것은?
다음 글에서 밑줄 친 부분 중 어법상 틀린 것은?
Paintings ① found on the walls to ancient Korean tombs indicate that Taekwondo ② has been practiced in Korea since about 50 B.C. Also, records of a specially trained group of youths ③ called Hwarang explain how these young men ④ were taught Taekwondo (an early form of Taekwondo) along with history, ethics, riding and sword fighting. Members of Hwarang also ⑤ encouraged to travel through Korea in order to learn about the people who lived in all regions of the country.

❹ 밑줄 친 부분 중, 어법상 틀린 것은?
He looked up and saw, on the bridge over his head, an overturned truck. The truck ⓐ had smashed into another truck. The accident was so bad that all of the money the truck ⓑ was carrying spilled into the road. The wind was blowing hard, so the bills were floating all over. He saw people ⓒ running from everywhere. They were shouting to each other ⓓ to hurry up. They were gathering money and ⓔ to put it in purses and bags. He had never seen people working so quickly.
① ⓐ ② ⓑ ③ ⓒ ④ ⓓ ⑤ ⓔ

해답
❶ ④; it은 가목적어이고 진목적어는 to pronounce이다. hard는 형용사로서 목적보어이다.
❷ ③; 내용 상 분사구문이 되어야 한다. Stood를 Standing으로 고쳐야 한다.
❸ ⑤; 내용상 주어(members)가 수동관계이므로 are encouraged가 되어야 한다.
❹ ⑤; 병렬구문으로 앞 문장과 같은 시제인 진행형 구문이어야 한다. to put→putting.

영작 문제

❶ Put the following into English.

1. Mary는 "지구는 태양 주위를 돈다."고 말했다.
2. 그는 나에게 "너는 지금 어디에 사니?"라고 말했다.
3. 그는 나에게 "공항으로 가는 가장 빠른 길은 어느 것이냐?"라고 말했다.
4. 그는 나에게 "너는 한국인이냐 아니면 외국인이냐?"라고 말했다.
5. 그는 우리에게 "날씨는 나쁘고 갈 길은 멀다."라고 말했다.
6. 그는 나에게 "이 편지 좀 부쳐 줄래?"
7. 그는 나에게 "우산을 가지고 가라."라고 말했다.
8. 그는 그녀에게 "어제 내가 여기에 있었다고 누가 말했니?"
9. 그는 나에게 "서둘러라. 그러면 수업시간에 맞게 갈 수 있을 거야."라고 말했다.
10. 그는 나에게 "만일 비가 오면 모든 창문을 닫으라."라고 말했다.

❷ Put the following into English.

11. 그는 "신이시여, 우리의 배를 구해 주소서!"라고 말했다.
12. 그는 "만수무강 하소서!"라고 말했다.
13. 그는 "내가 그녀의 말을 믿었다니 참 어리석었구나!"라고 말했다.
14. 그는 "만세, 오늘은 수업이 없다."라고 말했다.
15. 그는 "맙소사, 나한테 모든 것은 끝이다."라고 말했다.
16. 그는 나에게 "졸업을 축하합니다."라고 말했다.
17. 그는 나에게 "Merry Christmas!"라고 말했다.
18. 그는 나에게 "예."라고 말했다.
19. 그는 나에게 "아니오."라고 말했다.
20. 그는 나에게 "지금 날씨가 매우 춥다. 외출할래?"라고 말했다.

해답

❶

1. Mary said, "The earth turns round the sun."
2. He said to me, "Where do you live now?"
3. He said to me, "Which is the shortest cut to the airport?"
4. He said to me, "Are you a Korean or an American? "
5. He said to us, "The weather is bad and the way to go is far."
6. He said to me, "Will you post this letter for me?"
7. He said to me, "Take an umbrella with you."
8. He said to her, "Who told you that I was here yesterday?"
9. He said to me, "Hurry up and you will be in time for class."
10. He said to me, "If it rains, shut all the windows."

❷

11. He said, "God save our ship!"
12. He said, "May you live long."
13. He said, "How foolish I was to believe her word!"
14. He said, "Hurrah! we have no school today."
15. He said, "Alas! All is over with me."
16. He said to me, "Congratulations!" →He congratulated me.
17. He said to me, "Merry Christmas!" →He wished me a Merry Christmas.
18. He said to me, "Yes." →He answered me in the affirmative.
19. He said to me, "No." →He answered me in the negative.
20. He said to me, "It is very cold now. Are you going out?"